GRC-Management als interdisziplinäre Corporate Governance

Stefan Otremba

GRC-Management als interdisziplinäre Corporate Governance

Die Integration von Revision,
Risiko- und Compliance-Management
in Unternehmen

Mit einem Geleitwort von Prof. Dr. habil. Josef Wieland

Stefan Otremba
Stuttgart, Deutschland

Dissertation Universität Hohenheim, 2016

D100

ISBN 978-3-658-15394-6   ISBN 978-3-658-15395-3   (eBook)
DOI 10.1007/978-3-658-15395-3

Die Deutsche Nationalbibliothek verzeichnet diese Publikation in der Deutschen National-
bibliografie; detaillierte bibliografische Daten sind im Internet über http://dnb.d-nb.de abrufbar.

Springer Gabler
© Springer Fachmedien Wiesbaden 2016

Gedruckt auf säurefreiem und chlorfrei gebleichtem Papier

Springer Gabler ist Teil von Springer Nature
Die eingetragene Gesellschaft ist Springer Fachmedien Wiesbaden GmbH
Die Anschrift der Gesellschaft ist: Abraham-Lincoln-Strasse 46, 65189 Wiesbaden, Germany

Geleitwort

Diesem Buch liegt die Dissertation zugrunde, die Stefan Otremba im Dezember 2015 an der Universität Hohenheim unter dem Titel „GRC-Management als interdisziplinäre Corporate Governance – Die Integration von Interner Revision, Risiko- und Compliance Management in Unternehmen" eingereicht hat. Sein Betreuer und Gutachter war Prof. Dr. Michael Schramm. Zweiter Betreuer dieser berufsbegleitenden Promotion, die im Rahmen des Kooperativen Promotionskollegs der HTWG Konstanz entwickelt wurde, war der Autor dieses Geleitworts.

Im Kontext der Forschung zur Corporate Governance geht das vorliegende Werk der Frage nach, wie Unternehmen die Funktionen der Governance (G), des Risikomanagements (R) und der Compliance (C) zu einem integrierten GRC-Gesamtkonzept entwickeln können, das eine wirksame Prävention von rechtlichen, finanziellen und Reputationsschäden überhaupt erst ermöglicht oder aber doch deutlich verbessert. Zugleich sollen durch ein solches System Wertschöpfungspotenziale des Unternehmens aufgezeigt, erschlossen und besser realisiert werden, etwa über den Zugang zu Märkten mit signifikanten Compliance-Risiken.

Die Arbeit ist theorieorientiert und theoriebasiert, insoweit sie zur Corporate Governance Forschung beitragen will, zugleich aber ist sie auch strikt anwendungsorientiert und damit von besonderem Interesse für die unternehmerische Praxis.

Es geht dem Verfasser um die Entwicklung und die Implementierungsbedingungen eines GRC-Management-Systems, das auf dem Zusammenwirken von Interner Revision, Risikomanagement und Compliance-Management basiert. Dies aber setzt voraus, so der Verfasser, dass der traditionelle Fokus dieser Funktionen, nämlich Schaffung von Transparenz und Ausübung von Kontrolle, erweitert wird um eine Integration von umfassenden Stakeholder-Interessen und die Entwicklung einer gelebten Integritäts- und Führungskultur.

In Kapitel 2 werden die terminologischen Grundlagen und wesentlichen theoretischen Konzepte der Corporate Governance eingeführt und erörtert. Vor dem Hintergrund der Principal-Agent-Theorie und des Stewardship-Modells integriert Stefan Otremba sinnvollerweise das Verhältnis von Governance und Ethik als Effektivitätskriterium für ein GRC-System in die Analyse; ebenso erweitert er die Frage nach der Wertschöpfung (Shareholder Value) auf die Generierung von „Shared Value".

Im Folgenden werden dann die Bereiche der Internen Revision, des Risikomanagements und der Compliance in einer kenntnisreichen Bestandsaufnahme je einzeln referiert, womit die kategorialen Voraussetzungen für das GRC-Rahmenwerk geschaffen sind. Dieses wird in Kapitel 4 konzeptionell-praxisorientiert entwickelt. Hier liegt zweifellos der Schwerpunkt der Untersuchung, in der sich der Verfasser entscheidend auf seine praktische Erfahrung in seiner Berufstätigkeit stützen konnte.

Zu diesem Zweck wird zunächst ein GRC-Rahmenwerk entwickelt, das über acht Dimensionen die Corporate Governance, die internen und externen Einflussfaktoren des GRC-Managements, als Ausgangspunkt und Resultat des GRC-Rahmenwerks entwickelt. Diese Diskussion mündet in die Entwicklung der Elemente einer GRC-Strategie, die dann für die Interne Revision, das Risikomanagement und die Compliance-Funktion auf ihre praktischen und instrumentellen Implikationen hin diskutiert und als GRC-Regelkreis systematisiert werden. Dieser muss in eine eigene organisatorische Form gebracht, mit Instrumenten versehen und angemessen kommuniziert werden. Mit Praxisbeispielen werden diese Aspekte plausibilisiert. Damit ergibt sich die Grundlage des GRC-Verständnisses als evolutionärem Prozess, der ebenfalls die Anforderungen an die Unternehmensführung bestimmt.

Theorie und Praxis sind in ein ausgewogenes Verhältnis gebracht und befruchten einander, und dies führt zu einem innovativen Entwurf eines auch wertegetriebenen GRC-Managements als Aufgabe der Corporate Governance.

Stefan Otremba hat mit dieser während seiner Berufstätigkeit verfassten Arbeit eine sehr beachtenswerte Leistung vollbracht und eine wertvolle sowie innovative Verknüpfung von wissenschaftlicher und praxisbasierter Lösungsorientierung entwickelt, für die ihm hohes Lob gebührt.

Prof. Dr. habil. Josef Wieland

Zeppelin Universität, Friedrichshafen / Hochschule Konstanz (HTWG), im Juni 2016

Vorwort

Es war Neugier – die einzige Art Neugier, die die Mühe lohnt, mit einiger Hartnäckig-keit betrieben zu werden: nicht diejenige, die sich anzueignen sucht, was zu erken-nen ist, sondern die, die es gestattet, sich von sich selber zu lösen.

Michel Foucault

Die vorliegende Arbeit entstand in den Jahren 2013 bis 2015 parallel zu meiner be-ruflichen Tätigkeit als Leiter der Abteilung eines internationalen Automobilunterneh-mens, die für das Management von Risiken der Korruption, der Geldwäsche und der Terrorismusfinanzierung verantwortlich ist. Als Dissertation ist sie getragen von dem Bestreben, ein theoretisch fundiertes und auf die Praxis ausgerichtetes Konzept für den Umgang mit rechtlichen, finanziellen und Reputationsrisiken zu entwickeln. Ein Konzept, das nicht an den Grenzen der eigenen Zuständigkeit endet, sondern über Bereichsgrenzen hinweg denkt, Gemeinsames zusammenführt und Trennendes auf-deckt. Kurzum: Ein integriertes Rahmenwerk der Governance, Risk & Compliance, welches an die ethischen, rechtlichen und organisationalen Rahmenbedingungen anknüpft und das Unternehmensinteresse in der Gänze in den Blick nimmt.

Wer sich freiwillig auf diese Reise begibt, der zwingt sich, Bestehendes in Frage zu stellen, hinter die Kulissen des vermeintlichen Konsenses zu schauen, Modebegriffe zu hinterfragen, eigene Erfahrungen und Auffassungen zu ergründen – und sich schließlich im Sinne Foucaults von ihnen zu lösen. Es ging ganz konkret darum, die Welt der Corporate Governance nicht neu zu entdecken, aber durch die Rekombina-tion ihrer tragenden Säulen einen neuen Zugang zum Umgang mit Chancen und Ge-fahren zu finden. Einen Zugang, der Effizienzpotenziale aufzeigt und einen Beitrag zur Verbesserung der Corporate Governance in der Unternehmensrealität leistet.

Auf dieser Reise haben mich zahlreiche Menschen begleitet. Einigen möchte ich ausdrücklich danken. Zuvorderst sind dies meine Doktorväter, Prof. Dr. Josef Wie-land und Prof. Dr. Michael Schramm. Beide haben mir die Freiheit gewährt, meiner Neugier zu folgen und mit ihren Impulsen dazu beigetragen, dass diese Neugier zu brauchbaren Ergebnissen geführt hat. Der größte Dank gebührt jedoch meinen El-tern und meiner Freundin, die mich seit vielen Jahren auf meinem Weg begleiten.

Berlin & Stuttgart, im Jahr 2016   Stefan Otremba

Inhaltsverzeichnis

Abkürzungsverzeichnis

AktG   Aktiengesetz

BGB   Bürgerliches Gesetzbuch

BilMoG   Bilanzrechtsmodernisierungsgesetz (Langtitel: Gesetz zur Modernisierung des Bilanzrechts)

BilReG   Bilanzrechtsreformgesetz (Langtitel: Gesetz zur Einführung internationaler Rechnungslegungsstandards und zur Sicherung der Qualität der Abschlussprüfung)

CG   Corporate Governance

COSO   Committee of Sponsoring Organizations of the Treadway Commission

DAX   Deutscher Aktienindex

DCGK   Deutscher Corporate Governance Kodex

DRSC   Deutsche Rechnungslegungs Standards Committee e.V.

ERM   Entreprise Risk Management

EU   Europäische Union

FCPA   Foreign Corrupt Practices Act

GRC   Governance, Risk & Compliance

HGB   Handelsgesetzbuch

ICFR   Internal Control over Financial Reporting

IDW   Institut der Wirtschaftsprüfer in Deutschland

IFAC   International Federation of Accountants

IIA   Institute of Internal Auditors

IKS   Internes Kontrollsystem

KapMuG   Kapitalanleger-Musterverfahrensgesetz (Langtitel: Gesetz über Musterverfahren in kapitalmarktrechtlichen Streitigkeiten)

KonTraG	Gesetz zur Kontrolle und Transparenz im Unternehmensbereich
OECD	Organisation für wirtschaftliche Zusammenarbeit und Entwicklung
OWiG	Gesetz über Ordnungswidrigkeiten
PS	Prüfungsstandard
TransPuG	Transparenz- und Publizitätsgesetz (Langtitel: Gesetz zur weiteren Reform des Aktien- und Bilanzrechts, zu Transparenz und Publizität)
UMAG	Gesetz zur Unternehmensintegrität und Modernisierung des Anfechtungsrechts
VorstOG	Gesetz über die Offenlegung der Vorstandsvergütungen

Abbildungs- und Tabellenverzeichnis

Abbildung   **Seite**

Tabelle   **Seite**

1 Einleitung: Warum eigentlich GRC?

Der Beginn aller Wissenschaften ist das Erstaunen,
dass die Dinge so sind, wie sie sind.

Aristoteles

Unternehmen sehen sich heute mit einer Vielzahl von Anforderungen konfrontiert, die den Rahmen, innerhalb dessen diese ihre Corporate Governance gestalten können, festlegen. Insbesondere in den vergangenen 15 bis 20 Jahren wurde das für kapitalmarktorientierte Organisationen in Deutschland bestehende Normengefüge aus gesetzlichen, branchenspezifischen, kapitalmarktinduzierten, berufsständischen und sonstigen Bestimmungen sukzessive ausgeweitet. Ergänzt werden diese Vorgaben durch eine gesteigerte Moralsensitivität und eine erhöhte Medienöffentlichkeit, die das Verhalten individueller und kollektiver Akteure im Wirtschaftsgeschehen immer stärker in den Blickpunkt rücken. In der Gesamtschau dieser Entwicklungen unterliegen Unternehmen heutzutage weitreichenden expliziten und impliziten normativen Vorgaben, welche die Aufgaben, Rollen und Verantwortlichkeiten von Vorstand, Aufsichtsrat und Aktionärsversammlung regeln, das Beziehungsgeflecht dieser Akteure untereinander präzisieren, Informations-, Offenlegungs- und Kontrollmöglichkeiten konkretisieren und stabilitätsfördernde Mechanismen einfordern.

Trotz dieses in der jüngeren Vergangenheit verdichteten regulatorischen Netzes verbleibt für Unternehmen jedoch ein breites Spektrum an Freiheiten zur konkreten Ausgestaltung ihrer Corporate Governance. Tatsächlich werden Unternehmen sogar dazu aufgefordert, ihre Führungs- und Kontrollmechanismen in Anbetracht ihrer realen Kontextbedingungen und innerhalb des gesetzlich kodifizierten Rahmens zu präzisieren, um diesen die Entwicklung nicht nur effektiver, sondern auch effizienter, d.h. passgenauer und für die Unternehmen vorteilhafter, Governance-Strukturen zu ermöglichen.[1] Schließlich liegt es auf der Hand, dass die unternehmerischen Führungs- und Kontrollmechanismen nach innen und nach außen wirken und also der regulatorischen Compliance ebenso dienen (sollten), wie der Erfüllung leistungswirtschaftlicher Ziele. Bei genauerer Analyse sowohl der Entsprechungserklärungen deutscher Unternehmen als auch relevanter Studien zu den Auffassungen über die Effektivität

---

[1] Der Deutsche Corporate Governance Kodex (Stand: 2012) führt beispielsweise aus, dass eine gut begründete Abweichung von den Kodexempfehlungen im Interesse einer guten Unternehmensführung liegen kann („comply or explain"-Prinzip). Vgl. DCGK (2012), S. 2.

und Effizienz von Governance-Systemen bei Top Managern und nicht zuletzt unter Bezugnahme von Art und Umfang der teils Aufsehen erregenden Unternehmensinsolvenzen und -Skandale in den vergangenen Jahren drängt sich jedoch der Verdacht auf, dass die Corporate Governance Debatte seit den 1990'er Jahren zwar die Anforderungen im regulatorischen Bereich erhöht, aber aus der Perspektive der Privatwirtschaft keinen unmittelbaren Mehrwert für die handelnden Unternehmen gebracht hat.[2] Dieser Befund wirft zwei Fragen auf: Wie erklärt sich die in den vergangenen Jahren als gewachsen wahrgenommene Divergenz zwischen den Corporate Governance Pflichten einerseits und dem sich aus deren Erfüllung ergebenden Nutzen für die betreffenden Unternehmen andererseits? Und: Wie kann das bisher zur Anwendung gekommene, auf Transparenz- und Kontrollpflichten fokussierte Instrumentarium zur Verbesserung der Führungs- und Kontrollmechanismen in Unternehmen optimiert werden – im Sinne der Erfüllung der zurecht etablierten regulatorischen Anforderungen bei gleichzeitiger Förderung der Leistungsfähigkeit der sie befolgenden Unternehmen.

Nach der hier vertretenen Ansicht kann das effektive und effiziente Zusammenwirken von Interner Revision, Risikomanagement und Compliance Management in Form eines integrierten Governance, Risk & Compliance (GRC-) Gesamtkonzepts hierzu einen Beitrag leisten. Das Ziel dieser Arbeit besteht daher darin, ein wissenschaftlich fundiertes und auf die Praxis ausgerichtetes GRC-Rahmenwerk zu entwickeln, das in der Lage ist, durch die bestmögliche Nutzung der synergetischen Potenziale der GRC-Funktionen rechtliche, finanzielle und Reputationsrisiken im Sinne des Unternehmensinteresses auf effektive sowie effiziente Weise zu steuern und damit zur Erfüllung der regulatorischen Sorgfaltspflichten sowie zur Sicherung der langfristigen Wertschöpfungsfähigkeit von Unternehmen beizutragen. Das GRC-Management wird hierbei als Instrumentarium betrachtet, dessen Ausgangs- und Bezugspunkt die Corporate Governance selbst ist.[3]

Wenn in dieser Arbeit die zuvorderst betriebswirtschaftlichen Governance-Funktionen in den Blick genommen werden, so geschieht dies in der Überzeugung, dass deren effektive und effiziente Erfüllung Ausdruck einer verantwortungsvollen und auf

---

[2] Nach Ansicht des Autors ist das – kurz gesagt – der Tenor einer Studie von Russell Reynolds Associates. Für ausführlichere Schilderungen wird auf Kap. 2.3.2.5 der vorliegenden Arbeit verwiesen.

[3] Der Zusammenhang zwischen der Corporate Governance und dem GRC-Management wird in Kap. 4.3.1 ausführlicher behandelt.

Nachhaltigkeit ausgerichteten Unternehmensführung ist.[4] Selbstverständlich tragen Unternehmen eine Verantwortung: für die Anteilseigner, mit deren Geld sie operieren, für die Mitarbeiter, die sie beschäftigen, für die Gemeinschaften, in denen sie agieren und weitere Stakeholder, insofern sie durch das Tun oder das Unterlassen eines Unternehmens betroffen sind. Eine Verantwortung, die sich nur zum Teil juristisch greifen lässt und die in der realwirtschaftlichen Praxis nicht selten Gegenstand kontroverser Diskussionen ist. So richtig es daher ist, diese Verantwortung im Abstrakten anzuerkennen, so wichtig ist es auch, sie im Konkreten auszugestalten. Die in dieser Arbeit vertretene Argumentation dient nicht zuletzt der Verknüpfung zweier Perspektiven, die viel zu oft als Gegenpole dargestellt werden. Während die betriebswirtschaftliche Governance Effektivität und Effizienz in den Mittelpunkt der Betrachtung rückt, geht es bei der ethischen Perspektive um die (globale) soziale Verantwortung von Unternehmen und deren Fähigkeit, Differenzen zwischen multinationalen Wertesystemen zu managen.[5] Unternehmen, die beide Perspektiven in den das unternehmerische Selbstbild tragenden organisationalen Werten verankern, agieren als „corporate citizen" in dem Bewusstsein, dass ihr Verhalten Einfluss auf ihr Umfeld ausübt und die damit verbundene Verantwortung mit steigendem Einfluss ebenfalls zunimmt. Sie setzen sich Ziele, die über die Erfüllung rein betriebswirtschaftlicher Größen hinausgehen und entwickeln daraus ihr Unternehmensinteresse. Dieses ist wiederum der zentrale Maßstab einer guten Unternehmensführung und -kontrolle und damit Gegenstand des GRC-Managements. Das integrierte GRC-Gesamtkonzept – so, wie es in dieser Arbeit entwickelt wird – fußt auf diesem Verständnis. Es strebt nach der Erfüllung des Unternehmensinteresses in seiner Gänze und damit der Erreichung ökonomischer und ethischer Größen gleichermaßen.

Die vorliegende Arbeit besteht aus fünf Abschnitten, die in der folgenden Abbildung grafisch veranschaulicht werden.

---

[4] Vgl. hierzu auch die Ausführungen in der Präambel des Deutschen Corporate Governance Kodex (2004), S. 1.
[5] Vgl. hierzu ausführlicher und grundsätzlich Wieland, J. (1999): „Die Ethik der Governance".

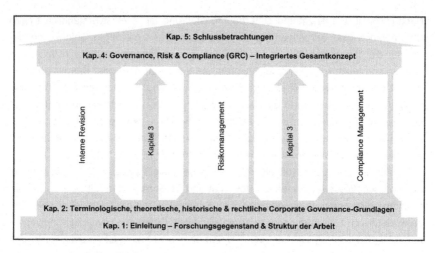

Abb. 1: Aufbau der Arbeit[6]

Im Anschluss an diese Einleitung werden in Kapitel 2 zur Ermöglichung eines grund-legenden Begriffsverständnisses zunächst die terminologischen Grundlagen der Corporate Governance erörtert (Kap. 2.1). Die anschließende Gegenüberstellung der zwei vorherrschenden wissenschaftlichen Begründungsansätze der Corporate Governance, Principal-Agent-Theorie und Stewardship-Ansatz, dient der Herleitung der hier vertretenen Auffassung, dass die Governance eines Unternehmens zuvor-derst das Ergebnis der Suche nach dem bestmöglichen Verhältnis von Vertrauen und Kontrolle in einer konkreten Organisation ist (Kap. 2.2). Für den vorliegenden Kontext ist diese Ansicht auch deshalb bedeutsam, weil sie als Grundlage für die im weiteren Verlauf dieser Arbeit entwickelte Ausgestaltung des GRC-Managements dient. Die nachfolgende Darlegung der historischen Entwicklung der Corporate Governance illustriert die politisch-wirtschaftlich-gesellschaftlichen Zusammenhänge bei der Evolution eines heute über Ländergrenzen hinweg im Wesentlichen geteilten (abstrakten) Verständnisses guter Unternehmensführung. Ein Schwerpunkt dieses Abschnittes liegt auf der Diskussion der Möglichkeiten und Grenzen der aktuellen Corporate Governance. Indem das Leistungsvermögen der derzeit im Fokus der Dis-kussion stehenden Führungs- und Kontrollmechanismen zu Tage tritt, wird deren bisheriger Beitrag zur Corporate Governance ebenso deutlich wie deren bisher nur

---

[6] Eigene Darstellung.

unzureichend ausgeschöpftes Potenzial (Kap. 2.3). Dieses Potenzial ist es, das den Mittelpunkt des Forschungsgegenstandes der vorliegenden Arbeit ausmacht und in Kapitel 4 entwickelt wird. Zur wissenschaftlichen Fundierung des oben einleitend bereits angedeuteten Verständnisses guter Unternehmensführung wird anschließend der Begriff des Unternehmensinteresses diskutiert und Shared Value als Konzept zur Lösung multidimensionaler Interessenkonflikte vorgestellt (Kap. 2.4). Die nachfolgende Darlegung des Zusammenhangs zwischen der Organisationsform eines Unternehmens und dessen Governance illustriert die Vielgestaltigkeit guter Unternehmensführung und -kontrolle. Ausgehend von der Governance-Ethik wird die Notwendigkeit verdeutlicht, Regel- und Werteorientierung nicht als Gegensätze, sondern sich gegenseitig ergänzende Bestandteile der Corporate Governance zu erkennen. Die abschließende Diskussion hierarchischer und modularer Organisationsformen entwickelt Kriterien, welche die Erfüllung der Ziele der Corporate Governance begünstigen (Kap. 2.5). In der Gesamtheit legt Kapitel 2 damit die wissenschaftlichen Grundlagen der weiteren Arbeit. Es klärt die terminologischen, theoretischen, historischen und rechtlichen Hintergründe, beschreibt und würdigt den Status Quo der Corporate Governance und stellt diesen in den Kontext zu Governance-Ethik und Organisationslehre. So entfaltet dieser Abschnitt das wissenschaftliche Fundament, das dieser Arbeit und allen weiteren Ausführungen zugrunde liegt.

In Kapitel 3 erfolgt eine Bestandsaufnahme der das GRC-Rahmenwerk konstituierenden Funktionen, die in Entsprechung der grafischen Veranschaulichung der Gliederung dieser Arbeit als deren tragende Säulen interpretiert werden können: Interne Revision (Kap. 3.1), Risikomanagement (Kap. 3.2) und Compliance (Kap. 3.3) werden einzeln beleuchtet und damit in ihrem jeweiligen (isolierten) Leistungsvermögen charakterisiert. Um die Vergleichbarkeit der Funktionen zu erleichtern, erfolgt die Gegenüberstellung anhand eines einheitlichen Kriterienkatalogs, der historische, definitorische und rechtliche Grundlagen ebenso umfasst, wie Berufsstand und Vorgehensmodell und schließlich auf den Zusammenhang zwischen der jeweiligen GRC-Funktion und der Corporate Governance selbst eingeht. Die vergleichende Analyse der GRC-Funktionen wird mit Blick auf die wichtigsten Unterschiede und Gemeinsamkeiten abgeschlossen (Kap. 3.4). Die in Kapitel 3 gewonnenen Erkenntnisse sind damit gleichsam eine Voraussetzung für das in Kapitel 4 entwickelte integrierte GRC-Gesamtkonzept.

Angesichts der praktischen Relevanz des GRC-Managements für Organisationen im Allgemeinen und kapitalmarktorientierte Unternehmen im Besonderen wäre zu vermuten, dass sich dessen (Neu-) Konzeption auf eine Fülle an Quellen aus Wissenschaft und Unternehmensrealität stützen kann. Eine Analyse des Status Quo zu

GRC in Literatur und Praxis und deren Zusammenfassung anhand von jeweils fünf Hauptaussagen zu Beginn von Kapitel 4 offenbart jedoch zum Teil erhebliche Lücken in den hierzu bisher erfolgten Veröffentlichungen und begründet damit die Notwendigkeit der vorliegenden Arbeit (Kap. 4.1). Die anschließende Definition des integrierten GRC-Managements dient daher der inhaltlichen und programmatischen Präzisierung dieses Modebegriffes (Kap. 4.2). Der Schwerpunkt des vierten Kapitels – und das Zentrum des wissenschaftlich fundierten und auf die Praxis ausgerichteten Neuen – liegt auf der systematischen Entwicklung eines GRC-Rahmenwerks (Kap. 4.3). Der Begriff Rahmenwerk soll verdeutlichen, dass es sich hierbei um ein strukturgebendes und auch inhaltlich Orientierung stiftendes GRC-Gesamtkonzept handelt, das auf die bestmögliche Nutzung der synergetischen Potenziale der Corporate Governance Funktionen ausgerichtet ist und das Ziel verfolgt, rechtliche, finanzielle und Reputationsrisiken im Sinne des Unternehmensinteresses auf effektive sowie effiziente Weise zu steuern. Dabei wird deutlich, dass erst die integrierte Betrachtung von Interner Revision, Risikomanagement und Compliance entlang der gesamten Prozesskette die zuverlässige Erfüllung regulatorischer Sorgfaltspflichten und die Erreichung bestehender Wertschöpfungsziele zu sichern vermag. Selten sind Unternehmen allerdings in der Lage, ein GRC-Management vom Zeitpunkt der Unternehmensgründung an zu etablieren. Häufig bedarf es der evolutionären Weiterentwicklung bereits bestehender, fragmentierter Prozesse. Dieser in vielen Unternehmen bestehenden Realität wird Rechnung getragen, indem die verschiedenen Entwicklungsstufen und die notwendigen Schritte auf dem Weg hin zu einem GRC-Management geschildert werden (Kap. 4.4). Ergänzt werden diese Ausführungen um den Versuch, unter Bezugnahme auf die Ergebnisse der Kapitel 2-4 die wichtigsten Attribute einer das GRC-Management begünstigenden Führungskultur zu entwickeln und in ihrer jeweiligen Bedeutung zu begründen – mithin eine Verbindung herzustellen zwischen den Funktionsbereichen des GRC-Managements einerseits und der Führungskultur als Träger und Ausdruck der Corporate Governance andererseits (Kap. 4.5). Dieser Versuch ist eng mit der Überzeugung verbunden, dass die Corporate Governance erst als Einheit von Leadership und Monitoring ihr volles Potenzial entfalten kann, Abschließend werden die Erkenntnisse zum GRC-Rahmenwerk nochmals auf den Punkt gebracht und die wichtigsten Bestandteile eines integrierten GRC-Managements zusammenfassend dargestellt (Kap. 4.6).

Den Abschluss der vorliegenden Arbeit bildet Kapitel 5, das die wichtigsten Ergebnisse dieses Forschungsprojekts resümiert und einen Ausblick gibt auf die verbleibenden Aufgaben zur nachhaltigen Verankerung integrierter GRC-Prozesse in der Unternehmenspraxis. Schließlich verbindet sich mit dieser Arbeit nicht zuletzt die Hoffnung, durch das Aufzeigen theoretisch fundierter und auf die Praxis ausgerichteter Synergiepotenziale einen kleinen Beitrag zur Verbesserung der Governance im Alltag realer Unternehmen zu leisten.

2 Corporate Governance: Grundlagen & aktuelle Entwicklungen

Das erste Geschäft einer jeden Theorie ist das Aufräumen der durcheinander gewor-
fenen und ineinander verworrenen Begriffe und Vorstellungen, und erst, wenn man
sich über Namen und Begriffe verständigt hat, darf man hoffen, in der Betrachtung
der Dinge mit Klarheit und Leichtigkeit vorzuschreiten.

Carl Philipp Gottfried von Clausewitz

2.1 Terminologische Grundlagen der Corporate Governance

Es gehört zu den Aufgaben einer jeden Arbeit, zunächst die wichtigsten terminologischen Grundlagen zu klären. Die Definition zentraler Begriffe gibt Aufschluss über
das wissenschaftliche (Selbst-) Verständnis des Autors und nicht selten auch den
praktischen Anspruch, den er mit dieser Arbeit verfolgt. Für den vorliegenden Kontext
ist dies umso interessanter, da es eine durch alle geteilte Definition des Begriffes
Corporate Governance nicht gibt. Allerdings lassen sich aus den verschiedenen Ansätzen zur Begriffsklärung Gemeinsamkeiten und Unterschiede erkennen, die ein für
diese Arbeit grundlegendes Verständnis ermöglichen.

Die moderne Corporate Governance hat ihren Ursprung in den frühen 1990'er Jahren.[7] Als Antwort auf diverse Unternehmensinsolvenzen und damit einhergehende
Verluste für Mitarbeiter und Anleger wurde in Großbritannien das nach ihrem Leiter
benannte Cadbury-Committee gegründet, dessen Bericht von 1992 als erster europäischer Corporate Governance Kodex gilt und für alle späteren diesbezüglichen
Kodizes orientierungsstiftend wirkte.[8] Dies zeigt sich nicht zuletzt in der kurzen, aber
umso prägnanteren und von zahlreichen Autoren adaptierten Definition der Corporate Governance, der zufolge es sich bei ihr um ein System handele, durch welches
Unternehmen geführt und kontrolliert werden.[9] Auch der deutsche Corporate Governance Kodex (DCGK) greift diesen Dualismus auf, indem er von der „Leitung und
Überwachung"[10] von Unternehmen spricht. Weitere Autoren haben diese Duplizität
des Begriffes übernommen[11], so dass die kombinierte Betrachtung von Unterneh-

---

[7] Zur historischen Entwicklung der Corporate Governance, s. Kap. 2.3.
[8] Der vollständige Titel des 1992 veröffentlichten Berichts lautet „Report of the Committee on the
Financial Aspects of Corporate Governance", abgekürzt häufig nach dem Vorsitzenden des Com-
mittees „Cadbury-Report" genannt.
[9] Vgl. Cadbury-Report (1992), § 2.5.
[10] DCGK (2012), S. 1.
[11] Vgl. hierzu u.a. Macharzina (2010), S. 130 sowie Zöllner (2007), S. 8.

mensführung und -kontrolle[12] als gemeinsame Basis einer Begriffsdefinition konstatiert werden kann.

Ergänzend führt der DCGK aus, dass sich Corporate Governance mit Standards „guter und verantwortungsvoller Unternehmensführung"[13] und -kontrolle befasse. Das wirft die Frage auf, wann selbige gut und wem gegenüber sie verantwortlich ist. Hinsichtlich der (guten) Qualität wird dabei häufig auf die langfristige Wertschöpfungsfähigkeit eines Unternehmens sowie eine den Kriterien der Effektivität und Effizienz genügende Unternehmensführung[14] verwiesen. Besonders umfängliche Definitionen nehmen zusätzlich zur strategischen Ausrichtung die integrative sowie kontextbezogene Funktion der Corporate Governance in den Blick und definieren diese als Führung von Unternehmen, die neben wirtschaftlichen auch ethische Aspekte zu berücksichtigen hat.[15]

Die Frage nach der Verantwortlichkeit wird in der Regel mit dem Verweis auf interne und externe Perspektiven beantwortet. Während sich Corporate Governance im Innenverhältnis einer Unternehmung mit der „optimalen Gestaltung und Lenkung sämtlicher Strukturen und Prozesse der Planung, Entscheidung und Kontrolle"[16] befasst, konkretisiert sich diese im Außenverhältnis in den Beziehungen einer Gesellschaft zu ihren Stakeholdern. Präziser kann die Corporate Governance daher auch als auf regulatorische Anforderungen, Marktbedürfnisse, Stakeholder-Erwartungen und interne Bedingungen ausgerichtete Führung und Kontrolle von Unternehmen verstanden werden.[17] Damit wird Corporate Governance selbst zu einem Prozess, dessen Zweck darin besteht, die diversen internen und externen Anforderungen – repräsentiert durch Stakeholder-Erwartungen – zu priorisieren und in Ausgleich zu bringen. Die OECD-Grundsätze der Corporate Governance charakterisieren diese Innen-Außen-Relation als „Geflecht der Beziehungen zwischen dem Management eines Unternehmens, dem Aufsichtsorgan, den Aktionären und anderen Unternehmensbeteiligten (Stakeholder)"[18]. Es geht also um die Gestaltung der sozialen Beziehungen eines Unternehmens im Innen- und Außenverhältnis mit dem Ziel, einen wirtschaftli-

---

[12] Statt Kontrolle wird von einigen Autoren auch der Begriff „Überwachung" verwendet. Für den hier vorliegenden Kontext unterbleibt eine Analyse hinsichtlich der semantischen Unterschiede beider Termini.
[13] DCGK (2012), S. 1.
[14] Vgl. Becker, W., Ulrich, P. (2010), S. 5f.
[15] Vgl. Hilb, M. (2009), S. 10.
[16] Becker, W., Ulrich, P. (2010), S. 8.
[17] Vgl. Sun et al. (2011), S. 8.
[18] OECD (2004), S. 11.

chen Mehrwert zu schaffen und diesen als Kooperationsrente in angemessener Weise zu verteilen.[19]

Vor diesem Hintergrund und unter Berücksichtigung der besonderen Bedingungen der für den vorliegenden Kontext bedeutsamen kapitalmarktorientierten Unternehmen lässt sich der Begriff der Corporate Governance folgendermaßen definieren:

Corporate Governance bezeichnet das System der Führung und Kontrolle von Unternehmen. Ihr Zweck besteht darin, die langfristige Wertschöpfungsfähigkeit eines Unternehmens zu sichern. Corporate Governance ist sowohl nach innen als auch nach außen orientiert und dadurch stets Ausdruck des spezifischen Kontextes eines Unternehmens. Sie ist darauf ausgerichtet, die Ressourcen sowie die Interessen der unterschiedlichen Stakeholder in einem Austauschprozess zu erkennen, zu priorisieren und entsprechend vertraglicher Vereinbarungen sowie unternehmenseigener Zielsetzungen zu erfüllen.

2.2 Begründungsansätze der Corporate Governance

Wie die Diskussion der terminologischen Grundlagen der Corporate Governance gezeigt hat, sind Unternehmen wirtschaftlich-rechtliche Einheiten, die mit einer Vielzahl an unternehmensinternen und –externen Akteuren in Austauschbeziehungen stehen. Diese Vieldimensionalität hat die Tatsache begünstigt, dass das Themengebiet der Corporate Governance aus der Perspektive diverser Forschungsgebiete betrachtet und erforscht worden ist. Wenngleich rechtswissenschaftliche, soziologische, verhaltenswissenschaftliche politologische, philosophische und nicht zuletzt ökonomische Ansätze zu einem verbesserten Verständnis der Herausforderungen an eine moderne Corporate Governance beigetragen haben, so besteht bis heute keine durch alle geteilte Theorie zur Beschreibung und Erklärung der Corporate Governance Problematik.[20]

Innerhalb der Wirtschaftswissenschaften wird die Diversität anhand zweier Theorieansätze deutlich, die im Folgenden exemplarisch in ihren Grundzügen dargelegt

---

[19] Vgl. Wieland, J. (2011), S. 225f.
[20] Vgl. Welge, M.K., Eulerich, M. (2012), S. 7.

werden. Zunächst wird hierzu der wohl populärste und bekannteste Begründungsansatz der Corporate Governance, die Principal-Agent-Theorie, erläutert. Im zweiten Schritt erfolgt die Beschreibung der Stewardship-Theorie, die der Principal-Agent-Theorie in wesentlichen Grundannahmen widerspricht. Abschließend werden beide Perspektiven zusammengebracht und Konsequenzen für den vorliegenden Kontext hergeleitet.

2.2.1 Die Principal-Agent-Theorie als Vertreter der Neuen Institutionenökonomik

2.2.1.1 Hintergründe zur Neuen Institutionenökonomik

In dem Maße, in dem sich die Wirtschaft in den vergangenen Jahrhunderten ausdifferenzierte und sich einzelne Wirtschaftssubjekte spezialisierten, nahm die Arbeitsteilung zwischen den jeweiligen Akteuren zu. Damit stieg aber auch die Komplexität im Leistungserstellungsprozess selbst und mit ihr die Notwendigkeit, die sich aus der Interaktion von Menschen ergebenden Kosten ökonomisch zu berücksichtigen. Während die klassische und neoklassische Wirtschaftstheorie vom Axiom des vollkommenen Marktes ausgeht und die sich aus der Koordination dieser Interaktion ergebenden Kosten unberücksichtigt lässt, stellt die Neue Institutionenökonomik diese Transaktionskosten geradezu in den Mittelpunkt ihrer Forschung. Sie ist damit gleichsam als Antwort[21] auf die neoklassische Idealwelt zu verstehen.[22]

Kerngedanke der Neuen Institutionenökonomik ist, dass zur Ermöglichung wirtschaftlichen Handelns in arbeitsteiligen Systemen Institutionen erforderlich sind. Der Begriff der Institution meint dabei Systeme von verhaltenssteuernden Regeln, die den Zweck verfolgen, die menschliche Interaktion über einen längeren Zeitraum zu gestalten. Zu den Institutionen zählen sowohl Einrichtungen wie bspw. Unternehmen und Behörden, als auch Funktionsregeln, welche das Zusammenleben zwischen diesen Akteuren ordnen. Dabei dienen diese dazu, eine gewisse Idee, bspw. das Ziel einer den Prinzipien der sozialen Marktwirtschaft gehorchenden Wirtschaftsordnung, zu verwirklichen und defektives Handeln mittels formaler oder informeller Sanktionsmechanismen zu missbilligen. Durch die Etablierung, Nutzung, Erhaltung und Verän-

---

[21] Diese Antwort besteht nicht in einer völligen Modifikation der Grundannahmen der neoklassischen Wirtschaftstheorie. Vielmehr werden einige Prinzipien der Neoklassik – bspw. der methodologische Individualismus sowie die Annahme grundsätzlichen zweckrationalen Verhaltens – übernommen. Gleichwohl legt die Neue Institutionenökonomik ihrer Theorie ein Menschenbild zugrunde, das dem realen Menschen eher entspricht. Vor diesem Hintergrund wird die Neue Institutionenökonomik auch als Erweiterung der Neoklassik charakterisiert. Vgl. Brinitzer, R. (2001), S. 151.
[22] Vgl. Göbel, E. (2002), S. VI.

derung dieser Institutionen entstehen wiederum Aufwendungen, die unter dem Begriff der Transaktionskosten zusammengefasst werden.[23]

Die Existenz von Transaktionskosten anzuerkennen, bedeutet, den Menschen selbst in seiner Vielschichtigkeit ernst zu nehmen. Dazu gehört seine begrenzte Rationalität ebenso wie seine Neigung zu individueller Nutzenmaximierung und opportunistischem Verhalten.[24] Um also – gerade vor dem Hintergrund arbeitsteiliger Gesellschaften – mit anderen Akteuren in den Austausch zu kommen, müssen diverse Aufwendungen zur Suche geeigneter Vertragspartner, zu Anbahnung und Abschluss von Verträgen sowie zur Durchsetzung erlangter Verfügungsrechte in Kauf genommen werden.[25] Es entstehen Transaktionskosten, die dazu dienen, das unvollständige Informationsniveau eines Akteurs zu optimieren und Unsicherheit im Umgang mit anderen Akteuren zu reduzieren.

Im Hinblick auf die unternehmerische Praxis entstehen Transaktionskosten nicht nur im Außenverhältnis beim Umgang mit Lieferanten, Kunden, der allgemeinen Öffentlichkeit, dem Wettbewerb sowie dem Staat. Sie entstehen auch im Innenverhältnis – und es ist vor allem diese Perspektive, welche die Neue Institutionenökonomik für den vorliegenden Kontext interessant macht. Schließlich sind Interne Revision, Risiko- und Compliance Management Funktionen im Unternehmen, die dazu beitragen (sollen), die Corporate Governance zu verbessern und, indem sie dies tun, Transaktionskosten verursachen. Aus Corporate Governance Perspektive stellt sich daher die Frage, wie die Transaktionskosten eines Unternehmens optimiert werden können. Einen bedeutenden Ansatz zur Beantwortung dieser Frage liefert die Principal-Agent-Theorie.[26]

2.2.1.2 Kernaussagen der Principal-Agent-Theorie

Eine Konsequenz der Arbeitsteilung in modernen Wirtschaftsordnungen ist die Notwendigkeit, andere Akteure mit der Erledigung von Arbeiten beauftragen zu müssen, um Produkte oder Dienstleistungen auf wirtschaftliche Weise fertigen und vermarkten zu können. Den dadurch möglich werdenden Effizienzgewinnen durch Synergie- und

---

[23] Vgl. Richter R., Furubotn. E. (1996), S. 47f. sowie Göbel, E. (2002), S. 3.
[24] Vgl. Welge, M.K., Eulerich, M. (2012), S. 7.
[25] Vgl. Richter R., Furubotn. E. (1996), S. 51.
[26] Die Principal-Agent-Theorie gilt als eine von drei Theoriesträngen, die den Kern der Neuen Institutionenökonomik konstituieren. Die anderen beiden Ansätze sind die Transaktionskostentheorie und die Theorie der Verfügungsrechte. Vgl. hierzu u.a. Göbel, E. (2002) sowie Richter R., Furubotn. E. (1996).

Spezialisierungseffekte steht dabei gegenüber, dass die Zusammenarbeit vereinbart, koordiniert und überwacht werden muss.[27] Es entstehen also Abhängigkeiten zwischen einem Auftraggeber und einem Auftragnehmer, der seinerseits wieder Auftraggeber in anderen Konstellationen sein kann. Angesichts der oben geschilderten Annahmen der Neuen Institutionenökonomik über die Motivlage der Menschen – insbesondere ein opportunistisches, an der Maximierung des Eigennutzes ausgerichtetes Streben – wird davon ausgegangen, dass Auftragnehmer (Agenten) nur bedingt im Interesse ihres Auftraggebers (Principal) agieren und stattdessen selbstinteressiert handeln. Die Principal-Agent-Theorie[28] befasst sich daher mit der Frage, wie die zwischen Principal und Agent vorherrschende asymmetrische Verteilung von Informationen, Risiken und Interessen zugunsten des Principals beeinflusst und mittels geeigneter Anreize auf effiziente Weise gestaltet werden kann.[29]

Um dieses Problemgeflecht an konkreten Beispielen zu veranschaulichen, sei auf vier Konstellationen verwiesen:

- Bei der Anbahnung von Verträgen – bspw. bei der Einstellung eines Vorstandsmitglieds durch den Aufsichtsrat – ist dem Principal (Aufsichtsrat) daran gelegen, die Eigenschaften und Fähigkeiten des (potenziellen) Agenten genau zu kennen, um auf dieser Basis über eine Auftragsvergabe – bspw. die Einstellung des Bewerbers – entscheiden zu können. Der Agent (Vorstand) ist seinerseits daran interessiert, sich möglichst positiv darzustellen und negative Eigenschaften zu verbergen. Dieser Problemtyp, der auch „hidden characteristics" genannt wird, kann zu einem suboptimalen Vertragsschluss – der Auswahl und Einstellung eines Bewerbers, der nicht am besten für die vakante Stelle geeignet ist – führen (sogenannte „adverse selection").[30]
- Ein weiteres durch den Principal-Agent-Ansatz thematisiertes Problem bezieht sich auf die Phase nach dem Abschluss eines Vertrages. Hier führt das asymmetrische Informationsverhältnis zwischen Principal und Agent dazu, dass ersterer (bspw. die Aktionärsversammlung oder der Aufsichtsrat) die Handlungen des beauftragten Agenten (bspw. der Vorstand) zwar beobachten kann. Aufgrund der spezifischen Kenntnisse des Agenten über den von ihm

---

[27] Vgl. Göbel, E. (2002), S. 100.
[28] Erstmals wiesen Adolph Berle und Gardiner Means auf dieses Beziehungsgeflecht hin, als sie im Jahr 1932 in ihrem Werk „The Modern Corporation and Private Property" die sich aus der Trennung von Kapitaleigentum und Kontrolle ergebenden Probleme behandelten. Vgl. Grüninger, S. (2009), S. 47.
[29] Vgl. Richter R., Furubotn. E. (1996), S. 241.
[30] Vgl. Göbel, E. (2002), S. 101.

verantworteten Entscheidungskomplex ist der Principal aber nicht in der Lage, die Eignung dieser Handlung (bspw. einer Investitionsentscheidung) zu beurteilen. Das Problem der „hidden information" führt dazu, dass der Principal die Entscheidungsfindung des Agenten nur unter hohen Kosten oder eben nicht vollständig bewerten kann.[31]

- Mit diesem Phänomen eng verknüpft ist der Problemtyp der „hidden action". Häufig ist der Principal erneut nur unter hohen Kosten und in eingeschränktem Umfang in der Lage, den Agenten bei der Erledigung seiner Arbeit zu beobachten. Da bspw. der als Principal agierende Arbeitgeber das Verhalten seiner Arbeitnehmer insbesondere in Konstellationen, die zusätzlich von exogenen Faktoren geprägt sind, nicht vollends zu kontrollieren vermag, könnten (einzelne) Arbeitnehmer geneigt sein, langsamer zu arbeiten, die Ressourcen des Arbeitgebers für private Zwecke zu gebrauchen („consumption on the job") oder lange Pausen einzulegen, um damit ihr privates Input-Output-Verhältnis zu optimieren.[32]

- Schließlich wird in einigen Quellen zusätzlich auf das Problem der „hidden intentions" verwiesen. Dieses zuweilen auch als Unterart der „hidden characteristics" bezeichnete Phänomen beschreibt die aus der Perspektive des Principals bestehende Gefahr, dass der Agent vor und nach Vertragsabschluss Absichten haben könnte, die den Zielen des Principals entgegenstehen.[33] So könnte bspw. ein Arbeitnehmer in spezifischen Konstellationen die Abhängigkeit seines Arbeitgebers (z.B. gekennzeichnet durch die Dringlichkeit eines zu erledigenden wichtigen Auftrages) zur Durchsetzung materieller oder immaterieller Ansprüche ausnutzen.

Die geschilderten Problemtypen verdeutlichen, dass die Principal-Agent-Theorie den Agenten als eigennutzmaximierenden homo oeconomicus[34] begreift und in dem Versuch, die Asymmetrie zwischen Principal und Agent zu reduzieren, die Position des Principals einnimmt.[35] Wenngleich die Principal-Agent-Theorie demnach auf eine Vielzahl an Fallkonstellationen angewendet werden kann[36], ist es aus der Perspekti-

---

[31] Vgl. Welge, M.K., Eulerich, M. (2012), S. 12 sowie Göbel, E. (2002), S. 102.
[32] Vgl. Göbel, E. (2002), S. 102 sowie Jones, G.; Bouncken, R. (2008), S. 107.
[33] Vgl. Göbel, E. (2002), S. 102.
[34] Der homo oeconomicus ist kein Mensch im lebensweltlichen Verständnis. „Vielmehr ist dieser als Theoriekonstrukt aufzufassen, welches geschaffen worden ist, um die Interaktionsmuster zu erklären, die in Dilemmastrukturen unter zu Grunde Legung eines ökonomischen Rationalitätsmodells systematisch zu erwarten sind." Otremba, S. (2009), S. 15.
[35] Vgl. Göbel, E. (2002), S. 104.
[36] So verdeutlicht bspw. Göbel, dass die Principal-Agent-Problematik auch auf das Verhältnis zwischen Vermieter (Principal) und Mieter (Agent) angewendet werden kann. Hier besteht das Prob-

ve der Corporate Governance insbesondere das Beziehungsgeflecht von Unternehmen (und hier vor allem Aktiengesellschaften), welches die Theorie als Erklärungsansatz für die Notwendigkeit der Etablierung von Kontroll- und Transparenzmechanismen im Unternehmenskontext begründet hat. Demnach geht es um die Frage der Durchsetzung der Interessen der Aktionäre gegenüber der ihnen gehörenden Unternehmung über den Aufsichtsrat bzw. den Vorstand. Der Aufsichtsrat ist seinerseits daher Agent gegenüber den Aktionären und Principal gegenüber dem Vorstand. Letzterer ist wiederum Agent gegenüber Aufsichtsrat und Aktionären sowie Principal gegenüber den Mitarbeitern des Unternehmens. So lässt sich die wechselseitige Betroffenheit von den Handlungen der jeweiligen Auftraggeber und Auftragnehmer, wie in der folgenden Grafik dargestellt, als lange Kette von Vertragsbeziehungen veranschaulichen, die ihrerseits erst dort endet, wo keine weitere Unterbeauftragung erfolgt.

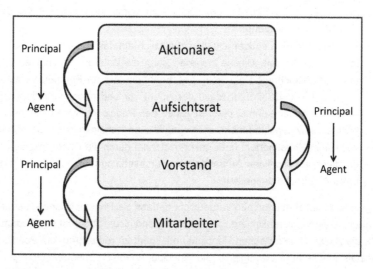

Abb. 2: Principal-Agent-Beziehungen am Beispiel einer AG[37]

---

lem in dem sorgfältigen Umgang mit der Mietsache. Andererseits wird an diesem Beispiel auch deutlich, dass die Rolle von Principal und Agent auch getauscht werden kann. Schließlich kann auch der Mieter als Auftraggeber und damit als Principal fungieren, während der Vermieter beauftragter Bereitsteller der Mietsache und damit Agent ist. Hier besteht dann für den Mieter die Gefahr, dass der Vermieter wesentliche Informationen über die Mietsache verschweigt. Damit sind einige der o.g. Problemtypen, die Principal-Agent-Verhältnisse charakterisieren, beispielhaft beschrieben. Weitere Anwendungsgebiete sind bspw. das Verhältnis zwischen Käufer und Verkäufer sowie zwischen Versicherung und Versichertem. Vgl. Göbel, E. (2002), S. 99.

[37] Eigene Darstellung in Anlehnung an Welge, M.K., Eulerich, M. (2012), S. 16.

2.2.1.3 Die Bedeutung der Principal-Agent-Theorie für die Corporate Governance

Im Hinblick auf die Corporate Governance ergeben sich hieraus drei wesentliche Erkenntnisse: Erstens resultieren Informationsasymmetrien sowie die Charaktereigenschaft der Eigennutzorientierung des Menschen in Interessenkollisionen zwischen Principalen und Agenten. Zweitens bestehen (eingeschränkte) Möglichkeiten, dieses Problemgeflecht mithilfe von Governance-Mechanismen zugunsten der Interessen des Principals zu optimieren. Und drittens muss es aus Wirtschaftlichkeitserwägungen das Ziel einer guten Unternehmensführung und -kontrolle sein, die Kosten der Überwachung bei möglichst weitgehender Durchsetzung der Interessen des Principals zu dezimieren. Damit nimmt die Principal-Agent-Theorie den Zusammenhang zwischen Governance-Mechanismen und Unternehmenserfolg bzw. Unternehmenswert unter Berücksichtigung der genannten Verhaltensannahmen sowie positiver Transaktionskosten in den Blick.[38]

Die in den vergangenen Jahren zu beobachtenden Entwicklungen der Corporate Governance[39] sind als Antwort auf die in der Principal-Agent-Theorie thematisierte asymmetrische Informations-, Risiko- und Interessenverteilung zu verstehen. Dabei bestehen die auf eine Reduzierung der Informationsasymmetrie zielenden Maßnahmen vor allem in der Etablierung von Berichtspflichten und Kontrollmechanismen – jeweils zugunsten von Aufsichtsrat sowie Anteilseignern von Aktiengesellschaften. Durch die Erweiterung der Haftungstatbestände von Vorständen (und Aufsichtsräten) wurde das asymmetrische Risikoverhältnis zwischen angestellten Vorstandsmitgliedern und voll haftenden Aktionären verbessert.[40] Und mithilfe langfristiger Vergütungsmodelle wurde versucht, die Interessen von Vorständen und Aufsichtsräten sowie Aktionären anzunähern. Durch diese lediglich beispielhafte Aufzählung wird deutlich, dass die Bedeutung der Principal-Agent-Theorie für die heutige Corporate Governance nicht unterschätzt werden darf. Dennoch hat es in den vergangenen Jahren eine Gegenentwicklung gegeben, die für ein modernes Verständnis guter Unternehmensführung und -kontrolle zu beachten ist. Diese Gegenentwicklung wird

---

[38] In neueren Veröffentlichungen ist darauf hingewiesen worden, dass „weiche Faktoren" wie Vertrauen und Moral bei Vorliegen unvollständiger Verträge durchaus auch im Rahmen der Neuen Institutionenökonomik von ökonomischer Relevanz sein können. Die Voraussetzung hierfür ist, dass es gelingt, diese zum Beispiel in Form dysfunktionaler Effekte bei einer zu starken Überwachung des Agenten durch den Principal in die Sprache der Ökonomik zu übertragen. Vgl. Schwegler, R. (2009), S. 197.

[39] Vgl. hierzu insbesondere Kapitel 2.3.

[40] Mit dem Transparenz- und Publizitätsgesetz (TransPuG) aus dem Jahr 2002 sowie dem Gesetz zur Unternehmensintegrität und Modernisierung des Anfechtungsrechts (UMAG) aus dem Jahr 2005 wurden die Möglichkeiten zur Haftungserleichterung bei Sorgfaltspflichtverletzungen für Vorstände und Aufsichtsräte neu geregelt.

durch die Stewardship-Theorie zum Ausdruck gebracht, deren Kernaussage im folgenden Kapitel erörtert wird.

2.2.2   Die Stewardship-Theorie

Die Stewardship-Theorie hat ihren Ursprung insbesondere in psychologischen und soziologischen Forschungsergebnissen über die Motivlage angestellter Manager börsennotierter Aktiengesellschaften. Demnach sind die meisten Top Manager keineswegs eigennutzmaximierenden homines oeconomici im Sinne der Agenten des Principal-Agent-Ansatzes. Vielmehr ist die Motivlage von Managern, so die Stewardship-Theorie, von einer intrinsischen, sich mit dem Unternehmen identifizierenden Motivation gekennzeichnet. Angestellte Unternehmenslenker werden als Treuhänder (Stewards) der Interessen des Unternehmens und damit (im Idealfall auch) der Ziele der Aktionäre begriffen. Sie übernehmen Verantwortung, sind bereit, sich über das erwartete Maß hinaus zu engagieren und den Unternehmenserfolg auch zu Lasten eigener Interessen anzustreben.[41]

Entsprechend dieses von der Principal-Agent-Theorie abweichenden Menschenbildes des Stewardship-Ansatzes äußert sich die faktisch fortbestehende Asymmetrie zwischen Principal und Manager im Hinblick auf Informationen und Risiken nicht in einem grundsätzlichen Interessenkonflikt, der mithilfe eines dichten Netzes an Berichts- und Kontrollmechanismen gelöst werden müsste. Vielmehr empfiehlt die Stewardship-Theorie eine auf Vertrauen und Partizipation (statt Misstrauen und Kontrolle) basierende Unternehmenskultur – nicht zuletzt, da Manager, die sich als Treuhänder der Unternehmensinteressen verstehen, nur unter solchen Bedingungen Höchstleistungen zu erbringen vermögen. Damit widerspricht die Stewardship-Theorie dem Principal-Agent-Ansatz in wesentlichen Grundannahmen über das menschliche Verhalten. Aus der Perspektive der Corporate Governance stellt sich vor diesem Hintergrund die Frage nach den Konsequenzen für eine effektive, den Unternehmensinteressen entsprechende und damit auch Wirtschaftlichkeitsüberlegungen genügende Gestaltung der Beziehungen zwischen Aktionären, Aufsichtsrat, Vorstand und Mitarbeitern eines Unternehmens. Auf diese Frage, deren Antwort gleichsam den Rahmen für die in Kapitel 4 erfolgende Konzeption eines integrierten

---

[41] Stiglbauer schreibt hierzu, dass der Steward einen Trade-off zwischen seinen persönlichen Zielen und den Unternehmensinteressen anstrebe, „wobei die Tendenz eher in Richtung Pflichterfüllung zugunsten der Organisation" gehe. Stiglbauer, M. (2010), S. 35.

GRC-Rahmenwerks setzt, soll in den nun folgenden Schlussfolgerungen eingegangen werden.[42]

2.2.3 Schlussfolgerungen zu den Begründungsansätzen der Corporate Governance

Die Gegenüberstellung von Principal-Agent-Theorie und Stewardship-Theorie verdeutlicht, dass das Menschenbild, das eine Person hat, über deren Verhalten gegenüber anderen Menschen bestimmt. Folglich ist auch der Teil der Corporate Governance, dessen Ausgestaltung einem unternehmerischen Handlungsspielraum unterliegt, eine Funktion des Menschenbildes der diese Ausgestaltung bestimmenden Akteure. So liegt es auf der Hand, dass bspw. ein Gesellschafter und Aufsichtsratsvorsitzender (sollte er, vereinfacht angenommen, die einzig bestimmende Person sein), der davon ausgeht, dass Manager sich als Treuhänder der Unternehmensinteressen verstehen, im Rahmen gesetzlicher Möglichkeiten weniger Überwachungsmechanismen etablieren wird, als ein Principal, der vom (theoretischen) Menschenbild des homo oeconomicus nach Art des Principal-Agent-Ansatzes überzeugt ist. Gleichzeitig zeigt die Gegenüberstellung damit aber auch, dass beide Theorien ihre Berechtigung haben und also kontingent sind. Schließlich ist die Motivlage der Menschen so komplex wie die Menschheit ihrerseits vielseitig ist. Mit der Gegenüberstellung beider Theorien ist daher (lediglich) die Darlegung zweier Extrempositionen erfolgt, deren Kombination erst Aufschluss über realitätsnahe Implikationen für die vorliegende Arbeit zu geben vermag.

Auf Basis der bereits ausgeführten Erkenntnisse aus der Principal-Agent-Theorie sind der Abbau von Informationsasymmetrien zwischen Principal und Agent sowie die Einschränkung und Kontrolle der Verfügungsrechte des Agenten durch den Principal wesentliche Erfolgsfaktoren bei der Sicherstellung der Interessen des Principals. Demgegenüber postuliert die Stewardship-Theorie, dass Manager einen angemessenen Spielraum zur Nutzung von Verfügungsrechten benötigen, dass ein zu hohes Maß an Kontrolle das soziale Verhalten unterminiere und damit motivatorisch kontraproduktiv sei. Während die durch den Principal-Agent-Ansatz geforderten Kontrollmechanismen mit Kosten verbunden sind und dennoch – schon aufgrund der Dynamik des unternehmerischen Umfeldes – eine vollständige Kontrolle unmöglich ist, kann ein Corporate Governance System andererseits auch nicht ausschließlich

---

[42] Vgl. Welge, M.K., Eulerich, M. (2012), S. 17f.

auf dem Prinzip des gegenseitigen Vertrauens basieren. Schließlich hat bspw. der Aufsichtsrat eines Unternehmens aus gutem Grund die (auch gesetzlich kodifizierte) Pflicht, selbst den vertrauenswürdigsten Vorstand in seinen Entscheidungen zu hinterfragen und damit zu kontrollieren.

Ferner gilt, dass bereits die begrenzte Rationalität[43] des Menschen trotz gegebenenfalls bestehender bester Motive eine unabhängige Kontrolle notwendig macht. Daraus folgt, dass es im Rahmen der Gestaltung von Principal-Agent-Beziehungen in der Regel nicht um die Alternativen Vertrauen *oder* Kontrolle gehen kann, sondern um das Finden des richtigen Verhältnisses von Vertrauen *und* Kontrolle. „Gute Corporate Governance zeichnet sich folglich dadurch aus, einerseits durch sinnvolle rechtliche und faktische Arrangements, bestehend aus Verfügungsrechten und Anreizsystemen, die Anreize oder Spielräume für opportunistisches Verhalten einzuschränken (…), andererseits aber genügend Spielraum zu gewähren, um zielkongruent im Sinne des Unternehmenserfolgs zu entscheiden"[44]. Der optimale Kapitaleinsatz zur Gestaltung der Corporate Governance ergibt sich demnach aus einer Kombination der tatsächlich entstehenden Transaktionskosten für den Abbau von Informationsasymmetrien zwischen Principal und Agent sowie die Einschränkung und Kontrolle der Verfügungsrechte einerseits sowie den psychologischen und sozialen „Kosten" verminderter Motivation beim Agenten durch ein Zuviel an Regulierung und Überwachung andererseits. Ein Optimum also, das die Argumente des auch heute noch prägenden Principal-Agent-Ansatzes zur Begründung der Corporate Governance ernst nimmt, während es diese den Motivlagen der realwirtschaftlichen Praxis annähert. Es ist diese integrierte Sichtweise – das richtige Maß an Vertrauen und Kontrolle unter Zugrundelegung der kontingenten Principal-Agent-Theorie sowie des Stewardship-Ansatzes –, die für das weitere Verständnis der Gestaltung von Corporate Governance-Mechanismen in Unternehmen grundlegend und für die Formung des Beziehungsgeflechts zwischen den Corporate Governance Funktionen Interne Revision, Risiko- und Compliance Management im weiteren Verlauf dieser Arbeit orientierungsstiftend sein soll.[45]

---

[43] Mit dem Begriff der „begrenzten Rationalität" (teils auch „beschränkte Rationalität") wird die kognitive Einschränkung des Menschen bezeichnet, die Realität in ihrer Gänze zu erfassen, zu verarbeiten und demgemäß jederzeit optimal zu handeln. Ursächlich hierfür sind ein Mangel an Informationen, an Zeit oder schlicht Kompetenz zur vollständigen Einschätzung der Situation. Mit dem Konzept der begrenzten Rationalität (engl. „bounded rationality") wird der in den Wirtschaftswissenschaften des 20. Jahrhundert vorherrschenden Fiktion des homo oeconomicus in wesentlichen Annahmen widersprochen. Vgl. Göbel, E. (2002), S. 109.

[44] Stiglbauer, M. (2010), S. 36.

[45] Vgl. Stiglbauer, M. (2010), S. 35f.

2.3 Entwicklung und Status Quo der Corporate Governance in Deutschland

2.3.1 Die historische Entwicklung der Corporate Governance

Die obigen Ausführungen haben deutlich gemacht, dass die Beurteilung der Qualität einer Corporate Governance nicht zuletzt vom Standpunkt des Betrachters und dem Zeitpunkt der Betrachtung abhängig ist. Folglich ist das *Mysterium* guter Unternehmensführung und -kontrolle eng verknüpft mit der Entwicklungsgeschichte erwerbswirtschaftlicher Unternehmen selbst. Bevor daher auf die moderne Corporate Governance eingegangen wird, soll ein kurzer historischer Abriss die jahrhundertelange Evolution der Unternehmung zunächst als wirtschaftliche und später zunehmend als wirtschaftlich-rechtliche Einheit unter besonderer Berücksichtigung der relevanten gesellschaftlichen und politischen Rahmenbedingungen verdeutlichen.[46]

2.3.1.1 Die historische Entwicklung der Corporate Governance bis zum 19. Jahrhundert

Während die vormittelalterlichen Unternehmen zuvorderst als Hausgewerbe bestanden, in denen Bauernfamilien mittels eigener handwerklicher Kenntnisse weitgehend Substitutionswirtschaft betrieben, prägte das Mittelalter zunehmend spezialisierte Handwerke. Vor diesem Hintergrund stieg die Bedeutung des Handels[47] für den Wohlstand einer Region und mithin das Spektrum der Verantwortung der Landesfürsten und deren Interesse an der Sicherung des Wirtschaftslebens als wesentlichem Bestandteil des Landfriedens. Damit wuchs allerdings auch der systematische Einfluss der Politik auf die sich konstituierende Wirtschaft: Straßen- und Flussrechte wurden vergütet, Konzessionen für Wochen- und Jahrmärkte erteilt, Normierungen bei Maßen und Münzen gesetzt sowie Steuern und Abgaben erhoben. Die beständige Suche der Landesfürsten nach weiteren Einnahmequellen führte zu einer Beschleunigung der Regulierung für Bauern, Handwerksbetriebe und Händler.[48] Aber

---

[46] Mit der Schilderung der historischen Entwicklung der Unternehmen soll vor allem deren Wandel von primär eigentümergeführten zu managergeführten Gesellschaften sowie die zunehmende Einflussnahme des Staates (und mittlerweile diverser Anspruchsgruppen) verdeutlicht werden. Für das weitere Verständnis der modernen Corporate Governance ist die Kenntnis dieser Entwicklung als Hintergrund zu verstehen.

[47] Bob Tricker schreibt hierzu „Corporate Governance is as old as trade" und unterstreicht damit die Bedeutung des Handels für die Evolution der Corporate Governance. Unter Bezugnahme auf Shakespeare's „Kaufmann von Venedig" fährt Tricker fort: „Shakespeare understood the challenges involved. Antonio, his Merchant of Venice, worried as he watched his ships sail out of sight. But his friends reminded him that he had entrusted the success of the venture and his fortune to others: no wonder he was worried." Tricker, R.I. (2012), S. 40.

[48] Vgl. Kellenbenz, H. (1977), S. 83 f.

auch die Akteure des Wirtschaftsgeschehens selbst nutzten ihre gewonnene Bedeutung und schlossen sich zusammen, um ihre Interessen besser sichern und durchsetzen zu können. Kaufleute gründeten Gilden, Handwerker schufen Zünfte, Zechen oder Innungen, um den Handel in ihrer Branche kontrollieren und sich vor der Konkurrenz durch fremde Handwerker schützen zu können. Die weitgehende Selbstverwaltung der Zünfte ermöglichte wiederum einen steigenden Einfluss der Wirtschaft auf die Politik – und erstmals ein auch in der Breite der Bevölkerung ankerndes Bewusstsein über die Möglichkeiten zur Selbstregulierung des zunehmend gemeinschaftlichen Wirtschaftslebens.[49]

In die Zeit des Mittelalters fällt auch der Ursprung des heutzutage wieder häufiger zitierten „ehrbaren Kaufmanns". Um die Interessen der Kaufmannsgilden zu wahren, wurden Verhaltensnormen entwickelt, die den Charakter freiwilliger Selbstverpflichtungen aufwiesen, bei deren Zuwiderhandlung jedoch gesellschaftliche Ächtung drohte. Neben praktischen Fähigkeiten wie Lesen, Schreiben und Rechnen sowie sozialen Kompetenzen gehörten hierzu auch ethische Tugenden wie Anstand, Verlässlichkeit und Aufrichtigkeit. Der Erfolg eines Kaufmanns wurde dadurch eng mit seiner Ehre und den diese Ehre begründenden Pflichten verknüpft.[50] Es ist bemerkenswert, nach Jahrhunderten der wirtschaftlichen Entwicklung festzustellen, wie aktuell die Eigenschaften, die ein ehrbarer Kaufmann im Mittelalter aufweisen sollte, auch heute (noch) sind.

Mit Beginn der Frühen Neuzeit entwickelten die absolutistischen Staaten Europas erstmals wirtschaftspolitische Ansätze, die rückblickend unter dem Begriff des Merkantilismus zusammengefasst werden. Begünstigt durch die noch im Mittelalter in Italien begonnene und als kommerzielle Revolution bezeichnete Entwicklung eines Bankwesens wuchs die Wirtschaft und damit ihre Bedeutung als Instrument der (Außen)-Politik zur Finanzierung aufwendiger Lebensstile der Herrschenden ebenso wie zur Generierung von Außenhandelsüberschüssen. Aber auch das einzelne Unternehmen als Ort der Leistungserstellung geriet zunehmend in den Fokus der Betrachtung, der Kaufmann gewann weiter an Bedeutung. Wenngleich der Merkantilismus noch keine systematische Wirtschaftswissenschaft hervorbrachte, so nahm er immerhin die ökonomischen Grundsätze der Lehre vom Betrieb in den Blick und entwi-

---

[49] Vgl. Kellenbenz, H. (1977), S. 111 f.
[50] Vgl. Lin-Hi, N. (2013), S. 5 f. (Internetquelle)

ckelte eine Sammlung praktischer Regeln für den geordneten Kaufmannsbetrieb, die Zeitgenossen gar als Kaufmannswissenschaft bezeichneten.[51]

Adam Smith war es schließlich, der mit seinem berühmten „Wealth of Nations"[52] als dem vielleicht bedeutendsten und folgenreichsten nationalökonomischen Werk die Volkswirtschaftslehre als systematische Wissenschaft begründete.[53] Indem Smith das selbstbestimmte Individuum (statt den Staat) als Träger wirtschaftlichen Handelns identifizierte und freien Wettbewerb als Triebfeder gesellschaftlichen Wohlstands sah, verhalf er dem Liberalismus des bald beginnenden 19. Jahrhunderts zum Durchbruch.[54] In Kenntnis der Wirkungszusammenhänge der Wirtschaft des 18. Jahrhunderts erkannte Smith zudem bereits die sich aus der Trennung zwischen Kapitaleigentum und Kontrolle ergebenden Herausforderungen für Unternehmensführung und -kontrolle. In seinem berühmtesten Werk schrieb Smith 1776: „The directors of such [joint stock] companies, however, being the managers rather of other people's money than of their own, it cannot well be expected, that they should watch over it with the same anxious vigilance with which the partners in a private co-partnery frequently watch over their own."[55]

Mit Eintritt in die Moderne wurden die merkantilen Bindungen und zünftigen Fessel durch konkrete wirtschaftliche Abhängigkeiten ersetzt. Das sich politisch Zug um Zug durchsetzende Prinzip der Gleichheit wurde durch die nahezu Maximierung des freien Unternehmertums gleichsam überholt, das im sprichwörtlichen „Manchester-Kapitalismus" gegen Mitte des 19. Jahrhunderts seinen Höhepunkt fand. Gleichzeitig führten Erfindungen zu einer Beschleunigung der Wirtschaftsentwicklung, die alles bisher Gewesene in den Schatten stellte und der Zeit den Namen „Industrielle Revolution"[56] verlieh: Insbesondere die Erfindung der Dampfmaschine in deren erster Welle ab ca. 1800 sowie die technischen Innovationen, die Eisenbahn, Elektrotechnik und Dampfschiffe zur Marktreife brachten ab ca. 1840 begünstigten den Wandel von der Manufaktur zur Massenfertigung in arbeitsteilig organisierten Fabriken, in denen die Technologie ins Zentrum rückte.[57] Mit der gestiegenen äußeren und inneren

---

[51] Vgl. Walter, R. (2011), S. 44 f.
[52] Der vollständige Titel lautet: „An Inquiry into the nature and causes of the wealth of nations".
[53] Vgl. Hart, M. (2003), S. 221.
[54] Vgl. Walter, R. (2011), S. 55.
[55] Smith, A. (1776), S. 700.
[56] Mit dem Begriff „Industrielle Revolution" wird hier die tiefgreifende und nachhaltige Veränderung der Produktions- und Arbeitsbedingungen bezeichnet, die sich – von England ausgehend – im Zeitraum zwischen 1770 und 1870 vollzog. Vgl. Landes, D. (1998), S. 211 f.
[57] In seinem Buch „Wohlstand und Armut der Nationen" schildert David Landes den viele Jahre dauernden Prozess von der Innovation zur Marktreife am Beispiel der Dampfmaschine besonders anschaulich. Deren erste Anfänge gehen zwar bereits auf das Jahr 1698 zurück, aber erst ca. 200

Komplexität stieg wiederum die Notwendigkeit, die größer gewordenen Unternehmen zu ordnen – Zeitvorgaben wurden betrieben, Betriebsordnungen wurden erstellt. Die Unternehmen der Moderne mussten mehr denn je nach innen wie nach außen professionell geführt werden.

Mit der erhöhten Mobilität und dem Übergang zur Massenproduktion stieg auch die Notwendigkeit für Unternehmen, Investitionen extern zu finanzieren. Bis Mitte des 19. Jahrhunderts war die weit überwiegende Form der Kapitalbeschaffung – trotz des sich langsam entwickelnden Bankwesens – die Selbstfinanzierung durch Gewinnthesaurierung gewesen. Allmählich wuchs nun der Kapitalmarkt und mit ihm die Möglichkeit zur Eigenkapitalbeteiligung über Aktienemissionen oder zur Fremdkapitalfinanzierung über Kredite. Doch es dauerte noch bis zur zweiten Hälfte des 19. Jahrhunderts, dass die Anzahl an Kreditinstituten gestiegen, die Transparenz auf dem Kapitalmarkt ausreichend und die Kreditneigung vieler Unternehmer groß genug war, dass die Fremdfinanzierung zu einem wesentlichen Treiber des weiteren Wachstums werden konnte. Die in Deutschland noch heute bekannten Namen großer Kreditinstitute zeugen von der Gründungswelle im Bankenwesen: Deutsche Bank, gegründet 1870, Commerzbank, gegründet 1870, Dresdner Bank, gegründet 1872. Durch politische Liberalisierungen wurde diese Entwicklung überhaupt erst möglich. Der Abbau von Zollschranken innerhalb des Deutschen Reichs erleichterte den Handel und die Abschaffung des Konzessionszwangs für Aktiengesellschaften im Jahr 1870 erhöhte die Anzahl der Neugründung von Aktiengesellschaften – nicht zuletzt Banken. Mit der zunehmenden Kapitalverflechtung und der abnehmenden staatlichen Kontrolle bedurfte es verbesserter privatwirtschaftlicher Mechanismen zur Überwachung von Unternehmen. Das Allgemeine Deutsche Handelsgesetzbuch von 1861 sowie die 1. Aktienrechtsnovelle aus dem Jahr 1870 forderten die Etablierung eines Aufsichtsrates zur Kontrolle der Unternehmensführung und führten das Trennungsmodell von Leitungs- und Kontrollorgan in seinen Grundzügen ein.[58] Das Aktienrecht wurde immer mehr zum Instrument der Transparenz und Kontrolle im Verhältnis zwischen Unternehmen und Bank sowie zwischen angestelltem Management und Eigentümer.[59] Schließlich verpflichtete der Gesetzgeber die Unternehmen mit der Einführung diverser Sozialversicherungen – beispielhaft der Gesetzlichen Krankenversicherung 1883,

---

Jahre später war ihre Funktionsweise soweit optimiert, dass ihre Entwicklung als abgeschlossen gelten konnte. Vgl. Landes, D. (1998), S. 205 f.

[58] Vgl. Macharzina, K., Wolf, J. (2010), S. 134.

[59] Neben der 1. Aktienrechtsnovelle im Jahr 1870 erwähnt Abelshauser die 2. Aktienrechtsnovelle von 1884 sowie die handels- und kartellrechtlichen Normen aus dem Jahr 1897 als wesentliche Schritte auf dem Weg zur institutionellen Rahmensetzung in der sich entwickelnden korporativen Marktwirtschaft. Vgl. Abelshauser, W. (2011), S. 31.

der Gesetzlichen Unfallversicherung 1884 und der Gesetzlichen Invaliditäts- und Alterssicherung 1889 – zur Beteiligung an der Risikovorsorge der Arbeitnehmer.[60] Waren Unternehmen also zu Beginn des 19. Jahrhunderts noch primär lokal tätige, in Manufakturen fertigende Kleinunternehmen gewesen, die stets nur so viel Kapital investieren konnten, wie sie zuvor Gewinn generiert hatten, so waren sie keine hundert Jahre später – wenn es sie noch gab – nicht selten durch Fusionen zu industriellen Großunternehmen verschmolzen, die in Fabriken Massenproduktion für den nationalen und zuweilen internationalen Markt betrieben, den Kapitalmarkt zur Finanzierung der kapitalintensiven Produktionsmittel benötigten, den Arbeitnehmer als Inhaber von Rechten anzuerkennen hatten und der Erbarmungslosigkeit der Produktivitätspeitsche ausgesetzt waren. Während das 19. Jahrhundert die Welt also einerseits enger zusammengebracht, verkleinert und mit Blick auf Leistungserstellung und Güterhandel homogenisiert hatte, so war andererseits die Kluft zwischen Arm und Reich, industrialisierten und noch landwirtschaftlich geprägten Nationen, Gewinnern und Verlierern auf eine bisher unbekannte Weise gewachsen.[61] Es war diese Rasanz der Entwicklung, die Ökonomisierung der industriellen Fertigung, die auch als Geburtsstunde der systematischen Entwicklung von Theorien der Unternehmensführung betrachtet werden kann. Einer Entwicklung, die mehr denn je Fragen der professionellen Unternehmensführung und -kontrolle in den Blickpunkt rückte.

2.3.1.2 Die historische Entwicklung der Corporate Governance im 20. Jahrhundert[62]

Das erste Drittel des 20. Jahrhunderts ist vor allem eine Zeit der politischen und wirtschaftlichen Instabilität. Im Zuge der Mobilmachung sowie während des gesamten 1. Weltkriegs wurde die deutsche Marktwirtschaft auf eine Kriegswirtschaft umgestellt, deren vorrangige Aufgabe in der Versorgung des Militärs mit kriegswichtigen Gütern und der Aufrechterhaltung der Ernährung der Zivilbevölkerung lag. Der daraus resultierende Rückgang der Produktion ziviler Güter, die Einberufung qualifizierter Arbeitskräfte und der ab Beginn des Krieges zu verzeichnende weitgehende Abbruch internationaler Wirtschaftsbeziehungen führten zu einer erheblichen Verschlechte-

---

[60] So mussten Arbeitgeber von Anbeginn ein Drittel der Beiträge zur Gesetzlichen Krankenversicherung und die Hälfte der Beiträge zur Invaliditäts- und Alterssicherung tragen. Die Beiträge zur Unfallversicherung wurden gar ausschließlich durch die Unternehmen finanziert. Vgl. Walter, R. (2011), S. 140.

[61] Vgl. Landes, D. (1998), S. 212.

[62] Die folgenden Ausführungen konzentrieren sich auf die Entwicklung der Corporate Governance in Deutschland. Für eine Erweiterung dieser Perspektive um den angloamerikanischen Raum, siehe Cheffins, B. (2013), S. 46f. Eine komparative Analyse der Corporate Governance findet sich bei Aguilera, R. et al. (2013), S. 23f.

rung der Produktionsbedingungen und der nachhaltigen Störung des gesamtwirtschaftlichen Systems.[63] Bereits während des Krieges hatte es massive staatliche Eingriffe in die Wirtschaft zur Finanzierung der Kriegskosten gegeben. Die infolge des Versailler Vertrages von 1919 vereinbarten Reparationszahlungen, die Abtretung von Gebieten und der weitgehende Ausschluss Deutschlands aus dem internationalen Handel verschärften die wirtschaftliche Situation weiter, so dass die Emission von Kriegsanleihen sowie die staatlich verordnete Ausweitung der Geldmenge zur Begleichung der Kriegsschulden geldentwertende Tendenzen beförderte, die in der Inflation[64] des Jahre 1923 gipfelte.[65]

Weitere wirtschaftspolitische Interventionen beförderten den Strukturwandel Deutschlands in den 1920'er Jahren. Während die deutsche Landwirtschaft angesichts des zugenommenen internationalen Wettbewerbs an Bedeutung verlor, wurde die Industrie mithilfe staatlicher Subventionen, bspw. im Wohnungsbau, gefördert. Im Ergebnis des zunehmenden internationalen Wettbewerbs sowie der schwierigen wirtschaftlichen Rahmenbedingungen kam es in den 1920'er Jahren verstärkt zu Kartellbildungen. Diesen wurde im Jahr 1923 mit einer Verordnung begegnet, die den Missbrauch wirtschaftlicher Machtstellung zu verhindern suchte und diverse Bestimmungen des BGB modifizierte.[66] Die nun durch internationale Unterstützung, insbesondere aus den USA, möglich gewordene wirtschaftliche Konsolidierung ermöglichte ab 1925 eine Periode, die später als die „Goldenen Zwanziger" bezeichnet wurde – wobei hiermit weniger wirtschaftliche Prosperität als vielmehr kulturelle Vielfalt gemeint war. Umgekehrt führte die amerikanische Aufbauhilfe aber auch zu einer Verflechtung auf Güter- und Kapitalmärkten, die eine erhöhte internationale Ansteckungsgefahr der nach wie vor instabilen deutschen Wirtschaft mit sich brachte und diese im Jahr 1929 mit voller Wucht traf:[67] Die infolge eines kurzen Aufschwungs

---

[63] So sehr die Ausrichtung einer Wirtschaft auf den Krieg das gesamtwirtschaftliche System stören und zu Unterversorgung in einigen Bereichen führen kann, so kann sie andererseits auch zu technischen Fortschritten in spezifischen Branchen führen. So führte die Entwicklung von geländegängigen Fahrzeugen für den Einsatz im 1. Weltkrieg (z.B. Panzer und Zugmaschinen) und deren Übertragung auf die zivile Wirtschaft nach dem Krieg zu einer Erhöhung der Produktivität in der Landwirtschaft (z.B. Traktoren und Mähdrescher). Vgl. Kellenbenz, H. (1981), S. 324.

[64] Walter bemerkt hierzu, dass es bereits in früheren Jahrhunderten Preisauftriebe gegeben hatte. Diese waren jedoch stets Ausdruck von Güterknappheit gewesen, nicht die Folge der massiven staatlich verordneten Ausweitung der Geldmenge. Vor diesem Hintergrund schlussfolgert Walter, dass das Phänomen der Inflation der Bevölkerung zu Beginn des 20. Jahrhunderts schlicht unbekannt und die negative Konsequenz dieser Wirtschaftspolitik fremd war. Vgl. Walter, R. (2011), S. 161.

[65] Vgl. Walter, R. (2011), S. 142 f.

[66] Vgl. Kellenbenz, H. (1981), S. 356.

[67] Besonders eindrücklich schildert André Kostolany die Ereignisse des Oktober 1929. Vgl. hierzu Kostolany, A. (2000), S. 152 f.

aufgebauten Überkapazitäten in der US-amerikanischen Wirtschaft, eine Überhitzung der Konjunktur und unrealistische Gewinnerwartungen an den Börsen trafen im Herbst 1929 auf erste Anzeichen stockenden Absatzes und führten von Oktober desselben Jahres bis 1932 auch in Deutschland zu einem gesamtwirtschaftlichen Abschwung, der als große Depression bekannt geworden ist. So sank die deutsche Industrieproduktion bis 1932 um 55 %, verdoppelte sich die Anzahl der Insolvenzen und stieg die Arbeitslosenzahl von 1 Million in 1927 auf 4,5 Millionen im Jahr 1932.[68] Damit war Anfang der 1930'er Jahre jeder dritte Deutsche arbeitslos.

Aus der Perspektive der Unternehmensführung bot das erste Drittel des 20. Jahrhunderts äußerst schwierige Rahmenbedingungen, die andererseits die systematische Entwicklung von Theorien der Unternehmensführung begünstigten. Das in dieser Phase vorherrschende Konzept war Taylors Modell der wissenschaftlichen Betriebsführung. Im Zusammenhang mit der Konsolidierung in zahlreichen Branchen entstanden immer größere Wirtschaftsunternehmen, deren interne Abläufe einer Professionalisierung bedurften. Mithilfe wachsender Verwaltungsapparate wurde vor allem die Optimierung der administrativen und technischen Prozesse – bspw. mithilfe von Zeitnahmen und Bewegungsstudien – in den Blick genommen. Dadurch sollten unproduktive Zeiten verringert, der Leistungserstellungsprozess insgesamt berechenbar gemacht und Stückkostensenkungen erreicht werden.[69]

In den 1930'er Jahren wurde die aktive Wirtschaftspolitik ausgeweitet. Während unter Reichskanzler Brüning zunächst versucht worden war, mithilfe von massiven Eingriffen in die Mechanismen der Marktwirtschaft in Form von Notverordnungen einen ausgeglichenen Staatshaushalt zu erreichen, zielten spätere Regierungen darauf ab, die Wirtschaft durch Arbeitsbeschaffungsprogramme, Staatsaufträge und öffentliche Investitionen anzukurbeln. Mit Machtübernahme durch die Nationalsozialisten wurden die staatlichen Investitionen in politisch-strategische Projekte – hier vor allem der Ausbau der Rüstungsindustrie – massiv erhöht. Neben direkten Maßnahmen erfolgte eine indirekte fiskalpolitische Wirtschaftsförderung bspw. durch Steuererleichterungen beim Autokauf. Darüber hinaus wurden detaillierte staatliche Vorgaben für die Wirtschaft erlassen, die eine Mindestquote von Arbeitslosen bei Neueinstellungen ebenso umfassten wie die Festlegung von Preisen und Preisspannen in Landwirtschaft, Handwerk, Industrie und Handel. Entsprechend der Lehren des Taylorismus

---

[68] Vgl. Walter, R. (2011), S. 183.
[69] Beispielhaft für diese Phase in der systematischen Entwicklung von Theorien der Unternehmensführung ist Henry Fords Modell der Ökonomisierung der industriellen Fertigung, mit dessen Methodik es ihm gelang, Massenproduktion in Fließbandfertigung zu realisieren.

und im Interesse der an Einfluss gewinnenden politischen Führung wurden Typisierung und Normung gewissermaßen staatlich verordnet, wodurch die Rationalisierung tatsächlich zum Teil erhebliche Produktivitätssteigerungen generierte. Durch die gezielte, den politischen Zielen der Nationalsozialisten dienende Zuteilung von Rohstoffen, die Festsetzung von Preisen und die Definition von Regeln im Handel wurde spätestens Mitte der 1930'er Jahre eine vollständige Kontrolle der deutschen Wirtschaft durch die Politik erreicht.[70] Dem nahezu völligen Abbau der Arbeitslosigkeit bis Ende der 1930'er Jahre und dem realwirtschaftlichen Aufschwung steht die erhebliche Erhöhung des Haushaltsdefizits gegenüber. Die überwiegende Kreditfinanzierung der positiven Wirtschaftsentwicklung mit dem Ziel der Autarkie im Bereich der Lebensmittel- und Rohstoffindustrie unterlag dem Primat der Politik des Nationalsozialismus, der die Wirtschaft von Anbeginn auf Kriegsfähigkeit trimmte. Die Kosten der Vorbereitung und Durchführung des avisierten Angriffskrieges sollten durch die Besiegten später beglichen werden. Der tatsächliche Preis indes war viel höher.[71]

Das offizielle Ende des 2. Weltkrieges am 8. Mai 1945 bedeutete für Deutschland in politischer sowie wirtschaftlicher Hinsicht einen Neuanfang. Anders als nach dem 1. Weltkrieg jedoch bestand das Ziel insbesondere der USA diesmal in einem Wiederaufbau sowohl Deutschlands als auch Europas sowie deren Integration in ein westliches System des politischen Liberalismus und der Marktwirtschaft. Die Unvereinbarkeit dieses Ziels mit den Absichten der Sowjetunion führte letztlich dazu, dass die jeweiligen Besatzungszonen auch in wirtschaftspolitischer Hinsicht getrennte Wege gingen und vier Jahre später zwei deutsche Staaten entstanden.[72] Während die spätere DDR enorme Reparationslasten gegenüber der Sowjetunion zu tragen hatte, erhielt die spätere BRD umfangreiche wirtschaftliche Unterstützung. Hatte diese in den ersten Nachkriegsjahren primär aus Soforthilfe zur Sicherung der Ernährung der Bevölkerung bestanden, ging die Aufbauhilfe ab 1948 durch den Marshall-Plan in ein strukturiertes und nachhaltig ausgerichtetes Programm mit politischen, ideologischen und wirtschaftlichen Zielen über. Der durch den US-amerikanischen Außenminister George Marshall begründete Plan beinhaltete das für damalige Verhältnisse immense Finanzvolumen von ca. 15 Milliarden US-Dollar, von denen (West-)Deutschland ca. 1,6 Milliarden US-Dollar erhielt, während der restliche Umfang an andere westeuropäische Staaten ging. Wenngleich die deutsche Bundesregierung in den folgenden

---

[70] Kellenbenz spricht von einer völligen Gleichschaltung der Spitzenverbände der Wirtschaft mit dem Ziel, diese im Sinne der Autarkiebestrebungen der Nationalsozialisten dienstbar zu machen. Vgl. Kellenbenz, H. (1981), S. 370.
[71] Vgl. Walter, R. (2011), S. 223.
[72] Aufgrund deren Kontinuität für das heutige Wirtschaftssystem wird an dieser Stelle ausschließlich auf die Entwicklung in der BRD eingegangen.

Jahren die mit dem Marshall-Plan verknüpfte Ideologie der freien Marktwirtschaft nach US-amerikanischem Vorbild um ein dichtes Netz an Sozialgesetzgebung ergänzte, kann kein Zweifel daran bestehen, dass dieser Plan als Grundstein der ab den 1950'er Jahren einsetzenden positiven Wirtschaftsentwicklung gelten kann, die rückblickend auch als „Wirtschaftswunder" bezeichnet wird.[73] Ab den 1970'er Jahren nahm diese Dynamik merklich ab, Arbeitslosigkeit und Inflation stiegen. Auf die erste Ölkrise 1973 reagierte die Bundesregierung mit aktiven wirtschaftspolitischen Maßnahmen, direkten Investitionen und indirekten Anreizen wie verbesserten Abschreibungsmöglichkeiten und Steuernachlässen. Damit nahmen allerdings auch Staatsquote und Staatsverschuldung zu. Die Entkoppelung des Wechselkurses der DM gegenüber dem US-Dollar wurde aufgegeben, wodurch die exportorientierte deutsche Wirtschaft Vorteile im internationalen Wettbewerb erlangte.[74]

Für Unternehmen bedeutete diese Konstellation Chance und Gefahr zugleich. Mit dem Übergang der weitgehend staatlich gelenkten Wirtschaft während des Nationalsozialismus zur Marktwirtschaft der Bundesrepublik stieg der internationale Wettbewerbsdruck und mit ihm der Konzentrationsprozess in der deutschen Unternehmenslandschaft. Parallel zu der sich verdichtenden Sozialgesetzgebung nahmen zudem die Ansprüche der Arbeitnehmer an die sie beschäftigenden Unternehmen zu. So wuchs in Wirtschaftstheorie und –Praxis die Erkenntnis um die Bedeutung der psychischen und sozialen Begleitphänomene der Arbeit – und mit ihr das Wissen um die Signifikanz zwischenmenschlicher Beziehungen für das Leistungsangebot des Einzelnen wie für die Produktivität eines Betriebes an sich. Anders ausgedrückt: Aus der Perspektive der Corporate Governance wurde die Rolle des Mitarbeiters als anspruchsberechtigter Stakeholder gestärkt.[75] Mit der gestiegenen Bedeutung des internationalen Wettbewerbs sowie den zunehmend artikulierten Bedürfnissen verschiedener Stakeholder reifte schließlich die Einsicht, dass ein Unternehmen als offenes, in diversen Austauschbeziehungen befindliches System zu betrachten sei – eine Einsicht, die für das heutige Verständnis der Corporate Governance von grundlegender Bedeutung ist. Bevor auf dieses näher eingegangen wird, soll die Betrach-

---

[73] Abelshauser betont, dass der Wiederaufbau der BRD nicht erst mit dem Marshall-Plan, sondern bereits 1947 mit der Ankurbelung der Kohleförderung, Care-Paketen und weiteren Instrumenten begann. Aufgrund dessen Bedeutung für die systematische Wirtschaftsentwicklung des Landes wird der Marshall-Plan daher stellvertretend für eine Vielzahl wirtschaftspolitischer Maßnahmen genannt. Vgl. Abelshauser, W. (2011), S. 13

[74] Vgl. Walter, R. (2011), S. 271.

[75] In der Entwicklung der Theorien der Unternehmensführung ist hier vor allem die Human-Relations-Bewegung zu nennen, deren industriesoziologische Forschung die Grundlagen für die Ergänzung des Taylorismus um den „Faktor der menschlichen Beziehung" schuf. Berühmte Vertreter dieser Schule sind u.a. Douglas McGregor sowie Frederik Herzberg.

tung der historischen Entwicklung der Corporate Governance vom Mittelalter bis zum 20. Jahrhundert abschließend resümiert werden.

2.3.1.3 Schlussfolgerungen zur historischen Entwicklung der Corporate Governance

Wenn im vorangegangenen Abschnitt von der historischen Entwicklung der Corporate Governance vom Mittelalter bis zur Gegenwart gesprochen wird, so ist dies einerseits mit einem Augenzwinkern erfolgt, besitzt andererseits aber auch einen wahren Kern. Natürlich (und offenkundig) können wir mit Blick auf den Zeitraum bis zum Ende des 19. Jahrhunderts nicht von systematischen Modellen der Unternehmensführung und -kontrolle sprechen. Diese entstanden erst mit der Ökonomisierung der industriellen Fertigung zu Beginn des 20. Jahrhunderts. Andererseits zeigt die Reflexion der (deutschen) Wirtschaftsgeschichte doch eindrücklich, welche Entwicklungen zunächst durchschritten werden mussten, um zu unserem heutigen (im Einzelnen kontrovers diskutierten, aber im Kern geteilten) Verständnis guter Unternehmensführung zu gelangen:

- So wird zum einen deutlich, wie die zunehmende Bedeutung der Wirtschaft als Macht im Staat den Grad der Regulierung durch die politisch Herrschenden intensivierte.

- Es zeigt sich, zweitens, dass die mehr und mehr arbeitsteilig tätigen Bauern, Handwerker, Händler und Kaufleute ihrer gestiegenen Bedeutung durch Selbstorganisation Ausdruck verliehen, um Interessen wahren und durchsetzen zu können.

- Drittens schufen die neuen Möglichkeiten des Wachstums durch Fremdfinanzierung Notwendigkeiten zur Rechenschaft – gegenüber dem sich konstituierenden Bank- und Kreditwesen ebenso wie gegenüber Anteilseignern.

- Spätestens mit der einsetzenden Industrialisierung erfolgte, viertens, die Trennung zwischen Kapitaleigentum und Unternehmensführung, was unternehmensinterne und regulatorische Erfordernisse zur Transparenz und Kontrolle des handelnden Managements mit sich brachte.[76]

- Fünftens und abschließend zeigt die historische Herleitung der Corporate Governance die insbesondere im 20. Jahrhundert zugenommene Differenzierung der Gruppe der (potenziellen) Anspruchsberechtigten an Unternehmen, die auch dadurch immer komplexer wurden.

---

[76] Allein im Zeitraum 1972 bis 2004 soll empirischen Studien zufolge der Anteil der managergeführten Unternehmen von 50 auf 74 Prozent gestiegen sein. Vgl. Macharzina, K., Wolf, J. (2010), S. 134.

Die folgende Darstellung veranschaulicht diese Entwicklung entlang der geschichtlichen Epochen:

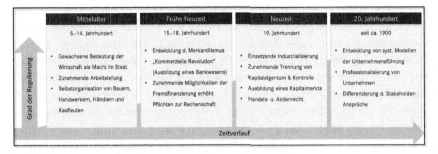

Abb. 3: Die Entwicklung der Corporate Governance[77]

Zusammenfassend sind es also fünf Schlussfolgerungen, die sich aus dem Gesagten herleiten lassen und unsere heutige Corporate Governance beeinflusst haben: Politische Regulierung, Selbstorganisation, Rechenschaft, Kontrolle und Transparenz sowie Stakeholder-Orientierung. Insofern sind unsere heutigen Anforderungen an gute Unternehmensführung und -kontrolle tatsächlich das Ergebnis einer mehrere Jahrhunderte umfassenden Entwicklung, deren aktueller Stand eben auch lediglich vorläufig sein mag.

2.3.2 Die Entwicklung der modernen Corporate Governance[78]

2.3.2.1 Hintergründe für die Entwicklung der modernen Corporate Governance

Die Entwicklung der modernen Corporate Governance ist vor allem die Geschichte einer Aneinanderreihung von Reaktionen auf augenfällig gewordene Defizite der Unternehmensführung und -kontrolle in der realwirtschaftlichen Praxis. Drei eng miteinander in Beziehung stehende Hintergründe[79] haben diese Entwicklung beschleunigt

---

[77] Eigene Darstellung.

[78] Der Begriff „moderne Corporate Governance" wird in der vorliegenden Arbeit verwendet, um die Entwicklungen in der Debatte um Modelle der Unternehmensführung und -kontrolle seit Anfang der 1990'er Jahre in den Blick zu nehmen und damit – auch im Sinne einer Schwerpunktsetzung – von der historischen Entwicklung der Corporate Governance abzugrenzen.

[79] Hilb differenziert diese beiden Hintergründe weiter aus. Er spricht von technologischen, wirtschaftlichen, risikobewussten und sozialen Ursachen für die Krise der Corporate Governance. Für den hier diskutierten Sinnzusammenhang sind die Ursachen für die zugenommene Befassung mit Fra-

und der Debatte um die angemessene Führung und Aufsicht von Unternehmen neue Nahrung verliehen:

Zum einen waren es teils spektakuläre Unternehmensinsolvenzen, die das Vertrauen in die Selbstregulierungsfähigkeit der Wirtschaft erschütterten und die Notwendigkeit verdeutlichten, Unternehmensführung und -kontrolle zu professionalisieren. Beispielhaft steht für den deutschen Raum die Insolvenz des Bauunternehmens Philipp Holzmann AG im Jahr 2002. Das 150 Jahre alte weltweit tätige Bauunternehmen, das zu Hochzeiten mit über 40.000 Mitarbeitern einen Jahresumsatz von über 13 Mrd. DM erwirtschaftete, wurde im Jahr 1999 zwar zunächst durch politische Intervention medienwirksam „gerettet", musste dann aber im Jahr 2002 – auch aufgrund der einsetzenden Krise in der Baubranche – endgültig Insolvenz anmelden. Aus der Perspektive der Corporate Governance ist die Insolvenz der Philipp Holzmann AG[80] vor allem deshalb interessant, weil diese zumindest in der medialen Nachlese als das Ergebnis jahrelangen Missmanagements bei der Führung und Überwachung von Bauprojekten interpretiert wurde – Projekte, die im Einzelnen unprofitabel und in der Summe ursächlich waren für die letztendliche Zahlungsunfähigkeit und Überschuldung des Baukonzerns.[81]

Im internationalen Raum war es u.a. der Skandal um den US-amerikanischen Energiekonzern Enron im Jahr 2002, welcher die Debatte um angemessene Mechanismen für Unternehmensführung und -überwachung befeuerte. Das Anfang des Jahrtausends weltweit führende Energieunternehmen mit mehr als 20.000 Beschäftigten und einem Jahresumsatz von über 100 Mrd. US-Dollar „steht für einen der größten Korruptions- und Betrugsskandale der US-Wirtschaftsgeschichte"[82]. Mittels systematischer Bilanzfälschung waren Verluste verschleiert sowie Gewinne und Eigenkapital zu hoch ausgewiesen worden. Vor allem aber waren es die massiven und in die Breite der Gesellschaft wirkenden Konsequenzen[83] dieses Betrugsskandals, die Enron zum Symbol defizitärer Corporate Governance haben werden lassen.

---

gen der Unternehmensführung und -kontrolle durch die ausgeführten Hintergründe jedoch hinreichend benannt. Vgl. Hilb, M. (2009), S. 3f.

[80] Weitere Beispiele aus Deutschland, welche die Corporate Governance Debatte in Deutschland beförderten, waren die Insolvenz der Metallgesellschaft AG, die infolge von Fehlspekulationen in Öl nahezu ihr gesamtes Vermögen verlor, sowie die Flortex AG und die Balsam AG, die über Jahre hinweg fast nur Luftgeschäfte verbuchten, tatsächlich nicht existente Gewinne auswiesen und auch ausschütteten. Vgl. Lutter, M. (2009), S. 124f.

[81] Vgl. Manager Magazin (2001).

[82] Stiftung Weltethos (2009).

[83] Gemeint sind hiermit der Verlust Tausender Arbeitsplätze, die Vernichtung mehrerer Milliarden US-Dollar an Börsenwert, der damit in Zusammenhang stehende Verlust der Altersvorsorge von Mitar-

Neben den beispielhaft genannten Insolvenzen einzelner Großunternehmen hat der folgende zweite Hintergrund die Corporate Governance Debatte ebenfalls befördert: Waren im Jahr 1992 in Deutschland noch 10.920 Unternehmensinsolvenzen registriert worden, so war diese Zahl zehn Jahre später bereits auf 37.579 gestiegen.[84] Die Ursachen für diesen Anstieg sind vielgestaltig und liegen sowohl in unternehmensexternen als auch in unternehmensinternen Tatsachen begründet. In der Tat suggerieren Statistiken, dass die Mehrzahl der Unternehmensinsolvenzen auf interne Defizite – hier vor allem mangelnde Risikovorsorge und Managementschwächen – zurück zu führen sei. Gleichwohl sind Insolvenzen stets auch Ausdruck konjunktureller Entwicklungen, die durch einzelne Unternehmen nur bedingt beeinflusst werden können. Wenngleich jeder einzelne Konkurs also unterschiedliche Ursachen haben mag, so hat der kontinuierliche Zuwachs an Insolvenzen die Notwendigkeit zur Etablierung von Mechanismen, welche die langfristige Existenzsicherung von Unternehmen zum Ziel haben, verdeutlicht.

Unabhängig von augenfällig gewordenen Defiziten der Unternehmensführung und -kontrolle in der Praxis gibt es einen dritten Hintergrund für die verstärkte Befassung mit Fragen der Corporate Governance: die Globalisierung. Der zunehmende Abbau politisch gesetzter Handelsschranken, die internationale Mobilisierung des Produktionsfaktors Kapital und vor allem die Entwicklung neuer Technologien für weltweite Kommunikation und Handel – hier vor allem das Internet – haben die internationale Orientierung von Unternehmen beschleunigt und Unterschiede zwischen den jeweiligen nationalen Corporate Governance Modellen transparent gemacht.[85] Angesichts des berechtigten Interesses gerade international agierender Unternehmen, mittels eines konsistenten Systems der Unternehmensführung und -kontrolle die unterschiedlichen nationalen Corporate Governance-Vorschriften zu erfüllen, hat die vergleichende Befassung mit den diversen Modellen der Corporate Governance einen erhöhten Stellenwert in den Wirtschaftswissenschaften erlangt und die Debatte um die Systemkonkurrenz befördert.

2.3.2.2 Wesentliche Reaktionen & Tendenzen der modernen Corporate Governance

In Anbetracht der oben geschilderten Entwicklungen sahen sich Ende der 1990'er Jahre die jeweiligen nationalen Gesetzgeber ebenso wie supranationale Organisati-

---

beitern und Privatanlegern sowie der massiven Verstrickung von Banken und Wirtschaftsprüfungsgesellschaften in den Betrugsskandal. Vgl. Stiftung Weltethos (2009).
[84] Vgl. Statistisches Bundesamt (2013).
[85] Vgl. Bundeszentrale für politische Bildung (2013).

onen gefordert, Unternehmensführung und -kontrolle mittels geeigneter Gesetze sowie Initiativen auf der Ebene von „soft law" zu professionalisieren. Angesichts der aufgeführten kritischen Anlässe konzentrierte sich der Gesetzgeber dabei primär auf die Etablierung formaler Anforderungen juristischer und finanzwirtschaftlicher Art.[86] Kern dieser regulatorischen Initiativen war zum einen die Etablierung von Kontroll- und Transparenzregeln mit dem Ziel, die unternehmerischen Aufgaben, Kompetenzen und Verantwortlichkeiten zu klären. Zum anderen verfolgten diese Entwicklungen das Ziel, die Stabilität von Unternehmen zu erhöhen, indem diese verpflichtet wurden, Risikofrüherkennungssysteme zu etablieren, die in der Lage sind, Risiken zu identifizieren und durch Initiierung geeigneter Risikosteuerungsmaßnahmen abzuwenden.

Aufgrund ihrer grundlegenden Bedeutung für das heutige Verständnis der Corporate Governance werden die wichtigsten regulatorischen Initiativen im Folgenden zusammengefasst.

2.3.2.3 Supranationale Initiativen zur Verbesserung der Corporate Governance

2.3.2.3.1 OECD-Grundsätze der Corporate Governance

Die Organisation für wirtschaftliche Zusammenarbeit und Entwicklung (OECD) hat es sich zum Ziel gesetzt, eine Politik zu fördern, die darauf ausgerichtet ist, „eine optimale Wirtschaftsentwicklung (...) sowie einen steigenden Lebensstandard" zu erreichen und damit „zu einem gesunden wirtschaftlichen Wachstum beizutragen"[87]. In Entsprechung dieses Selbstverständnisses wurden im Jahr 1999 die OECD-Grundsätze der Corporate Governance erstmals vorgestellt und zuletzt im Jahr 2004 gründlich überarbeitet. Die Grundsätze, welche die OECD selbst als Orientierungshilfen für entsprechende Gesetzesinitiativen in OECD-Mitglieds- und Nichtmitgliedsstaaten interpretiert, weisen zwar keinen rechtsverbindlichen Charakter auf.[88] Jedoch beinhalten sie – auch als Ergebnis mehrjähriger internationaler Konsultationen – Empfehlungen, deren Wirkung auf die jeweiligen nationalen Regulierungsansätze ebenso erheblich gewesen sein dürfte, wie auf die Herausbildung des derzeitigen Verständnisses über Grundsätze guter Unternehmensführung bei privatwirtschaftlichen Marktteilnehmern.

---

[86] Malik, F. (2008), S. 17.
[87] OECD (2004), S. 2
[88] Vgl. OECD (2004), S. 4

Inhaltlich fokussieren die OECD-Grundsätze auf „diejenigen Corporate-Governance-Probleme, die durch die Trennung zwischen Kapitaleigentum und Kontrolle bedingt sind"[89]. Deutlich wird dies an der gewählten Akzentuierung, namentlich der Benennung der Aufgaben und der Trennung der Verantwortlichkeiten von Unternehmensführung und Aufsichtsorgan (Grundsätze 1 und 6), der Wahrung der Aktionärsrechte (Grundsätze 2 und 3) und der Pflicht zur Offenlegung wesentlicher Informationen (Grundsatz 5). Ergänzt wird diese Schwerpunktsetzung um den vierten Grundsatz der Stakeholder-Orientierung, mit dem „das Ziel der Schaffung von Wohlstand und Arbeitsplätzen"[90] zum Ausdruck gebracht wird. Im Ergebnis können die OECD-Grundsätze daher als supranationale Initiative zur Präzisierung der Kontroll- und Transparenzregeln im Unternehmenskontext bezeichnet werden.

2.3.2.3.2 Corporate Governance Initiativen der Europäischen Union

Im Jahr 2011 veröffentlichte die Europäische Kommission ein Diskussionspapier mit dem Titel „Europäischer Corporate Governance-Rahmen".[91] Das Dokument sollte als Diskussionsgrundlage dienen und im Ergebnis ein gemeinsames Verständnis darüber erzielen helfen, wie der Corporate Governance Rahmen für europäische Unternehmen verbessert werden könnte.[92] Das Diskussionspapier, auch „Grünbuch" genannt, beschäftigt sich im Schwerpunkt mit drei Themengebieten, die nach Ansicht der EU-Kommission den Kern der Corporate Governance konstituieren[93]:

- Im mit „Verwaltungsrat" betitelten ersten Kapitel geht es vor allem um Fragen der Zusammensetzung, Zusammenarbeit und Beurteilung sowie Vergütung des Aufsichtsgremiums.

- Das zweite Kapitel mit dem Titel „Aktionäre" thematisiert insbesondere das Verhalten der Aktionäre von börsennotierten Unternehmen. Kritisiert wird das nach Ansicht der EU-Kommission zu geringe Engagement und die zu kurzfristig angelegte Investitionsstrategie von Aktionären sowie die damit einher gehende mangelnde Kontrolle der Unternehmen durch ihre Anteilseigner.[94] Des

---

[89] OECD (2004), S. 12; Vgl. hierzu auch Kap. 2.2.1, in dem detaillierter auf die Prinzipal-Agent-Theorie eingegangen wird.
[90] OECD (2004), S. 24
[91] Ein historischer Abriss zur Entwicklung der europäischen Vorgaben zur Corporate Governance, insbesondere zu den Bemühungen der Europäischen Kommission um eine Harmonisierung des Aktienrechts, findet sich bei Hopt, K. (2009), S. 50f.
[92] Vgl. Welge, M., Eulerich M. (2012), S. 43
[93] Vgl. EU-Kommission (2011), S. 3 (Grünbuch)
[94] Vgl. EU-Kommission (2011), S. 12f. (Grünbuch)

Weiteren wird auf den zu achtenden Schutz von Minderheitsaktionären und die zu steigernde Kapitalbeteiligung von Arbeitnehmern eingegangen.

- Das dritte Kapitel widmet sich der Berichterstattung zur Corporate Governance. Unter der Überschrift „Comply or Explain" wird die Frage aufgeworfen, wie die Qualität der Erläuterungen, die Unternehmen zur Unternehmensführung und -kontrolle tätigen, erhöht und damit die Überwachung der Corporate Governance insgesamt durch Anleger und Behörden gesteigert werden kann.

Neben diesen Fragestellungen, die – ähnlich den OECD-Grundsätzen der Corporate Governance – die Optimierung von Kontroll- und Transparenzregeln im Blick haben, thematisiert das Grünbuch der EU-Kommission in Ansätzen auch die Notwendigkeit eines angemessenen Risikomanagements. Wenngleich dieser Aspekt der Corporate Governance im ersten Kapitel, das sich mit den Aufgaben des Aufsichtsgremiums befasst, subsummiert wurde, erwähnt die EU-Kommission auch die Verantwortung der Unternehmensleitung in diesem Zusammenhang. In der Gesamtbetrachtung bleibt das Diskussionspapier der EU-Kommission jedoch ein auf die Klärung von Rollen und Verantwortlichkeiten sowie die Schaffung von Transparenz ausgerichtetes Werk.

Die im Grünbuch der EU-Kommission aufgeworfenen Fragen sind in den vergangenen Jahren ausführlich kommentiert worden – aus deutscher Perspektive unter anderem durch den Deutschen Bundestag und die Regierungskommission Deutscher Corporate Governance Kodex.[95] In welcher Weise diese Stellungnahmen die Position der EU-Kommission beeinflussen werden, bleibt abzuwarten. Der Ende 2012 für die Jahre 2013 und 2014 angekündigte Aktionsplan „Europäisches Gesellschaftsrecht und Corporate Governance" sowie die seither erfolgten Vorschläge zur Modernisierung des Gesellschaftsrechts und zur Verbesserung der Corporate Governance lassen jedenfalls erahnen, dass die Modernisierung des regulatorischen Rahmens für (börsennotierte) Unternehmen mit den Schwerpunkten der Erhöhung der Transparenz und der Stärkung von Aktionärsrechten weiterhin auf der politischen Agenda der EU-Kommission stehen und damit die Entwicklung der Corporate Governance auf supranationaler Ebene weiterhin prägen wird.[96]

---

[95] Vgl. hierzu Regierungskommission Deutscher Corporate Governance Kodex (2011).
[96] Zuletzt wurde im Jahr 2014 im Rahmen des Aktionsplans eine Studie zum aktuellen Stand der finanziellen Mitarbeiterbeteiligung mit dem Ziel der Förderung selbiger durchgeführt. Vgl. hierzu ausführlicher Europäische Kommission (2015).

2.3.2.4 Nationale regulatorische Initiativen zur Verbesserung der Corporate

2.3.2.4.1 Das Gesetz zur Kontrolle und Transparenz im Unternehmensbereich

Parallel zu den regulatorischen Entwicklungen im internationalen Raum führte die Corporate Governance-Diskussion in Deutschland im Jahr 1998 zur Inkraftsetzung des KonTraG. Mit diesem Artikelgesetz, welches vor allem das Handelsgesetzbuch sowie das Aktiengesetz teilweise novellierte, verfolgte der Gesetzgeber das Ziel, auf die oben beschriebenen Entwicklungen zu reagieren und den Finanzplatz Deutschland auch im internationalen Wettbewerb zu stärken. Konkret sollte das KonTraG das unternehmerische Risikomanagement professionalisieren, unternehmensinterne Kontrollsysteme stärken und die Transparenz über wesentliche Informationen gegenüber Aufsichtsrat, Anteilseignern und Öffentlichkeit verbessern.[97]

Indem das KonTraG die Verbesserung des Risikomanagements zu einem zentralen Betrachtungsgegenstand machte, ging es deutlich über die im Gesetzestitel suggerierte Erhöhung von Kontrolle und Transparenz hinaus. Mit einem ganzen Bündel an Maßnahmen wurden Aktiengesellschaften sowie – aufgrund der Ausstrahlungswirkung des Gesetzes – auch andere Unternehmensformen, vor allem GmbHs, dazu aufgefordert, geeignete Maßnahmen zur Risikofrüherkennung zu etablieren und die Transparenz über diese zu erhöhen. So verpflichtet § 91 II AktG seither zur Einrichtung eines Überwachungssystems, „damit den Fortbestand der Gesellschaft gefährdende Entwicklungen früh erkannt werden"[98]. Ferner sind Chancen und Risiken der Geschäftsentwicklung im Lagebericht darzulegen (§ 289 HGB). § 90 I Nr. 1 AktG i.V.m. § 90 II Nr. 1 AktG regelt ergänzend, dass der Aufsichtsrat durch den Vorstand mindestens einmal jährlich über „Abweichungen der tatsächlichen Entwicklung von früher berichteten Zielen unter Angabe von Gründen"[99] zu informieren sei. Und schließlich kodifiziert § 317 IV HGB die Pflicht des Abschlussprüfers, zumindest bei börsennotierten Aktiengesellschaften die grundsätzliche Eignung des Überwachungssystems zu prüfen.[100] Damit rückte die (formale) Pflicht zur Etablierung eines

---

[97] Vgl. Macharzina, K., Wolf, J. (2010), S. 140

[98] § 91 II AktG (Gesetzesstand: 17.10.2013) Infolge des im Jahr 2002 in den USA in Kraft getretenen Sarbanes-Oxley-Act, der als Reaktion auf Bilanzmanipulationen und zur Erhöhung der Verlässlichkeit der Finanzberichterstattung geschaffen wurde, gerieten Interne Kontrollsysteme immer mehr zu einem zentralen Bestandteil unternehmerischer Überwachungssysteme. Im deutschen Aktiengesetz wird in § 107 III AktG darauf verwiesen, dass ein Aufsichtsrat zur Bildung eines Prüfungsausschusses berechtigt ist, der sich u.a. mit der Überwachung von Rechnungslegung, Interner Revision und Internem Kontrollsystem befasst.

[99] § 90 I Nr. 1 AktG (Gesetzesstand: 17.10.2013)

[100] Vgl. § 317 IV HGB (Gesetzesstand: 17.10.2013)

Risikomanagementsystems im Unternehmen in den Blickpunkt zahlreicher Unternehmen.

In enger Verbindung mit der Professionalisierung des Überwachungssystems im Unternehmenskontext steht die Stärkung der Rolle und der Verantwortung des Aufsichtsrates. So verfügte das KonTraG u.a., dass das Kontrollgremium bei börsennotierten AGs nun mindestens viermal jährlich zu tagen habe[101], reduzierte die maximale Anzahl von Aufsichtsratsmandaten pro Person[102] und erweiterte dessen Aufgabenportfolio dadurch, dass dieser nun (statt des Vorstandes) zur Bestellung des Abschlussprüfers verpflichtet wurde.[103] Zusätzlich regelte das KonTraG die Pflicht des Aufsichtsrates zur Prüfung von Konzernabschluss und Lagebericht sowie das Recht zur Festlegung von Prüfungsschwerpunkten durch den Wirtschaftsprüfer.[104] Da gleichzeitig die Berichtspflichten des Vorstands im Jahresabschlussbericht erweitert wurden, stärkte das KonTraG die Kontrollfunktion sowohl des Aufsichtsrates als auch der Hauptversammlung.

Die in aller Kürze geschilderten Neuerungen des bestehenden Handels- und Gesellschaftsrechts durch das KonTraG haben die regulatorischen Anforderungen an Risikomanagement, Transparenz von wesentlichen Unternehmensinformationen und Kontrolle durch Aufsichtsrat und Hauptversammlung erheblich gesteigert. Inwieweit dadurch die Stabilität von Unternehmen und der Finanzplatz Deutschland tatsächlich gestärkt werden konnten, kann nur vermutet werden. Mit Blick auf die Entwicklung der Corporate Governance in Deutschland bleibt das KonTraG ein Meilenstein, der als Grundlage diente für die im Folgenden dargestellten weiteren Entwicklungsschritte.

2.3.2.4.2 Weitere nationale regulatorische Initiativen in der Zusammenfassung

Seit der Inkraftsetzung des KonTraG im Jahr 1998 sind eine Reihe weiterer Gesetze mit dem Ziel der Verbesserung der Corporate Governance beschlossen worden. Zusammengefasst ging es dabei im Schwerpunkt um drei Themengebiete:[105]

---

[101] Vgl. § 110 III AktG
[102] Vgl. § 100 II AktG
[103] Vgl. § 111 II AktG
[104] Vgl. Macharzina, K., Wolf, J. (2010), S. 141
[105] Vgl. u.a. Welge, M., Eulerich M. (2012), S. 29ff, Becker W., Ulrich P. (2010), S. 9 und Macharzina, K., Wolf, J. (2010), S. 142

- Die Konkretisierung der Rollen und Verantwortlichkeiten sowie die Erweiterung der Haftung von Vorstand und Aufsichtsrat bei Verletzung von Sorgfaltspflichten wurde insbesondere durch das Transparenz- und Publizitätsgesetz (TransPuG) aus dem Jahr 2002 sowie das Gesetz zur Unternehmensintegrität und Modernisierung des Anfechtungsrechts (UMAG) aus dem Jahr 2005 neu geregelt.

- Zur Verbesserung der Informationslage und rechtlichen Besserstellung bei der Durchsetzung von Aktionärsinteressen wurden bspw. das Kapitalanleger-Musterverfahrensgesetz (KapMuG) in 2005 sowie das Gesetz zur Vorstandsvergütung (VorstOG) im Jahr 2009 beschlossen.

- Um die Qualität der Jahresabschlussprüfung weiter zu stärken und das deutsche Bilanzrecht an internationale Entwicklungen anzunähern, wurden – auch als Ergebnis diverser EU-Rechtsakte – in 2004 das Bilanzrechtsreformgesetz[106] (BilReG) und in 2009 das Bilanzrechtsmodernisierungsgesetz (BilMoG) in Kraft gesetzt.

Die folgende Darstellung veranschaulicht die zunehmende Verdichtung der Anforderungen an Führung und Kontrolle kapitalmarktorientierter Unternehmen anhand ausgewählter regulatorischer Initiativen:

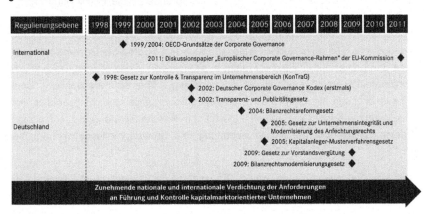

Abb. 4: Die zunehmende Verdichtung der Corporate Governance[107]

---

[106] Der vollständige Titel dieses Artikelgesetzes lautet „Gesetz zur Einführung internationaler Rechnungslegungsstandards und zur Sicherung der Qualität der Abschlussprüfung"

[107] Eigene Darstellung.

Letztlich zielte die Vielzahl der seit 1998 in Kraft getretenen Gesetze im Kern allesamt darauf ab, durch ein Mehr an Transparenz, ein Mehr an Überwachung und ein Mehr an Modernisierung durch Internationalisierung die Stabilität von Unternehmen zu erhöhen und das Vertrauen der Anleger und der Öffentlichkeit in die von Unternehmen bereitgestellten Informationen zu steigern.

Eine besondere Rolle spielt dabei das TransPuG: Indem es Aktiengesellschaften durch § 161 AktG dazu verpflichtet, jährlich eine Erklärung zur Entsprechung der im Deutschen Corporate Governance Kodex (DCGK) aufgeführten Soll-Regelungen zu veröffentlichen, weist es dem DCGK indirekt einen quasi-gesetzlichen und damit normativen Charakter zu, der die deutsche Corporate Governance Diskussion seither wesentlich prägt. Das folgende Kapitel dient dazu, diese Entwicklung aus der heutigen Perspektive nachzuzeichnen, um im Anschluss eine kritische Betrachtung des aktuellen Standes der Corporate Governance in Deutschland zu ermöglichen.

2.3.2.4.3 Der Deutsche Corporate Governance Kodex

Angeregt durch die OECD-Grundsätze der Corporate Governance aus dem Jahr 1999 sowie angesichts der geschilderten Hintergründe für die Entwicklung der modernen Corporate Governance veröffentlichten diverse private Initiativen im Jahr 2000 ihre jeweiligen Empfehlungen zur Verbesserung von Unternehmensführung und -kontrolle. Die „Frankfurter Grundsatzkommission Corporate Governance" publizierte den primär auf juristische Fragen ausgerichteten „Code of Best Practice", der „Berliner Initiativkreis" veröffentlichte den vorrangig auf betriebswirtschaftliche Aspekte fokussierenden „German Code of Corporate Governance" und die Schmalenbach-Gesellschaft in Kooperation mit dem Institut der Wirtschaftsprüfer gab Empfehlungen für eine Optimierung der Abschlussprüfung und Unternehmensüberwachung heraus.[108]

Trotz aller Gemeinsamkeiten, welche die diversen Empfehlungen im Einzelnen aufwiesen, führten die genannten Initiativen in der Gesamtheit nicht zu einer Lösung, die von allen Beteiligten getragen wurde. Vor diesem Hintergrund beauftragte die Bundesregierung eine mit Vertretern aus Politik, Wirtschaft und Wissenschaft besetzte Regierungskommission „Corporate Governance – Unternehmensführung – Unternehmenskontrolle – Modernisierung des Aktienrechts", die nach ihrem Vorsitzenden, dem Universitätsprofessor Prof. Dr. Theodor Baums, als Baums-Kommission be-

---

[108] Vgl. Welge, M., Eulerich M. (2012), S. 50ff

kannt wurde. Im Ergebnis ihrer Arbeit empfahl die Baums-Kommission der Bundesregierung die Einsetzung einer weiteren Kommission, um die bestehenden Corporate Governance-Empfehlungen der diversen Initiativgruppen zu prüfen und in einem Kodex zusammenzuführen. Die Bundesregierung folgte dieser Empfehlung und ernannte im Jahr 2001 die „Regierungskommission Deutscher Corporate Governance Kodex" unter der Leitung des damaligen Vorsitzenden des Aufsichtsrates der Thyssen Krupp AG, Dr. Gerhard Cromme.[109]

Im Jahr 2002 verabschiedete die „Regierungskommission Deutscher Corporate Governance Kodex" die erste Fassung eines Deutschen Corporate Governance Kodex (DCGK). Seither ist dieser mehrmals, zuletzt 2014, überarbeitet und damit um aktuelle Entwicklungen in der Corporate Governance Debatte angepasst worden.[110] Dabei beinhaltet der DCGK heute sowohl „wesentliche gesetzliche Vorschriften zur Leitung und Überwachung deutscher börsennotierter Gesellschaften"[111] als auch „anerkannte Standards guter und verantwortungsvoller Unternehmensführung"[112]. Er dient damit der Erhöhung von Transparenz und Nachvollziehbarkeit des Deutschen Corporate Governance Systems und zielt darauf ab, das Vertrauen der Stakeholder in deutsche Unternehmen zu stärken.[113]

Mit Blick auf die vorliegende Arbeit ist der DCGK vor allem deshalb relevant, weil er zahlreiche Normen, die in unterschiedlichen Gesetzen kodifiziert sind, zusammenfasst und durch Empfehlungen zur Verbesserung der Corporate Governance ergänzt. Indem der Kodex die Rechte und Pflichten der wichtigsten Akteure – namentlich Vorstand, Aufsichtsrat, Anteilseigner und Abschlussprüfer – benennt, spiegelt er weitgehend den aktuellen Stand der Corporate Governance Debatte wider und dient damit als Orientierungshilfe in Theorie und Praxis. Die quasi-gesetzliche Bedeutung des DCGK resultiert dabei aus dem durch das TransPuG ebenfalls im Jahr 2002 neu geschaffenen § 161 AktG. Dieser verpflichtet börsennotierte Aktiengesellschaften, jährlich eine Erklärung darüber zu veröffentlichen, inwieweit sie den Empfehlungen (sogenannte Soll-Anforderungen) des DCGK entsprechen und Abweichungen zu begründen. Durch diese oft auch als „comply or explain"-Prinzip bezeichnete Notwendigkeit wird zwar der DCGK selbst nicht zu geltendem Recht; jedoch erzeugt die Notwendigkeit für die betreffenden Unternehmen, sich zu den Empfehlungen zu posi-

---

[109] Vgl. Welge, M., Eulerich M. (2012), S. 50ff
[110] Die Ausführungen zum Deutschen Corporate Governance Kodex basieren zuvorderst auf dessen Fassung von 2012. Sofern sich gegenüber der aktuellen Fassung vom Juni 2014 Änderungen in relevanter Weise ergeben haben, wird der DCGK von 2014 herangezogen.
[111] DCGK (2012), S. 1
[112] DCGK (2012), S. 1
[113] Vgl. DCGK (2012), S. 1

tionieren, einen Handlungs- und Rechtfertigungsdruck, der den Charakter des DCGK als „soft law" begründet.

Im Einzelnen ist der DCGK folgendermaßen strukturiert. Die für jedes Kapitel kurz ausgeführten Kernbotschaften spiegeln Perspektive und Zielsetzung der vorliegenden Arbeit wider.[114]

- Das erste Kapitel **„Präambel"** beschreibt die Zielsetzung des DCGK. Die Kommission bekennt sich klar zu den Prinzipien der sozialen Marktwirtschaft, zur Arbeitnehmermitbestimmung in Unternehmen mit mehr als 500 Mitarbeitern und benennt den Dualismus aus Vorstand und Aufsichtsrat als das in Deutschland gültige Führungssystem, von dem allerdings durch Gründung einer Europäischen Gesellschaft, der sogenannten Societas Europeae, in Richtung monistischem System abgewichen werden kann. Zudem beschreibt die Präambel die Anwendung des oben bereits ausgeführten „comply or explain"-Prinzips für die Empfehlungen und grenzt diese von den Anregungen (sogenannte Sollte-Anforderungen) ab, von denen ohne Offenlegung abgewichen werden kann. Der Kodex betont dabei ausdrücklich, dass „eine gut begründete Abweichung von einer Kodexempfehlung (…) im Interesse einer guten Unternehmensführung liegen"[115] kann.

- Im zweiten Kapitel werden die Rechte der **„Aktionäre und Hauptversammlung"** thematisiert. Neben dem grundlegenden Prinzip der Aktionärsgleichheit gehört dazu vor allem die Pflicht des Vorstands, der Hauptversammlung den Jahresabschluss vorzulegen und über Gewinnverwendung sowie Entlastung von Vorstand und Aufsichtsrat zu entscheiden. Die Ausübung dieser Rechte soll den Aktionären durch die Zugänglichkeit zu relevanten Informationen sowie die Verfolgung der Hauptversammlung, bspw. über moderne Kommunikationsmedien, vereinfacht werden. Durch den letztgenannten Aspekt wird die Bedeutung der Anteilseigner bei der Kontrolle der Unternehmensführung betont.[116]

- Das dritte Kapitel widmet sich dem **„Zusammenwirken von Vorstand und Aufsichtsrat"**. Wenngleich eine angemessene Informationsversorgung des Aufsichtsgremiums als gemeinsame Aufgabe von Vorstand und Aufsichtsrat angesehen wird, betont der DCGK hier vor allem die Pflichten des Vorstands,

---

[114] Die folgenden Ausführungen repräsentieren eine eigene inhaltliche Schwerpunktsetzung auf der Basis des DCGK.
[115] DCGK (2012), S. 2
[116] Vgl. hierzu auch die Ausführungen zum Grünbuch der Europäischen Kommission „Europäischer Corporate Governance-Rahmen" in Kapitel 2.3.2.3.2.

den Aufsichtsrat „regelmäßig, zeitnah und umfassend über alle für das Unternehmen relevanten Fragen der Strategie, der Planung, der Geschäftsentwicklung, der Risikolage, des Risikomanagements und der Compliance"[117] zu informieren und die strategische Ausrichtung des Unternehmens mit dem Aufsichtsrat abzustimmen.[118] Ergänzend verweist der Kodex auf die gerade in der Rechtsprechung relevante Business Judgement Rule, der zufolge eine schuldhafte Sorgfaltspflichtverletzung bei Vorstand und Aufsichtsrat dann nicht vorliegt, wenn das betreffende Mitglied zum Zeitpunkt der strittigen Entscheidung davon ausgehen durfte, „auf der Grundlage angemessener Informationen zum Wohle der Gesellschaft zu handeln"[119]. Für die Inanspruchnahme einer gegebenenfalls abgeschlossenen D&O-Versicherung empfiehlt der Kodex die Vereinbarung eines Selbstbehalts für Vorstand und Aufsichtsrat - eine Empfehlung, von der in der Praxis vergleichsweise häufig abgewichen wird. Zur Erhöhung der Verbindlichkeit des DCGK selbst wird Vorstand und Aufsichtsrat schließlich empfohlen, jährlich einen Corporate Governance Bericht zu veröffentlichen.

- Im vierten Kapitel **„Vorstand"** werden die Aufgaben, Kompetenzen und Verantwortlichkeiten des Leitungsgremiums benannt. Für den vorliegenden Kontext interessant ist die Verpflichtung des Vorstands auf die „Belange der Aktionäre, seiner Arbeitnehmer und der sonstigen dem Unternehmen verbundenen Gruppen (Stakeholder) mit dem Ziel der nahhaltigen Wertschöpfung"[120]. Neben der Verantwortung zur Festlegung der strategischen Ausrichtung des Unternehmens werden Compliance, Risikomanagement und Diversity explizit als Aufgaben erwähnt. Die Mehrzahl der im vierten Kapitel thematisierten Regelungen bezieht sich auf die Vergütung des Vorstands und fasst damit die durch das Gesetz zur Vorstandsvergütung (VorstOG) aus dem Jahr 2009 in § 314 I Nr. 6 aufgenommenen Anforderungen zusammen. Demnach sind die Bezüge in fixe und variable Bestandteile aufzugliedern, an der nachhaltigen Unternehmensentwicklung auszurichten und unter Namensnennung offen zu legen.

- Das fünfte Kapitel **„Aufsichtsrat"** nimmt die Aufgaben, Befugnisse, Zusammensetzung und Vergütung des Kontrollgremiums in den Blick. Dessen Auf-

---

[117] DCGK (2012), S. 4
[118] Vgl. hierzu auch die oben ausführlicher geschilderten und durch das KonTraG von 1998 in Kraft gesetzten Novellierungen des deutschen Aktiengesetzes, hier vor allem § 90 I Nr. 1 AktG i.V.m. § 90 II Nr. 1 AktG.
[119] DCGK (2012), S. 5
[120] DCGK (2012), S. 6

gabe ist es, den Vorstand zu beraten und zu überwachen, ihn zu bestellen und zu entlassen. Zur effizienten Ausübung seiner Tätigkeit ist der Aufsichtsrat befugt, Ausschüsse zu bilden. Empfohlen wird insbesondere die Einrichtung eines Prüfungsausschusses, der sich mit der Überwachung von Rechnungslegung, Internem Kontrollsystem, Interner Revision sowie Compliance Management befasst. Ferner wird die Bildung eines Nominierungsausschusses empfohlen, dessen Aufgabe darin besteht, der Hauptversammlung geeignete Kandidaten zur Wahl des Aufsichtsrates vorzuschlagen. Um die Unabhängigkeit und Funktionsfähigkeit des Aufsichtsrates zu gewährleisten, empfiehlt der DCGK u.a. die Begrenzung der Anzahl ehemaliger Vorstandsmitglieder auf zwei Personen im Aufsichtsrat. Zudem soll eine Person, die Vorstandsmitglied in einem anderen Unternehmen ist, gleichzeitig nicht mehr als drei Aufsichtsratsmandate ausüben. Im Hinblick auf die Vergütung empfiehlt die neueste Fassung des Kodex keine Erfolgsabhängigkeit mehr, da diese von verschiedenen Unternehmen als kontraproduktiv in der Wahrnehmung der Kontrollfunktion kritisiert wurde. Erfolgt dennoch eine Erfolgsabhängigkeit, so soll diese auf die nachhaltige Unternehmensentwicklung ausgerichtet sein. Eine individualisierte Veröffentlichung der Bezüge pro Aufsichtsratsmitglied wird ebenfalls empfohlen.

- Das sechste Kapitel widmet sich der Herstellung von **„Transparenz"** über alle wesentlichen das Unternehmen betreffenden Informationen. Dazu gehört die Empfehlung einer systematischen Veröffentlichung wiederkehrender Informationen in einem Finanzkalender ebenso wie die Pflicht zur unverzüglichen ad-hoc Publikation von Insiderinformationen. Neben der zeitnahen Mitteilung wird hier vor allem die gleichmäßige Information an die gleichberechtigten Aktionäre betont.

- Das abschließende siebte Kapitel fasst geltende gesetzliche Bestimmungen zu **„Rechnungslegung und Abschlussprüfung"** zusammen. Ergänzend empfiehlt der DCGK die zeitnahe Veröffentlichung bspw. des Konzernabschlusses innerhalb von 90 Tagen nach Geschäftsjahresende sowie die bereits angesprochene Veröffentlichung eines Corporate Governance Berichts als Teil des Geschäftsberichts. Die Beauftragung eines unabhängigen Wirtschaftsprüfers erfolgt durch den Aufsichtsrat.[121]

Mit den vorliegenden Ausführungen sind die wesentlichen Grundlagen der regulatorischen Anforderungen zur Corporate Governance für deutsche börsennotierte Unter-

---

[121] Vgl. hierzu der durch das KonTraG novellierte § 111 II AktG

nehmen weitgehend wertfrei beschrieben. Inwieweit dieser Regelungsrahmen das Ziel einer Verbesserung der Unternehmensführung und -kontrolle tatsächlich zu erreichen vermag, soll im nun folgenden Kapitel kritisch beleuchtet werden.

2.3.2.5 Kritische Würdigung der modernen Corporate Governance

2.3.2.5.1 Positive Entwicklungen: Erhöhung von Transparenz, Kontrolle und Stabilität

Die vergangenen 15 Jahre waren zweifelsfrei durch einen erheblichen Fortschritt auf dem Gebiet der Corporate Governance gekennzeichnet. Die seit Ende der 1990'er Jahre etablierten regulatorischen Anforderungen haben zu einer Verbesserung von Transparenz, Kontrolle und Stabilität bei börsennotierten Unternehmen beigetragen und damit wichtige Mechanismen der Unternehmensführung und -kontrolle professionalisiert.

Die Transparenz wurde insbesondere durch erweiterte Informationspflichten des Vorstands gegenüber Aufsichtsrat, Anteilseignern und allgemeiner Öffentlichkeit erhöht (Vgl. hierzu u.a. VorstOG sowie der DCGK i.V.m. dem TransPuG). Gleichzeitig hat die verbesserte Informationslage die Möglichkeiten zum Vergleich von Unternehmen untereinander sowie zur Kontrolle von Unternehmensleitung und Aufsichtsgremium erweitert. Da die gesetzlichen Möglichkeiten zur Durchsetzung von Ansprüchen gegenüber Unternehmen ebenfalls gestärkt wurden, hat auch die faktische Möglichkeit zur Realisierung von Interessen zugenommen (Vgl. hierzu ergänzend u.a. das UMAG, das KapMuG und das KonTraG). Und schließlich wurde die Stabilität von Unternehmen durch die gesetzliche Notwendigkeit zur Etablierung von Risikofrüherkennungssystemen und erhöhte Anforderungen an die unabhängige Wirtschaftsprüfung gestärkt (Vgl. hierzu u.a. das KonTraG, das BilReG sowie das BilMoG).

Dass geltendes Recht eingehalten wird, ist zu erwarten. Umso interessanter ist es, die Einhaltung der im DCGK aufgeführten *Empfehlungen* zu überprüfen. Welge/Eulerich haben die Akzeptanz des Kodex auf der Basis von Erhebungen des Berlin Centre of Corporate Governance und der Leipzig Graduate School of Management für den Zeitraum 2004 bis 2010 analysiert und sind zu den folgenden Ergebnissen gekommen: Wies die Befolgungsquote bei den DCGK-Empfehlungen bereits in 2004 einen hohen Wert von über 94 % bei den DAX-Unternehmen bzw. ca. 85 % bei den MDAX-Unternehmen auf, so stieg dieser Wert bis 2010 weiter auf über 96 % bei

den DAX-Unternehmen bzw. knapp 91 % bei den MDAX-Unternehmen.[122] Die Empfehlungen, von denen laut Entsprechungserklärungen am häufigsten abgewichen
wird, beziehen sich auf die Vereinbarung eines Selbstbehalts bei der Inanspruchnahme von D&O-Versicherungen für Vorstand und Aufsichtsrat, die Vergütung des
Vorstands sowie die Zusammensetzung des Aufsichtsrats. Zudem ist zu erkennen,
dass der Befolgungsgrad sowohl mit der Unternehmensgröße als auch mit dem Anteil der Aktien, die sich in Streubesitz befinden, tendenziell zunimmt.[123] Auch wenn
demnach die Befolgungsquote bei der Gesamtheit der deutschen börsennotierten
Unternehmen nicht die hohen Werte der (M)DAX-Unternehmen erreicht, kann insgesamt ein hohes Maß an Zustimmung zu den DCGK-Empfehlungen konzediert werden. Die bisherige Entwicklung lässt zudem vermuten, dass sich „der positive Trend
einer zunehmenden Etablierung der Kodexnormen in Deutschland"[124] fortsetzen
wird.

2.3.2.5.2 Verbleibende Zweifel an der Wirksamkeit in der Unternehmenspraxis

Unabhängig von der hohen Befolgungsquote des DCGK und den damit einherge-
henden Fortschritten mit Blick auf Transparenz, Kontrolle und Stabilität von Unternehmen verbleiben Zweifel daran, dass die Corporate Governance Regulierung der
vergangenen Jahre die Unternehmensführung und -kontrolle *tatsächlich* verbessert
hat. Was zunächst widersprüchlich klingen mag, soll im Folgenden anhand zweier
Hypothesen näher erläutert werden.

Hypothese 1: Eine wirksame Corporate Governance erhöht die Stabilität von einzelnen Unternehmen und ganzen Systemen

Die heutigen Corporate Governance Regeln sind das Ergebnis eines breiten öffentlichen Diskurses über gute Unternehmensführung und -kontrolle, dessen Ursprung
und Entwicklung auf aufsehenerregende Unternehmensinsolvenzen und Defizite der
praktizierten Corporate Governance zurückgeführt werden kann. Die spektakulären
Zusammenbrüche von Worldcom und Enron in den USA sowie der Philipp Holzmann
AG in Deutschland haben die Debatte um wirksame Mechanismen zur Vermeidung

---

[122] Vgl. Welge, M., Eulerich M. (2012), S. 60-79. Die genannten Quoten beziehen sich auf die Berichterstattung der jeweiligen Unternehmen zur tatsächlichen Befolgung der im DCGK angegebenen
Empfehlungen zum Befragungszeitpunkt.
[123] Vgl. Welge, M., Eulerich M. (2012), S. 78 sowie Macharzina, K., Wolf, J. (2010), S. 148.
[124] Macharzina, K., Wolf, J. (2010), S. 147.

derartiger Entwicklungen befördert. Die Regulierungsinitiativen der vergangenen Jahre – insbesondere im Bereich des Risikomanagements – können daher auch als Versuch interpretiert werden, die Robustheit einzelner Unternehmen sowie die Stabilität ganzer Volkswirtschaften zu erhöhen.

Bereits ein oberflächlicher Blick auf die Entwicklung der Wirtschaft in der jüngeren Vergangenheit lässt allerdings Zweifel am Erfolg dieses Ansinnens aufkommen:

- Das erste Beispiel nimmt seinen Ausgang in den USA. Die globale Bankenund Finanzkrise, die ihren Ursprung im Jahr 2007 als Immobilienkrise in der weltweit größten Volkswirtschaft hatte und in den folgenden Jahren weltweit um sich griff, hat eine Vielzahl an Ursachen, die hier nur angedeutet werden können. Zu diesen Ursachen gehört eine politisch gewollte und durch die US-Zentralbank betriebene expansive Geldpolitik seit dem Platzen der Dotcom-Blase Anfang des neuen Jahrtausends, die infolge dessen angeregte Ausdehnung von Hypotheken-Darlehen auch an solche Personen, die sich mit den eingegangenen Schulden schlicht übernahmen (sogenannte Subprime-Kredite), die dadurch angeheizte Immobilienpreisspirale, deren Kaschierung durch die globale Weiterleitung von Risiken in Fonds und Dachfonds, deren Bestandteile selbst Investmentbanker zum Teil nicht mehr wirklich verstanden, was zur Internationalisierung dieser Krise führte und schließlich die mangelnde Preisindikation durch Rating-Agenturen, die bei der Bewertung derartiger Portfolios schlicht versagten. Insofern kann die Banken- und Finanzkrise als ein Konglomerat des Versagens von staatlichen Institutionen, Finanzinstituten und Ratingagenturen beschrieben werden.
  Mit Blick auf den in dieser Arbeit behandelten Kontext ist daher festzustellen, dass wichtige Mechanismen zur Sicherung der Stabilität von Kreditinstituten und letztlich des Finanzsystems in seiner Gänze nicht gegriffen haben. So hat diese Krise zum einen zum Zusammenbruch oder zur (Teil)-Verstaatlichung von Kreditinstituten geführt. Die amerikanischen Finanzdienstleister Fannie Mae und Freddie Mac, die schweizerische UBS und aus deutscher Sicht die Hypo Real Estate sowie die Commerzbank sind hier nur die prominentesten Beispiele. Zum anderen verschärfte die Banken- und Finanzkrise die spätere Staatsschuldenkrise, deren langfristige Folgen heute noch nicht absehbar sind.
- Das zweite Beispiel rückt primär den europäischen Finanzmarkt in den Blickpunkt. Im Jahr 2012 wurde bekannt, dass zahlreiche Großbanken den London Interbank Offered Rate (LIBOR), einen täglich festgelegten Referenzzinssatz für den Handel zwischen Kreditinstituten jahrelang manipuliert hatten. Die

durch diverse Banken gemeldeten Zinssätze wurden entweder zu gering angegeben, um bei Investoren den Eindruck zu erwecken, die Bank könne sich als Ausdruck ihrer Stabilität zu günstigen Bedingungen Geld leihen. Alternativ wurden die gemeldeten Zinssätze uneinheitlich nach oben oder nach unten manipuliert, um im Zusammenhang mit Spekulationen auf die Entwicklung des LIBOR den Gewinn der Händler zu erhöhen. Da es sich beim LIBOR um einen Zinssatz handelt, der direkt oder indirekt als Referenz für einen Großteil der Sparguthaben, Darlehen und Finanzprodukte in der ganzen Welt verwendet wird, war nahezu jeder Marktteilnehmer – ob Kleinsparer oder Großinvestor – von dieser Manipulation betroffen. Der für Teile der Wirtschaft entstandene Gesamtschaden ist zwar unmöglich akkurat zu beziffern, wird aber auf einen zweistelligen Milliardenbetrag geschätzt. Bis Ende 2013 waren die schweizerische UBS, die britische Barclays Bank sowie die Royal Bank of Scotland bereits zu Strafzahlungen in Milliardenhöhe verurteilt worden.[125]

Auch in diesem Skandal haben wichtige Mechanismen zur Kontrolle der handelnden Akteure nicht angemessen funktioniert. Das erklärte Ziel der Corporate Governance, mithilfe geeigneter Prozesse Transparenz und Kontrolle im Unternehmenskontext zu erhöhen und damit das Vertrauen[126] in die Wirtschaft zu stärken, wird angesichts solcher Skandale konterkariert und stellt den Erfolg der Bemühungen um gute Unternehmensführung und -kontrolle insgesamt in Frage.

- Das dritte Beispiel stammt nicht aus der Finanzbranche und nimmt die deutsche Wirtschaft in den Blick. Im Juli 2012 verhängte das Bundeskartellamt Bußgelder in Höhe von 124,5 Millionen Euro gegen Hersteller von Schienen und Weichen. Diese, unter ihnen die ThyssenKrupp AG, sollen in den Jahren 2001 bis 2011 Preise und Mengen abgesprochen und damit den Wettbewerb rechtswidrig eingeschränkt haben. Als Hauptgeschädigter hat die Deutsche Bahn AG die am Kartell beteiligten Unternehmen auf Schadenersatz verklagt. Geschädigt sind über die Beteiligung des Bundes an der Deutschen Bahn AG sowie als Kunden des Unternehmens letztlich alle Bürger des Landes. Auch hier haben die bestehenden Vorschriften zur Leitung und Überwachung von Unternehmen die Einhaltung geltenden Rechts bei den am Kartell beteiligten Firmen nicht sicherstellen können.

---

[125] Vgl. Siedenbiedel. C. (2013).
[126] Vgl. hierzu u.a. DCGK (2012), S. 1

So unterschiedlich die oben in aller Kürze skizzierten Fälle in ihren Ursachen sein mögen – die internationalen Corporate Governance Regularien sowie deren jeweilige nationalen Ausprägungen haben sie alle nicht verhindert. Oder anders formuliert: Gerade die Banken- und Finanzkrise hat die derzeitigen Defizite der Corporate Governance verdeutlicht.[127]

Mit Blick auf die oben formulierte Hypothese muss daher differenziert werden: Ja, es bestehen hinreichende Anhaltspunkte dafür, dass eine wirksame Corporate Governance die Stabilität von Unternehmen zu erhöhen vermag. Aber nein, eine hohe Befolgung der derzeitigen Corporate Governance Regeln garantiert nichts – weder eine hohe Stabilität der jeweiligen Unternehmen noch eine Immunität ganzer Systeme gegen verheerende Entwicklungen, welche die Überlebensfähigkeit des Systems aus sich selbst heraus gefährden können, wie das erste Beispiel eindrücklich belegt.

Und so drängt sich die Frage auf, was das über die Wirksamkeit der gegenwärtigen Corporate Governance Regeln per se aussagt. Ist es ggf. gar ein Irrtum, die Verhinderung derartiger Skandale zur Aufgabe der Corporate Governance zu machen? Was kann die Corporate Governance dann aber für das Vertrauen in die Leitung und Überwachung deutscher börsennotierter Unternehmen überhaupt leisten, wenn trotz jahrelanger Debatten selbiges eher schwindet als wächst? Bevor versucht wird, diese Fragen in einem Fazit zur Würdigung der gegenwärtigen Corporate Governance zu beantworten, soll die zweite Hypothese betrachtet werden.

Hypothese 2: Es besteht eine positive Korrelation zwischen der Befolgung von Corporate Governance Regeln und dem Unternehmenswert

Angesichts der oben konstatierten Zielsetzung der (quasi-) gesetzlich kodifizierten Corporate Governance Regeln, Standards guter und verantwortungsvoller Unternehmensführung zu schaffen, die das Vertrauen in Leitung und Überwachung von Unternehmen erhöhen, wäre zu erwarten, dass solche Unternehmen, die eine hohe Befolgungsquote mit den Corporate Governance Regularien aufweisen, auch ein besonders hohes Vertrauen durch (potenzielle) Mitarbeiter, Kunden, Anteilseigner, Kapitalgeber, Geschäftspartner und die allgemeine Öffentlichkeit genießen müssten. Gemäß der hier diskutierten Hypothese müsste dieses erhöhte Vertrauten wiederum auch agenturkostentheoretisch – bei ähnlicher Ausprägung sonstiger Leistungs-

---

[127] Vgl. Weigt, M. (2010), S. 178 f.

merkmale vergleichbarer Unternehmen – einen positiven Effekt auf den Unternehmenserfolg und schließlich den Unternehmenswert generieren.[128]

Die zu dieser Frage erfolgten empirischen Untersuchungen suggerieren zunächst ein uneinheitliches Bild. Im Jahr 2005 veröffentlichte die britische Personalberatungsgesellschaft Russell Reynolds Associates eine Studie, für die über 60 Chairmen börsennotierter Unternehmen befragt wurden. Ziel der Studie war es, die Wirkung der britischen Corporate Governance Regeln, zu eruieren. Zwei Feststellungen aus dieser Studie sind für den hier thematisierten Zusammenhang besonders bemerkenswert.

- Eine große Mehrheit der befragten Chairmen war der Auffassung, dass ihre Funktion durch die Entwicklung der Corporate Governance in den vergangenen Jahren erheblich beeinflusst worden sei. Jedoch ergab sich kein einheitliches Bild darüber, ob diese Entwicklungen positiv oder negativ zu betrachten seien. Jedoch war ein Großteil der Befragten der Auffassung, dass die Corporate Governance Regularien den Aufwand zur Regelbefolgung sowie die Tendenz zur Risikoaversion erheblich erhöht und die Kapazitäten zur Fokussierung auf das Geschäft zu stark reduziert hätten.[129]
- Trotz des konstatierten hohen Aufwands für Regelbefolgung und Berichterstattung waren 65 % der Befragten der Überzeugung, dass die Corporate Governance Vorschriften keinen oder nur einen sehr geringen positiven Einfluss auf den Unternehmenserfolg habe. Diejenigen Befragten, die eine positive Korrelation zwischen der Corporate Governance Befolgung und dem Unternehmenserfolg bejahten, begründeten diese vor allem mit einer verbesserten Unternehmensethik als mit einer optimierten finanziellen oder prozessualen Leistungsfähigkeit.[130]

Ein anderes Bild ergibt sich, wenn statt der Unternehmensvertreter institutionelle Investoren befragt werden. In ihrem „Global Investor Opinion Survey" befragte die US-amerikanische Unternehmensberatung McKinsey über 200 Vertreter dieser Branche

---

[128] V. Werder/Grundei untermauern die Hypothese einer positiven Korrelation zwischen Corporate Governance und Unternehmenserfolg. Sie begründen mit diesem Zusammenhang das wachsende Interesse institutioneller Investoren an einer (unabhängigen) Evaluation der Governance von Unternehmen. Vgl. hierzu ausführlicher v. Werder, A.; Grundei, J. (2009), S. 630f.

[129] Vor diesem Hintergrund äußerten mehr als zwei Drittel der Vorstandsvorsitzenden von Firmen, die auch an einer US-Börse gelistet waren, dass sie derzeit Überlegungen über ein De-Listing anstellten, um den überbordenden Kontroll- und Dokumentationsanforderungen des Sarbanes-Oxley-Act zu entgehen. Vgl. Russell Reynolds Associates (2005), S. 3f.

[130] Vgl. Russell Reynolds Associates (2005), S. 6.

und kam zu scheinbar völlig anderen Ergebnissen. Zwei Erkenntnisse sind dabei besonders bedeutsam.[131]

- Über die Hälfte der befragten institutionellen Investoren, so die Studie, hält die Corporate Governance für mindestens so wichtig wie die Finanzkennzahlen potenzieller Investitionsobjekte. Unter dem Begriff Corporate Governance wurden dabei insbesondere eine effektive Aufsicht, umfängliche Berichterstattung sowie die Stärkung und Gleichheit von Aktionärsrechten subsummiert.
- Die Mehrheit der Investoren ist bereit, einen Preisaufschlag für solche Unternehmen zu leisten, die über eine gute Corporate Governance verfügen. Die Preisaufschläge variieren je nach Herkunft des Investors zwischen 12 % in Nordamerika und über 30 % in Osteuropa und Afrika.

Bei näherer Betrachtung dieser beispielhaft ausgewählten Befunde[132] wird deutlich, dass sich die festgestellten Ergebnisse keineswegs widersprechen, sondern lediglich zwei voneinander verschiedene Perspektiven desselben Sachverhaltes widerspiegeln. Während Unternehmen – hier repräsentiert durch die Chairmen börsennotierter Unternehmen – den hohen Aufwand der Befolgung erweiterter Transparenz- und Kontrollpflichten kritisieren, schätzen Außenstehende – hier vertreten durch institutionelle Investoren – die dadurch verbesserte Informationslage sowie die Möglichkeit zur Ausübung von Überwachungsrechten. In dieser Hinsicht war der geschilderte Befund also zu erwarten.

Mit Blick auf die hier diskutierte Hypothese und den vermuteten Zusammenhang von Corporate Governance und Unternehmenswert könnte die (vermeintliche) Uneinheitlichkeit der Studienergebnisse an den unterschiedlichen Fragestellungen liegen. Indem die Chairmen nach den Konsequenzen der erhöhten Corporate Governance Anforderungen für den Unternehmenserfolg gefragt wurden, hatten diese die unmittelbaren Auswirkungen auf unternehmensinterne Abläufe, deren gesteigerte Komplexität und schließlich die Performanz des Unternehmens im Blick. Angesichts der in den vergangenen Jahren zu beobachtenden Verdichtung der Corporate Governance Regeln ist durchaus nachzuvollziehen, dass die Effizienz der internen Prozesse durch die Corporate Governance zumindest nicht zugenommen haben dürfte. Demgegenüber zeigt die Studie von McKinsey, dass Investoren die Authentizität und Verlässlichkeit der Finanzberichterstattung sowie funktionierende Kontrollmechanismen

---

[131] Vgl. McKinsey (2002), S. 1f.
[132] Die Auswertung weiterer Studien mit ähnlichen Zielstellungen kommt zu gleichartigen Ergebnissen. Vgl. hierzu u.a. Macharzina, K., Wolf, J. (2010), S. 149 und S. 186f.

als wertstabilisierende oder werterhöhende Sicherheiten zu schätzen wissen. Vor diesem Hintergrund ist die suggerierte Korrelation zwischen einer guten Corporate Governance und dem Unternehmenswert also durchaus zu vermuten. Inwiefern die Unterschiedlichkeit der Befunde – wenngleich erklärbar – dennoch für eine Weiterentwicklung der derzeitigen Corporate Governance spricht, wird im folgenden Kapitel erläutert.

2.3.2.5.3 Schlussfolgerungen zur Würdigung der modernen Corporate Governance

Die bisher aufgezeigten Entwicklungen haben verdeutlicht, dass die Corporate Governance in Deutschland sowie international in den vergangenen 15 Jahren erhebliche Fortschritte verzeichnet hat. Diese Fortschritte liegen insbesondere in einer Erhöhung von Transparenz und Kontrolle börsennotierter Unternehmen. Zudem wurde die Notwendigkeit zur Einrichtung von stabilitätsfördernden Risikomanagementsystemen gesetzlich kodifiziert. Dies alles sind wichtige Mechanismen zur Professionalisierung von Unternehmensführung und -kontrolle und damit zur punktuellen Verbesserung der Corporate Governance.

Während am Unternehmen interessierte, aber nicht zum Führungs- und Kontrollgremium gehörende Personen – beispielsweise Investoren – diese Entwicklung positiv beurteilen, scheinen die Unternehmensleitungen selbst den Aufwand der gestiegenen Corporate Governance Anforderungen höher zu bewerten als den unmittelbaren Nutzen selbiger. Vielmehr erwecken nicht zuletzt die in den Entsprechungserklärungen erläuterten Begründungen für Abweichungen von DCGK-Empfehlungen den Eindruck, dass diese eher als lästige Pflicht denn als Chance zur Kommunikation mit den Stakeholdern betrachtet werden.[133] Nach Ansicht der Mehrzahl der befragten Unternehmenslenker hat die Corporate Governance Debatte der vergangenen Jahre zwar die Anforderungen im regulatorischen Bereich erhöht, aber keinen unmittelbaren Mehrwert für die handelnden Unternehmen gebracht.[134] Angesichts dieser Ergebnisse – und vor dem Hintergrund fataler Defizite in der Unternehmensführung einiger Unternehmen – muss geschlussfolgert werden, dass die bisherige, auf die Befolgung von Regeln zur Klärung der Aufgaben, Kompetenzen und Verantwortlichkeiten von Vorstand, Aufsichtsrat und Aktionärsversammlung fokussierte Corporate Governance Debatte die Leistungsfähigkeit von Unternehmen künftig stärker in den

---

[133] Vgl. Macharzina, K., Wolf, J. (2010), S. 187.
[134] Nach Ansicht des Autors ist das – kurz gesagt – der Tenor der Studie von Russell Reynolds Associates.

Blick wird nehmen müssen. Dies gilt umso mehr, da echte Leistungsverbesserungen die Akzeptanz der handelnden Unternehmen für Corporate Governance Anforderungen erhöhen würden.[135] Schließlich erfordert eine gute Unternehmensführung die kombinierte Betrachtung sowohl eines gestärkten Stakeholder-Vertrauens als auch einer verbesserten Wirtschaftlichkeit.[136]

In der Diskussion zu Hypothese 1 hat sich eine Frage aufgedrängt, die das Leistungsversprechen der Corporate Governance Regularien selbst betrifft. Die Frage war, kurz gesagt, was das über die Wirkkraft der Corporate Governance Regeln aussage, wenn Unternehmen, die diesen Regularien unterliegen und auch noch eine hohe Befolgungsquote der DCGK-Empfehlungen aufwiesen[137], dennoch fatale Defizite in Unternehmensführung und -überwachung nachgewiesen würden. Zum einen suggeriert die Frage einen Zusammenhang zwischen den Entsprechungserklärungen zum DCGK und einer umfassenden guten Unternehmensführung und -kontrolle, der so nicht besteht. Zwar formuliert der DCGK den Anspruch, „wesentliche gesetzliche Vorschriften zur Leitung und Überwachung"[138] von Unternehmen darzustellen. Die Entsprechungserklärungen selbst beziehen sich allerdings lediglich auf die im DCGK ausgewiesenen Empfehlungen. Streng genommen ist demnach durchaus möglich, die Empfehlungen des DCGK einzuhalten, während geltende Gesetze – hier beispielsweise Ziffer 4.1.3, die den Vorstand verpflichtet, „für die Einhaltung der gesetzlichen Bestimmungen"[139] (Compliance) zu sorgen – missachtet werden. Dies mag widersprüchlich oder zumindest spitzfindig wirken – der Aussagegehalt der Analysen zur Befolgung der DCGK-Empfehlungen geht darüber jedoch nicht hinaus. Zum anderen spricht die punktuelle kriminelle Umgehung geltenden Rechts, die es immer gegeben hat, nicht gegen die rechtlichen Normen selbst. Vielmehr spricht es dafür, deren Verbindlichkeit zu stärken, deren Missachtung konsequent und nachdrücklich zu sanktionieren und dem Recht damit zur Durchsetzung zu verhelfen.

Dennoch wird durch diese Diskussion deutlich, dass Unternehmen, die sich einerseits der Befolgung des DCGK rühmen und andererseits Kartelle bilden, der Corporate Governance selbst damit einen Bärendienst erweisen. Vor diesem Hintergrund muss im Kontext einer kritischen Würdigung der Corporate Governance angemerkt

---

[135] Vgl. NACD (2009), S. 10f.
[136] Vgl. OECD (2004), S. 11.
[137] So wies die ThyssenKrupp AG in ihrer Entsprechungserklärung zum 21. Januar 2011 eine vollständige Erfüllung der damals gültigen DCGK-Empfehlungen aus. Vgl. ThyssenKrupp (2011), S. 1. Die Kartellrechtsverstöße („Schienenkartell"), in deren Zentrum das Unternehmen steht, fanden in den Jahren 2001 bis 2011 statt.
[138] DCGK (2012), S. 1.
[139] DCGK (2012), S. 6.

werden, dass die Urheber des DCGK in der Vergangenheit einen Eindruck erweckt haben, den sie nicht erfüllen konnten. Die gesamte Corporate Governance Regulierung hat – bei allen Verdiensten, die oben hinreichend gewürdigt worden sind – nicht zu einer umfänglichen Verbesserung der Unternehmensführung und -aufsicht geführt. Sie hat einzelne Aspekte selbiger in den Blickpunkt gerückt und damit, wie ausgeführt, die Transparenz und Kontrolle punktuell befördert. Mehr wollte sie nicht und mehr hat sie auch nicht erreicht. Und an diesem Anspruch gemessen, ist das Erreichte nicht gering zu würdigen. Für eine wirklich gute Unternehmensführung jedoch sind juristische und finanzwirtschaftliche Formalregeln zwar notwendig, aber nicht hinreichend.[140] Inwieweit das Erreichte offenkundig nicht ausreicht, die Unternehmensführung und -kontrolle tatsächlich umfassend zu verbessern und welchen Beitrag die Integration von Interner Revision, Risiko- und Compliance Management in diesem Sinne leisten könnte, soll in Kapitel 4 ausführlich beleuchtet werden. Davor gilt es jedoch, zwei Fragen zu klären, die für das hier dargelegte Verständnis eines integrierten GRC-Managements grundlegend sind: Zunächst wird in Kapitel 2.4 der Begriff des Unternehmensinteresses als Maßstab guter Corporate Governance etabliert. Anschließend widmet sich Kapitel 2.5 der Analyse des Verhältnisses zwischen den organisationalen Kontextbedingungen einerseits und Effektivität sowie Effizienz von Governance-Mechanismen andererseits.

2.4 Das Unternehmensinteresse als Maßstab guter Corporate Governance

Die Rede von der Verbesserung der Corporate Governance wirft unmittelbar die Frage auf, unter welchen Bedingungen selbige als „gut" bzw. „schlecht" bewertet werden kann. Einen Ansatzpunkt hierzu bietet die in Kapitel 2.1 formulierte Definition der Corporate Governance. Demnach ist diese „darauf ausgerichtet, die Ressourcen sowie die Interessen der unterschiedlichen Stakeholder in einem Austauschprozess zu erkennen, zu priorisieren und entsprechend vertraglicher Vereinbarungen sowie unternehmenseigener Zielsetzungen zu erfüllen"[141]. Eine Unternehmensführung und -kontrolle, die dieser Definition entspricht, wäre demnach als gut zu bezeichnen, wohingegen eine diesen Ambitionen zuwider laufende Corporate Governance schlecht zu nennen sei.

Bei genauerem Hinsehen verlagert diese Argumentation allerdings die Antwort nur um eine weitere Stufe. Dass die Interessen unterschiedlicher Stakeholder (irgendwie)

---

[140] Vgl. Malik, F. (2008), S. 17.
[141] Vgl. ausführlicher hierzu Kap. 2.1.

in Betracht gezogen werden müssen – schon, weil es sich Unternehmen in der Regel nicht leisten können, die gesellschaftliche Legitimation der „license to operate" völlig außer Acht zu lassen –, versteht sich von selbst. Ebenso soll an dieser Stelle die Notwendigkeit zur Einhaltung vertraglicher Vereinbarungen im Sinne einer Compliance aus offensichtlichen Gründen nicht weiter diskutiert werden. Jedoch stellt sich die Frage, unter Maßgabe welcher „unternehmenseigenen Zielsetzungen" ein Unternehmen diesen Austauschprozess mit den Stakeholdern moderieren, die Interessen priorisieren und entsprechend dieser Priorisierung (nicht) erfüllen soll. Anders gefragt: Wem oder was ist ein Unternehmen grundsätzlich verpflichtet? Mit der Definition des Zwecks der Corporate Governance, der langfristigen Sicherung der Wertschöpfungsfähigkeit eines Unternehmens, ist eine Antwort auf diese Frage bereits angedeutet worden. Diese Antwort zu fundieren, ist schon deshalb von Belang, da das Unternehmensinteresse in der vorliegenden Arbeit als Maßstab einer guten Corporate Governance positioniert wird – und damit als wichtiger Bezugspunkt für die Optimierung von Interner Revision, Risikomanagement und Compliance im Sinne eines integrierten GRC-Managements.

2.4.1 Die juristische Perspektive

Wenngleich der Begriff des Unternehmensinteresses in der Rechtsprechung immer wieder gebraucht wird[142], so ist er doch im Kern unbestimmt geblieben. Eine hoheitliche oder allgemeingültige Definition des Begriffes besteht nicht[143] – und dennoch wird das Unternehmensinteresse oft als Maßstab[144] für die Beurteilung des Verhaltens der Organe von Kapitalgesellschaften verwendet.[145]

Ausgangspunkt für die Befassung mit dem Unternehmensinteresse ist die Frage, wem gegenüber Vorstand und Aufsichtsrat verpflichtet sind, wenn die Interessen un-

---

[142] Vgl. Koch, W. (1983), S. 200.
[143] Vgl. Metten, M. (2010), S. X.
[144] Vgl. hierzu u.a. Salm, E. (1986), S. 134 sowie Koch, W. (1983), S. 200.
[145] Bei Einzelunternehmen sind Gesellschaftsträger (der Unternehmer) und Unternehmen identisch, weshalb hier von einer Interessenkongruenz ausgegangen werden kann. Bei Personengesellschaften ist die Sachlage prinzipiell ähnlich, d.h. das Unternehmensinteresse leitet sich aus den Interessen der die Gesellschaft konstituierenden Gesellschafter und dem durch diese definierten gemeinsamen Gesellschaftszweck ab. Bei Kapitalgesellschaften hingegen obliegt die Führung und Kontrolle der Gesellschaft Organen (Vorstand und Aufsichtsrat). Aus dem Auseinanderfallen von Gesellschaftsträgern (im Fall von Aktiengesellschaften den Aktionären) und Unternehmenslenkern ergibt sich aus juristischer Perspektive die Frage nach der Organtreue und aus Governance-Perspektive die Frage nach der Einbeziehung von Interessen, die denen der Gesellschaftsträger nicht identisch sind. Vor diesem Hintergrund wird das Unternehmensinteresse hier ausschließlich mit Blick auf Kapitalgesellschaften diskutiert. Vgl. Jürgenmeyer, M. (1984), S. 176f.

terschiedlicher Stakeholder voneinander abweichen.[146] Dabei setzt diese Frage zwei Hypothesen als Prämissen voraus: Erstens, dass verschiedene Anspruchsgruppen divergierende Interessen an einem Unternehmen haben können. Diese Hypothese ist empirisch hinreichend belegt und bedarf daher keiner weiteren Erörterung. Zweitens suggeriert die Frage, wem gegenüber die Organe einer Gesellschaft verpflichtet sind, dass es gesellschaftsträgerfremde Anspruchsgruppen geben könnte, deren Interessen für das Verhalten eines Unternehmens von Belang sein sollten. Damit geht die Diskussion über das Unternehmensinteresse von einem interessenpluralistischen Konzept der Organverantwortung aus.[147] Indem die Interessen der nicht mit den Gesellschaftsträgern identischen Anspruchsgruppen überhaupt in Erwägung gezogen werden, rückt der Zweck des Unternehmens an sich und damit dessen originäres Interesse in den Blickpunkt.

In Entsprechung des oben bereits beschriebenen Fehlens einer allgemein anerkannten Definition des Unternehmensinteresses bestehen in der wissenschaftlichen Literatur unterschiedliche Auffassungen darüber, was das Unternehmensinteresse ausmacht. Auch der Deutsche Corporate Governance Kodex erwähnt das Unternehmensinteresse an vier Stellen explizit – ohne jedoch hinreichend konkrete Angaben zu dessen Inhalt zu leisten.[148] Während einige Autoren eine inhaltliche Konkretisierung des Unternehmensinteresses nach ökonomisch-materiellen Maßstäben ablehnen[149], ist die Mehrheit der Autoren der Auffassung, dass sich das Unternehmensinteresse – zumindest auf abstrakter Ebene – mit der langfristigen Rentabilität und dem dadurch möglichen Fortbestand des Unternehmens definieren lässt.[150] Allerdings konzedieren selbige Autoren auch, dass in der Praxis Einzelfälle situationsgebunden entschieden werden müssten. Was das Unternehmensinteresse demnach im Einzelnen sei, lasse sich nur durch eine Abwägung der am und im Unternehmen jeweils bestehenden Interessen ermitteln.[151] Eine inhaltliche Konkretisierung des Unternehmensinteresses könne – vor dem Hintergrund der grundsätzlich zu befürwortenden Absicht der Sicherung des unternehmerischen Fortbestandes – nur fallbezogen erfolgen.[152]

Interessant ist nun, auf welche Weise ein solcher Prozess der Abwägung unterschiedlicher Interessen zu erfolgen hat und ob in diesem Prozess schwerer oder we-

---

[146] Vgl. Koch, W. (1983), S. 199.
[147] Vgl. Hoffmann, M. (2010), S. 35.
[148] Vgl. Metten, M. (2010), S. 147.
[149] Vgl. Salm, E. (1986), S. 92.
[150] Vgl. hierzu u.a. Jürgenmeyer, M. (1984), S. 113 sowie Hoffmann, M. (2010), S. 220f.
[151] Vgl. Salm, E. (1986), S. 134f. sowie Hoffmann, M. (2010), S. 223.
[152] Vgl. Koch, W. (1983), S. 203.

niger schwer zu gewichtende Interessen (-Gruppen) bestehen. Auch hierzu gehen die Auffassungen auseinander. Grob lassen sich hierbei zwei Positionen voneinander abgrenzen. Eine Extremposition geht von einer völligen Gleichwertigkeit der Interessengruppen aus. Begründet wird diese in der Regel mit Art. 14 II GG, demzufolge Eigentum verpflichtet und dessen Gebrauch dem Wohle der Allgemeinheit dienen solle. Inwieweit diese Auffassung in der Praxis Handlungsorientierung stiften und gerade in Konfliktfällen zu Lösungen führen könnte, kann an dieser Stelle nicht weiter ergründet werden. Demgegenüber steht die Überzeugung, dass die Interessen bestimmter Gruppen – zum Beispiel Aktionäre und Arbeitnehmer – grundsätzlich zu priorisieren sind.[153] Begründet wird die Notwendigkeit der (vorrangigen) Berücksichtigung der Aktionärsinteressen mit deren Eigenschaft als Eigentümer des Unternehmens und damit persönlich in voller Höhe ihrer Kapitalanteile haftende Gesellschafter. Die mögliche Vorrangstellung der Arbeitnehmer wird mit deren unmittelbarer Abhängigkeit vom Unternehmen und der quasiparitätischen Mitbestimmung im Aufsichtsrat von Aktiengesellschaften, die durch das Mitbestimmungsgesetz von 1976 konstituiert wurde, begründet.[154] Mit der vorrangigen Berücksichtigung der Anteilseigner und der Arbeitnehmer gegenüber anderen (externen) Anspruchsgruppen wird zwar weiterhin vom Primat der langfristigen Rentabilität eines Unternehmens sowie der Notwendigkeit, im Einzelfall die jeweils betroffenen Interessen (-Gruppen) gegeneinander abzuwägen, ausgegangen. „Der Grad der Berücksichtigung der einzelnen Sonderinteressen richtet sich [jedoch] nach deren Nähe zum Unternehmen.“[155]

Eine derartige Schlussfolgerung erscheint im ersten Moment schlüssig – insbesondere in Richtung der demgemäß geringer zu priorisierenden (jedoch weiterhin zu berücksichtigenden) sonstigen Interessengruppen, die im Konfliktfall mit den Interessen der Aktionäre und der Arbeitnehmer zurückzustehen haben. Gleichzeitig wird jedoch auch deutlich, dass diese Argumentation nichts am Primat der langfristigen Rentabilität von Unternehmen ändert. Dies wird vor allem dann deutlich, wenn über die Stilllegung eines Geschäftsbereiches zugunsten der Optimierung der Ertragssituation eines Unternehmens – wohlgemerkt: nicht der Existenzsicherung, bei deren Bedrohung die Situation einfacher zu beurteilen wäre – zu entscheiden ist. In einem derartigen Fall ist die Unternehmensleitung zumindest per Gesetz nicht verpflichtet, die Interessen der betroffenen Arbeitnehmer stärker zu gewichten als ihre Gewinnerhöhungsabsicht. Und selbst die Arbeitnehmervertreter im Aufsichtsrat sind vor dem Hintergrund aktienrechtlicher Treue- und Sorgfaltspflichten nicht den Partikularinteres-

---

[153] Vgl. Hoffmann, M. (2010), S. 221.
[154] Vgl. Hoffmann, M. (2010), S. 222.
[155] Koch, W. (1983), S. 203.

sen der Arbeitnehmer, sondern dem Unternehmensinteresse in seiner Gänze verpflichtet.[156] In Bezug auf das Verhältnis von Arbeitnehmersonderinteressen einerseits
und dem Unternehmensinteresse in seiner Gesamtheit andererseits ist daher zu
schlussfolgern, dass es aus gesellschaftsrechtlicher Perspektive keinen Anlass dafür
gibt, an der Priorisierung des Ziels der langfristigen Sicherung der Rentabilität des
Unternehmens als primärem Unternehmensziel zu zweifeln. Und auch aus strafrecht-
licher Sicht ergibt sich, dass der Schutz der Partikularinteressen „im Rahmen des §
266 StGB ausschließlich über die Existenz- und Kapitalerhaltung der Gesellschaft"[157]
erfolgt.

2.4.2 *Shared Value als Konzept zur Lösung multidimensionaler Interessenkonflikte*

Neben der gesellschafts- und strafrechtlichen Perspektive sehen sich vor allem größere Unternehmen heute nicht selten einer Vielzahl von Ansprüchen gegenüber, die
zwar juristisch keine Durchsetzungskraft erzeugen könnten. Durch die Dynamik der
heutigen Medienberichterstattung, die Macht der sozialen (Online-) Netzwerke und
die dadurch möglich gewordene Chance einzelner Gruppen, ihren partikularen Interessen Gehör zu verschaffen, sind Unternehmen heute gleichwohl faktisch gezwungen (und streben dies aus eigenen Motiven nicht selten auch an), über die juristische
Perspektive hinaus Anspruchsgruppen ernst zu nehmen. Dieser Realität trägt auch
der Deutsche Corporate Governance Kodex Rechnung, indem er dem Unternehmensinteresse eine Multidimensionalität zumisst, die über Aktionärs- und Arbeitneh-
merinteressen hinaus auch die Allgemeinheit in den Blick nimmt.[158] Schließlich wird
die langfristige Sicherung der Rentabilität der meisten Unternehmen nicht zuletzt von
deren Fähigkeit abhängen, die diversen Sonderinteressen der Stakeholder zu eruieren, gegeneinander abzuwägen und vor dem Hintergrund des (abstrakten) Oberziels
der Existenzsicherung zu spiegeln. Dass dabei nicht jede Anspruchsgruppe gleich zu
gewichten ist, wurde oben dargelegt. Vielmehr gibt es gute Gründe, die Relevanz der
Sonderinteressen tatsächlich von der Nähe der Anspruchsgruppe zum Unternehmen
sowie dem damit eng korrelierenden aber nicht identischen Grad der Bedeutung einer Handlung für die durch sie Betroffenen abhängig zu machen. Insbesondere die
Interessen der allgemeinen, ohne konkreten Bezug zum Unternehmen verfügenden

---

[156] Vgl. DCGK (2012), S. 13: „Jedes Mitglied des Aufsichtsrates ist dem Unternehmensinteresse verpflichtet." sowie Koch, W. (1983), S. 206f.
[157] Hoffmann, M. (2010), S. 262. Untersucht wurde, ob der Tatbestand der Organuntreue aus § 266
StGB für Gläubiger oder Arbeitnehmer einen Schutz bereithält, der über das originäre Unternehmensinteresse der Existenzsicherung hinausgeht. Hoffmann verneint dies.
[158] Vgl. Metten, M. (2010), S. 153.

Öffentlichkeit sind dabei primär durch die Einhaltung gesetzlicher Normen als berücksichtigt zu betrachten.[159] Sich jedoch allein auf die Aktionäre und die Arbeitnehmer zu beschränken, dürfte schon deshalb nicht ausreichen, weil es letztlich die Kunden sind, die den langfristigen Unternehmenserfolg zu sichern vermögen.

Zur Auflösung des (vermeintlichen) Konflikts zwischen Existenzsicherungs- und Wertschöpfungszielen des Unternehmens einerseits und den Ansprüchen der Stakeholder andererseits leistet das Shared Value-Konzept einen wichtigen Beitrag.[160] Dessen zentrales Argument besteht in der „Schaffung eines Ausgleichs zwischen Unternehmen und der Gesellschaft"[161]. Mit diesem Ausgleich ist gemeint, dass Unternehmen Praktiken ausprägen, die darauf ausgerichtet sind, sowohl die wirtschaftlichen Interessen als auch die gesellschaftlichen Ansprüche zu erfüllen. Mit anderen Worten: Statt gesellschaftliche Ansprüche als peripher zu betrachten, schlägt der Shared Value-Ansatz vor, diese in den unternehmerischen Wertschöpfungsprozess zu integrieren und somit den (vermeintlichen) Widerspruch zwischen Ökonomie und Gesellschaft aufzulösen.[162]

Begründet wird dieses Konfliktlösungspotenzial mit der These, dass Handlungen, welche der Gesellschaft Schaden zufügen, häufig auch in erhöhten Kosten für Unternehmen resultieren – und umgekehrt. Die Reduzierung des Energieverbrauchs oder der sorgsame Umgang mit Ressourcen aller Art sind offensichtliche Beispiele für eine erhöhte Wertschöpfung, die Unternehmen (in Form reduzierter Kosten) und Gesellschaft (durch eine verringerte Umweltbelastung) gleichermaßen im Sinne des Shared Value-Konzepts zu Gute kommt.[163] Weitere konkrete Beispiele für Shared Value mit ihren jeweiligen Effekten für die Gesellschaft im Allgemeinen und Unternehmen im Besonderen sind:[164]

- Durch die gezielte Beschaffung von Zuliefermaterial bei lokalen Anbietern können die regionale Wirtschaft gestärkt, Arbeitsplätze gesichert, die Logistik vereinfacht und Transportkosten gespart werden.[165]

---

[159] Vgl. Metten, M. (2010), S. 153.
[160] Vgl. hierzu grundlegend Porter, M.; Kramer, M. (2011), S. 62-77.
[161] Wieland, J.; Heck, A. (2013), S. 16.
[162] Vgl. Porter, M.; Kramer, M. (2011), S. 64f.
[163] Vgl. Porter, M.; Kramer, M. (2011), S. 66.
[164] Die Beispiele sind bewusst so gewählt, dass sie grds. für alle Unternehmen Gültigkeit beanspruchen können. In Abgrenzung dazu werden im Zusammenhang mit Shared Value häufig Beispiele von Unternehmen genannt, deren Geschäftszweck darin besteht, einen gesellschaftlichen Bedarf (auf profitable Weise) zu decken. Beispiele hierfür sind u.a. Bildungseinrichtungen, die Kranken- und Altenpflege und Recycling-Firmen.
[165] Vgl. Anker, H. (2012), S. 28.

- Durch eine konsequente Haltung gegen Wirtschaftskriminalität im Allgemeinen und Korruption im Besonderen können ökonomische Fehlallokationen in der Gesellschaft verringert sowie rechtliche, finanzielle und Reputationsrisiken für Unternehmen vermieden werden.
- Durch ein arbeitnehmerorientiertes betriebliches Gesundheitsmanagement – bspw. in Form von Nichtraucherkampagnen oder durch die Schaffung altersgerechter Arbeitsplätze – können die nachhaltige Gesundheit der Mitarbeiter gestärkt, Fehlzeiten reduziert und damit sowohl für die Gesellschaft als auch für die Unternehmen resultierenden Krankheitskosten gesenkt werden.[166]
- Durch unternehmerisches Engagement in der (lokalen) Bildungslandschaft – von Schulen über die betriebliche Ausbildung bis hin zu Universitäten – kann die Gesellschaft als attraktiver Lebens- und Wirtschaftsstandort gestärkt werden, während Unternehmen im Wettbewerb um Talente vom Vorhandensein eines gut ausgebildeten Nachwuchses und der dadurch nachhaltig gesicherten Innovationskraft in der Region profitieren kann.

Die Beispiele zeigen, dass es beim Shared Value-Ansatz nicht darum geht, die durch Unternehmen geschaffenen Werte neu zu verteilen, mithin Philanthropie zu betreiben. Vielmehr geht es darum, die „Geschäftstätigkeit [von Unternehmen] so [zu] gestalten, dass sie die Wertschöpfung für das Unternehmen mit einer solchen zu Gunsten der Gesellschaft verbinden und auf diesem Wege komparative Wettbewerbsvorteile erzielen"[167]. Durch Shared Value wird Wertschöpfung also nicht neu verteilt, sondern im wirtschaftlichen und gesellschaftlichen Interesse erhöht.[168]

Selbstverständlich können mit dem Shared Value-Ansatz nicht sämtliche Konflikte zwischen den unternehmerischen Interessen und den Ansprüchen der Stakeholder auf einfache Weise gelöst werden.[169] Gleichwohl verdeutlicht das Konzept, dass dieses viel zu häufig als Terrain von Gegensätzen betrachtete Spannungsfeld durchaus auch als Gebiet von Schnittmengen gemeinsamer Interessen gedacht werden kann. Zudem leistet Shared Value einen konstruktiven Vorschlag zu der oben geführten Debatte, welche Stakeholder denn nun prioritär berücksichtigt werden sollten: Statt die normative Vorrangstellung einzelner Anspruchsgruppen abstrakt zu begründen,

---

[166] Vgl. Anker, H. (2012), S. 29.
[167] Anker, H. (2012), S. 28.
[168] Vgl. Porter, M.; Kramer, M. (2011), S. 67.
[169] Zur Kritik an der ursprünglichen Konzeption von Porter / Kramer und Ansätzen zur Weiterentwicklung dieses Ansatzes, vgl. Wieland, J.; Heck, A. (2013) sowie Anker, H. (2012). Wieland / Heck kritisieren unter Bezugnahme auf die CSR-Definition der Europäischen Kommission zu Recht, dass Porter / Kramer Shared Value neben CSR stellen statt CSR-Management als Grundlage für die Schaffung von Shared Value zu erkennen. Vgl. Wieland, J.; Heck, A. (2013), S. 16.

schlägt das Shared Value-Konzept vor, die in einer konkreten Situation jeweils von einer Handlung betroffenen Interessen gegeneinander abzuwägen, vor dem Hintergrund des Oberziels der Erhaltung der langfristigen Wertschöpfungsfähigkeit zu reflektieren und schließlich das Unternehmensinteresse im Konkreten immer wieder aufs Neue zu definieren. Ein derartiges Vorgehen ermöglicht es, der Wertausfüllungsbedürftigkeit[170] des Unternehmensinteresses genauso gerecht zu werden, wie der Komplexität der realwirtschaftlichen Praxis – und dabei dennoch die unternehmerische Identität zu wahren und mittels nachvollziehbarer Argumente Willkür zu vermeiden. In diesem Sinne ist die Corporate Governance in Kapitel 2.1 definiert worden, als es hieß:

„Corporate Governance bezeichnet das System der Führung und Kontrolle von Unternehmen. Ihr Zweck besteht darin, die langfristige Wertschöpfungsfähigkeit eines Unternehmens zu sichern. Corporate Governance ist sowohl nach innen als auch nach außen orientiert und dadurch stets Ausdruck des spezifischen Kontextes eines Unternehmens. Sie ist darauf ausgerichtet, die Ressourcen sowie die Interessen der unterschiedlichen Stakeholder in einem Austauschprozess zu erkennen, zu priorisieren und entsprechend vertraglicher Vereinbarungen sowie unternehmenseigener Zielsetzungen zu erfüllen."[171]

Mit der Erörterung des Unternehmensinteresses aus rechtlicher wie gesellschaftlicher Perspektive konnte die Frage geklärt werden, wem oder was ein Unternehmen – juristisch sowie faktisch – verpflichtet ist. Die Antwort lautet, dass die Organe eines Unternehmens grundsätzlich der langfristigen Wertschöpfungsfähigkeit der Gesellschaft verpflichtet sind und damit die rechtlichen Ansprüche der Aktionäre, der Arbeitnehmer und weiterer Interessengruppen erfüllen. Gleichzeitig wurde deutlich, dass sich die meisten Unternehmen der faktischen Verpflichtung[172] einer Berücksichtigung umfangreicher Stakeholder-Interessen gegenüber sehen, die mittels eines Prozesses der Abwägung analysiert und im Einzelfall vor dem Hintergrund der Wertschöpfungs- und Existenzsicherungsziele im Sinne des Unternehmensinteresses

---

[170] Vgl. Salm, E. (1986), S. 135.
[171] Für eine ausführlichere Herleitung dieser Definition, vgl. Kap. 2.1 dieser Arbeit.
[172] Neben den juristischen und durch die Medienöffentlichkeit bedingten faktischen Verpflichtungen zur Berücksichtigung von Stakeholder-Interessen sind zahlreiche Unternehmen auch durch eigene Werthaltungen an einem aktiven Stakeholder-Dialog interessiert. Solche Unternehmen betrachten sich als „Corporate Citizen", der zu seinem Umfeld – oft der unmittelbar angrenzenden Community – mehr beizutragen hat, als allein die Erfüllung gesetzlicher und (unumgänglicher) faktischer Pflichten. Wenn dieser Aspekt bei der Entwicklung dessen, was das Unternehmensinteresse als Maßstab der Corporate Governance ausmacht, nur am Rande erwähnt wurde, so geschah dies nicht als Zeichen der Geringschätzung, sondern im Sinne einer Schwerpunktsetzung im Rahmen dieser Arbeit.

entschieden werden müssen. Der Shared Value-Ansatz zeigt Möglichkeiten auf, Schnittmengen zwischen wirtschaftlichen und gesellschaftlichen Ansprüchen zu identifizieren und im Sinne der Erfüllung vielfältiger Spektren von Interessen Lösungen zu entwickeln.

2.4.3 Exkurs: „Business Metaphysics" – Wie die wirkliche Welt der Wirtschaft funktioniert

Die bisherigen Ausführungen in Kapitel 2.4 haben sich mit der Frage befasst, wie der Begriff des Unternehmensinteresses als Maßstab einer guten Corporate Governance mit Leben gefüllt werden kann. Die darauf entwickelten Antworten ziehen juristische Argumente ebenso in Betracht wie die sich immer stärker ausprägenden Ansprüche unterschiedlichster Stakeholder in der realwirtschaftlichen Praxis. Sie fußen dabei auf den in Theorie und Praxis vorherrschenden Überzeugungen von der Wirtschaft im Allgemeinen und der Funktion von Unternehmen im Besonderen. Bevor sich die vorliegende Arbeit auf dieser Grundlage weiter entfalten wird, soll der Exkurs in diesem Abschnitt dazu dienen, kurz innezuhalten und ein Forschungsprogramm zu skizzieren, das darauf ausgerichtet ist, diese Überzeugungen grundlegend zu hinterfragen. Das von Michael Schramm begründete Forschungsprogramm ist mit „Business Metaphysics" überschrieben und widmet sich der Frage, „wie die wirkliche Welt der Wirtschaft funktioniert"[173].

Die zentrale These von Schramm lautet, dass die Vorstellung, wirtschaftliches Agieren müsse der monodimensionalen Marktcodierung der Ökonomik gehorchen, einem Trugschluss unterliegt, den er in Anlehnung an Alfred N. Whitehead als „Fallacy of Misplaced Concreteness" bezeichnet. Gemeint ist damit, dass ein für die ökonomische Wissenschaft zur vereinfachten Erklärung von Sachzusammenhängen entwickelter abstrakter Marktmechanismus mit der konkreten Wirklichkeit des Wirtschaftsgeschehens verwechselt wird und dort das Handeln seiner Akteure lenkt. Dies wiederum führt zu einer unzulässigen Verkürzung der polydimensionalen Motivlage realer wirtschaftlicher Akteure und der Erzielung gesellschaftlich ungewollter Allokationen. Um diesen Konsequenzen entgegen zu wirken, bedarf es nach Schramm einer grundlegenden Revision unserer metaphysischen Hintergrundvorstellungen über die Wirtschaft an sich.[174]

---

[173] Schramm, M. (2014), S. 51.
[174] Vgl. hierzu grundlegend Schramm, M. (2014), S. 51-58.

Ein Schritt zurück: Die Metaphysik als Disziplin der Philosophie befasst sich mit dem Grundsätzlichen, mit den allgemeinen Prinzipien und Zusammenhängen des Seins. Seit Aristoteles haben sich mehrere prägende Metaphysikkonzeptionen herausgebildet, die das Denken und Handeln in Wissenschaft und Praxis beeinflusst haben und dies noch heute tun. Umso wichtiger sei es, so Schramm, „diese (oft unreflektierten) metaphysischen (Hintergrund-)Ideen"[175] zu hinterfragen und damit möglichst klar werden zu lassen. Im Hinblick auf die wissenschaftliche Fundierung der Wirtschaft, so Schramm weiter, sei die zu Beginn der Neuzeit entwickelte mechanistische Metaphysik der Maschine im Grunde nie vollständig überwunden worden. Stattdessen ließen sich die Menschen von einem auf dieser metaphysischen Hintergrundvorstellung basierenden abstrakten Marktmechanismus leiten, wodurch die polydimensionalen Facetten der Realität und mithin die plurale menschliche Motivlage weitgehend ausgeblendet bleibe. Erst durch diese Verkürzung der Wirklichkeit in der realen Ökonomie – eine Verkürzung, die in der Ökonomik als wissenschaftlicher Disziplin im Sinne der vereinfachten Erklärung von Sachzusammenhängen eine gewisse Berechtigung hat – erfolgt der durch Schramm kritisierte Trugschluss: Statt die Welt in ihrer Vielgestaltigkeit zu sehen und das Handeln (auch) wirtschaftlicher Akteure als Trias von Ethik, Ökonomik und Recht zu verstehen, wird der Mensch (in der Wirtschaft) auf ein dem ökonomischen Rationalitätsmodell gehorchenden homo oeconomicus[176] reduziert – was weder der Lebenswirklichkeit noch den Zielen des Wirtschaftens selbst entspricht.[177]

Wenn Schramm mit seinen „Business Metaphysics" die metaphysischen Hintergrundüberzeugungen in den Blick nimmt, so versucht er damit, Theorie und Wirklichkeit näher zusammen zu bringen und unsere Auffassungen darüber, welche Funktion die Wirtschaft im Allgemeinen und Unternehmen im Besonderen in der Gesellschaft einnehmen, zu erweitern. Wird die Polydimensionalität (auch) wirtschaftlichen Handelns anerkannt, so wird deutlich, dass „wirtschaftliche Transaktionen gar nicht ohne Berücksichtigung ihrer inhärenten ethischen Dimension"[178] analysiert und bewertet werden können. Welche praktischen Implikationen ein in dieser Richtung verlaufen-

---

[175] Schramm, M. (2014), S. 53.
[176] Die Debatte um den homo oeconomicus mag an diesem Missverständnis ihren eigenen Anteil haben. Schließlich legt der Begriff homo nahe, dass es sich bei ihm um einen Mensch im lebensweltlichen Sinne handeln könne. Stattdessen ist er als Theoriekonstrukt aufzufassen, das geschaffen worden ist, um die Interaktionsmuster zu erklären, die in Dilemmastrukturen unter zu Grunde Legung eines ökonomischen Rationalitätsmodells systematisch zu erwarten sind. Vgl. Homann, K.; Lütge, C. (2004), S. 76f.
[177] Zu den Konsequenzen der auf Adam Smith zurück gehenden Umstellung der Wirtschaft von einer Handlungs- auf eine Systemsteuerung und deren Bedeutung für die Moral, vgl. ausführlicher Schramm, M. (1994), S. 254.
[178] Schramm, M. (2014), S. 57.

des Forschungsprogramm aufweisen wird, bleibt abzuwarten. Immerhin sind zahlreiche Vertreter von Politik, Wirtschaft und Wissenschaft schon heute der Auffassung, dass die Wirtschaft auch eine dienende Funktion in der Gesellschaft besitze. Die aktuellen Debatten über die zunehmende Verrechtlichung des CSR-Managements – zumindest in Form verpflichtender Elemente in der Lageberichtserstattung börsennotierter Aktiengesellschaften – zeigen, dass Unternehmen nicht mehr nur Verantwortung für die Sicherung ihrer langfristigen Wertschöpfungsfähigkeit sowie die Einhaltung gesetzlicher Vorgaben zugemessen wird. Umso aufschlussreicher wird es sein, die parallelen Entwicklungen in der Ausgestaltung der „Business Metaphysics" einerseits und der politisch-rechtlich-wirtschaftlichen Debatte andererseits weiter zu beobachten.

2.5 Die organisationalen Kontextbedingungen als Parameter effektiver Governance

Die vorliegende Arbeit handelt von den Möglichkeiten der aktiven Gestaltung der Corporate Governance, deren Grenzen und Bestimmungsgrößen. Mithilfe eines integrierten Governane, Risk & Compliance-Managements, wie es in Kapitel 4 ausführlich entwickelt wird, sollen Risiken auf effektive und effiziente Weise gesteuert und das Unternehmensinteresse verwirklicht werden. In diesem Sinne etablieren Unternehmen spezialisierte Governance-Bereiche wie z.B. Risiko- und Compliance Management, welche die bestehende Organisation funktional und prozessual ergänzen. Nach der hier vertretenen Ansicht setzen die Möglichkeiten zur bewussten aktiven Gestaltung von Führungs- und Kontrollmechanismen in Unternehmen jedoch bereits deutlich früher an: Sie beginnen mit der Entscheidung für eine bestimmte Organisationsform, die das Unternehmen in Aufbau und Ablauf prägt und also die Grundlage für alle weiteren gestalterischen Freiheiten im Rahmen des GRC-Managements bildet.

Organisation[179] wird hierbei verstanden als das Netzwerk formaler und informeller Governance-Strukturen, die das Zusammenwirken der Individuen untereinander sowie zwischen individuellem Akteur und Unternehmen regeln.[180] Die Organisation ist (idealiter) das Ergebnis einer bewussten Entscheidung durch die Unternehmensführung und ein zentraler Gegenstand der Corporate Governance. Damit wird sie

---

[179] Zum Dualismus des Begriffes „Organisation", der sowohl den Prozess des Organisierens als auch die spezifische Form, innerhalb derer sich dieser Prozess vollzieht, umfasst, Vgl. Wieland, J. (1999), S. 48f.
[180] Vgl. Schwegler, R. (2009), S. 214.

gleichzeitig zu einer wichtigen Bestimmungsgröße für das GRC-Management eines Unternehmens: Schließlich findet letzteres die Organisation zunächst einmal vor und muss diese als nur bedingt beeinflussbaren Rahmen ihrer eigenen Gestaltungsmacht hinnehmen. Umso mehr stellt sich daher die Frage, wie die Organisation eines Unternehmens bestenfalls gestaltet sein sollte, um die Ziele der Corporate Governance bestmöglich zu unterstützen. Um diese Frage zu beantworten, soll im nächsten Abschnitt zunächst ein Verständnis darüber erzielt werden, durch welche Parameter individuelles sowie kollektives Verhalten im Unternehmenskontext überhaupt beeinfluss wird. Die Governance-Ethik von Josef Wieland bietet hierfür wichtige Einsichten. Anschließend werden zwei sich kontrastierende Organisationsformen vergleichend gegenübergestellt und daraufhin analysiert, auf welche Weise sie die Führungs- und Kontrollmechanismen im Unternehmen prägen. Auf dieser Grundlage soll abschließend geschlussfolgert werden, welche Merkmale eine Organisation aufweisen muss, damit ein GRC-Management optimal gedeihen und durch dieses die Ziele der Corporate Governance bestmöglich erfüllen kann.

2.5.1 Die Ethik der Governance

Die Governance-Ethik ist von der Einsicht getragen, dass eine in der modernen Gesellschaft verankerte, theoretisch fundierte, empirisch gehaltvolle und anwendungsorientierte Wirtschafts- und Unternehmensethik „nur als interdisziplinäres work in progress gelingen kann"[181]. Um die Entfremdung, die sich zwischen Wirtschaftswissenschaften und Philosophie ausgebildet hatte, zu überwinden, entwickelte Josef Wieland die Governance-Ethik. Diese völlige theoretische Neuformierung der Wirtschafts- und Unternehmensethik ist darauf ausgerichtet, individuelle Tugenden als ökonomisch relevante Ressourcen und Kompetenzen zu erkennen und damit Fragen der Moral als „Prozess der Endogenisierung von Werten und Regeln in die unternehmensspezifischen Steuerungsstrukturen von Transaktionen zu begreifen"[182]. Durch ihre Übertragung in die Welt der Wirtschaft gelingt es der Governance-Ethik, die Ethik mit den Denkweisen der Ökonomik zu verknüpfen und moralische Werte als relevante Parameter wirtschaftlichen Handelns zu qualifizieren.[183]

---

[181] Wieland, J. (2004), S. 7.
[182] Vgl. Wieland, J. (1999), S. 8.
[183] Die Verknüpfung der Ethik mit der Welt der Wirtschaft ist auch deshalb notwendig, weil die abnehmende Fähigkeit des (rahmensetzenden) Gesetzgebers, mit der Dynamik einer globalisierten Wirtschaft Schritt zu halten, zu einer zunehmenden Zurechnung moralischer Verantwortung gegenüber Unternehmen führt. Vgl. Wieland, J. (1999), S. 16f.

Ihren Ausgangspunkt nimmt die Governance-Ethik in der Überzeugung, dass moderne Gesellschaften von einer „gesteigerten Unsicherheit und Kontingenz globaler Ökonomien mit einem Zuwachs an Erwartungssicherheit und Operationsfähigkeit"[184] geprägt sind. In zunehmend unvollständigen Vertragskonstellationen stellt sich daher die Frage, auf welche Weise individuelle wie kollektive Akteure Sicherheit (zurück) gewinnen können, um bestmögliche Entscheidungen im Sinne ihrer definierten Ziele zu treffen. In der Beantwortung dieser Frage stehen sich grundsätzlich zwei Alternativen gegenüber:

- Investitionen in geeignete Schutzvorkehrungen können die Sicherheit von Akteuren bei der Durchsetzung vertraglicher Vereinbarungen erhöhen. In unternehmensinternen Principal-Agent-Beziehungen kann die Unternehmensleitung beauftragte Arbeitnehmer bspw. durch ein dichtes Netz an Kontrollen, Berichtspflichten und ergänzende unabhängige Überprüfungen dazu zwingen, entsprechend vertraglicher Vereinbarungen zu agieren und opportunistisches (defektives) Verhalten zu vermeiden. Je umfangreicher diese Überwachung durch den Principal erfolgt, desto größer ist die Erwartungssicherheit in Bezug auf den Output des Agenten. Andererseits besteht jedoch die Gefahr einer verminderten Motivation des Agenten durch ein Zuviel an Überwachung, erhöhter Kosten als Folge verdichteter Kontrollprozesse und schließlich einer insgesamt herabgesetzten Operationsfähigkeit des Unternehmens.

- Demgegenüber steht die Überzeugung, dass Individuen als Träger moralischer Werte (und nicht allein opportunistischer Interessen) fungieren und grundsätzlich fähig und bereit sind, diesen Werten zur Geltung zu verhelfen, sofern sie aus diesem Bestreben keine inakzeptablen Nachteile zu erwarten hätten. Für Unternehmen, die ein vitales Interesse an der Förderung ihrer Kooperationsbereitschaft und Kooperationsfähigkeit haben, kann es sich nun lohnen, in die Aktivierung dieser moralischen Werte zu investieren, sofern die sich aus dieser Aktivierung ergebende Erwartungssicherheit (zusätzliche) Kontrollstrukturen (teilweise) obsolet macht. Anders ausgedrückt: Je größer das Vertrauen zwischen Principal und Agent ist, desto geringer sind die Kontrollerfordernisse. Entsprechend der Logik der Ökonomik unterliegt dabei auch dieses Input-Output-Verhältnis dem Ziel der Optimierung.

Dabei ist offensichtlich, dass bei einer erstmaligen Kooperation noch kein hinreichendes Vertrauensverhältnis zwischen Auftraggeber und Auftragnehmer bestehen

---

[184] Wieland, J. (1999), S. 8.

kann und daher die Etablierung geeigneter Bindungs- und Kontrollmechanismen unerlässlich ist. Schriftliche Verträge, eine in engen Zyklen erfolgende Erfolgskontrolle sowie die unabhängige Überprüfung der geleisteten Arbeit können sowohl in unternehmensinternen Beziehungen als auch über Unternehmensgrenzen hinweg als strukturelle Sicherungsmaßnahmen herangezogen werden. Je mehr sich jedoch – im Zuge mehrmaliger oder auf Langfristigkeit angelegter Vertragsbeziehungen – Vertrauen zwischen den Vertragspartnern einstellt, desto mehr können Kontrollmechanismen abgebaut und diesbezügliche Investitionen gesenkt werden. Die moralische Kategorie des Vertrauens wird so zu einem Gut und damit zum Gegenstand der auf Optimierung ausgerichteten Betrachtung ökonomischer Transaktionen.[185]

Wieland bringt den Zusammenhang zwischen individuellen, organisationalen und systemischen Parametern auf den Punkt, indem er diese in einer Formel zusammenfasst und damit die Abhängigkeit der moralischen Dimension ökonomischer Transaktionen verdeutlicht:[186]

$$Tm_i = f\,(aIS_i,\ bFI_{ij},\ cIF_{ij},\ dOKK_i)$$

$$(a...d = -1,\ 0,\ 1;\ i = \text{spezifische Transaktion};\ j = \text{spezifischer Ort})$$

Mit dieser Formel veranschaulicht Wieland, dass die moralische Dimension einer wirtschaftlichen Transaktion von den individuellen Selbstbindungsstrategien (IS), den formalen Institutionen (FI), den informellen Institutionen (IF) sowie den organisationalen Koordinations- und Kooperationsmechanismen (OKK) bestimmt wird. Dabei gilt:

- Die individuellen Selbstbindungsstrategien (IS) bezeichnen die Bereitschaft und die Fähigkeit eines Akteurs, moralische Werte in seinem Verhalten zu verwirklichen.
- Die formalen Institutionen (FI) sind vor allem durch Rechtssetzung und Rechtsdurchsetzung gekennzeichnet. Wie die informellen Institutionen sind diese ortsgebunden.

---

[185] Vgl. Schwegler, R. (2009), S. 206f.
[186] Vgl. Wieland, J. (2014), S. 16.

- Die informellen Institutionen (IF) umfassen die in einer Gesellschaft vorherrschenden moralischen, religiösen, kulturellen und sonstigen Überzeugungen.
- Die organisationalen Koordinations- und Kooperationsmechanismen (OKK) werden durch die in einer Organisation bestehenden Regeln und Vorgaben konstituiert. Diese sind sowohl formaler als auch informeller Art und beeinflussen, wie eine Organisation führt, steuert und kontrolliert.

Wieland betont, dass die obige Funktion sowohl vollständig als auch notwendig ist. Vollständig ist sie, da sie sämtliche Parameter umfasst, die im Hinblick auf die Aktivierung moralischer Werte relevant sind. Notwendig ist sie, weil in einer ökonomischen Transaktion stets die vier genannten Parameter simultan und in vergleichbar relevanter Weise wirken. Aus der kurzen Charakterisierung der einzelnen Parameter wird deutlich, dass diese sich in Selbstbindungs- und Fremdbindungsmechanismen gliedern lassen, die in unterschiedlicher Weise einer aktiven Gestaltungsmöglichkeit durch Organisationen unterliegen. Auf diese Gestaltungsmöglichkeit durch die Etablierung geeigneter Governance-Strukturen soll im Folgenden näher eingegangen werden.[187]

Für Unternehmen stellt sich vor dem Hintergrund des Gesagten also die Frage, wie die Governance-Strukturen gestaltet sein müssen, um die moralischen Werte relevanter Akteure zu aktivieren und damit bei geringstmöglichen Kosten eine höchstmögliche Erwartungssicherheit in Bezug auf das Verhalten dieser Akteure zu erzielen. Die Aktivierung moralischer Werte wird also zum einen als Investition betrachtet, zum anderen in die Sprache der Ökonomik übersetzt und damit neben die Alternative der Schutzvorkehrungen gestellt. Dabei wird deutlich, dass sich die beiden Alternativen der moralischen Werte einerseits und der organisatorischen Schutzvorkehrungen andererseits nicht gegenseitig ausschließen. Vielmehr sind sie als sich ergänzende Bestandteile der Corporate Governance zu verstehen, die in der Gesamtschau den unternehmerischen Optimierungsbemühungen unterliegen.[188] Wieland fasst die Suche nach diesem Optimum in seinem organisationalen Imperativ wie folgt zusammen:

---

[187] Vgl. hierzu ausführlicher Wieland, J. (1999), S. 91f. sowie Wieland, J. (2004), S. 105f.
[188] Wieland spricht von der Vertrauenswürdigkeit individueller sowie kollektiver Akteure als „funktionalem Äquivalent für und Ergänzung zu personenunabhängigen Sicherungssystemen". Wieland, J. (1999), S. 18.

„Handle so, dass du die Aktivierung moralischer Güter förderst und gleichzeitig nicht schutzlos wirst gegen Opportunismus".[189]

Eine Stärke der Governance-Ethik ist also, dass ihr Forschungsprogramm mit der Erkenntnis über die Einflussfaktoren der moralischen Dimension wirtschaftlicher Transaktionen nicht endet. In ihrem Anspruch, anwendungsorientiert und normativ zu wirken, entwickelt sie Gestaltungsempfehlungen für angemessene Führungs-, Steuerungs- und Kontrollregime von Organisationen – Governance-Strukturen, die nicht in erster Linie auf einzelne Handlungen ausgerichtet sind, sondern das Ziel verfolgen, Routinen zu etablieren, die geeignet sind, moralisches Verhalten hervorzubringen. Der Erfolg dieser Governance-Strukturen hängt nun davon ab, wie die einzelnen Parameter der Selbstbindung (IS und OKK) und der Fremdbindung (FI und IF) miteinander kombiniert werden.[190] Dabei – und das unterstreicht die Praxisnähe der Governance-Ethik – geht es nicht um das Erreichen letztgültiger moralisch guter Lösungen, sondern um die Verwirklichung des moralisch Besseren im Konkreten.[191]

In diesem Bestreben hat Josef Wieland das Wertemanagementsystem entwickelt. Über die Kodifizierung der Unternehmenswerte, deren Detaillierung in operativen Richtlinien, deren Systematisierung und Implementierung in Methoden und Prozessen und deren kontinuierliche und effektive Koordination durch eine geeignete Organisationsstruktur dient das Wertemanagementsystem dazu, die Selbstbindung einer Organisation im Hinblick auf ihre Werte zu erhöhen und selbige im Unternehmensalltag wirksam werden zu lassen. Der Begriff Werte umfasst dabei sowohl Leistungswerte (z.B. Kompetenz, Leistungsbereitschaft, Qualität) als auch Kommunikations- und Kooperationswerte[192] (z.B. Transparenz, Verständigung, Risikobereitschaft, Teamgeist) und schließlich moralische Werte (z.B. Integrität, Fairness, Vertragstreue).[193] Es ist diese konsequente und auf die operative Ebene angewendete Werteorientierung, welche die Umsetzung der moralischen Orientierung einer Organisation im Unternehmensalltag überhaupt erst effektiv und effizient ermöglicht – und

---

[189] Wieland, J. (1996), S. 176. Es geht also um die angemessene Balance und damit die Optimierung aus Kosten und Erträgen von Moralität einerseits und Opportunismus andererseits.
[190] Vgl. Schwegler, R. (2009), S. 216f.
[191] Vgl. Wieland, J. (1999), S. 76.
[192] An anderer Stelle fasst Wieland die Kommunikations- und Kooperationswerte als Interaktionswerte zusammen. Vgl. Wieland, J. (1999), S. 75.
[193] Vgl. Wieland, J. (1999), S. 94 sowie Wieland, J. (2006), S. 8.

damit Glaubwürdigkeit und Vertrauen als Kapital in wirtschaftlichen Transaktionen nutzbar werden lässt.[194]

In wenigen Worten zusammengefasst: Die Governance-Ethik verdeutlicht, dass die moralische Dimension des wirtschaftlichen Agierens kein Zufall ist, sondern von vier Parametern abhängt, die zumindest teilweise durch individuelle und kollektive Akteure gestaltbar sind. Da Vertrauen in der Wirtschaft eine elementare Ressource ist, die reduzierte Investitionen in alternative Schutzvorkehrungen ermöglichen kann, werden moralische Werte, die dazu beitragen, Vertrauen und Glaubwürdigkeit zwischen den Akteuren zu stärken, zu einer ökonomisch relevanten Größe. Organisationen, die diese Ressource nutzen wollen[195], steht mit dem Wertemanagementsystem ein geeignetes Managementinstrument zur Verfügung. Es dient der Etablierung moralsensitiver Governance-Strukturen, der Aktivierung der Moral als ökonomisch relevante Ressource und letztlich der Ermöglichung von Kooperations- und Wettbewerbsfähigkeit als sich wechselseitig bedingende Kompetenzen.[196]

2.5.2 Governance-Ethik und Corporate Governance

Vor dem Hintergrund der soeben erlangten Einsichten in die Einflussfaktoren für moralisches Handeln in der Wirtschaft und die Gestaltungsmöglichkeiten (zumindest der Selbstbindungsmechanismen) durch Organisationen stellt sich nun die Frage, welche Erkenntnisse daraus für den hier behandelten Kontext der Corporate Governance im Allgemeinen und des GRC-Managements im Besonderen generiert werden können. Anders gefragt: Welche normativen Schlussfolgerungen lassen sich aus der Governance-Ethik für das Management der Führungs- und Aufsichtsprozesse ableiten, um die Ziele der Corporate Governance bestmöglich zu erfüllen. Um diese Frage beantworten zu können, ist zunächst das Verhältnis zwischen den relevanten Begrifflichkeiten zu klären.

---

[194] Vgl. hierzu ausführlicher: Fürst, M./Wieland, J. (2004): Wertemanagementsysteme in der Praxis. Erfahrungen und Ausblicke, in: Wieland, J. (Hrsg.): Handbuch Compliance Management (2004), Erich-Schmidt-Verlag, Berlin, S. 595-640.

[195] Dieses „Wollen" hängt zum einen mit der Philosophie des verantwortlichen Managements zusammen. Zum anderen liegt es auf der Hand, dass das Geschäftsmodell von Organisationen deren Sensibilität für moralische Selbstbindung beeinflusst. Schraubenfabrikanten, so Wieland, weisen hier sicher einen anderen Bedarf auf als soziale Dienstleister. Vgl. Wieland, J. (1999), S. 65.

[196] Hierzu Wieland: „Nur wer wettbewerbsfähig ist, ist ein potenter Kooperationspartner, nur wer kooperationsfähig ist, erreicht das Niveau weltweiter Konkurrenzfähigkeit." Wieland, J. (1999), S. 13.

Wieland selbst hat dieses Verhältnis folgendermaßen charakterisiert:[197] Grundsätzlich umfasst die Corporate Governance „Regeln und organisatorische Einrichtungen zur Führung und Kontrolle eines Unternehmens, [die]... sowohl formaler als auch informaler Natur"[198] sein können. Während die formalen Regeln vor allem Gesetze und unternehmensinterne Richtlinien umfassen, werden informale Regeln durch die Werte und Prinzipien sowie die das Unternehmen tragende Kultur konstituiert. Die ursprüngliche Corporate Governance Diskussion, die in den 1980'er Jahren im englischsprachigen Raum ihren Anfang nahm, war, so Wieland, auf die formalen Selbstbindungsmechanismen beschränkt. Bilanzfälschungsskandale in den 1990'er und 2000'er Jahren haben die Erkenntnis reifen lassen, dass eine Governance, die allein auf formalen Steuerungsmechanismen basiert, nicht die gewünschte Wirkung entfaltet.[199] Diese Entwicklung stärkte das Bewusstsein für Werte und moralische Vorstellungen als „handlungs- und verhaltenssteuernde informale Institutionen"[200] und das Interesse an der Frage, wie Mitarbeiter – über den Zwang zur Einhaltung formaler Regeln hinaus – motiviert (!) werden können, in Übereinstimmung mit den Unternehmenszielen zu handeln. Die Governance-Ethik leistete nicht nur einen theoretischen Begründungsansatz für die (auch ökonomische) Notwendigkeit der Berücksichtigung von Werten als wirtschaftlich relevante Ressource; mit dem Wertemanagementsystem lieferte sie auch gleich das Managementinstrument zur Mobilisierung der moralischen Motivation der Akteure. Auf den Punkt gebracht: Wertemanagement ist Teil der Corporate Governance. Es fokussiert auf die Bedeutung und Gestaltung informaler Anreizstrukturen in der Governance von Organisationen und steht damit neben den (häufig auf formalregulatorische Aspekte fokussierten) Steuerungsmechanismen der GRC-Bereiche. Die folgende Abbildung veranschaulicht dieses Verhältnis.

---

[197] Vgl. zum gesamten Abschnitt ausführlicher den Beitrag „WerteManagement und Corporate Governance" von Wieland, J. (2002).
[198] Wieland, J. (2002), S. 2.
[199] Eine auf formale Steuerungsmechanismen beschränkte Governance ist zu stark auf Risiken aus Geschäften und Prozessen fokussiert, blendet Risiken aus Verhalten jedoch weitgehend aus. Vgl. Wieland, J. (2002), S. 4.
[200] Wieland, J. (2002), S. 4.

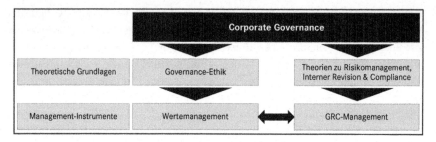

Abb. 5: Werte- & GRC-Management im Kontext der Governance[201]

Die Abbildung stellt Wertemanagement und GRC-Management als parallele Säulen und gleichberechtigte Managementinstrumente dar, um den jeweiligen spezifischen Beitrag transparent zu machen und die Fokussierung der vorliegenden Arbeit zu explizieren. Richtig ist jedoch, dass beide Managementinstrumente nicht isoliert voneinander bestehen (sollten), sondern sich wechselseitig beeinflussen müssen, um ihre volle Wirkkraft zu entfalten. Wieland spricht hier von der funktionalen Integration des Wertemanagements in bestehende Governance-Funktionen, die sich bspw. am Umgang von Mitarbeitern mit Verantwortung, an der auf Kooperation ausgerichteten Handhabung individueller Freiräume, an der Wahrnehmung und Steuerung von Risiken, dem Streben nach Qualität und dem Erreichen kontinuierlicher Verbesserung verdeutlichen lässt. Die durch die Governance-Ethik eingeführten moralischen Grundlagen der Corporate Governance sind es also, die über „die Qualität der Führung und Kontrolle eines Unternehmens"[202] – also die Corporate Governance – mit entscheiden. Eine effektive Corporate Governance braucht daher beides: ein GRC-Management ohne Wertemanagement greift zu kurz; ein Wertemanagement ohne GRC-Management wird ebenfalls nicht ausreichen, die notwendige Nachdrücklichkeit und Verbindlichkeit zu erzielen. So sind Wertemanagement und GRC-Management also zwei wichtige, sich gegenseitig ergänzende und bestenfalls integrierte Managementinstrumente zur Verwirklichung der Ziele der Corporate Governance.

Der Deutsche Corporate Governance Kodex ist (mittlerweile) von diesem Verständnis der notwendigen gleichzeitigen Berücksichtigung regulatorischer sowie werteorientierter Standards getragen. Gleiches gilt für die international bekanntesten Anti-Korruptionsvorschriften, den FCPA und den UK Bribery Act, die ein Wertemanage-

---

[201] Eigene Darstellung.
[202] Wieland, J. (2002), S. 8.

ment keineswegs mehr als „nice to have", sondern als für ein jedes Compliance Management System grundlegend (und damit in letzter Konsequenz als justiziabel) betrachten. Auch vor diesem Hintergrund ist die integrierte Betrachtung von Regel- und Werteorientierung für den Autor dieser Arbeit selbstverständlich. Wenn die folgenden Ausführungen daher das GRC-Management behandeln, so geschieht dies immer in dem Verständnis, dass selbiges erst auf der Grundlage werteorientierten Managements seine volle Wirkung wird entfalten können.

2.5.3 Der Nexus zwischen Organisation und Corporate Governance

Nachdem im vorangegangenen Abschnitt deutlich geworden ist, dass die effektive Governance einer Organisation nur auf der Grundlage formaler und informeller Governance-Mechanismen möglich ist, soll nun der Frage nachgegangen werden, unter welchen organisatorischen Kontextbedingungen die Corporate Governance in dem bisher skizzierten und in Kapitel 4 näher ausgeführten Verständnis einer integrierten, auf Werten und Regeln basierenden Corporate Governance bestmöglich gedeihen kann. Schließlich basiert die vorliegende Arbeit auf dem Verständnis, dass die Wahl der Organisationsform für ein Unternehmen Effektivität und Effizienz der Führungs- und Kontrollmechanismen wesentlich beeinflusst. Vor diesem Hintergrund sollte die Art, in der Führungsstrukturen etabliert und Koordinations- und Kooperationswege definiert werden, nicht dem Zufall überlassen werden, sondern Gegenstand der bewussten Entscheidung von Unternehmensleitung und Aufsichtsorgan im Rahmen der ihnen obliegenden gestalterischen Freiheiten sein.

Anders als es dieses Vorhaben suggerieren mag, soll hierbei jedoch keineswegs undifferenziert der „Structure-follows-Strategy"-These das Wort geredet werden. Die vom US-amerikanischen Wirtschaftshistoriker Alfred Chandler[203] vertretene Auffassung einer traditionellen Organisationslehre, der zufolge die Organisation stets der Strategie folge, ist mittlerweile durch verschiedene Autoren variiert, ergänzt oder gar ins Gegenteil verkehrt worden. Für die traditionelle These sprechen die empirischen Befunde Chandlers, der in den 1960'er Jahren aufzeigte, dass Unternehmen, die eine Diversifikationsstrategie verfolgten, häufig dann besonders erfolgreich waren, wenn sie diese mithilfe divisionaler Strukturen umsetzten. Unternehmen, die hingegen eine Ein-Produktstrategie verfolgten, waren mit einer funktionalen Organisati-

---

[203] Vgl. hierzu ausführlicher Chandler's Hauptwerk aus dem Jahr 1962, das den Zusammenhang zwischen Strategie und Struktur wirtschaftshistorisch untersuchte: Chandler, Alfred D. (1962): Strategy and structure: Chapters in the history of the American industrial enterprise, Cambridge, London.

onsstruktur besser in der Lage, ihre strategischen Ziele zu erreichen. Chandler schlussfolgerte aus seinen Beobachtungen, dass die Struktur sich der Strategie anpassen müsse, um Differenzen zwischen (neuer) Strategie und (alter) Struktur zu beseitigen, was in der bekannten Formel „Structure follows Strategie" gipfelte.[204]

Demgegenüber haben in den vergangenen Jahren zahlreiche Autoren[205] darauf hingewiesen, dass der Strategieprozess in Unternehmen keineswegs über oder außerhalb des organisatorischen Systems stattfinde. Vielmehr übe die Organisation einen erheblichen Einfluss auf das Ergebnis von Entscheidungsfindungsprozessen und damit auch die Strategiebildung aus. Verdeutlicht wird diese organisatorische Bedingtheit der Strategieformulierung – ganz ähnlich wie bei Chandler – mithilfe empirischer Studien, nach denen bspw. divisional organisierte Unternehmen deutlich häufiger eine Internationalisierungsstrategie anwendeten als Unternehmen ohne Spartenorganisation. Dezentralisierte Unternehmen ließen hingegen häufiger eine Markt-Innovations-Strategie erkennen als zentralistisch gestaltete Organisationen.[206]

Unabhängig von diesen gegensätzlichen empirischen Befunden, die schnell die Frage nach dem tatsächlichen Ursache-Wirkungs-Verhältnis aufwerfen, bestehen rein logisch mehrere Argumente, die zumindest für eine gewisse Bedeutung der Organisationsstruktur bei der Strategieformulierung sprechen.[207] Zum einen liegt es auf der Hand, dass die Unternehmensorganisation einen Bezugsrahmen darstellt, der die kognitiven Muster – also die Art, in der Informationen wahrgenommen und verarbeitet, Interessen vertreten, Handlungen vollzogen und deren Ergebnisse kommuniziert werden – sowohl in gezielter als auch in unbeabsichtigter Weise beeinflusst und damit auch die strategische Entscheidungsfindung prägt. Zum zweiten ist zu vermuten, dass die Erlangung der kollektiven organisatorischen Kompetenz des Selektierens und Verknüpfens von Ressourcen im Sinne der Erreichung unternehmerischer Zielsetzungen ein zumindest nicht vollständig geplant ablaufender und zum Teil nach wie vor unverstandener Prozess ist, der (jedenfalls partiell) als Ergebnis einer organisatorischen Selbstfindung erscheint.[208] Zum dritten ist die Strategie-(weiter)-

---

204 Vgl. Müller-Nedebock, S. (2008), S. 16f.
205 Vgl. hierzu beispielhaft die Studie von Robert A. Pitts von 1977 über das Verhältnis zwischen einer dezentralisierten Unternehmensorganisation einerseits und einer Markt-Innovations-Strategie andererseits sowie die Studie von J.M. MacDonald von 1985 über den Zusammenhang der Größe von F&E-Abteilungen einerseits und der Diversifikation dieser Unternehmen in F&E-intensive Branchen andererseits.
206 Vgl. Schreyögg, G. (2012), S. 106f.
207 Vgl. ausführlicher Schreyögg, G. (2012), S. 107ff sowie Schwan, K. (2003), S. 221f.
208 Schreyögg ergänzt, dass der nicht vollständig verstandene Prozess der kollektiven Kompetenzbildung in Organisationen immerhin den Vorteil bietet, dadurch einen Imitationsschutz zu gewährleisten. Vgl. Schreyögg, G. (2012), S. 111.

Entwicklung ihrerseits in der Regel das Ergebnis eines Entwicklungspfades, der sowohl vor dem Hintergrund organisatorischer Praktiken als auch sich erst im Laufe der Zeit einstellender Lernprozesse stattfindet. In Anbetracht dieser Erkenntnisse eine Umkehr der Perspektive im Sinne einer „Strategy-follows-Structure"-These zu fordern, mag da zwar zu weit gehen. Die praktische Wirtschaft scheint für vereinfachende Extrempositionen zu komplex zu sein und stattdessen Kontingenz zu akzeptieren. Für den vorliegenden Kontext genügt es daher, die (offensichtliche) wechselseitige Beeinflussung von Strategiebildung und Organisation anzuerkennen. Die hier postulierte Forderung jedoch, die Organisation eines Unternehmens zum Gegenstand der bewussten Entscheidung der Corporate Governance zu machen, verliert durch dieses Wissen nicht an Gültigkeit. Sie formuliert vielmehr den Anspruch, den organisatorischen Kontext nicht nur als Variable, sondern auch als Einflussgröße anzuerkennen und umso klarer zu sehen, wenn es darum geht, die Governance eines Unternehmens zu gestalten.

Da der Frage nach der Bedeutung der organisatorischen Kontextbedingungen für die Corporate Governance hier nicht in allen Nuancen nachgegangen werden kann, dienen die nun folgenden zwei Kapitel zunächst der Gegenüberstellung zweier sehr unterschiedlicher Organisationsformen im Hinblick auf deren Auswirkungen für die Führungs- und Kontrollmechanismen von Unternehmen. Die in Kapitel 2.5.3.3 formulierten Schlussfolgerungen werden Aufschluss darüber geben, welche organisatorischen Prozesse und Strukturen besonders geeignet sind, effektive und effiziente Governance-Strukturen im Sinne des hier verfolgten GRC-Managements zu unterstützen.

2.5.3.1 Hierarchische Organisationsformen

Organisation wird in dieser Arbeit verstanden als das Netzwerk formaler und informeller Governance-Strukturen, die das Zusammenwirken der Individuen untereinander sowie zwischen individuellem Akteur und Unternehmen regeln.[209] Während die formalen Bestandteile der Organisation bewusst und gezielt geschaffen werden, um das Verhalten der Organisationsmitglieder zu beeinflussen, handelt es sich bei der informellen Organisation um Praktiken, Formen der Kooperation, Routinen und Handlungsmuster, die sich im Zeitverlauf neben den Erwartungsbahnen der formalen Struktur entwickeln.[210] Dabei betrachtet die moderne Organisationslehre die informelle Organisation heute nicht mehr als Störfaktor, sondern als „unvermeidbares Korrek-

---

[209] Vgl. Schwegler, R. (2009), S. 214.
[210] Vgl. Schreyögg, G. (2012), S. 143f.

tiv formaler Organisationsgestaltung"[211]. Gemeint ist damit, dass sich formale und informelle Organisation in der Regel nicht feindselig gegenüber stehen, sondern sich gerade in komplexen und dynamischen Umfeldbedingungen sinnvoll ergänzen können, um eine flexiblere Handhabung formaler Regeln zu ermöglichen.[212]

Unabhängig von diesem Zusammenhang ist die formale Organisationsgestaltung zunächst eine bewusste Entscheidung durch die Unternehmensleitung, welche die Grundstruktur eines Unternehmens und das Zusammenwirken der Akteure innerhalb einer Organisation sowie zwischen dieser und ihrem Umfeld wesentlich beeinflusst. Diese Grundstruktur ist das Ergebnis eines zweistufigen Prozesses, der die Gestaltungsaufgabe von Unternehmen im Hinblick auf die Organisationsform systematisiert. In einem ersten Schritt ist es demnach erforderlich, die zur Realisierung des Unternehmensziels notwendigen Aktivitäten zu gliedern und auf die Mitglieder der Organisation zu verteilen (= Arbeitsteilung bzw. Differenzierung). In einem zweiten Schritt gilt es dann, die so differenzierten arbeitsteiligen Prozesse aufeinander abzustimmen und auf das Unternehmensinteresse auszurichten. (= Arbeitsvereinigung bzw. Koordination). Diese beiden Schritte, Differenzierung und Koordination, beschreiben das Grundprinzip der Organisation in als sozio-technischen[213] Systemen verstandenen Unternehmen.[214] Bei aller realwirtschaftlichen Vielfalt lassen sich zwei Organisationsformen erkennen, die sich in ihrer jeweiligen Reinform diametral gegenüber stehen: die im Folgenden dargestellte hierarchische Organisationsform und die in Kapitel 2.5.3.2 erläuterte Netzwerkorganisation. Von besonderem Interesse wird dabei sein, wie die Unterschiede zwischen den beiden Organisationsformen die Corporate Governance und damit das Zusammenwirken der Akteure im Sinne des Unternehmensinteresses beeinflussen.

Hierarchische Organisationsformen sind durch stabile Strukturen, Regelgebundenheit, eine klare Zuordnung von Befehlsgewalten und eindeutige Zuständigkeiten gekennzeichnet. In ihrem Ursprung gehen sie auf das Bürokratiemodell von Max Weber

---

[211] Schreyögg, G. (2012), S. 145.
[212] Zum wechselseitigen Verhältnis formaler und informeller Organisation, siehe ausführlicher Luhmann, N. (1999). Der Autor widmet sich in seinem erstmals 1964 erschienenen Werk einer Zusammenführung von System- und Entscheidungstheorie und erklärt die Bedeutung der informellen Organisation bei Handlungen, die von rationalen Erwartungsmustern abweichen.
[213] Unter sozio-technischen Organisationen werden zunächst Systeme verstanden, die ihrerseits aus technischen und sozialen Teilsystemen bestehen. Sozio-technische Organisationsansätze verwenden den Begriff zudem für offene dynamische Systeme, die durch relativ unabhängige, dezentrale Organisationseinheiten gekennzeichnet sind. Vgl. hierzu ausführlicher Betzl, K. (1996), S. 32. In der vorliegenden Arbeit wird der Begriff der sozio-technischen Systeme neutral verwendet.
[214] Vgl. Siedenbiedel, G. (2010), S. 102f.

zurück. Die Organisationsstruktur kann dabei unterschiedlichen Differenzierungskriterien folgen, von denen nur die drei wichtigsten kurz skizziert werden sollen:

- Die funktional differenzierte Organisation gliedert ein Unternehmen auf der zweiten Führungsebene nach dessen Verrichtungen. Hierbei ist zwischen leistungsorientierten (direkten) Funktionsbereichen – Forschung, Entwicklung, Produktion, Vertrieb – und ressourcenorientierten (indirekten) Funktionsbereichen – Personal- und Finanzwirtschaft, IT und sonstige Verwaltung – zu unterscheiden. Letztere beziehen sich also auf die zur Beschaffung und Verwaltung der zu Leistungserstellung und Vertrieb benötigten Ressourcen und umfassen auch die typischen GRC-Funktionen.[215]

- Divisionale Organisationen differenzieren auf der zweiten Hierarchieebene nach Produkten oder Produktgruppen. Auch regional strukturierte oder auf Kundengruppen ausgerichtete Organisationsformen gehören in diese Kategorie. Die divisionale (oder auch Geschäftsbereichsorganisation genannte) Struktur findet vor allem in stark diversifizierten Unternehmen Anwendung.[216] Die einzelnen Geschäftsbereiche werden in der Regel als Profitcenter geführt und verfügen über weitgehende Freiheiten von der divisionalen Strategieentwicklung bis hin zum Leistungserstellungsprozess. Typische Zentralfunktionen – und damit auch die GRC-Bereiche – können in dieser Organisationsform sowohl funktional zentralisiert als auch Bestandteil der Geschäftsbereiche sein.[217]

- Matrixorganisationen sind dadurch gekennzeichnet, dass sie zwei unterschiedliche Gliederungskriterien miteinander kombinieren. Werden bspw. die funktionale und die Geschäftsbereichsorganisation kombiniert, so entsteht eine Mehrlinienorganisationen.[218] Den Vorteilen dieser Mischform der Organisation, die vor allem in einer forcierten Integration personaler und materieller Ressourcen liegt, stehen die möglichen Nachteile einer gesteigerten Komplexität, eines erhöhten Koordinationsaufwandes und einer verzögerten Entscheidungsfindung gegenüber. Vor diesem Hintergrund wird in der Praxis häufig einem Gliederungskriterium, bspw. dem Geschäftsbereich, der Vorrang vor dem zweiten Gliederungskriterium gegeben, um im Konfliktfall Klarheit über

---

[215] Vgl. Schulte-Zurhausen, M. (2005), S. 259f.
[216] Vgl. Schreyögg, G. (2012), S. 31f.
[217] Zur Bildung von funktionalen Zentralbereichen in divisionalen Organisationsformen, vgl. ausführlicher Schulte-Zurhausen, M. (2005), S. 269f.
[218] Neben der Kombination aus funktionaler und objektbezogener Organisation kann eine Matrix-Organisation auch aus der Kombination zweier Objekt-Dimensionen, z.B. Produkt und Region, bestehen. Vgl. Schreyögg, G. (2012), S. 52.

die Entscheidungskompetenz zu erlangen und eine effiziente Organisation sicherzustellen.[219]

So unterschiedlich die hierarchischen Organisationsformen im Einzelnen sein mögen, so lässt sich doch ein gemeinsamer Kern an Merkmalen identifizieren, welche die Corporate Governance wesentlich beeinflussen. Neben den bereits genannten Charakteristika der Stabilität und Regelgebundenheit sind hierarchische Organisationen tendenziell[220] durch eine autoritäre Führung, eine formale, eher unpersönliche Kooperation, zentralisierte Entscheidungswege und ein geringes Maß an Eigenverantwortung bei den ausführenden Stellen geprägt. Steile Hierarchien mit zahlreichen Hierarchieebenen weisen zudem eine vergleichsweise lange Weisungskette auf, wodurch der Kommunikationsweg zwischen oberen und unteren Hierarchiestufen verlängert und eine effiziente und durchgängige Kommunikation erschwert werden kann. Durch einen Zuwachs an Hierarchieebenen nimmt der Verantwortungsumfang einzelner Manager sachlogisch ab, was zu Silo-Denken im Unternehmen und Motivationsproblemen bei den Betroffenen führen kann.[221]

Auch innerhalb hierarchisch gestalteter Organisationen können jedoch Freiheiten bestehen, die zu eigenen organisationalen Kulturen führen und die vorherrschenden Merkmale selbiger verwässern können. Die gezielte Kombination zentralisierter Verantwortung mit der fallspezifischen graduellen Übertragung von Entscheidungskompetenzen auf die operativen Einheiten ist hierfür ein Beispiel.[222] So können die teilautonomen Geschäftsbereiche[223] einer divisionalen Organisation eigene Führungs- und Kontrollmechanismen ausbilden, die nach innen gerichtet die aus einer übermäßigen Bürokratie resultierenden Nachteile ausgleichen und die auf Stabilität und Klarheit zielenden Vorteile hierarchischer Organisationsformen nutzen.[224]

---

[219] Vgl. Schulte-Zurhausen, M. (2005), S. 274f.

[220] Selbstverständlich gibt es innerhalb der hierarchischen Organisationsform ein breites Spektrum an Ausprägungen. Zudem wird die formale Organisation, wie beschrieben, durch eine informelle Organisation ergänzt, die ihrerseits das Zusammenwirken der Akteure wesentlich beeinflusst. Um die Unterschiede zwischen der hierarchischen Organisation und der Netzwerkorganisation deutlich zu machen, ist es jedoch erforderlich, die vorherrschenden Charakteristika beider Organisationsformen in ihren Reinformen darzustellen und damit klar zu benennen.

[221] Vgl. Jones, G.; Bouncken, R. (2008), S. 307f.

[222] Vgl. Braun, J. (1996), S. 120.

[223] Schreyögg führt hier aus, dass rein funktional differenzierte Organisationen für breit diversifizierte Organisationen ungeeignet sind, da diese sich als zu schwerfällig und unübersichtlich erwiesen hätten. (Divisionale) Spartenorganisationen hingegen seien besser in der Lage, sich an die geschäftsbereichsspezifischen Strategien anzupassen. Vgl. Schreyögg, G. (2012), S. 32.

[224] Eine ausführliche Diskussion der Vor- und Nachteile hierarchischer Organisationen auch im Hinblick auf Flexibilität und Organisationseffizienz erfolgt bei Schwan, K. (2003), S. 83f.

Beurteilt man hierarchische Organisationen in ihrer Reinform, so zeigt sich deren ambivalenter Beitrag zur Corporate Governance. Auf der einen Seite erfordert diese ein gewisses Maß an Formalisierung: Risiko- und Compliance Management sowie Interne Revision basieren auf einem Kanon an Regeln, die klar und unmissverständlich sein sowie unpersönlich Geltung beanspruchen sollten. Die Zulässigkeit einer Amtsträgerbestechung zur Erlangung von öffentlichen Aufträgen darf bspw. nicht der persönlichen Beurteilung eines Mitarbeiters unterliegen; sie muss eindeutig definiert und nachdrücklich untersagt sein. Werden diese klare Regeln der zentralen Instanzen durch Orientierung stiftende Hilfsmittel – praktische Fallbeispiele oder Konsultationsstellen – ergänzt, so steigt das Potenzial der unternehmerischen Normen, verstanden und umso nachhaltiger befolgt zu werden. Tritt trotz aller Vorkehrungen Fehlverhalten durch Organisationsmitglieder ein, so ist ein Unternehmen darauf angewiesen, durch die Existenz präziser Richtlinien, Aufgabenbeschreibungen und eigener Kontrollmechanismen nachweisen zu können, dass das Unternehmen die notwendigen organisatorischen Vorkehrungen getroffen hat, systematisches Fehlverhalten zu vermeiden. Hierzu bedarf es eines gewissen Formalismus, der sowohl die Regelsetzung, als auch deren Durchsetzung und Monitoring und schließlich die Dokumentation des Gesamtprozesses umfasst. In diesem Sinne können hierarchische Organisationsformen eine durchgängige Corporate Governance begünstigen.[225]

Auf der anderen Seite tendieren hierarchische Organisationsformen zu einer Überbetonung regelbasierter Governance. Die aus Stewardship-Theorie und Governance-Ethik gewonnenen Erkenntnisse über die motivatorischen Effekte geeigneter Anreizstrukturen, die jenseits von Regeln über gemeinsame Werthaltungen wirken, verdeutlichen:[226] Autoritäre, unpersönliche, formale, auf Konformität und Bürokratie basierende Unternehmenskulturen neigen dazu, Initiative, Eigenverantwortung und Entscheidungsfreude der Akteure zu senken und die Innovationsfähigkeit von Unternehmen zu beeinträchtigen. Die Corporate Governance – insbesondere, wenn sie nicht auf die Vermeidung von Gefahren beschränkt ist, sondern auch die Generierung von Chancen betreibt – ist aber auf Akteure angewiesen, die bereit sind, Verantwortung zu übernehmen, Initiative zu zeigen, partizipativ zu agieren, informell zu kooperieren und in kreativen Prozessen Fehler zu begehen, aus denen Neues entstehen kann. Eine solche Atmosphäre wird durch hierarchische Organisationsformen, in denen Autorität vor Partizipation, Befehlsgewalt vor Teamarbeit, Fremdkontrolle vor Selbststeuerung und Formalismus vor Pragmatismus gilt, nicht befördert.

---

[225] Vgl. Siedenbiedel, G. (2010), S. 210.
[226] Vgl. hierzu auch die Ausführungen zur Stewardship-Theorie in Kap. 2.2.2.

Die sozialen Begleitphänomene der menschlichen Arbeit im sozio-technischen System der Unternehmung sind durch hierarchische Organisationen (in ihrer Reinform) tendenziell unterbelichtet, beeinträchtigen damit die moralischen Anreize ihrer individuellen Akteure und infolgedessen die Wirkkraft der Corporate Governance in ihrer Gänze.[227]

In Anbetracht dieses ambivalenten Befundes stellt sich die Frage, unter welchen Bedingungen hierarchische Organisationen geeignet sein können, das System der Führung und Kontrolle von Unternehmen positiv zu beeinflussen. Diesbezügliche empirische Studien zeigen, dass Unternehmen umso mehr zu hierarchischen Organisationen tendieren, je älter, je größer und je weniger komplex sie sind. Zudem gilt, dass stabile Umfeldbedingungen den Erfolg hierarchischer Organisationsformen begünstigen.[228] Zwar lassen sich aus diesen Erkenntnissen aus der Praxis keine unmittelbaren normativen Schlussfolgerungen für die Organisationsgestaltung herleiten. Es erscheint jedoch plausibel, dass junge, schnell wachsende Unternehmen in dynamischen Umfeldbedingungen eine Kultur erfordern, wie sie von hierarchischen Organisationen tendenziell nicht begünstigt wird. Umso aufschlussreicher ist es, im nächsten Kapitel eine Organisationsform in den Blick zu nehmen, die dieses Versprechen formuliert und damit als Gegenpol zur Hierarchie betrachtet werden kann: die Netzwerkorganisation.

2.5.3.2 Modulare Organisation als Ausprägung der Netzwerkorganisationen

Im Unterschied zur hierarchischen Organisation besteht die modulare Organisation aus weitgehend eigenständigen, in ihrer Größe überschaubaren Einheiten, die über ein hohes Maß an (dezentraler) Entscheidungskompetenz verfügen und langfristig durch gemeinsame, unternehmensweite Ziele miteinander verbunden sind. Prozessorientierung, Selbststeuerung und Ergebnisverantwortung prägen die Arbeitsweise modular strukturierter Organisationen. Als intraorganisatorisches Netzwerk sind sie

.

---

[227] Dabei wird von dem in Kapitel 2.2.3 entwickelten Verständnis ausgegangen, dass die Motivlage individueller Akteure eine intrinsische, sich mit dem Unternehmen identifizierende Motivation zulässt und damit in Übereinstimmung mit der grundsätzlichen Verhaltensannahme der Stewardship-Theorie steht. Motivlagen, wie sie der Principal-Agent-Theorie zu Grunde liegen, werden damit nicht negiert. Für die Bedeutung informeller, auf Partizipation und Vertrauen ausgerichteter Governance-Mechanismen genügt es, dass ein nicht unbeachtlicher Teil der Akteure in Organisationen auf diese Weise angesprochen werden kann.
[228] Vgl. Schwan, K. (2003), S. 91f.

eine Sonderform der Netzwerkorganisation, die als Oberbegriff sowohl interne als auch unternehmensübergreifende (externe) Netzwerke umfasst.[229]

Kennzeichnend für modulare Organisationen ist, dass diese aus einer Vielzahl von Einheiten bestehen, die i.d.R. als Profit Center geführt werden.[230] Diese werden auf einer höheren Modularisierungsebene nach Kompetenzen, Produkten oder regionalen Märkten zusammengefasst und durch eine schlanke Management-Holding geführt.[231] In der Regel wird dabei auf die Etablierung zusätzlicher einheitenübergreifender Verwaltungsfunktionen verzichtet. Denn: Im Verständnis der Selbstähnlichkeit der einzelnen Einheiten trägt jedes Profit Center, so die Theorie, die Gesamtstruktur des Ganzen sowie die alles verbindenden Unternehmensziele in sich.[232] Dadurch entfallen aufwändige Abstimmungsprozesse zwischen den einzelnen Modulen und der Zentralverwaltung. Flexibilität und Anpassungsfähigkeit werden gefördert, Markt- und Kundenorientierung gestärkt.

Den Vorteilen der Agilität und Effizienz steht der Nachteil einer nicht zu unterschätzenden inneren Komplexität gegenüber. Während divisionale Organisationen von den geschäftsbereichsübergreifenden Querschnitts- und Verwaltungsfunktionen profitieren, sind modulare Einheiten in der Reinform der Netzwerkorganisation gefordert, sämtliche Funktionen autonom zu erfüllen. Die Realisierung von Skaleneffekten und ein modulübergreifender Austausch werden dadurch erschwert. Darüber hinaus kann der ständige Wandel als Normalzustand die Organisation und ihre Mitglieder leicht überfordern. Inwiefern das Leistungsversprechen der Effizienz bei modularen Organisationen daher tatsächlich zum Tragen kommt, erscheint vor diesem Hintergrund nicht zuletzt eine Frage angemessener Veränderungs- und Beharrungszyklen[233] sowie der richtigen Balance zwischen Autonomie einerseits und Shared Services oder dem gezielten inter-modularen Austausch andererseits.[234]

---

[229] In einer weiteren Unterscheidung können unternehmensinterne Netzwerke auch der Sekundärorganisation zugerechnet werden. In diesem Fall handelt es sich dann um gruppenorientierte Organisationsstrukturen, welche die vorhandene Primärorganisation i.d.R. punktuell ergänzen, also sekundär sind. Die modulare Organisation stellt hingegen eine Sonderform der Primärorganisation dar. Vgl. Schulte-Zurhausen, M. (2005), S. 286.

[230] Zu den praktischen Implikationen von unternehmensinternen Netzwerken, siehe ausführlicher die empirische Studie von Stadlbauer, F. et al. (2007), S. 256f.

[231] Vgl. Schulte-Zurhausen, M. (2005), S. 298.

[232] Vgl. hierzu auch das Konzept der fraktalen Organisation von Warnecke, H.-J. (1996) sowie, zusammengefasst, Nicolai, C. (2015), S. 14f.

[233] Vgl. Bleicher, K. (1996), S. 354.

[234] Vgl. ausführlicher zu den Vor- und Nachteilen von Netzwerkorganisationen im Allgemeinen und modularen Organisationen im Besonderen Vgl. Schulte-Zurhausen, M. (2005), S. 295ff sowie Schwan, K. (2003), S. 116f.

Im Hinblick darauf, wie die modulare Organisation die Corporate Governance beeinflusst, ist wiederum differenziert zu urteilen. Einerseits begünstigt die spezifische Charakteristik der Modularisierung eine effektive und effiziente Corporate Governance: Überschaubare Einheiten fördern ein ganzheitliches Denken innerhalb der Module, erhöhen die Identität des Einzelnen mit den Zielen der Einheit, stärken das Engagement im Sinne des gemeinsamen Erfolgs und verhindern dadurch eine Entfremdung zwischen den eigenen Motiven und dem Arbeitsauftrag. Auf Partizipation und Eigenständigkeit ausgerichtete Kooperationsmechanismen begünstigen eine Kultur der Verantwortung, die für die Corporate Governance geradezu grundlegend ist. Zudem ist die informelle soziale Kontrolle zwischen den Individuen in den vergleichsweise kleinen Modulen eher gegeben als in anonymen Großbetrieben, was erwünschtes Verhalten im Sinne des Unternehmensinteresses fördert.

Andererseits erfordert die Corporate Governance, wie bereits oben dargestellt, ein gewisses Maß an Formalismus, der das Selbstverständnis des Gesamtunternehmens in unmissverständliche Handlungsanweisungen übersetzt und – bei aller notwendigen Sensibilität für kulturelle und geschäftsmodellspezifische Kontexte – deren Einhaltung modulübergreifend sicherstellt. Modulare Organisationen tendieren in ihrer Reinform dazu, aufgrund des Fehlens unternehmensweit agierender Zentralbereiche weder die notwendige Kompetenz im Hinblick auf komplexe rechtliche Themenstellungen – zum Beispiel in Fragen der Compliance – aufzubauen noch die erst aus der Perspektive der Gesamtunternehmung wahrzunehmenden Chancen und Gefahren – zum Beispiel in Form von Cluster-Risiken im Rahmen des Risikomanagements – zu erkennen. Corporate Governance und insbesondere GRC-Management ist Schnittstellenmanagement. Um zu erreichen, dass modulare Organisationen der effektiven und effizienten Führung und Kontrolle von Unternehmen tatsächlich zuträglich sind, bedarf es daher einer intelligenten Koordination der weitgehend autonom agierenden Module innerhalb des Netzwerks. Bezogen auf Compliance- und Risikomanagementprozesse kann dies bedeuten, auf ein dichtes Netz an Vorgaben zu verzichten und stattdessen Prinzipien zu formulieren, die Freiraum in der modulspezifischen Ausgestaltung lassen. Derartige Prinzipien sollten jedoch nicht vage sein, sondern den zu konkretisierenden Freiraum klar benennen, während Grenzen – bspw. in Fragen der Amtsträgerbestechung – ebenso deutlich gekennzeichnet werden. Gelingt es, das angemessene Maß an Vorgaben und Freiheiten zu finden, kann eine modulare Organisation nicht nur Agilität, Flexibilität und Effizienz des Leistungserstellungsprozesses fördern, sondern – bei Beibehaltung dieser Eigenschaften – auch der sinnvollen, kontextsensiblen und dennoch organisationsweit im Kern einheitlichen Führung und Kontrolle zuträglich sein.

2.5.3.3 Schlussfolgerungen zum Nexus zwischen Organisation und Governance

Die dargestellten Vor- und Nachteile hierarchischer und modularer Organisations-formen für die Effektivität und Effizienz der Corporate Governance führen zu der Frage, unter Vorliegen welcher Voraussetzungen das System der Führung und Kontrolle bestmöglich organisatorisch befähigt wird, das Unternehmensinteresse zu befolgen. Eine allgemeine, für sämtliche Unternehmen gültige Antwort muss hier allerdings unterbleiben. Die Vielgestaltigkeit der internen und externen Kontextbedingungen von Unternehmen verbietet pauschale Antworten. So spielen bspw. die institutionellen Mechanismen – also Rolle und Zusammenwirken der verschiedenen Akteure der Corporate Governance – eine entscheidende Rolle im Hinblick auf Möglichkeiten und Grenzen bei der Gestaltung der Organisation. Weitere externe Kontextbedingungen sind die Landeskultur sowie die formalen und informellen Normen, welche die Auffassungen der Akteure über die Legalität und Legitimität an einem bestimmten Ort überhaupt erst prägen. Zu den internen Kontextbedingungen gehören u.a. die Eigentumsverhältnisse des Unternehmens, Entwicklungsphase und Größe einer Organisation sowie deren Internationalisierungsgrad.[235] Mit anderen Worten: Welche Organisationsform für ein Unternehmen optimal im Sinne der Erreichung des Unternehmensinteresses ist, liegt nicht auf der Hand. Die Antwort ist das Ergebnis der gezielten Analyse interner sowie externer Kontextbedingungen – und nicht zuletzt persönlicher Auffassungen der prägenden Führungs- und Kontrollorgane.[236]

Verkürzt man die externen Kontextbedingungen auf die Stabilität bzw. Dynamik des Organisationsumfeldes und die internen Kontextbedingungen auf die Routine- bzw. Innovationsorientierung eines Unternehmens, so lässt sich die Eignung hierarchischer und modularer Organisationen in Abhängigkeit dieser Einflussgrößen wie folgt darstellen:

.

---

[235] Hilb entwickelt aus dieser Vielgestaltigkeit die Forderung „Keep it situational". Er betont damit die Notwendigkeit, die Corporate Governance im Lichte der unterschiedlichen Kontextbedingungen zu gestalten und unterstreicht damit auch die hier vertretene Auffassung, dass die „richtige" Corporate Governance für jedes Unternehmen das Ergebnis einer Analyse interner und externer Faktoren ist. Vgl. Hilb, M. (2009), S. 17f.

[236] Die persönlichen Auffassungen spiegeln wiederum das Menschenbild der entscheidungsrelevanten Akteure wider. Mit der Darstellung der Principal-Agent-Theorie und des Stewardship-Ansatzes in Kap. 2.2 ist deutlich geworden, dass die Auffassung, die ein Mensch von den Motiven anderer Personen hat, sein Verhalten gegenüber diesen Menschen – und damit auch die Organisationsgestaltung – prägt.

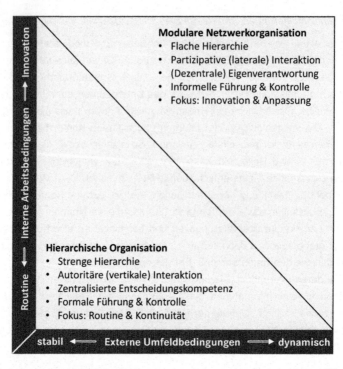

Abb. 6: Organisationsformen im Spannungsfeld ihrer Kontextbedingungen[237]

Die Grafik veranschaulicht, dass je nach Ausprägung der unterschiedlichen Kontextbedingungen die eine oder die andere Organisationsform tendenziell besser geeignet
sein kann, die unternehmerischen Anforderungen zu erfüllen: Während für stabile
und in ihrer Dynamik überschaubare Umfeldbedingungen sowie stark technisierte,
durch ein hohes Maß an wiederholenden Routineaufgaben gekennzeichnete Unternehmen mit Mitarbeitern, deren Arbeit die Verrichtung statt die Konzeption in den
Mittelpunkt stellt, eine eher formale und zentralisierte Organisationsstruktur geeignet
sein kann, bedürfen sich stark verändernde (Start-up-) Unternehmen mit einer hohen
Bedeutung von Innovativität in dynamischen Umfeldbedingungen flacher Hierarchien,

---

[237] Die Darstellung entwickelt einen durch Schreyögg (Vgl. Schreyögg, G. (2012), S. 70) dargestellten
Zusammenhang zwischen stabilen und turbulenten Umfeldbedingungen einerseits und organi-
schen sowie mechanistischen Organisationsformen andererseits weiter. Die obige eigene Darstellung passt diesen Zusammenhang auf die hier behandelten Organisationsformen (hierarchisch vs.
modular) an und ergänzt ihn um die internen (vorherrschenden) Arbeitsbedingungen.

Mitarbeiter, die ganzheitlich zu denken gewillt sind und mit Eigenverantwortung umzugehen wissen, lateraler Kooperationsformen und Flexibilität, wie sie in modularen
Organisationsformen zum Ausdruck kommen. Das Umfeld sowie die das Unternehmen konstituierenden Eigenschaften in ihrer Vielgestaltigkeit sind also wichtige Be-
stimmungsfaktoren für effektive und effiziente Organisationsformen. Eindeutige Vor-
zugsregeln für die eine oder andere Organisationsform gibt es – zumindest pauschal
– nicht.[238]

Dennoch lassen sich bei genauerer Betrachtung einige Kriterien identifizieren, welche die Corporate Governance tendenziell positiv beeinflussen. Werden diese anhand der zwei Säulen der Corporate Governance – Führung und Kontrolle – zusammengefasst, ergibt sich durch die Gegenüberstellung von hierarchischer und modularer Organisation das folgende Bild:

- **Führung:**
  Während hierarchische Organisationen eine stabile, regelgebundene, autoritäre, zentralgeführte, eher formale und unpersönliche Führung aufweisen, sind
  modulare Organisationen durch Flexibilität, Eigenständigkeit, Partizipation und
  geringen Formalismus gekennzeichnet. Aus der Perspektive effektiver und effizienter Governance-Prozesse ist, wie bereits beschrieben, ein gewisser Formalismus erforderlich, um die Umsetzung der Unternehmensziele sicherzustellen. Die Existenz formaler Ziele und Regeln sagt allerdings noch nichts
  über deren Zustandekommen aus – und genau hier bieten sich Anhaltspunkte
  für die Corporate Governance. Dass es Ziele und Regeln braucht, um eine
  gewisse Erwartungssicherheit herzustellen, ist unbestritten. Die Beschränkung
  dieser Regeln auf das notwendige Maß im Sinne der oben beschriebenen
  Prinzipien, die konsequente Partizipation von Mitarbeitern an der Entwicklung
  selbiger und kontinuierliche Rückkopplungsprozesse zwischen Mitarbeitern
  und Unternehmensleitung begünstigen jedoch die Akzeptanz dieser Vorgaben
  und stärken damit deren Anwendung. Wird Mitarbeitern und Führungskräften
  zudem die Möglichkeit gewährt, die allgemeinen Vorgaben entsprechend der
  jeweiligen Kontextbedingungen zu konkretisieren und im Sinne einer Selbstgesetzlichkeit zu formalisieren, so verbinden sich Formalismus einerseits sowie Partizipation und Eigenständigkeit andererseits symbiotisch. Der Leitge-
  danke einer so verstandenen Führung lautet: So viel Formalismus wie nötig,
  so viel Autonomie wie möglich.

---

[238] Vgl. Schreyögg, G. (2012), S. 34.

- **Kontrolle:**

  Ein solches Verständnis sollte sich konsequenterweise auch in den Kontroll-
  handlungen durch Unternehmensführung und Aufsichtsorgan widerspiegeln.
  Während hierarchische Organisationen in der Regel durch ein vergleichsweise
  dichtes Netz an formalen und schriftlichen Kontrollen mit umfangreichen Be-
  richts- und Dokumentationspflichten dominiert werden, erfolgt die Aufsicht in
  modularen Organisationsformen eher informell, persönlich und mithilfe von
  Selbstkontrollmechanismen. Kontrolle jedoch muss – schon aufgrund gesetzlicher Vorgaben – formal sein. Sie muss nach objektiven und vergleichbaren
  Maßstäben prüfen und nachvollziehbar dokumentiert werden. Dadurch erzielt
  sie ihre Wirkung, im Schadensfall – zum Beispiel bei einem Compliance-
  Verstoß – nachweisen zu können, dass das Unternehmen seiner Organisati-
  onspflicht nachgekommen ist. Und nur dadurch ist sie fair auch im unternehmensinternen Vergleich. Dennoch muss ein formales Kontrollregime nicht
  überborden. Sind die Ziele und Regeln eines Unternehmens im Rahmen der
  Führungsprozesse wie oben beschrieben klar kommuniziert, kann deren Einhaltung mittels Orientierung stiftender Hilfestellungen, Kommunikations-, Trai-
  nings- und Beratungsangeboten gestärkt werden. Fragebögen und Kriterien-
  kataloge zur Selbstkontrolle können ihren Beitrag leisten, damit die Sicherheit
  im Umgang mit Geschäftsprozess- und Compliance-Risiken zunimmt und
  selbst die notwendigen Aufsichtsprozesse nicht autoritär, sondern partizipativ
  wahrgenommen werden.

Diese Vorstellung lässt sich nach der hier vertretenen Auffassung weder in primäror-
ganisatorisch hierarchischen noch in modularen Strukturen in ihrer jeweiligen Reinform umsetzen. Vielmehr wird durch die Gegenüberstellung der jeweiligen Merkmale
deutlich, dass sich beide Organisationsformen, die hier als Gegenpole charakterisiert
wurden, aufeinander zu bewegen müssen, um die Vorteile der jeweils anderen Organisationsform aufgreifen und die eigenen Nachteile abstreifen zu können. Diese
nach Ansicht des Autors notwendige Konvergenz ist zum einen Ausdruck der in praktisch jeder Branche zunehmenden Dynamik, die flexiblere, anpassungsfähigere Organisationsformen erforderlich macht. Andererseits nimmt die Verrechtlichung der
Wirtschaft – und hier vor allem die (auch internationale) Rechtsdurchsetzung – zu
und erfordert damit ein Mindestmaß an Stringenz in der Führung gerade auch im
Hinblick auf Risikomanagement und Compliance als wichtige Bestandteile der Corporate Governance.

In diesem Umfeld bedarf es einer gedanklichen Neuorientierung der betrieblichen
Organisation, die gerade für zahlreiche traditionelle Unternehmen aus der Industrie

(aber auch manche Netzwerkorganisation) eine Herausforderung darstellen dürfte. Die aus Corporate Governance Perspektive optimal geeignete Organisationsform ist kein Entweder-Oder in Extremen. Sie ist ein Hybrid modularer Prägung, der die Vorteile von dezentralen Netzwerken mit den Möglichkeiten hierarchischer Organisationen in der stringenten Umsetzung zentraler Vorgaben verknüpft – und vor dem Hintergrund interner sowie externer Kontextbedingungen konkret ausgestaltet.[239] Nach der hier vertretenen Ansicht ist diese hybride Organisationsform durch weitgehend eigenständige, durch Selbststeuerung und Ergebnisverantwortung charakterisierte modulare Einheiten gekennzeichnet, die durch klare und durchgängige Führungs- und Kontrollprozesse dort, wo sie erforderlich sind, ergänzt werden. Sie beinhaltet damit Formalregeln, die als Vorgaben verstanden werden und der juristisch erforderlichen Dokumentation dienen. Vor allem aber ist diese hybride Organisationsform getragen von einem Wertemanagement, das die einzelnen Module gedanklich miteinander verbindet und über Formalregeln hinaus motivatorische Anreize bei den handelnden Akteuren schafft, die als Voraussetzung erfolgreicher Governance unerlässlich sind. Eine so verstandene Organisation kombiniert die Erkenntnisse der Organisationslehre mit den Einsichten der Governance-Ethik – und stärkt damit die Verantwortung der Führungs- und Kontrollorgane, die Organisation als Element der Corporate Governance in der aufgezeigten Interdependenz aktiv zu gestalten.

Mit Blick auf den Schwerpunkt der vorliegenden Arbeit stellt sich nun die Frage, was diese Erkenntnisse für die GRC-Funktionen eines Unternehmens bedeuten. Anders formuliert: Welchen Beitrag können die GRC-Funktionen für ein so verstandenes Unternehmensinteresse – individuell wie kollektiv – leisten? Bevor in Kapitel 4 auf die potenziellen Wertbeiträge einer integrierten Governance, Risk & Compliance im Unternehmen eingegangen wird, sollen die einen GRC-Ansatz konstituierenden Funktionen zunächst einzeln beleuchtet und im Sinne einer Bestandsaufnahme dargestellt werden. Um die Vergleichbarkeit der Funktionen zu erleichtern, erfolgt deren Charakterisierung anhand eines einheitlichen Kriterienkatalogs, der historische, definitorische und rechtliche Grundlagen ebenso umfasst, wie Berufsstand und Vorgehens-

---

[239] Ein besonders interessantes, den vorliegenden Sachverhalt vertiefendes Beispiel pluraler Organisation in Form einer Kombination von Hierarchie und unternehmensübergreifendem Netzwerk wird durch Christof Dejung beschrieben: So gelang es der Handelsfirma Gebrüder Volkart im 19. und beginnenden 20. Jahrhundert, „je nach Faktorspezifität, je nach Besonderheit der lokalen Geschäftspraktiken und der politischen Rahmenbedingungen und je nach Stand der Transport- und Kommunikationsmöglichkeiten unterschiedliche Steuerungsformen für seine Tätigkeit" (Dejung, C. (2007), S. 71f.) anzuwenden und dadurch den Baumwollhandel mit Indien und China erfolgreich zu betreiben. Das historische Beispiel verdeutlicht, dass die sinnvolle Kombination unterschiedlicher Organisationsformen geeignet sein kann, deren jeweilige Vorteile zu nutzen und deren Nachteile zu vermeiden.

modell und schließlich auf den Zusammenhang zwischen der jeweiligen GRC-Funktion und der Corporate Governance selbst eingeht.

3 Interne Revision, Risikomanagement & Compliance: Bestandsaufnahme

Man muss die Tatsachen kennen, bevor man sie verändern kann.

Mark Twain

Die folgenden Ausführungen widmen sich der vergleichenden Gegenüberstellung der hier behandelten GRC-Funktionen: Indem die historischen, theoretischen und rechtlichen Grundlagen sowie Berufsstand und Vorgehensmodell von Interner Revision, Risikomanagement und Compliance dargestellt und die jeweiligen Funktionen in Bezug zur Corporate Governance gesetzt werden, erfolgt eine Bestandsaufnahme dieser Teilbereiche des GRC-Managements als Voraussetzung für das in Kapitel 4 entwickelte integrierte GRC-Gesamtkonzept.

3.1 Interne Revision

3.1.1 Grundlagen der Internen Revision

3.1.1.1 Historische und definitorische Grundlagen der Internen Revision

Die frühen Ursprünge der Internen Revision gehen auf das Mittelalter zurück.[240] Infolge der kommerziellen Revolution war es Unternehmen möglich geworden, durch externe Finanzierung zu wachsen, Niederlassungen und Zweigbetriebe zu gründen und damit ihre Aktivitäten über den eigenen Herkunftsort hinaus auszuweiten. Aufgrund der dadurch entstehenden räumlichen Distanz zwischen dem Sitz des Unternehmens und dessen Außenstellen wurde es notwendig, die Übereinstimmung der Leitung dieser Niederlassungen und Zweigbetriebe mit den Vorstellungen des Eigentümers zu überprüfen. Die Aufgabe der Internen Revision war es daher vor allem, die Unternehmenseigentümer vor Vermögensverlusten zu schützen.[241] Die sich langsam

---

[240] In einigen Quellen werden die Ursprünge des Revisionswesens gar auf die Antike datiert. Sowohl auf Dokumenten aus dem alten Rom als auch auf Unterlagen aus Babylon und dem alten Ägypten seien Vermerke in Form von Kreisen, Punkten und Strichen zu finden, die als Zeichen der revisorischen Überprüfung der damaligen Rechnungslegung interpretiert werden könnten. Vgl. Bergwanger, J.; Kullmann, S. (2012), S. 54.
[241] Vgl. Egner, T. (2011), S. 13.

durchsetzende doppelte Buchführung erleichterte diese prozessunabhängige Überprüfung und war viele Jahrhunderte ihr einziger Schwerpunkt.[242]

Mit dem an Komplexität und Dynamik zunehmenden Unternehmensumfeld sowie der sich ausweitenden Trennung von Unternehmensführung und -kontrolle in immer größer werdenden Industriebetrieben zu Beginn des 20. Jahrhunderts stieg die Bedeutung der Internen Revision weiter. Gleichwohl blieb deren Tätigkeit bis in die 1950'er und 1960'er Jahre hinein auf das „Financial Auditing", also die Überprüfung der Angemessenheit des Finanz- und Rechnungswesens beschränkt. Erst später – beeinflusst insbesondere durch intensivierte Effizienzbestrebungen der Unternehmen – erweiterte die Interne Revision ihr Prüfungsspektrum um Zweckmäßigkeits- und Wirtschaftlichkeitsprüfungen. Das Ziel dieses „Operational Auditing" bestand nun darin, sämtliche Unternehmensprozesse im Hinblick auf die Erreichung der Unternehmensziele und vor dem Hintergrund des Effizienzgedankens zu beurteilen. Das heutige Verständnis der Internen Revision fußt auf dieser Entwicklung und erweitert sie um zwei wichtige Bestandteile. Zum einen bezieht sie eine Überprüfung der Handlungen der Unternehmensleitung explizit in das Prüfungsspektrum ein („Management Auditing").[243] Zum anderen rückt die Funktion der Internen Revision als prozessunabhängige Beratungsinstanz stärker ins Blickfeld. Dieser Entwicklung trägt das moderne Begriffsverständnis und die aktuelle Definition der Internen Revision durch das Deutsche Institut für Interne Revision[244] Rechnung, die hier vollständig und übereinstimmend übernommen und im weiteren Verlauf dieses Kapitels[245] näher erläutert wird:

---

[242] Vgl. Peemöller, V. (2011), S. 73f.

[243] Um Begriff und Sinn des Management-Auditing bestehen kontroverse Diskussionen, die zum Teil mit der terminologischen Unschärfe, zum Teil mit Unstimmigkeiten um das Verantwortungsspektrum der Internen Revision selbst zusammenhängen. In der vorliegenden Arbeit wird unter dem Begriff die Prüfung der Einhaltung von Vorgaben durch die Unternehmensleitung, die Risikoidentifikation im Bereich der Managementaufgaben sowie die Generierung von Mehrwert durch die Verbesserung von Managementprozessen verstanden. Vgl. Amling, T, Banthleon, U. (2007), S. 356.

[244] Das DIIR ist ein in Deutschland eingetragener Verein und „Affiliate" des internationalen Institute of Internal Auditors. Es gilt als nationale Interessenvertretung des Berufsstandes der Internen Revision. Das DIIR wurde 1958 gegründet und verfügt über mehr als 1.800 ordentliche Mitglieder (natürliche Personen) sowie 600 fördernde Mitglieder (Unternehmen, Behörden, Verbände). Vgl. Amling, T, Banthleon, U. (2007), S. 141f.

[245] Siehe hierzu Kap. 3.1.2.

„Die Interne Revision erbringt unabhängige und objektive Prüfungs-(„assurance"-) und Beratungsleistungen, welche darauf ausgerichtet sind, Mehrwerte zu schaffen und die Geschäftsprozesse zu verbessern. Sie unterstützt die Organisation bei der Erreichung ihrer Ziele, indem sie mit einem systematischen und zielgerichteten Ansatz die Effektivität des Risikomanagements, der Kontrollen und der Führungs- und Überwachungsprozesse bewertet und diese verbessern hilft."[246]

3.1.1.2 Theoretische Grundlagen der Internen Revision

Maßgeblich für die theoretische Herleitung der Notwendigkeit einer Internen Revision für die Corporate Governance ist die in der Principal-Agent-Theorie zum Ausdruck kommende Erkenntnis über asymmetrische Informations-, Risiko- und Interessenverteilungen im Unternehmen. Mit der arbeitsteiligen Organisation gerade größerer Unternehmen werden einzelnen Stellen (und damit deren Inhabern) Kompetenzen zugewiesen, die aus institutionenökonomischer Perspektive als Verfügungsrechte bezeichnet werden können. Angesichts der für die Principal-Agent-Theorie grundlegenden Annahme der Eigennutzorientierung bedarf es einer Überprüfung des Verhaltens der für eine bestimmte Leistung beauftragten Arbeitnehmer, die als Agenten im Auftrag des Vorstands agieren. Demgegenüber ist der Vorstand das diese Mitarbeiter beauftragende Gremium und damit als Principal zu interpretieren. Mit der Etablierung einer Internen Revision wird einer möglichen Interessenkollision zwischen Principalen und Agenten Rechnung getragen. „Die Interne Revision ist also ein Monitoring-Instrument für den Vorstand zur Beurteilung und Verifizierung der von den Agenten zur Verfügung gestellten Informationen, mit dem Ziel, die bestehende Informationsasymmetrie zwischen Vorstand und den hierarchisch untergeordneten Stellen und Abteilungen zu reduzieren."[247]

Die Notwendigkeit zur unabhängigen Überprüfung der durch die Agenten bereitgestellten Informationen besteht nun nicht nur im Verhältnis zwischen Vorstand und Mitarbeitern. Zum einen kann auch der Vorstand selbst als Agent im Auftrag des Principals Aufsichtsrat interpretiert werden. Gerade die Ausweitung des Tätigkeitsspektrums der Internen Revision um Management Audits zeigt die Bedeutung

---

[246] DIIR (2013), S. 5.
[247] Geiersbach, K. (2011), S. 236.

der Überwachung der Handlungen der Unternehmensleitung. Zur Reduzierung der Asymmetrie in dieser Konstellation ist die Unabhängigkeit der Internen Revision sowie deren regelmäßige, risikoorientierte Berichterstattung an den Aufsichtsrat wichtig.[248] Zum anderen kann die Interne Revision selbst als Agent im Auftrag des Principals Vorstand verstanden werden. Damit stellt sich die Frage, wer eigentlich den Prüfer prüft. Neben direkten Möglichkeiten der arbeitsvertraglichen Verhaltenssteuerung sind es vor allem zwei Instrumente, die diesem Problemgeflecht begegnen sollen: Der externe Wirtschaftsprüfer prüft im Rahmen seiner Jahresabschlussprüfung die Wirksamkeit der Internen Revision als wichtigem Bestandteil des internen Überwachungssystems. In einigen Unternehmen beauftragt zudem der Aufsichtsrat periodisch eine externe Prüfungsgesellschaft zur Durchführung eines sogenannten Quality Reviews der Internen Revision, in dem Effektivität und Effizienz geprüft und in einem Bericht zusammengefasst werden.[249] Für die theoretische Herleitung der Internen Revision ist die letztgenannte Konstellation allerdings weniger von Belang.

Mit der gestiegenen Komplexität der unternehmerischen Umfeldbedingungen und der daraus resultierenden Vielschichtigkeit auch im Inneren von Unternehmen hat die Bedeutung der Internen Revision zugenommen. Die unabhängige Überwachung der Unternehmensprozesse wurde durch die Forderung nach einer zukunftsgerichteten, effizienzorientierten Optimierung des Unternehmens ergänzt. Damit erklärt sich die Notwendigkeit der Internen Revision immer mehr auch im Hinblick auf Effizienzbestrebungen moderner Unternehmen in Zeiten der Globalisierung. Welchen Beitrag die Interne Revision als Governance-Mechanismus für den Unternehmenserfolg zu leisten vermag, soll weiter unten ausführlich beleuchtet werden. Zunächst lohnt sich ein Blick auf deren rechtlichen Grundlagen.

3.1.1.3 Rechtliche Grundlagen der Internen Revision

Eine Analyse der rechtlichen Grundlagen der Internen Revision generiert zunächst zwei wichtige Erkenntnisse. Erstens ist festzuhalten, dass es – von branchenspezifischen Ausnahmen abgesehen[250] – „keine deutsche Rechtsnorm gibt, die deutsche

---

[248] Vgl. Füss, R. (2005), S. 124f.
[249] Vgl. Geiersbach, K. (2011), S. 236.
[250] Im Bankenwesen resultiert die explizite Verpflichtung zur Einrichtung einer Internen Revision insbesondere aus § 25a Abs. 1 S. 3 Nr. 1 KWG (Kreditwesengesetz), demzufolge eine ordnungsgemäße Geschäftsorganisation neben internen Kontrollverfahren auch die Interne Revision umfasst. Die Konkretisierung der diesbezüglichen Erwartungen ergibt sich aus den Mindestanforderungen für das Risikomanagement (MaRisk), die als normeninterpretierende Verwaltungsvorschriften für Banken zur Anwendung kommen. Vgl. Amling, T, Banthleon, U. (2007), S. 91

Wirtschaftsunternehmen zur Schaffung und Unterhaltung einer Internen Revision (...) verpflichtet"[251]. Andererseits, zweitens, existiert im deutschen Rechtsraum ein vielschichtiges Normengefüge aus gesetzlichen, branchenspezifischen, kapitalmarktinduzierten, berufsständischen und sonstigen Bestimmungen[252], das zumindest kapitalmarktorientierten Unternehmen faktisch doch die Einrichtung einer Internen Revision vorschreibt. Auf beide Erkenntnisse soll im Folgenden kurz erläuternd eingegangen werden.

Hinsichtlich der Frage, ob und inwieweit der Gesetzgeber die Etablierung einer Internen Revision zwingend vorschreibt, gibt es durchaus kontroverse Debatten. Häufig wird bereits die in § 93 I AktG kodifizierte allgemeine Sorgfaltspflicht des Vorstands als mittelbare Verpflichtung hierfür interpretiert.[253] Durch das im Jahr 1998 in Kraft getretene KonTraG wurde der § 91 II AktG neu aufgenommen, dem zufolge der Vorstand von Aktiengesellschaften zur Einrichtung eines Überwachungssystems verpflichtet ist, damit „den Fortbestand der Gesellschaft gefährdende Entwicklungen früh erkannt werden"[254] können. Da die Interne Revision als wichtiger Bestandteil dieses Überwachungssystems gelten kann, wird diese Vorschrift als formale Begründung für die notwendige Einrichtung eines internen Revisionssystems interpretiert.[255] Des Weiteren wird der US-amerikanische Sarbanes Oxley Act (SOX) für deutsche Unternehmen, die an einer Börse in den USA gelistet sind sowie deutsche Tochterunternehmen US-amerikanischer börsennotierter Muttergesellschaften als Rechtsgrundlage für die Interne Revision interpretiert. Insbesondere Section 302 des SOX, der die unternehmerische Verantwortung für die Angemessenheit der Finanzberichterstattung regelt, sowie Section 404, welcher die Einrichtung eines Internen Kontrollsystems fordert, werden hierfür genannt. Letztlich bleibt es aber dabei, dass sowohl die allgemeine Sorgfaltspflicht als auch die Pflicht zur Einrichtung eines Überwachungssystems keine explizite gesetzliche Verpflichtung zur Einrichtung einer Internen Revision beinhalten.[256] Vielmehr verpflichten die genannten Anforderungen Unternehmen vor allem zur Etablierung interner Mechanismen, die eine ordnungsmäßige Geschäftsführung, eine Risikofrüherkennung und eine angemessene Finanzberichterstattung sicherstellen sollen. Die konkrete Ausgestaltung obliegt dabei dem Vorstand

---

[251] Berwanger, J.; Kullmann, S. (2012), S. 106.
[252] Vgl. Amling, T, Banthleon, U. (2007), S. 81f.
[253] Vgl. Amling, T, Banthleon, U. (2007), S. 83f.
[254] § 91 II AktG
[255] Vgl. Berwanger, J.; Kullmann, S. (2012), S. 106.
[256] Eine ausführlichere Diskussion der diversen Rechtsquellen, auf die eine vermeintliche Verpflichtung zur Etablierung einer Internen Revision zurückgeführt wird, findet sich bei Berwanger, J.; Kullmann, S. (2012), S. 105-182.

der Unternehmen selbst. Dabei spricht zwar einiges für die Einrichtung einer Internen Revision. Dass diese jedoch – zumindest für kapitalmarktorientierte Unternehmen – in Theorie und Praxis als notwendig und sinnvoll angesehen wird, ergibt sich vor allem aus der kombinierten Betrachtung der gesetzlichen Bestimmungen in Verbindung mit weiteren Quellen in diesem Normengefüge, die im Folgenden skizziert werden.

Neben den gesetzlichen und kapitalmarktinduzierten Rahmenbedingungen gibt es vor allem zwei Quellen, deren Betrachtung die Interne Revision für größere Unternehmen als notwendig begründen. Zum einen sind das die Normen der Wirtschaftsprüfer. Diese in Deutschland vom Institut der Wirtschaftsprüfer (IDW) und im internationalen Raum von der International Federation of Accountants (IFAC) publizierten Standards stellen Grundsätze für die (externe) Abschlussprüfung von Unternehmen dar und sind damit eine wesentliche Grundlage für die Beurteilung der Angemessenheit der unternehmerischen Rechnungslegung. Dabei gehört die Beurteilung der Internen Revision zu einem zentralen Betrachtungsgegenstand externer Wirtschaftsprüfer, was in der Entwicklung spezifischer Prüfungsstandards deutlich wird. So konkretisiert IDW PS 321 bspw. die Kriterien zur Beurteilung der Internen Revision und definiert, bei Vorliegen welcher Charakteristika diese als geeignet eingeschätzt werden kann. Das Fehlen einer Internen Revision ist vor diesem Hintergrund zumindest streng begründungsbedürftig und für größere Unternehmen tendenziell unmöglich zu rechtfertigen.[257]

Zum anderen wird das Normengefüge zur Begründung der Notwendigkeit einer Internen Revision schlicht durch Erwartungen der Öffentlichkeit und hier insbesondere der in die Praxis ausstrahlenden Wissenschaft ergänzt. So lässt bspw. die Schmalenbach-Gesellschaft für Betriebswirtschaft e.V. keinen Zweifel daran, dass die Interne Revision ein wichtiger und unabdingbarer Bestandteil des unternehmerischen Überwachungssystems ist. In einem entsprechenden Thesenpapier, das als Best Practice für die Interne Revision verstanden werden soll, heißt es unmissverständlich: „Ein Unternehmen soll grundsätzlich eine angemessene Interne Revision haben. Darauf kann nur ausnahmsweise verzichtet werden, wenn die Unternehmensleitung die Überwachung des Unternehmens selbst wahrnimmt. Bei kapitalmarktorientierten Unternehmen soll in jedem Fall eine Interne Revision eingerichtet sein. Die Interne Revision ist integrierter Bestandteil des Risikofrüherkennungssystems i.S. des § 91

---

[257] Vgl. Amling, T, Banthleon, U. (2007), S. 146f.

Abs. 2 AktG."[258] Wenngleich es also durchaus sinnvoll war, das Normengefüge zur rechtlichen Begründung der Internen Revision in aller Kürze in seiner Vielgestaltigkeit zu skizzieren, so erübrigt sich aus der Perspektive kapitalmarktorientierter Unternehmen jeder Zweifel an der Notwendigkeit zur Einrichtung einer Revisionsfunktion – und so ist diesem Zitat der Schmalenbach-Gesellschaft nichts hinzuzufügen.

3.1.2 Die Funktion der Internen Revision

3.1.2.1 Der Berufsstand der Internen Revision

Bevor die Interne Revision mit anderen Corporate Governance Funktionen in einem integrierten Ansatz betrachtet werden kann, ist es zunächst sinnvoll und hilfreich, die Interne Revision an sich näher zu beleuchten und damit ein profundes Verständnis für deren Arbeitsweise auszubilden. Die folgenden Ausführungen dienen der Darlegung der wichtigsten Grundlagen, namentlich dem Selbstverständnis des Berufsstandes, Erkenntnisse zu den Aufgaben und Verantwortlichkeiten der Internen Revision sowie den diesen zugrunde liegenden Prozessen.

Die Arbeit der Internen Revision wird wesentlich durch das Institute of Internal Auditors (IIA)[259] geprägt, welches sich als „globale Regelungsinstanz für den Berufsstand der Internen Revision"[260] versteht. Dieses hat in den vergangenen Jahren verstärkt Regelungen publiziert, die als konzeptionelles Rahmenwerk gelten und in zwei Kategorien untergliedert sind. Zu den verbindlichen Regelungen, deren Einhaltung als unverzichtbar angesehen wird, gehören die gemeinsame und bereits oben zitierte Definition der Internen Revision, deren Ethikkodex sowie die Standards für die berufliche Praxis. Die Verbindlichkeit bezieht sich dabei auf alle Personen und Organisationen, die Leistungen der Internen Revision anbieten. Die zweite Kategorie von Regelungen umfasst Empfehlungen, welche die wirksame Umsetzung der verbindlichen Regelungen, insbesondere der Standards, vor dem Hintergrund spezifischer Kontextbedingungen unterstützen sollen. Zu diesen als Leitfäden gedachten Dokumenten gehören Positionspapiere, Praktische Ratschläge sowie Praxisleitfäden.[261]

---

[258] Arbeitskreis „Externe und Interne Überwachung der Unternehmung" der Schmalenbach-Gesellschaft für Betriebswirtschaft e.V., DB 2006, S. 229, zitiert in Amling, T, Banthleon, U. (2007), S. 148.

[259] Das IIA wurde 1941 in den USA gegründet. Es vertritt mehr als 137.000 Mitglieder in mehr als 80 Ländern. Vgl. Amling, T, Banthleon, U. (2007), S. 129.

[260] DIIR (2013), S. 6.

[261] Vgl. DIIR (2013), S. 7f.

Mit dem skizzierten Regelungsrahmen unterscheidet sich die Interne Revision von den meisten anderen Berufsgruppen, was eine etwas detailliertere Erläuterung der verbindlichen Komponenten rechtfertigt. Da die Definition oben bereits zitiert worden ist, bedarf es hier keiner Wiederholung. Dass es gelungen ist, eine durch alle maßgeblichen nationalen und internationalen Institutionen getragene Definition als Grundlage der Arbeit der Internen Revision zu vereinbaren, ist dabei jedoch nicht gering zu schätzen. Der Ethikkodex besteht aus den vier Grundsätzen Rechtschaffenheit, Objektivität, Vertraulichkeit und Fachkompetenz. Diese Prinzipien sollen das Verhalten von Revisoren leiten. Bei deren Zuwiderhandlung ist das IIA berechtigt, ein Disziplinarverfahren einzuleiten – ein Symbol für den hohen Verbindlichkeitsgrad der Grundsätze.[262] Die Standards sind schließlich verbindliche Anforderungen, welche zum einen den Zweck verfolgen, die im Ethikkodex genannten Grundsätze mit Blick auf die praktische Umsetzung zu beschreiben und damit die Stellung der Internen Revision im Unternehmen zu klären (Attributstandards). Zum anderen zielen die Standards darauf ab, Anforderungen an die Tätigkeit der Internen Revision entlang des Prüfungsprozesses von der Planung über die Durchführung von Prüfungsaufträgen bis hin zur Berichterstattung und Überwachung der Umsetzung vereinbarter Maßnahmen näher zu beschreiben und Kriterien für die Beurteilung der Wirksamkeit dieser Tätigkeit zu benennen (Ausführungsstandards). Dabei wird innerhalb der jeweiligen Standards zwischen Prüfungs- und Beratungsaufgaben unterschieden.[263] Ergänzt werden diese IIA-Standards um spezifische nationale und ebenfalls verbindliche Standards, welche – zum Teil branchenbezogen – Grundsätze für die Prüfung einzelner Risikobereiche formulieren. So hat das Deutsche Institut für Interne Revision in den vergangenen Jahren insgesamt fünf Standards publiziert, die sich bspw. mit der Prüfung des Risikomanagements oder des Anti-Fraud-Management-Systems befassen, worauf an geeigneter Stelle in dieser Arbeit näher eingegangen wird. In der Gesamtschau ergibt sich für die Interne Revision damit ein Regelungsrahmen, der deren Tätigkeitsspektrum definiert, mithilfe von Grundsätzen und Ausführungshil-

---

[262] Die Möglichkeit zur Einleitung eines Disziplinarverfahrens bei Zuwiderhandlung besteht selbstredend nur im Fall einer Mitgliedschaft im DIIR. Streng genommen ist die Verbindlichkeit der IIA-/DIIR-Regelungen also auf diesen Personenkreis beschränkt. Allerdings ergeben sich aus dem Charakter der Standards als Best Practices für den Berufsstand an sich quasi-Verpflichtungen auch für solche Revisoren, die nicht Mitglieder des IIA / DIIR sind. Vor diesem Hintergrund weisen die IIA-/DIIR-Standards eine erhebliche Ausstrahlungswirkung auf, die deutlich über den Bereich der Mitglieder hinausreicht. Vgl. Amling, T, Banthleon, U. (2007), S. 128f.

[263] In den IIA-Standard erfolgte diese Differenzierung durch den alphanumerische Bezeichnung „A" für „Assurance" (Prüfung) sowie „C" für „Consulting" (Beratung).

fen interpretiert und damit Orientierung für die praktische Arbeit leistet, ohne sich der notwendigen Offenheit und Adaptionsfähigkeit für die Praxis zu verschließen.[264]

Neben diesem Regelungsrahmen prägt vor allem die tatsächliche Arbeit der Revisoren das Bild der Internen Revision nach innen wie nach außen. Entsprechend der historischen Entwicklung der Revisionsfunktion und dem eng damit verknüpften Selbstverständnis ihrer Funktionsträger wurde der Berufsstand der Internen Revision lange als eine Säule des betrieblichen Rechnungswesens betrachtet.[265] Mit der Entwicklung der Revision hin zu dem bereits zitierten heutigen Rollenverständnis änderte sich auch dieses Bild. Wird eine Revisionsfunktion diesem Rollenverständnis gerecht, so ist sie sowohl Prüfer der Ordnungsmäßigkeit als auch Beitragender zur Unternehmensentwicklung – und nicht zuletzt Kaderschmiede für die Führungskräfte im Unternehmen. Inwiefern dieses Bild im Unternehmen geteilt wird, ist allerdings weniger eine Frage des berufsständischen Selbstverständnisses als vielmehr das Ergebnis des im unternehmerischen Alltag empfundenen Mehrwerts, den eine konkrete Revisionsfunktion leistet. Dass dieser Mehrwert in einem integrierten GRC-Modell steigen kann, soll in Kapitel 4 näher erläutert werden. Zunächst erfolgt die Darstellung des derzeit vorherrschenden Vorgehensmodells der Internen Revision.

3.1.2.2 Vorgehensmodell der Internen Revision

Die vergleichsweise präzise Definition der Grundsätze für die Interne Revision hat dazu geführt, dass sich ein Vorgehensmodell für diese Funktion entwickelt hat, das vom Berufsstand in seiner Gänze getragen wird. Dieses gliedert sich grob in vier Phasen – Planung, Durchführung, Berichterstattung und Erfolgskontrolle –, die im Folgenden dargestellt werden.[266]

Der Revisionsprozess beginnt mit einer Planungsphase, deren primäres Ziel darin besteht, auf der Grundlage sämtlicher für die Interne Revision in Frage kommender Prüfungsfelder (Prüfungsinventar) eine Prüfungsprogrammplanung zu erstellen. Diese ist ein Spiegelbild der Risikolage des Unternehmens und seiner Geschäftsbereiche und Ergebnis eines risikoorientierten Analyseprozesses unter Einbeziehung spe-

---

[264] Vgl. DIIR (2013), S. 15f.
[265] Vgl. Tanski, J. (2011), S. 189.
[266] Vgl. hierzu u.a. Hofmann, R. (2005), Füss, R. (2005), Amling, T, Bantleon, U. (2007) sowie die oben bereits beschriebene Strukturierung der Ausführungsstandards der IIA an diesen vier Phasen. Kagermann, H., Küting, K., Weber, C.-P. (2006) differenzieren weiter, indem sie die Vorbereitungsphase nicht als Bestandteil der Durchführung, sondern dieser Phase vorangestellt betrachten. Am grundsätzlichen Konsens zum Phasenmodell ändert dies gleichwohl nichts.

zifischer Risikoindikatoren. Die Risikolage ergibt sich dabei u.a. aus dem Geschäftsmodell des Unternehmens, dessen Größe und Entwicklungsphase, Leistungs- und Erfolgsdaten, der Branchenzugehörigkeit, den externen Geschäftsbeziehungen, der Komplexität der unternehmerischen Tätigkeit durch Internationalität und Diversifikation, den rechtlichen Umfeldbedingungen und nicht zuletzt der Risikoneigung der das Unternehmen leitenden und kontrollierenden Organe selbst. Die Revision ergänzt diese Einflussfaktoren um eigene Erfahrungen aus der Vergangenheit (bspw. aus bereits durchgeführten Prüfungen in selbigen oder verwandten Prüfungsfeldern) und Trendeinschätzungen für die Zukunft sowie subjektive Anregungen durch Vertreter des Managements und der Unternehmensleitung.[267] Dabei erfolgt die Prüfungsprogrammplanung in der Regel für einen mittelfristigen Zeithorizont von bis zu drei Jahren, aus dem sich der Plan für das jeweils folgende Geschäfts- und/oder Prüfungsjahr ableitet. Dieser liefert detaillierte Informationen über die avisierten Prüfungsfelder, die Prüfungsdauer und zeitliche Taktung auf Basis von Dringlichkeitskriterien, die für die jeweiligen Prüfungen notwendigen Kompetenzen und Verantwortlichkeiten sowie eine nachvollziehbare Herleitung der Aufnahme dieses Prüfungsfeldes in die Prüfungsprogrammplanung. Um hinreichend flexibel für unterjährig hinzukommende, dringende Prüfungen zu sein, reserviert die Interne Revision meist Kapazitäten, die sie nicht verplant.[268] Der zentrale Maßstab für die Prüfungsprogrammplanung wird dabei durch das Unternehmensinteresse und die von diesem abgeleiteten und in den IIA-Standards genannten Organisationszielen definiert. Im Sinne der Sicherstellung dieser endet die Planungsphase daher mit der Vorstellung der Prüfungsprogrammplanung gegenüber Geschäftsleitung und Aufsichtsorgan „zur Kenntnisnahme und Genehmigung"[269].[270]

Die zweite Phase im Vorgehensmodell der Internen Revision ist die Durchführungsphase. Diese beginnt mit der zielgerichteten Vorbereitung des Prüfungsteams auf die durchzuführende Prüfung mittels unternehmensinterner Quellen (vorherige Prüfungsberichte, Organisationspläne, Unternehmensprozesse und –Anweisungen, Experten) sowie externer Quellen (relevante Gesetzgebung, Fachliteratur, Best Practice Vorgaben). Darüber hinaus erfolgt eine rechtzeitige Ankündigung der Prüfung gegenüber dem zu prüfenden Fachbereich, um die im Vorfeld zu erfolgende Bereitstel-

---

[267] Bantleon/Horn unterscheiden die prüferischen Tätigkeitsfelder nach Financial, Compliance, Operational sowie Management Audits und ergänzen diese um das Spektrum der Beratungsprojekte (Internal Consulting). Vgl. Bantleon, U., Horn, C. (2011), S. 215f.

[268] Für diese ungeplanten ad-hoc-Prüfungen werden i.d.R. ca. 20-25 % der verfügbaren Jahresnettokapazität berücksichtigt. Vgl. Kagermann, H., Küting, K., Weber, C.-P. (2006), S. 510.

[269] DIIR (2013), S. 36.

[270] Vgl. Hofmann, R. (2005), S. 325f.

lung relevanter Unterlagen im Zuge der Prüfungsvorbereitung einfordern und fachbereichsinterne Notwendigkeiten berücksichtigen zu können. Dabei liegt ein Schwerpunkt jeder Prüfung auf der Schaffung eines positiven Arbeitsklimas zwischen Prüfern und Geprüften. Schließlich ist die Kooperationsbereitschaft beider Seiten eine wesentliche Voraussetzung für den angestrebten Mehrwert einer jeden Prüfung. Die jeweiligen Prüfungstechniken richten sich nach dem zu prüfenden Sachverhalt und reichen von mündlichen oder schriftlichen Befragungen über stichprobenweise oder Vollprüfungen von Belegen, Massendatenanalysen mittels IT-gestützter Verfahren bis hin zu offenen oder verdeckten Beobachtungen. Mithilfe geeigneter Verfahren wird dadurch eine fundierte Beurteilung der formellen und materiellen Angemessenheit der geprüften Prozesse, deren Wirksamkeit und Effizienz ermöglicht.[271] Von dieser unabhängigen Prüfungsmethodik zu unterscheiden ist die Selbstprüfung. Bei dieser Form der Prüfungsdurchführung prüft ein Fachbereich die Angemessenheit seiner Tätigkeit gegen einen von der Internen Revision erstellten Kriterienkatalog und stellt diesen den Prüfern zur Verfügung. Diese entscheiden dann i.d.R. auf Basis der erfolgten Rückmeldungen, ob eine tiefer gehende Präsenzprüfung erforderlich ist. Dabei steht dem Vorteil einer höheren Durchdringung des Unternehmens der Nachteil einer geringeren Objektivität bei der Selbstprüfung entgegen und ist in Anbetracht des jeweiligen Prüfungsfeldes abzuwägen.[272] Unabhängig von der Wahl der Mittel sind die Prüfungsergebnisse und deren Herleitung nach den Kriterien der Nachvollziehbarkeit, Reproduzierbarkeit und Datensicherheit zu dokumentieren, damit diese als Grundlage der nachfolgenden Berichterstattung genutzt werden können.

In der dritten Phase des Vorgehensmodells geht es darum, relevante Adressaten über die Ergebnisse der Prüfung in Bezug auf Ordnungsmäßigkeit, Sicherheit und Wirtschaftlichkeit zu informieren. Diese Berichterstattungsphase umfasst in der Regel zum einen die mündliche Information in Form einer Schlussbesprechung. Hierbei geht es auch darum, mögliche Missverständnisse zwischen geprüftem Bereich und Prüfer auszuräumen und ein gemeinsames Verständnis sowohl zu den Feststellungen des Revisors als auch zu geeigneten Maßnahmen zur Beseitigung dieser Defizite zu erlangen.[273] Zum anderen endet die Prüfung mit einem schriftlichen Bericht[274],

---

[271] Vgl. Hofmann, R. (2005), S. 336f.
[272] Vgl. Füss, R. (2005), S. 183.
[273] Vgl. Berwanger, J.; Kullmann, S. (2012), S. 213.
[274] Die sachgerechte Erstellung des Abschlussberichts wird häufig auch als wichtigste Aufgabe der Internen Revision bezeichnet. Vgl. Zülch, H.; Güth, S. (2011), S. 365. Gleichwohl ist diese Aufgabe ohne eine ebenso sachgerechte Wahrnehmung der vorherigen Phasen nur schwer umzusetzen. Von einer Priorisierung der Aufgaben entlang des Phasenmodells wird in dieser Arbeit daher abgesehen.

der – je nach Kritikalität der identifizierten Risiken – einem größeren Teilnehmerkreis zugänglich gemacht wird. Bei wesentlichen Prüfungsfeststellungen gehört dann hierzu auch die Geschäftsleitung als Auftraggeber der Internen Revision. Der Abschlussbericht trifft prägnante Aussagen zu den geprüften Inhalten, zum gewählten Vorgehen, den identifizierten Defiziten sowie den vereinbarten Maßnahmen, Zuständigkeiten und Zeitleisten bei der Umsetzung selbiger. Dabei orientiert sich der Revisionsbericht an den Grundsätzen ordnungsmäßiger Berichterstattung bei Abschlussprüfungen, die das IDW 1988 für Wirtschaftsprüfer erlassen hat[275] und entsprechenden IIA-Standards, die eine korrekte, vollständige, objektive, prägnante und zeitnahe Darlegung der Prüfungsergebnisse fordern. In der betrieblichen Praxis hat sich zusätzlich das Kriterium der empfängerorientierten Berichterstattung als wesentlicher Erfolgsfaktor herausgebildet – nicht zuletzt, da dieser als Grundlage für die abschließende vierte Phase des Vorgehensmodells, die Erfolgskontrolle, angesehen werden kann.[276]

Die Phase der Erfolgskontrolle gliedert sich in zwei Themenstellungen. Einerseits geht es darum, die Umsetzung der im Rahmen einer Schlussbesprechung vereinbarten Maßnahmen sicherzustellen. Dies geschieht durch einen risikoorientierten Follow-up-Prozess. Dieser kann aktiv erfolgen, indem der Prüfer sich von der Umsetzung persönlich überzeugt, oder passiv in Form einer reinen Berichterstattung. Dabei ist es sinnvoll, den Grad des Follow-up-Prozesses von der Wesentlichkeit der Prüfungsfeststellung abhängig zu machen. Während geringe Risiken demnach ggf. gar keines Follow-up-Prozesses bedürfen, könnten schwerwiegende Feststellungen eine erneute Prüfung der Umsetzung im Fachbereich erfordern. Neben der Bedeutung der Prüfungsfeststellung sind demnach auch Wirtschaftlichkeitsüberlegungen anzustellen, wenn es darum geht, Art und Umfang einer Follow-up-Maßnahme zu bestimmen.[277] Erst mit diesem abschließenden Prüfungsschritt ist die Beseitigung der identifizierten Defizite und die Verbesserung der Risikolage des Unternehmens gewährleistet – und damit die Überwachungsaufgabe der Internen Revision abgeschlossen.[278] Hiervon abzugrenzen ist die Qualitätssicherung der Arbeit der Internen Revision selbst. Diese wird durch den IIA-Standard 1300 gefordert und umfasst interne prozessbegleitende und prozessunabhängige Beurteilungen ebenso wie regelmäßige, mindestens alle fünf Jahre stattfindende externe Quality Reviews. Grundlage für die Beurteilung der Qualität sind dabei die IIA-Standards, so dass sämtliche Erfolgs-

---

[275] Vgl. Hofmann, R. (2005), S. 362.
[276] Vgl. Berwanger, J.; Kullmann, S. (2012), S. 217.
[277] Vgl. Zülch, H.; Güth, S. (2011), S. 374.
[278] Vgl. Hofmann, R. (2005), S. 366.

faktoren einer Internen Revision – von der Führung und Organisation über die Mitarbeiter bis hin zu den vier Phasen des Vorgehensmodells – Gegenstand der Betrachtung sind.[279] Mit dieser abschließenden Phase endet der Revisionsprozess.

Das Phasenmodell der Internen Revision basiert auf einem detaillierten Prozessmodell. Auf der Grundlage von Standards, die für den gesamten Berufsstand verbindlich sind, ist die Interne Revision zu einer Funktion avanciert, deren Arbeitsgrundlagen über Unternehmensgrenzen hinweg im Wesentlichen standardisiert und damit vergleichbar sind. Dadurch ergeben sich nicht nur Qualitätssteigerungen, sondern auch Effizienzgewinne in der Umsetzung und Überprüfung der Angemessenheit dieser Unternehmensfunktion. Inwiefern sich die Interne Revision damit von anderen Funktionen unterscheidet, wird erst im Verlauf dieser Arbeit deutlich werden. Zunächst soll jedoch die Interne Revision in den größeren Sinnzusammenhang der Corporate Governance eingeordnet werden.[280]

3.1.3 Interne Revision und Corporate Governance

Gemäß dem Anspruch des DIIR ist es die Aufgabe der Internen Revision, die Führungs- und Überwachungsprozesse im Unternehmen zu bewerten und zu verbessern.[281] Indem damit das Spannungsfeld zwischen der Leitung eines Unternehmens und dessen Kontrolle zum Gegenstand der Arbeit der Internen Revision gemacht wird, positioniert sie sich als Funktion, deren Ziel (auch) in einer guten Corporate Governance besteht.

Ursächlich für die Notwendigkeit von Corporate Governance Mechanismen ist das in Kapitel 2.1 beschriebene Principal-Agent-Theorem, demzufolge die Trennung von Eigentum und Kontrolle in den meisten größeren Unternehmen unserer Zeit Instrumente erforderlich macht, die den Eigentümern oder deren Repräsentanten (Principale) ermöglichen, sich ein unabhängiges Bild von den Handlungen der beauftragten Manager (Agenten) zu verschaffen. Da die Eigentümer in Publikumsgesellschaften nur über eingeschränkte Möglichkeiten zur detaillierten Überwachung bestehender Anreiz- und Kontrollprobleme verfügen, bedarf es einer Institution, die diese Prüfungen vornehmen und an das Aufsichtsgremium als Vertreter der Eigentümer berichten

---

[279] In Entsprechung der IIA-Standards publizierte das DIIR im Jahr 2002 den Revisionsstandard Nr. 3 „Qualitätsmanagement". Im Jahr 2005 wurde dieser durch einen Leitfaden zur Durchführung von Quality Assessments ergänzt und seither weiter überarbeitet. Vgl. Berwanger, J.; Kullmann, S. (2012), S. 226f.

[280] Vgl. Kagermann, H., Küting, K., Weber, C.-P. (2006), S. 200.

[281] Vgl. hierzu ausführlicher die Herleitung und Definition der Internen Revision in Kap. 3.1.1.1.

kann. Die Interne Revision besitzt eine Fülle an Verfügungsrechten, die ihr ermöglichen, „den gesamten Managementprozess mit seinen Phasen Zielbildung, Planung,
Steuerung, Realisation, Information und Überwachung zu beurteilen"[282] und damit
die Übereinstimmung der Handlungen des Managements mit dem Unternehmensinteresse zu bewerten. Aufgrund dieses im Unternehmen einzigartigen Detail- und
Überblickswissens ist die Interne Revision ein wichtiger Lieferant von objektiven und
vorstandsunabhängigen Informationen für das Überwachungsorgan von Unternehmen.[283]

Inwiefern der Aufsichtsrat berechtigt ist, am Vorstand vorbei direkt auf einzelne Unternehmensfunktionen zuzugehen, um sich ein eigenes Bild der tatsächlichen Verhältnisse auf Basis unabhängiger Informationen zu verschaffen, ist durchaus umstritten. De jure gewährt § 111 Abs. 2 AktG dem Aufsichtsrat die Möglichkeit, „Bücher
und Schriften der Gesellschaft (...) einsehen und prüfen"[284] zu können. Nach herr-
schender Auffassung beinhaltet dies den direkten Zugriff auf Mitarbeiter und Informationen des Unternehmens nur dann, wenn das Informationsbedürfnis des Aufsichtsrates nicht durch die seitens des Vorstands zur Verfügung gestellten Informationen
gedeckt werden kann, der Vorstand also seiner Pflicht zur Information nicht hinreichend nachkommt und das durch den Aufsichtsrat geäußerte Informationsbedürfnis
im Interesse der Gesellschaft liegt. Einen weitergehenden Zugriff sieht das im Aktiengesetz kodifizierte Kompetenzgefüge zwischen Aufsichtsrat und Vorstand nicht
vor.[285] De facto hat sich in zahlreichen Unternehmen aber ein Zusammenarbeitsmodell etabliert, das über die Mindestanforderungen des Aktiengesetzes hinaus geht
und dem Kontrollorgan den direkten Kontakt zur Internen Revision ermöglicht. Tatsächlich zeigen empirische Untersuchungen, dass die regelmäßige mündliche und
schriftliche Berichterstattung der Internen Revision an das Überwachungsorgan eine
zentrale Entscheidungsgrundlage für die Überwachung des Vorstands darstellt.[286] Im
Hinblick auf die Rolle der Internen Revision für die Corporate Governance von Unternehmen bleibt daher festzuhalten, dass sie als ein wichtiger Dienstleister sowohl
für den sie beauftragenden Vorstand als auch für das Überwachungsorgan angesehen werden muss.

Zusätzlich gestärkt wurde die Rolle der Internen Revision in den vergangenen Jahren
durch die gestiegenen gesetzlichen (und tatsächlichen) Anforderungen an unterneh-

---

[282] Freidank, C.F., Pasternack, N.A. (2011), S. 62.
[283] Vgl. Geiersbach, K. (2011), S. 254.
[284] § 111 Abs. 2 Satz 1 AktG
[285] Vgl. Geiersbach, K. (2011), S. 289.
[286] Vgl. Velte, P. (2011), S. 580.

merische Risikomanagementsysteme. Spätestens mit Inkraftsetzung des KonTraG im Jahr 1998 sahen sich Unternehmen mit der Anforderung konfrontiert, systematische Risikofrüherkennungssysteme zu etablieren. Die mit dieser Forderung einher gehenden erhöhten Sorgfaltspflichten für Vorstand und Aufsichtsrat steigerten das Interesse dieser Organe und die Notwendigkeit für eine unternehmensinterne, aber prozessunabhängige Überprüfung sämtlicher Geschäftsprozesse.[287] Da die Interne Revision parallel zu dieser Entwicklung ihr eigenes Tätigkeitsspektrum über den ursprünglichen Financial Auditing-Ansatz hinaus ausgeweitet hat, ist sie heute mehr denn je in der Lage, die potenzielle Vielgestaltigkeit der unternehmerischen Risikolage im Hinblick auf Ordnungsmäßigkeit, Zweckmäßigkeit und Wirtschaftlichkeit zu auditieren.[288] Indem die Interne Revision also „die Effektivität des Risikomanagements, der Kontrollen und der Führungs- und Überwachungsprozesse bewertet und diese verbessern hilft"[289] wird sie selbst zu einem wichtigen Impulsgeber sämtlicher Teilbereiche in der Gesellschaft und zu einem wesentlichen Bestandteil des unternehmerischen Überwachungssystems.

In der Gesamtschau ergibt sich dadurch folgendes Bild hinsichtlich der Funktion der Internen Revision für die Corporate Governance von Unternehmen: Zum einen ist sie ein wichtiger Informant für den sie beauftragenden Vorstand bei der prozessunabhängigen Überprüfung sämtlicher Unternehmensprozesse in Bezug auf Ordnungsmäßigkeit, Zweckmäßigkeit und Wirtschaftlichkeit. Zweitens bewirkt die Interne Revision durch ihre Prüfungstätigkeit unmittelbar Verbesserungen in den Unternehmensabläufen, welche die Effektivität und Effizienz in der Gesellschaft positiv beeinflussen. Und drittens dient die Revision als Dienstleister gegenüber dem Aufsichtsrat, der sich der Informationen dieser Funktion in praxi immer häufiger bedient, um sich unabhängig vom Vorstand ein Bild vom Unternehmen zu verschaffen und damit seiner eigenen Überwachungspflicht nachkommen zu können. Vor diesem Hintergrund darf die Rolle der Internen Revision für die Interne Governance schon heute nicht gering geschätzt werden. Inwiefern dieses Verständnis jedoch noch nicht das volle Potenzial der Internen Revision für eine integrierte Governance, Risk & Compliance widerspiegelt, soll in Kapitel 4 näher erläutert werden.

---

[287] Vgl. Amling, T, Banthleon, U. (2007), S. 377.
[288] Vgl. Freidank, C.F., Pasternack, N.A. (2011), S. 63.
[289] DIIR (2013), S. 5.

3.2 Risikomanagement

3.2.1 Grundlagen des Risikomanagements

3.2.1.1 Historische und definitorische Grundlagen des Risikomanagements

Risiken sind ein Wesenszug des Unternehmertums und dadurch untrennbar verbunden mit unternehmerischer Tätigkeit an sich. Bereits im Mittelalter war diese Erkenntnis vorhanden. Sie drückte sich aus in dem Motto vom „Wägen und Wagen", also dem genauen Abschätzen von Folgen des eigenen Tuns (oder Unterlassens) und dem gezielten Eingehen von Unsicherheiten zur Erzielung von Gewinn. Tatsächlich war es vor allem die Inkaufnahme von Risiken – mithin die Gefahr des Scheiterns –, die in den Augen der Menschen den Profit des Unternehmers rechtfertigten.[290]

In einer weiten Auslegung des Risikomanagementbegriffes mag die Organisation von Handwerkern in Zünften sowie die Etablierung von Verhaltensnormen des „ehrbaren Kaufmanns" als frühe Form der Vermeidung von Konkurrenz und damit der Sicherung der eigenen Marktposition interpretiert werden können.[291] Mit der zunehmenden Transparenz über die Wirkungszusammenhänge in der Wirtschaft stieg zwar auch das Bewusstsein über die Notwendigkeit der professionellen Handhabung von Risiken. Die Pflicht zur buchhalterischen Berücksichtigung drohender Verluste steht symbolhaft für diese Entwicklung.[292] Allerdings ließ die Herausbildung systematischer Risikomanagementansätze noch auf sich warten. Dies ist umso bemerkenswerter, als sich mit Beginn der Ökonomisierung der industriellen Fertigung an der Schwelle zum 20. Jahrhundert eine methodisch fundierte Managementlehre auszuprägen begann. Diese war allerdings meist auf die Generierung strategischer Erfolgspotenziale ausgerichtet und vernachlässigte damit einen Kernbestandteil des Risikomanagements.[293]

Mit dem zunehmenden Wachstum der Finanzwirtschaft ab den 1970'er Jahren professionalisierte sich das Risikomanagement. Risiken wurden nunmehr als quantifizierbare potenzielle Ereignisse interpretiert, deren Eintrittswahrscheinlichkeit und

---

[290] Vgl. Merbecks, A., Stegemann, U., Frommeyer, J. (2004), S. 15.

[291] Siehe hierzu ausführlicher Kapitel 2.3.1.

[292] Gemeint ist hiermit die bereits Anfang der 1920'er Jahre im deutschen Bilanzrecht mögliche Berücksichtigung ungewisser Verbindlichkeiten oder Verluste in Form von Rückstellungen. Begrifflich wurde zu dieser Zeit noch unklar zwischen Rückstellungen, Rücklagen, Reserven, Antizipationskonten und weiteren Begriffen unterschieden. Durch die Aktienrechtsnovelle des Jahres 1937 wurde die Rückstellungsbildung dann in Form des heutigen Begriffsverständnisses verpflichtend. Vgl. Binger, M. (2009) , S. 82f.

[293] Vgl. Brühwiler, B. (2011), S. 36.

Schadenshöhe kalkuliert und zu einem Erwartungswert als Produkt beider Faktoren verdichtet werden konnten. Damit wurde der dem Risiko immanente Ursache-Wirkungs-Zusammenhang verdeutlicht und in der Risikomanagementlehre verankert: Risiken sind in ihren Ursachen auf Entscheidungen zurückzuführen; in ihren Wirkungen werden sie auf unternehmerische Zielsetzungen bezogen.[294]

Die durch den Abbau von Handelshemmnissen und technische Möglichkeiten beschleunigte Globalisierung führte in den 1990'er Jahren schließlich zu der Erkenntnis, dass ein professionelles Risikomanagement wesentlicher Bestandteil guter Unternehmensführung ist. Die zugenommene Komplexität der unternehmerischen Umfeldbedingungen – hier vor allem der durch Internationalisierung gesteigerte Wettbewerbsdruck, die durch moderne Computer gestiegenen technischen Möglichkeiten und die an Bedeutung gewinnende Frage der Eigen- und Fremdfinanzierung mithilfe innovativer Finanzmarktprodukte – ließ die Erkenntnis reifen, dass Risikomanagement stets sowohl interne als auch externe Faktoren in den Blick zu nehmen habe, um seinen Zweck zu erfüllen. Dieser Zweck wurde angesichts bis dato unerreichter Häufungen von Unternehmensinsolvenzen[295] und teils spektakulärer Betrugsskandale nur allzu deutlich: Demnach wird Risikomanagement heute nicht mehr als optional, sondern als wesentliche Voraussetzung für die Existenzsicherung und zur Erreichung unternehmerischer Zielsetzungen angesehen.[296]

Vor diesem Hintergrund und mit Blick auf dessen historische Entwicklung wird der Begriff des Risikomanagements in der vorliegenden Arbeit wie folgt verstanden[297]:

---

[294] Vgl. Wygoda, S. (2005), S. 37.

[295] Im Jahr 2003 erreichte die Anzahl der Unternehmensinsolvenzen in Deutschland mit 39.700 einen vorläufigen Höhepunkt. Zehn Jahre zuvor, im Jahr 1993, hatte die Zahl der Unternehmensinsolvenzen noch bei ca. 15.000 gelegen. Zwar dürfte auch die Anzahl der Neugründungen von Unternehmen in diesem Zeitraum zugenommen haben. Dass die Risiken, denen sich Unternehmen ausgesetzt sehen, und damit die Existenzgefährdung jedoch insgesamt zugenommen haben und die Fähigkeiten der Unternehmen, diese Risiken zu handhaben, nicht in gleichem Maße schritthalten konnten, scheint offensichtlich. Vgl. Merbecks, A., Stegemann, U., Frommeyer, J. (2004), S. 28f.

[296] Dass trotz dieser Erkenntnisse und der nachfolgenden gesetzlichen Regulierung mittels aufwändiger Kontrollsysteme die Finanz- und Wirtschaftskrise der Jahre 2007-2009 nicht vermieden werden konnte, ist bemerkenswert und stellt die Wirksamkeit der Bemühungen der vergangenen 20 Jahre in Frage. Vgl. Brühwiler, B. (2011), S. 17. Wie die Wirksamkeit des Risikomanagements – gerade auch im Hinblick auf dessen Verzahnung mit anderen Unternehmensfunktionen – erhöht werden kann, ist u.a. Gegenstand von Kapitel 4.

[297] Eine einheitliche Definition des Begriffes Risikomanagement besteht weder im Gesetz noch in der Betriebswirtschaftslehre selbst. Allerdings lassen sich die wichtigsten Merkmale einer modernen Begriffsdefinition nach Ansicht des Autors aus der dargelegten historischen Entwicklung herleiten und in der vorgeschlagenen Definition verdichten.

Risikomanagement bezeichnet die systematische Identifikation, Analyse und Bewertung, Bewältigung sowie Dokumentation und Berichterstattung von internen und externen Ereignissen, die das Potenzial aufweisen, ein definiertes Ziel zu verfehlen (Gefahr) oder zu übertreffen (Chance).

Der Risikomanagementprozess dient der Sicherung der Existenz und der Erreichung der Ziele eines Unternehmens und ist damit integraler Bestandteil einer wertorientierten Unternehmensführung.

3.2.1.2 Theoretische Grundlagen des Risikomanagements

Theoretisch erklärt sich die Notwendigkeit des Risikomanagements aus der Zielorientierung unternehmerischen Handelns, die sich wiederum aus unterschiedlichen Quellen herleiten lässt. Zum einen liegt die Zielorientierung in der Theorie der Firma selbst begründet, welche eine Unternehmung als Ort der gesellschaftlichen Interaktion mit dem Ziel der optimalen Nutzung der Kompetenzen der Stakeholder zum Wohle der Firma beschreibt.[298] Zweitens verdeutlicht die Gesetzgebung den Charakter der Zielorientierung als ein die Firma geradezu begründendes Element. Demnach ist ein jeder Kaufmann verpflichtet, bei Eintragung ins Handelsregister neben weiteren Informationen Aussagen zum Gegenstand des Unternehmens zu treffen, also zu spezifizieren, im Hinblick auf welches Ziel die Firma gegründet worden ist.[299] Schließlich, drittens, nimmt die moderne Managementlehre in der Regel ihren Ausgangspunkt in den Zielen, die sich eine Unternehmung selbst gibt.[300] Dass die Zielorientierung also ein wesentliches Merkmal des Unternehmens ist, steht damit außer Frage.

Über die Ausgestaltung des Unternehmensziels ist damit im Detail noch nichts gesagt. Vielmehr kann diese – ausgehend vom grundlegenden Unternehmensinteresse einer langfristigen Wertschöpfungs- und Existenzsicherung[301] – in einer Multidimensionalität bestehen, die ihrerseits in der Vielgestaltigkeit der Austauschbeziehungen mit den Stakeholdern gründet. Unabhängig von den konkreten Unternehmenszielen

---

[298] Wieland, J. (2011), S. 225.
[299] Vgl. § 1 HGB f.
[300] Vgl. Brühwiler, B. (2011), S. 24.
[301] Vgl. hierzu im Detail Kap. 2.4.

kann jedoch festgehalten werden, dass es im Interesse einer Unternehmung liegt, deren Ziele zu erreichen. Ein systematisches Risikomanagement dient, wie oben ausgeführt, diesem Zweck und damit der Verwirklichung des Unternehmensinteresses.

Ein weiterer Erklärungshintergrund für die Notwendigkeit des Risikomanagements ist das Principal-Agent-Theorem. Nach diesem kann vermutet werden, dass die Eigentümer eines Unternehmens und dessen angestellte Manager über unterschiedliche Risikopräferenzen verfügen, die angesichts bestehender Informationsasymmetrien zu Entscheidungen führen können, die den Interessen der Eigentümer zuwider laufen. Die für einen systematischen Risikomanagementprozess vorauszusetzenden Risikogrundsätze von Unternehmen können daher zum einen als Mittel verstanden werden, die Risikopräferenzen zwischen Principal und Agent anzugleichen.[302] Zum anderen dienen die Grundsätze dazu, die Asymmetrie dadurch zu reduzieren, dass Ereignisse, welche die Erreichung der Unternehmensziele zu gefährden drohen, transparent gemacht werden, um sie einer präventiven oder reaktiven Steuerung zu unterziehen. Anders ausgedrückt: Der Risikomanagementprozess ist ein wichtiger Generator von Informationen zu überlebenswichtigen Kennzahlen und Ereignissen sowohl für das Management eines Unternehmens als auch für dessen Aufsichtsorgan und somit ein zentrales Element der Corporate Governance.[303]

Schließlich kann das Risikomanagement auch als notwendiges Korrektiv im Spannungsfeld der Innovation interpretiert werden. Indem Unternehmen nach Erneuerung streben, gehen sie Risiken ein. Demgegenüber droht Unternehmen, die sich notwendigen Optimierungen in Entwicklung, Produktion oder Absatz verschließen, erst recht Gefahr. Innovation bedeutet also die Inkaufnahme von Risiken. Das Risikomanagement dient daher dem Finden einer Balance, welche die Risiken der Innovation handhabbar macht, mit einem gezielten Chancenmanagement verknüpft und damit die langfristige Überlebensfähigkeit eines Unternehmens sichern hilft.[304]

3.2.1.3 Rechtliche Grundlagen des Risikomanagements

Die Entwicklung des Normengefüges zum Risikomanagement ist in erster Linie die Geschichte der Reaktionen auf offenkundig gewordene Defizite in der Unternehmenspraxis. Wie oben bereits ausgeführt, waren es vor allem teils spektakuläre Unter-

---

[302] Vgl. Wolf, K., Runzheimer, B. (2009), S. 32.
[303] Vgl. Keitsch, D. (2004), S. 7.
[304] Vgl. Wygoda, S. (2005), S. 46f.

nehmenszusammenbrüche sowie die Häufung von Insolvenzen Ende der 1990'er Jahre, die weltweit die Einsicht in die Notwendigkeit gesetzlicher Verpflichtungen zur Einrichtung von Risikomanagementsystemen haben reifen lassen. Mit dieser Entwicklung einher ging die Herausbildung von Standards, die zwar keine rechtliche Verbindlichkeit beanspruchen können, jedoch als Orientierung stiftende Regelwerke anerkannt werden. Auf beide Arten der Regulierung soll im Folgenden kurz eingegangen werden.

Das aus deutscher Sicht bedeutendste Gesetz zur Professionalisierung des unternehmerischen Risikomanagements ist das im Jahr 1998 in Kraft getretene KonTraG.[305] Zwar hatte auch vorher bereits die in § 93 I AktG kodifizierte allgemeine Sorgfaltspflicht des Vorstands bestanden. Durch die Etablierung des KonTraG wurden Aktiengesellschaften sowie – aufgrund der Ausstrahlungswirkung des Gesetzes – auch andere Unternehmensformen, vor allem GmbHs, erstmals konkret dazu aufgefordert, geeignete Maßnahmen zur Risikofrüherkennung zu etablieren und die Transparenz über diese zu erhöhen.[306] Da eine ausführlichere Darstellung des Gesetzes in Kapitel 2.4.4.1 erfolgt ist, sollen die im Hinblick auf das Risikomanagement wichtigsten Pflichten hier lediglich unter Bezugnahme auf die drei bedeutendsten Akteure zusammengefasst werden.

- Die Pflicht des Vorstands zur Einrichtung eines Überwachungssystems, „damit den Fortbestand der Gesellschaft gefährdende Entwicklungen früh erkannt werden"[307] sowie zur Darlegung von Chancen und Risiken der Geschäftsentwicklung im Lagebericht[308].
- Die Pflicht des Aufsichtsrats zur Überwachung des Risikomanagements, welche sich wiederum aus der mindestens jährlichen Notwendigkeit der Berichterstattung über „Abweichungen der tatsächlichen Entwicklung von früher berichteten Zielen unter Angabe von Gründen"[309] durch den Vorstand ergibt.

---

[305] Vgl. hierzu ausführlicher Kap. 2.3.2.4.1.
[306] Tatsächlich wurde der Begriff der Risikofrüherkennung erstmals gesetzlich kodifiziert. Vgl. Schneck, O. (2011), S. 88. Der in der vorliegenden Arbeit verwendete Begriff des Risikomanagements ist nach Ansicht des Autors besser geeignet, die Notwendigkeit nicht nur der Identifikation, sondern auch der Analyse und Bewertung, Bewältigung und Dokumentation des Risikomanagements zu verdeutlichen.
[307] § 91 II AktG (Gesetzesstand: 17.10.2013)
[308] Vgl. § 289 HGB (Gesetzesstand: 17.10.2013)
[309] § 90 I Nr. 1 AktG i.V.m. § 90 II Nr. 1 AktG (Gesetzesstand: 17.10.2013)

• Die Pflicht des Abschlussprüfers, zumindest bei börsennotierten Aktiengesellschaften die grundsätzliche Eignung des Überwachungssystems zu prüfen.[310]

Damit rückte die (formale) Pflicht zur Etablierung eines Risikomanagementsystems im Unternehmen in den Blickpunkt zahlreicher Unternehmen. Nach dem KonTraG etablierte der Gesetzgeber eine Reihe weiterer Bestimmungen, deren Ziele in einer Erhöhung der Stabilität von Unternehmen und der Verbesserung des Vertrauens der Investoren liegen.[311] Hinsichtlich der konkreten Ausgestaltung dieser Maßnahmen wurde dabei stets auf die Geschäftsführungskompetenz des Vorstands von Aktiengesellschaften verwiesen. Um dieser Verpflichtung angemessen nachkommen zu können, wurden diverse Standards entwickelt, deren drei wichtigste im Folgenden kurz dargestellt werden sollen.

Der im deutschen Rechtsraum wichtigste und für die Praxis maßgebliche Standard wurde im Jahr 2001 durch das „Deutsche Rechnungslegungs Standards Committee e.V." (DRSC)[312] geschaffen und zuletzt 2012 modifiziert. Die zunächst im „Deutschen Rechnungslegungsstandard (DRS) 5"[313] dargelegten und heute in DRS 20 spezifizierten Grundsätze zur Risikoberichterstattung werden für Unternehmen, die gemäß § 289 HGB einen Lagebericht zu erstellen haben, zur Anwendung empfohlen.[314] Dabei lassen sich die Grundsätze des DRS 20 folgendermaßen zusammenfassen:

• Zunächst empfiehlt das DRSC die Beschreibung der Grundsätze und der Bestandteile des unternehmerischen Risikomanagementsystems im Lagebericht.
• Ferner sind solche Risiken näher zu beschreiben, „welche die Entscheidungen eines verständigen Adressaten beeinflussen können"[315]. Für diese wesentlichen Einzelrisiken sind Ursprünge zu benennen und potenzielle Auswirkungen zu beurteilen. Des Weiteren sind die zur Bewältigung initiierten oder vorgesehenen Maßnahmen darzulegen.

---

[310] Vgl. § 317 IV HGB (Gesetzesstand: 17.10.2013). Mit der Prüfungspflicht einher geht die Notwendigkeit zur Berichterstattung im Prüfungsbericht des Wirtschaftsprüfers. Vgl. hierzu § 321 IV HGB.

[311] Siehe hierzu insbesondere Kap. 2.3.2.4.2.

[312] Das DRSC ist ein im Jahr 1998 gegründeter eingetragener Verein, der vom Bundesministerium der Justiz als nationale Standardisierungsorganisation für die Rechnungslegung anerkannt wird. Dessen Ziele liegen u.a. in der Entwicklung von Empfehlungen zur Anwendung der gesetzlichen Bestimmungen über die Konzernrechnungslegung in Deutschland sowie, damit einhergehend, in der Erhöhung der Qualität der Rechnungslegung selbst. Vgl. DRSC (2014) sowie § 342 HGB.

[313] DRS 5 wurde mit Einführung von DRS 20 Konzernlagebericht im Jahr 2012 außer Kraft gesetzt.

[314] Die allgemeinen Grundsätze werden durch „Besonderheiten der Risikoberichterstattung" für Kredit- und Finanzdienstleistungsinstitute sowie Versicherungsunternehmen branchenspezifisch in den Anlagen 1 und 2 des DRS 20 ergänzt.

[315] DRS 20, Tz. 146.

- Mittels Aggregation der Einzelrisiken ist schließlich die Gesamtrisikolage des Unternehmens zu beschreiben und auf Veränderungen im Zeitverlauf einzugehen.

Dabei regt das DRSC an, dieselben Empfehlungen für die Berichterstattung über Chancen des Unternehmens analog anzuwenden. Mit dem DRS 20 zur Risikoberichterstattung im Lagebericht wurden die diesbezüglichen bisher bestehenden Anforderungen an Unternehmen präzisiert und das Ziel einer den tatsächlichen Verhältnissen entsprechenden Darstellung der Situation des Unternehmens weiter gestärkt. Trotz der damit auch geleisteten Orientierung wird es Unternehmen jedoch schwer fallen, allein auf Basis des DRS 20 ein angemessenes Risikomanagement zu etablieren. Die zwei international bekanntesten Ansätze adressieren diesen Aspekt gerade auch im Hinblick auf notwendiges Prozess- und Methodenwissen und sollen daher im Folgenden kurz vorgestellt werden.

Der international wohl bekannteste Risikomanagement-Standard ist das COSO-Modell.[316] Dieses von einer freiwilligen privatwirtschaftlichen Organisation entwickelte und ab dem Jahr 1992 durch die US-Börsenaufsicht als Standard für das Interne Kontrollsystem (IKS) anerkannte Modell zielte zunächst darauf ab, die Finanzberichterstattung durch gute Unternehmensführung einerseits und wirksame interne Kontrollmechanismen andererseits verlässlicher zu gestalten. Im Mittelpunkt stand also zu Beginn insbesondere der am Kapitalmarkt als Investor auftretende Eigenkapitalgeber, dessen Interessen zu schützen und dessen Vertrauen zu gewinnen sei.[317]

Dass COSO heute auch über die Grenzen der USA hinaus prägend wirkt, hat vor allem zwei Ursachen: Zum einen sind Unternehmen nicht-amerikanischer Herkunft, die den US-Kapitalmarkt in Anspruch nehmen wollen, gezwungen, sich mit den durch das COSO-Modell formulierten Empfehlungen auseinander zu setzen, wodurch diese auch außerhalb der USA an Bedeutung gewannen.[318] Zum anderen wurde der auf die wirksame Umsetzung Interner Kontrollsysteme bezogene COSO-Standard im Jahr 2004 tatsächlich um einen „Entreprise Risk Management Framework"-Standard ergänzt, der zwar auf einem Internen Kontrollsystem fußt, aber deutlich über die häufig mit dem IKS konnotierte Fokussierung auf die Angemessenheit der Finanzbe-

---

[316] Das „Committee of Sponsoring Organizations of the Treadway Commission" wurde 1985 in den USA gegründet.
[317] Vgl. Brühwiler, B. (2011), S. 47.
[318] Zwar empfiehlt die US-Börsenaufsicht SEC die Anwendung des COSO-Standards für ein auf Internen Kontrollen basierendes unternehmensweites Risikomanagement. Allerdings betont sie auch, dass Unternehmen frei seien, andere Modelle zu verfolgen, so lange die gesetzlichen Anforderungen erfüllt werden. Vgl. Peter, A. (2008), S. 242.

richterstattung („Internal Control over Financial Reporting") hinausgeht.[319] Letzteres wird vor allem durch den sogenannten COSO-Würfel und dessen drei Dimensionen deutlich:

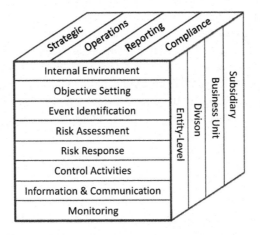

Abb. 7: Der Coso-Würfel[320]

- Die erste Dimension beschreibt die Kategorien von Zielen, die ein Unternehmen einem systematischen Management unterziehen muss, um deren Erreichung zu sichern. Hierbei wird zwischen strategischen, operativen, Finanzberichterstattungs- und Compliance-Zielen unterschieden.
- Mit der zweiten Dimension beschreibt das COSO-Modell die acht Komponenten des Risikomanagement-Prozesses selbst. Dabei beginnt es bei dem durch kulturelle Einflussfaktoren ebenso wie die Risikobereitschaft („Risikoappetit") beeinflussten Internen Umfeld, welches die Grundlage dafür bildet „wie Risiken durch Mitarbeiter der Organisation betrachtet und behandelt werden".[321] Die weiteren Komponenten spiegeln den Risikomanagementprozess wider und werden in Kapitel 3.3.2.2 nochmals reflektiert.

---

[319] Der in 2004 veröffentlichte COSO-Standard zum Risikomanagement ist daher nicht als Ersatz des (ursprünglichen) COSO-Standards zu Internen Kontrollsystemen von 1992 zu verstehen. Vielmehr baut der Risikomanagement-Standard auf dem IKS-Standard auf. Allerdings bemerkt COSO selbst, dass Unternehmen durch den neueren Standard angeregt werden sollen, ihr bestehendes IKS zu einem umfassenden Risikomanagementsystem weiter zu entwickeln. Vgl. COSO (2004), S. 1.
[320] Eigene Darstellung in Anlehnung an COSO (2004), S. 3.
[321] COSO (2004), S. 3.

- Schließlich wird mit der dritten Dimension die Aufbauorganisation einer Unternehmung in den Blick genommen. Diese bildet den Hintergrund eines jeden Risikomanagementprozesses.

Im Zusammenwirken der drei Dimensionen sieht COSO keinen einmaligen oder streng linearen Ablauf. Vielmehr appelliert das Modell geradezu, Risikomanagement als iterativ sowie multidirektional zu begreifen und damit offen zu sein für die konkreten praktischen Anforderungen unterschiedlicher Unternehmensformen und – Größen. Gleichzeitig verdeutlicht der Ansatz, dass die unternehmerischen Leitungs- und Überwachungsorgane auf Basis des Modells zwar keine vollständige Sicherheit zur Erreichung ihrer Ziele erwarten könnten – die verbleibende Gefahr menschlicher Irrtümer genauso wie die Eventualität manipulativer Handlungen verhinderten dies –, jedoch die konsequente Umsetzung eine hinreichende Sicherheit gewährleiste. Anders formuliert, besteht daher die Kernaussage des COSO-Modells darin, dass ein durch diese drei Dimensionen geprägtes und angemessen ausgestaltetes Risikomanagement die Führungskräfte eines Unternehmen in die Lage versetzt, wirksam mit der bestehenden Unsicherheit umzugehen, die sich aus dieser Unsicherheit ergebenden Risiken zu handhaben und damit die unternehmerische Fähigkeit zur Wertschöpfung zu stärken.[322]

Diese Ziele sind grundsätzlich auch mit dem dritten hier beschriebenen Risikomanagementstandard, dem ISO 31000, vereinbar. Allerdings unterscheidet sich dieser in der Herangehensweise vom COSO-Modell. Der auf Initiative der Normungsinstitute aus Australien und Neuseeland sowie Österreich zurück gehende und im Jahr 2009 publizierte Standard beinhaltet Prinzipien und auf die Praxis ausgerichtete Orientierungshilfen bei der Entwicklung und Umsetzung von Risikomanagementsystemen.[323] Dabei nimmt der Standard – anders als das COSO-Modell – seinen Ausgangspunkt nicht in den unternehmerischen Einzelprozessen und deren Absicherung durch ein Netz an internen Kontrollmechanismen, die ihrerseits das Risikomanagementsystem konstituieren. Vielmehr versteht sich der ISO 31000 als integraler Bestandteil bestehender Führungsprozesse mit dem Zweck einer verbesserten Planung und Steuerung von Organisationen. Im Fokus dieser Norm steht demnach weniger der Investor als vielmehr das Unternehmen selbst, was nicht zuletzt daran deutlich wird, dass die den Standard tragenden 11 Grundsätze das Unternehmensinteresse in seiner Gänze

---

[322] Vgl. COSO (2004), S. 1f.

[323] Der ISO 31000 wird als sogenannte „Guideline" geführt, ist also kein zertifizierbarer Standard, wie bspw. ISO 9000f.

und damit die potenzielle Vielgestaltigkeit der organisationalen Ziele in den Blick nehmen.[324]

Im Ergebnis liefert der ISO 31000 damit ein weiteres Rahmenwerk, das Orientierung über die Institutionalisierung des Risikomanagementsystems in Unternehmen bietet. Anders als beim COSO-Modell handelt es sich dabei um einen über mehrere Jahre erzielten globalen Grundkonsens, der von zahlreichen nationalen Normungsinstituten getragen wird. Zudem ist der ISO-Standard aus dem Umfeld der Industrie entstanden, was dessen vereinfachte Integration in die bestehenden Unternehmensprozesse begründet.[325] Hinsichtlich der praktischen Anwendung der Prinzipien sowohl des COSO-Modells als auch der ISO 31000-Norm bleibt dennoch festzuhalten, dass diese zwar Orientierung stiften und Leitplanken für Risikomanagementsysteme zu setzen vermögen. Angesichts der Funktion des Risikomanagements, ein Unternehmen in seiner Vielgestaltigkeit widerzuspiegeln, bleibt es jedoch die Aufgabe der Unternehmensführung, diese allgemeinen Prinzipien auf die konkreten Kontextbedingungen von Unternehmen anzuwenden und damit sowohl den unternehmerischen Zielen als auch den gesetzlichen Organisationspflichten gerecht zu werden. Welche Schritte im Sinne der angemessenen Implementierung von Risikomanagementsystemen geeignet sind, soll daher im nächsten Kapitel erläutert werden.

3.2.2 Die Funktion des Risikomanagements

3.2.2.1 Der Berufsstand des Risikomanagements

Anders als bei der Internen Revision wird der Beruf des Risikomanagers nicht von einem Berufsstand getragen. Dennoch ergeben sich aus der Literatur zum Risikomanagement, Zertifizierungsangeboten[326] sowie anerkannten Risikomanagementstandards Anforderungen, die das Bild des Risikomanagers prägen. Hierzu gehören insbesondere die österreichischen Risikomanagementnormen ONR 49001 sowie ONR 49003, in denen die Erwartungen an den Risikomanager wie folgt beschrieben werden:

„Der Risikomanager stellt sicher, dass ...

---

[324] Vgl. Brühwiler, B. (2011), S. 50f.
[325] Vgl. Brühwiler, B. (2011), S. 55.
[326] Die TÜV Nord Akademie bietet bspw. eine Zertifizierung zum Risikomanager an. Aus den Kursinhalten lassen sich bestimmte Mindestanforderungen für den Beruf des Risikomanagers herleiten.

- Ziel und Zweck des Risikomanagements von der obersten Leitung und von den Führungskräften als Risikoeigner verstanden werden,
- der Risikomanagement-Prozess in der Organisation eingeführt wird,
- die eingesetzten Methoden für die Risikobeurteilung geeignet sind,
- Risikobeurteilungen einem anerkannten, minimalen Standard entsprechen,
- die Maßnahmen aus Risikobeurteilungen umgesetzt werden,
- die Elemente des Notfall-, Krisen- und Kontinuitätsmanagements eingeführt und erprobt sind,
- über die Umsetzung und Wirksamkeit des Risikomanagement-Prozesses an den Beauftragten der obersten Leitung berichtet wird,
- die Schnittstellen zu anderen Führungsinstrumenten und Prozessen situationsgerecht eingerichtet werden,
- die Elemente des Risikomanagement-Systems im Auftrag der obersten Leitung zweckmäßig gestaltet, umgesetzt und gepflegt werden."[327]

Dabei fällt auf, dass sich die Funktionsbeschreibung in erster Linie aus den Aufgaben des Risikomanagers entlang des Risikomanagementprozesses ergibt, aus denen sich wiederum Anforderungen an die persönliche Eignung des Risikomanagers herleiten lassen. Demnach sei dieser eine Fachperson, „die mit dem «Werkzeugkasten» des Risikomanagements vielseitig, interdisziplinär, funktionsübergreifend, kommunikativ, analytisch und vernetzt arbeiten kann."[328]. Angesichts der sich aus Unternehmensbranche und −Größe ergebenden Unterschiedlichkeit in den Anforderungen bleibt die konkrete Ausgestaltung der Risikomanagementfunktion jedoch divers. Dies wird schon dadurch deutlich, dass größere Unternehmen der Finanzdienstleistungsbranche durch gesetzliche und praktische Anforderungen vor völlig anderen Herausforderungen stehen, als kleine oder mittelständische Industrieunternehmen. In ersteren bedarf es in der Regel wirtschaftsmathematisch ausgebildeter Experten, welche die Mechanismen der Finanzbranche (zumindest weitgehend) verstehen und die sich aus diesen ergebenden Risiken mittels komplexer Modelle kalkulieren können. In letzteren wird die Funktion des Risikomanagers hingegen nicht selten in Teilzeit und in Verknüpfung mit anderen Funktionen, bspw. dem Qualitätsmanagement, ausgeübt. Vor diesem Hintergrund muss die Beschreibung der Funktion des Risikomanagers auf einem allgemeinen Niveau verbleiben.

---

[327] Brühwiler (2009), S. 24.
[328] Brühwiler (2009), S. 23.

Aus der Logik dieser Funktion ergibt sich jedoch eine Anforderung, welche die Stellung des Risikomanagements im Unternehmen präzisiert und unternehmensübergreifend Gültigkeit beansprucht. Diese Stellung ist zwar – anders als bei der Internen Revision – nicht durch eine organisatorische Unabhängigkeit gekennzeichnet. Dennoch erfordert die Ausübung der Aufgabe des neutralen Beurteilers von Ereignissen sowohl einen gewissen Grad an Eigenständigkeit gegenüber den Risikoeignern als auch den direkten Zugang zu Geschäftsführung und Aufsichtsorgan.[329] Dies ist auch deshalb wichtig, weil der Risikomanager entsprechend der oben ausgeführten Hintergründe zur Principal-Agent-Theorie als neutraler Bereitsteller von Informationen für die Leitungs- und Kontrollorgane interpretiert werden kann. In der Gesamtschau ergibt sich daher ein Berufsbild, das sich vor allem aus den Tätigkeitsfeldern des Risikomanagers herleitet. Diese sollen im nächsten Kapitel entlang des Risikomanagementprozesses näher untersucht werden.

3.2.2.2 Das Vorgehensmodell des Risikomanagements

Unabhängig davon, dass es aufgrund des Fehlens eines Berufsstandes des Risikomanagements keine allgemein anerkannte Regelungsinstanz gibt, besteht doch ein weitgehender Konsens über die Frage, wie ein Risikomanagementprozess *grundsätzlich* ausgestaltet sein muss. Die oben skizzierten Rahmenwerke sowie die einschlägige Literatur lassen einen gemeinsamen Kern an Überzeugungen erkennen, der das Vorgehensmodell des Risikomanagements konstituiert, sich in vier Komponenten gliedern lässt und im Folgenden beschrieben werden soll.[330] Für grundlegend und dem eigentlichen Risikomanagementprozess vorgelagert wird dabei die Existenz einer unternehmerischen Risikostrategie angesehen.[331] Diese ist durch die Unternehmensleitung unter Bezugnahme auf die Unternehmensziele zu erstellen und regelt die grundsätzliche risikopolitische Ausrichtung des Unternehmens. Dabei wird von den meisten Autoren empfohlen, diese Grundsätze ebenso wie das unternehmensinterne Risikobegriffsverständnis, entsprechende Verantwortlichkeiten sowie

---

[329] Vgl. Brühwiler (2009), S. 25.

[330] Wenngleich Darstellung sowie verwendete Begrifflichkeiten zwischen den Autoren abweichen, so lässt sich dieser gemeinsame Kern in den vier Phasen Identifikation, Analyse und Bewertung, Steuerung sowie Dokumentation erkennen. Sämtliche Phasen werden durch eine risikoorientierte Kommunikation und Berichterstattung begleitet.

[331] Abweichend hierzu subsummiert Brühwiler die Erstellung der Risikostrategie unter den Begriff der Rahmenbedingungen als ersten Schritt des Risikomanagementprozesses (siehe hierzu Kap. 3.2.2.1). Am grundsätzlichen Vorgehen und dem konstatierten Konsens hinsichtlich der notwendigen Bestandteile eines unternehmerischen Risikomanagements ändert dies nach Ansicht des Autors jedoch nichts.

den Risikomanagementprozess selbst schriftlich niederzulegen und zur Sicherung eines gemeinsamen Risikoverständnisses an relevante Personen im Unternehmen zu kommunizieren. Durch die Inkraftsetzung einer Richtlinie kann die Verbindlichkeit der Anwendung der risikopolitischen Grundsätze im Unternehmensalltag zusätzlich gesteigert werden. Nach den in der Risikostrategie definierten Prinzipien richtet sich dann der Risikomanagementprozess.[332]

Die erste Komponente des systematischen Risikomanagementprozesses beschäftigt sich mit der Risikoidentifikation. Sie ist die Voraussetzung für eine vollständige Betrachtung relevanter Risiken und daher ihrerseits auf eine Unternehmenskultur angewiesen, in der Risiken nicht als Probleme, sondern als eng mit der Geschäftstätigkeit verknüpfte Ereignisse verstanden werden, die es zu analysieren und zu steuern gilt. Umso mehr sollte sich das Risikomanagement nicht allein auf Gefahren beschränken, sondern auch die gezielte Suche nach Chancen im Sinne von Prozessverbesserungen im Kleinen sowie neuen Wertschöpfungspotenzialen im Großen umfassen. Dabei sind die folgenden Parameter der Risikoidentifikation besonders zu beachten. Das Erhebungsintervall definiert, wie häufig eine systematische Risikoidentifikation im Unternehmen durchgeführt wird. Nach Ansicht des Autors hängt dies nicht zuletzt von der Dynamik, der sich ein Unternehmen ausgesetzt sieht, ab. Jedoch sollte der Prozess der institutionalisierten Risikoidentifikation mindestens jährlich durchlaufen werden. Bei größeren Unternehmen, die – häufig im Zusammenhang mit einer Börsennotierung – ohnehin Quartalsberichterstattungen durchführen, bietet sich die Aktualisierung des Risikoinventars im Rahmen unterjähriger Ist-Erwartungen an. Die Methodik der Risikoidentifikation hängt sowohl von der Unternehmenskultur als auch von den betrachteten Risiken selbst ab. Zur Wahl stehen Workshops, Fragebögen und reine Desktop-Analysen, wobei sich – je nach Risikoart – in der Regel eine Kombination der Methoden als geeignet erweisen wird.[333] Die identifizierten Risiken werden entsprechend ihres Ursprungs in Risikokategorien gegliedert, die im Rahmen der Risikostrategie definiert wurden.[334] Dies ermöglicht die

---

[332] Vgl. hierzu u.a. Seidel, U. (2011), S. 28 f., Brühwiler, B. (2011), S. 103 f. sowie Wolf, K., Runzheimer, B. (2009), S. 35 f.

[333] Einige Autoren weisen zu recht auf die grundsätzliche Schwierigkeit hin, Risiken zuverlässig zu erkennen. Vgl. u.a. Brühwiler, B. (2011), S. 120. Dies spricht natürlich nicht gegen die Risikoidentifikation selbst. Vielmehr verdeutlicht es, dass kundige Personen aus dem Unternehmen mit unabhängigen internen und externen Experten gemeinsam die Risikoidentifikation durchführen sollten. Gerade im Hinblick auf das Erkennen von Chanen lassen sich hierdurch auch Entwicklungspotenziale erkennen, die sonst ggf. verborgen blieben.

[334] Risikokategorien sind eine Gliederungsmöglichkeit, die interne und externe Faktoren berücksichtigt. Seidel differenziert bspw. zwischen allgemeinen externen Risiken, leistungswirtschaftlichen Risiken, finanzwirtschaftlichen Risiken sowie Risiken aus der Corporate Governance. Vgl. Seidel, U. (2011), S. 35.

anschließende kompetente Bewertung sowie das Erkennen von sich gegenseitig aufhebenden oder kumulierenden Risiken innerhalb derselben Risikokategorie. Dabei gilt es, den identifizierten Risiken eine eindeutige Nummer, eine Kurzbeschreibung, eine ursachenbezogene Erläuterung sowie eine vermutete Auswirkung zuzuweisen und diese Risikobeschreibung in einem Risikoinventar oder Risikokatalog zu dokumentieren.[335]

In der zweiten Komponente des systematischen Risikomanagementprozesses erfolgt die Analyse und Bewertung der zuvor identifizierten Risiken. Im Kern geht es darum, dass Risikoeigner und Risikomanager die Risiken in Ursprung, Auslöser, Ablauf und potenziellen Auswirkungen auf die Unternehmensziele verstehen. Dabei werden die Auswirkungen nach den Kriterien der potenziellen Eintrittswahrscheinlichkeit und der zu erwartenden Schadenshöhe zunächst einzeln bemessen, wo möglich aggregiert oder kompensiert und schließlich in einer Risikomatrix dargestellt. In beiden Fällen gilt es, mit gesundem Menschenverstand Kategorisierungen von Risiken zu ermöglichen statt exakte Messwerte zu erzeugen.[336] In der Praxis äußert sich dies meist durch die Anwendung von drei- bis fünfstufigen Einteilungen. Für präzise zu bewertende Risiken wird meist die Erwartungswertmethode empfohlen, bei der Eintrittswahrscheinlichkeit und Schadens- bzw. Nutzenhöhe miteinander zu einem Erwartungswert multipliziert werden.[337] Hierzu bedarf es dann quantifizierter Faktoren, für welche die Finanzmathematik komplexe Rechenmodelle entwickelt hat.[338] In der Praxis zeigt sich jedoch häufig, dass eine näherungsweise Schätzung von Eintrittswahrscheinlichkeit und Schadens- bzw. Nutzenhöhe auf Basis zuvor definierter Schwellwerte die pragmatischere Vorgehensweise ist, die zudem eine hinreichende Informationsbasis für die nachfolgende Entscheidung über die Risikosteuerung sicherstellt.[339]

Die dritte Komponente des Risikomanagementprozesses umfasst die Definition geeigneter Maßnahmen zur Risikosteuerung sowie die fortlaufende Überwachung der Umsetzung. Beide Anforderungen werden hier unter dem Begriff der Risikobewälti-

---

[335] Vgl. Seidel, U. (2011), S. 33 f.

[336] Vgl. Brühwiler, B. (2011), S. 132 f.

[337] Die Bewertung erfolgt in einem ersten Schritt mithilfe der Brutto-Methode, der zufolge die Einschätzung vor Initiierung von Gegenmaßnahmen vorgenommen wird. Erst im Rahmen der Entscheidung über Risikosteuerungsmaßnahmen wird unter deren Einbeziehung das Netto-Risiko ermittelt, welches das nach Umsetzung der Maßnahmen verbleibende Restrisiko darstellt. Vgl. Seidel, U. (2011), S. 40.

[338] Vgl. hierzu Romeike, F. (2005), S. 28, der zwischen quantitativen (Value at Risk, Earning at Risk u.a.) und qualitativen (Risikoindikatormethode, Szenarioanalyse) Risikobewertungsmethoden unterscheidet.

[339] Gleiches gilt für Reputationsrisiken, deren exakte Bewertung schwierig ist.

gung zusammengefasst.[340] Identifizierte Chancen werden zu diesem Zeitpunkt dem Innovationsmanagement und dem verantwortlichen Fachbereich zur Eruierung des weiteren Vorgehens übergeben. Im Hinblick auf die Steuerung der Gefahren geht es in dieser Phase darum, die Risikoexposition des Unternehmens dadurch zu optimieren, dass die identifizierten Einzel- und kumulierten Risiken entsprechend der bewerteten Eintrittswahrscheinlichkeiten und potenziellen Schadenshöhen sowie vor dem Hintergrund der risikopolitischen Grundsätze bewusst gesteuert werden. Dabei lassen sich vier Risikosteuerungsstrategien unterscheiden:

- Die Risikovermeidung zielt darauf ab, das identifizierte Risiko vollständig zu beseitigen. Dies kann bspw. dadurch erreicht werden, dass auf die risikobehafteten Aktivitäten verzichtet wird oder diese so gestaltet werden, dass mittels Technisierung oder Qualitätskontrollen der Eintritt der Risiken ausgeschlossen werden kann.[341]

- Die Risikoreduzierung oder Risikoverminderung strebt danach, die Eintrittswahrscheinlichkeit und/oder die Schadenshöhe zu reduzieren. Gegenüber der Risikovermeidung verfügt diese Steuerungsstrategie zwar über den Nachteil eines partiellen Fortbestehens der identifizierten Risiken. Andererseits sind die mit der Risikoverminderung entstehenden Kosten oft geringer. Zudem ist diese Strategie dadurch flexibler, dass sie die Wahrnehmung der mit den zugrunde liegenden risikobehafteten Aktivitäten verbundenen Chancen weiterhin ermöglicht.[342] Hier zeigt sich die oben bereits geschilderte Notwendigkeit der Reflexion von Risiken vor dem Hintergrund der unternehmerischen Risikostrategie.

- Mithilfe einer Risikoüberwälzung oder Risikoübertragung können Unternehmen Risiken auf andere Marktteilnehmer übertragen.[343] Dies kann mittels geeigneter Vertragsgestaltung oder durch Versicherung geschehen. Bei der Vertragsgestaltung geht es darum, bspw. durch Factoring (für die Übertragung von Ausfallrisiken im Debitorenmanagement), durch Leasing (für die Übertragung von Vermögensrisiken) oder durch Hedging (für die Versicherung von Preisänderungsrisiken) bestehende Gefahren auf einen Vertragspartner zu übertragen, der diese aufgrund der sich dadurch bietenden Chancen bewusst

---

[340] Seidel bezeichnet diese Komponente als Risikosteuerung und -überwachung (Vgl. Seidel, U. (2011), S. 45) und Wolf / Runzheimer wählen den Begriff der Risikohandhabung (Vgl. Wolf, K., Runzheimer, B. (2009), S. 86). Inhaltlich sind die dahinter stehenden Konzepte und die sich daraus für Unternehmen ergebenden Notwendigkeiten jedoch i.W. deckungsgleich.
[341] Vgl. Brühwiler, B. (2011), S. 144.
[342] Vgl. Wolf, K., Runzheimer, B. (2009), S. 90.
[343] Seidel nennt alternativ den Begriff Risikotransfer. Vgl. Seidel, U. (2011), S. 45.

in Kauf nimmt. Mittels Versicherungen wiederum kann die Gefahr von Vermögensverluste durch eine Entschädigung im Schadensfall abgesichert werden. Ein Charakteristikum der Risikoüberwälzungsstrategie ist also, dass das Risiko selbst durch die Steuerung nicht beseitigt wird, es jedoch den Risikoträger wechselt, was zu einer erheblichen Optimierung der Risikoexposition von Unternehmen führen kann.[344]

- Die vierte Alternative in der Risikosteuerung besteht in der Risikoakzeptanz. Diese Strategie wird vor allem für Risiken unterhalb definierter Wesentlichkeitsgrenzen, für Risiken, bei denen die Risikosteuerungskosten die potenzielle Schadenshöhe übersteigt sowie für Restrisiken nach Umsetzung einer Risikoreduktionsstrategie angewendet. Auch in diesem Fall bedeutet die Akzeptanz des (fort-)bestehenden Risikos jedoch nicht Ignoranz, sondern eine bewusste Entscheidung im Angesicht evaluierter Alternativen.

Nachdem Risikoeigner und Risikomanager die geeignete Risikosteuerung definiert haben, beginnt die Umsetzung der gewählten Strategie bei kontinuierlicher Überwachung und Erfolgskontrolle. Hierzu bieten sich Abweichungsanalysen durch Soll-Ist-Vergleiche an. Die Risikoüberwachung ist auch deshalb wichtig, weil sich identifizierte Risiken im Zeitverlauf ändern können. Daher sind zwingend auch Risiken, die akzeptiert werden, einer nachfolgenden Überwachung zu unterziehen.

Die vierte Komponente befasst sich mit der Dokumentation und Berichterstattung des Risikomanagementprozesses. Dabei ist es wichtig, diesen Bestandteil nicht als den ersten drei Komponenten nachgelagert zu betrachten. Vielmehr ist es sinnvoll, das gesamte Risikomanagement bereits prozessbegleitend zu dokumentieren und nach Wesentlichkeitskriterien zu kommunizieren. Die Dokumentation dient dabei der Erfolgskontrolle, der konsequenten weiteren Verfolgung identifizierter Chancen, der Generierung von Lerneffekten sowie dem Nachweis der Erfüllung gesetzlicher Sorgfaltspflichten gegenüber internen und externen Prüfinstanzen. Die Kommunikation, die ihrerseits zu dokumentieren ist, zielt vor allem darauf ab, den Leitungs- und Kontrollorganen hinreichende Transparenz über die Risikolage des Unternehmens und damit verbundene Gefahren für die Erreichung der Unternehmensziele zu verschaffen. Zudem sind hierbei die Grundsätze zur Risikoberichterstattung für Unternehmen, die gemäß § 289 HGB einen Lagebericht zu erstellen haben, zu beachten.

---

[344] Vgl. Wolf, K., Runzheimer, B. (2009), S. 91 f.

3.2.3 Risikomanagements und Corporate Governance

Aus dem bereits Gesagten lässt sich das Verhältnis von Risikomanagement und Corporate Governance wie folgt zusammenfassen.

Indem Unternehmen ihr Risikomanagement institutionalisieren, erfüllen sie eine zentrale Forderung des Gesetzgebers zur Leitung und Überwachung (börsennotierter) Gesellschaften. Die infolge offenkundig gewordener Defizite durch KonTraG und BilMoG in das deutsche Aktiengesetz aufgenommenen und im Deutschen Corporate Governance Kodex wiederholten Anforderungen verdeutlichen, dass ein angemessenes Risikomanagement integraler Bestandteil verantwortungsvoller Unternehmensführung ist. Umgekehrt belegt die Rechtsprechung, dass das Fehlen eines Risikomanagementsystems eine Sorgfaltspflichtverletzung darstellt, die für verantwortliche Vorstandsmitglieder zu arbeitsrechtlichen Konsequenzen führen kann.[345] Insofern sind schon aus rechtlicher Perspektive Risikomanagement und Corporate Governance untrennbar miteinander verbunden.

Aus der Perspektive der Theorie zur Corporate Governance bestätigt sich dieser Befund. Da es das Ziel guter Unternehmensführung ist, die langfristige Wertschöpfungsfähigkeit von Unternehmen zu sichern, liegt es (gewissermaßen sachlogisch) im Interesse der Gesellschaft, diese Ziele durch einen Risikomanagementprozess auch systematisch sicherzustellen.[346] Dies beinhaltet zum einen den verantwortungsvollen Umgang mit Ereignissen, die das Potenzial aufweisen, Ziele zu unterlaufen. Zum anderen umfasst dies aber auch die systematische Suche nach Chancen im Sinne eines unternehmerischen Chancenmanagements.[347] Erst beide Aspekte – die Vermeidung von Gefahren sowie die Realisierung von Chancen – können langfristig das Fortbestehen von Unternehmen sicherstellen. In diesem Sinne dient die Risikomanagementfunktion als ein Bereitsteller von Informationen für Unternehmens-

---

[345] Im Jahr 2002 bestätigte das LG Berlin die fristlose Kündigung des Vorstandsmitglieds einer Bank mit dem Verweis auf dessen Versäumnis, ein angemessenes Risikomanagementsystem eingerichtet zu haben (siehe hierzu AZ 2 O 358/01 vom 3.7.2002).

[346] Im Hinblick auf den Zusammenhang zwischen Risiko und Unternehmenswert gilt, dass höhere Risiken zu gesteigerten Renditeerwartungen führen. Berechnet man den heutigen Wert eines Unternehmens aus den diskontierten Erträgen künftiger Perioden unter Verwendung risikoadäquater Diskontierungssätze, wird deutlich: Je höher das Risiko, desto höher die Diskontierungssätze und desto niedriger der heutige Unternehmenswert (und vice versa). Die Rechnung offenbart, dass Risiken nicht per se ein Problem sein müssen – insbesondere dann, wenn erhöhte Risiken auch mit erhöhten Renditechancen einhergehen. Sie zeigt aber auch, dass das Risiko bei transparenten Marktbedingungen konkrete Auswirkungen auf den Unternehmenswert aufweist. Vgl. Gleißner, W. (2005), S. 37 f.

[347] Risikomanagement ist also keineswegs auf die Vermeidung negativer Konsequenzen beschränkt. Vielmehr ist das Risikomanagement erforderlich, um sich als Unternehmen überhaupt sicher in risikobehafteten Märkten bewegen zu können.

führung und -kontrolle, welches beiden Organen hilft, die innere und äußere Komplexität zu handhaben und bewusste Entscheidungen im Sinne des Unternehmensinteresses zu treffen.[348] Da dieses als Ergebnis eines Austauschprozesses mit den Stakeholdern des Unternehmens verstanden werden kann, beinhaltet adäquates Risikomanagement daher auch die Einbeziehung der Stakeholder-Interessen als dem Corporate Governance-Prozess immanentes Charakteristikum. Darüber hinaus gilt, dass die Risikomanagementfunktion bestehende Informationsasymmetrien zwischen dem Vorstand und dessen Mitarbeitern einerseits sowie dem Aufsichtsrat und dem Vorstand andererseits zu kompensieren sucht. Vor diesem Hintergrund ist, wie oben geschildert, das Risikomanagement auch als Funktion zur Lösung des Principal-Agent-Problems zu betrachten.

Jenseits des bereits heute in vielen Unternehmen geleisteten Mehrwerts des Risikomanagements für eine gute Unternehmensführung durch die Erfüllung regulatorischer Anforderungen sowie die Funktion als Dienstleister für Unternehmensführung und -kontrolle muss die Corporate Governance hinter ihren Möglichkeiten zurückbleiben, wenn das Risikomanagement seinen Blick einseitig auf Gefahren verengt und lediglich als ein weiterer Prozess, der zusätzlich zu bestehenden (operativen) Notwendigkeiten erledigt werden muss, gelebt wird. Risikomanagement dient eben nicht ausschließlich der Vermeidung von Gefahren. Risikomanagement bedeutet auch, in risikosensiblen Märkten überhaupt in verantwortlicher Weise agieren zu können und die sich dort bietenden Chancen wahrzunehmen. Welche Möglichkeiten daher gerade ein integriertes Governance, Risk & Compliance-Konzept für eine auch Wirtschaftlichkeitsanforderungen genügende wertorientierte Unternehmenssteuerung schafft, soll daher in Kapitel 4 dargelegt werden.

3.3 Compliance Management[349]

3.3.1 Grundlagen des Compliance Managements

3.3.1.1 Historische und definitorische Grundlagen des Compliance Managements

Die terminologischen Ursprünge des Compliance-Begriffes stammen aus der Medizin. Bereits seit den 1970'er Jahren wird dort die Einhaltung der vom Arzt verordneten Medikamententherapie durch den Patienten als Compliance bezeichnet. Non-

---

[348] Vgl. Brühwiler, B. (2011), S. 244.
[349] Im Folgenden werden die Begriffe Compliance Management (als zielgerichtete Institutionalisierung) und dessen Verkürzung Compliance aus Vereinfachungsgründen in der Regel synonym verwendet.

Compliance, also die unterlassene oder unsachgemäße Umsetzung einer Behandlung, kann demnach hohe Kosten oder gar den Tod des Patienten bedeuten. In dieser Hinsicht hat der Begriff Compliance seine Bedeutung also auf die Wirtschaft übertragen.

Innerhalb der Wirtschaft wurde Compliance als Rechtsbegriff in den 1980'er Jahren zunächst in der Bankenwelt eingeführt. Er bezeichnete dort seither das gesetzeskonforme Verhalten von Führungskräften und Mitarbeitern in den Risikobereichen von Kreditinstituten.[350] Zahlreiche öffentlichkeitswirksame Unternehmensskandale in den 2000'er Jahren, die auf Verstöße in unterschiedlichen Rechtsgebieten[351] zurückgeführt werden können, haben dazu geführt, dass Compliance aktuell ein in der gesamten Wirtschaft intensiv diskutiertes und in der Corporate Governance Debatte unverzichtbares Thema geworden ist.[352] Dabei ist der Begriff Compliance zwar keineswegs auf wirtschaftskriminelle Delikte begrenzt, wie noch zu sehen sein wird. Jedoch ist die heutige „Debatte um Compliance in ihrer Intensität nicht ohne Handlungen denkbar, die der Wirtschaftskriminalität zuzuordnen sind"[353].

Trotz der in den vergangenen Jahren intensiv geführten Debatte zum Thema Compliance, der zugenommenen diesbezüglichen Regulierung und der Herausbildung von entsprechenden Management-Standards wird der „normative Referenzrahmen"[354] der Compliance heterogen interpretiert. Eine enge Form der Auslegung definiert Compliance als die reine Konformität mit gesetzlichen Vorgaben.[355] Ein (zumindest sprachlich) etwas erweitertes Begriffsverständnis liegt dem Deutschen Corporate Governance Kodex zugrunde. Demnach umfasst Compliance die „Einhaltung der gesetzlichen Bestimmungen und der unternehmensinternen Richtlinien"[356]. Schließlich, in einer weiten Auslegung, kann der Terminus Compliance neben gesetzlichen Bestimmungen und regulatorischen internen sowie externen Standards auch die Erfüllung von Anforderungen der Stakeholder umfassen.[357] Der gemeinsame Kern der

---

[350] Vgl. Jäger, A. et al. (2009), S. 25.

[351] Gemeint sind hier die teils spektakulären Fälle von Betrugs- und Bilanzfälschungsskandalen (z.B. Worldcom und Enron in den USA), Kartellrechtsverstößen (z.B. ThyssenKrupp) und Korruptionsfällen (z.B. Siemens).

[352] Dabei war es insbesondere der US-amerikanische Sarbanes-Oxley-Act von 2002 als Reaktion auf Bilanzfälschungsskandale in den USA, der den Begriff Compliance in der internationalen Wirtschaft bekannt machte. Vgl. Menzies, C. et al. (2006), S. 2.

[353] Grüninger, S. (2009), S. 41.

[354] Wieland, J. (2009), S. 17.

[355] Vgl. Schmidt, B. (2010), S. 19.

[356] Im Wortlaut in der Fassung vom 15. Mai 2012, Ziffer 4.1.3: „Der Vorstand hat für die Einhaltung der gesetzlichen Bestimmungen und der unternehmensinternen Richtlinien zu sorgen und wirkt auf deren Beachtung durch die Konzernunternehmen hin (Compliance)." DCGK (2012), S. 6.

[357] Vgl. Menzies, C. et al. (2006), S. 2.

alternativen definitorischen Ansätze besteht dabei in der Pflicht zur Erfüllung gesetzlicher Vorgaben. Über den normativen Gehalt des Compliance Managements als systematischer Ansatz zur Sicherstellung von Compliance ist damit aber wenig gesagt. Schließlich besteht die Pflicht zur Einhaltung geltender Gesetze ohnehin.[358] Konkreter und im Hinblick auf die systematische Sicherstellung der Erfüllung dieser Pflicht im organisationalen Kontext anspruchsvoller ist da die Definition von Wieland:

„Compliance bezeichnet alle formalen und informalen Governance-Strukturen einer Organisation[359], mit denen sein Management effizient und effektiv die Aufdeckung, vor allem aber die Prävention doloser Handlungen durch Mitglieder und Beauftragte dieser Organisation realisieren kann.

Compliance ist Bestandteil des strategischen und operativen Managements und zielt auf die nachhaltige, legale, ökonomische und gesellschaftliche Sicherung der Existenz und der Zielerreichung einer Organisation."[360]

Die Einschränkung des Gegenstands der Compliance auf dolose Handlungen spiegelt sicher die Realität in den meisten Unternehmen wider. Dabei ist diese keineswegs zwingend, wie der Autor selbst bemerkt. Wichtiger an der Definition ist jedoch der Hinweis, dass Compliance nicht nur die organisatorischen Vorkehrungen umfasst, sondern auch – und vor allem – auf den informalen Governance-Strukturen, also der Kultur der Organisation, basiert. Damit verbindet sich ein Anspruch an das Management von Organisationen, dessen Führungsverantwortung sich nicht auf die Inkraftsetzung von Richtlinien beschränkt, sondern gerade auch in der Schaffung der informalen Voraussetzungen für regelkonformes Verhalten liegt. Zwei weitere Aspekte unterstreichen die Eignung von Wielands Definition:[361] Indem Compliance als Bestandteil des strategischen Managements erkannt wird, nimmt das Compliance Ma-

---

[358] Schätzungen zufolge sehen sich durchschnittliche deutsche Unternehmen mit ca. 900 Vorschriften konfrontiert. Vgl. Schmidt, B. (2010), S. 17.
[359] Wieland spricht von der Organisation um zu verdeutlichen, dass Compliance Management nicht nur eine Aufgabe von Unternehmen, sondern auch von anderen Organisationsformen, z.B. Behörden, ist. Vgl. Wieland, J. (2009), S. 19.
[360] Wieland, J. (2009), S. 19.
[361] Vgl. hierzu ausführlicher: Wieland, J. (2009), S. 19 f.

nagement seinen Ausgangspunkt in den spezifischen Kontextbedingungen einer Organisation – dem Geschäftsmodell, den Geschäftspartnerbeziehungen, den rechtlichen und wirtschaftlichen Umfeldbedingungen usw. Die operative Perspektive fokussiert demgegenüber auf die Integration von Compliance im Geschäftsalltag. Durch die Verknüpfung von strategischem und operativem Management wird eine Kohärenz zwischen beiden Ebenen eingefordert. Und schließlich, zweitens: Mit dem Verweis auf die Absicht des Compliance Managements, die Erreichung der organisationalen Ziele sicherzustellen, wird dessen normativer Referenzrahmen in Bezug gesetzt zum Organisationsinteresse. Insofern ist das Compliance Management eine wesentliche Grundvoraussetzung für die Sicherung der Existenz von Organisationen als Bedingung für deren nachhaltige Wertschöpfungsfähigkeit.

3.3.1.2 Theoretische Grundlagen des Compliance Managements

Auf die Principal-Agent-Theorie als Begründungsansatz der Corporate Governance wurde in dieser Arbeit schon des Öfteren eingegangen: Angesichts der in modernen Großunternehmen in der Regel bestehenden Informationsasymmetrien – sowohl zwischen den Eigentümern eines Unternehmens und dessen Geschäftsführung als auch zwischen der Unternehmensleitung und den Mitarbeitern – liegt es im Interesse des jeweiligen Principals, die Einhaltung vereinbarter Regeln durch die jeweiligen Agenten systematisch sicherzustellen. Diese Regeltreue, welche gemäß der oben ausgeführten Definition sowohl rechtliche Vorgaben, als auch interne Regularien und freiwillige Selbstverpflichtungen umfassen kann, darf gerade in komplexen Institutionen nicht dem Zufall überlassen werden. Vielmehr bedarf es eines planvollen Ansatzes, um zum einen Rechtskonformität und zum anderen das Agieren im Sinne des Unternehmensinteresses sicherzustellen. Da das Unternehmensinteresse als Maßstab guter Unternehmensführung verstanden werden kann, muss das dieses Unternehmensinteresse nach unten absichernde Compliance Management als grundlegender Bestandteil der Corporate Governance gelten.

Systematisch lassen sich zunächst drei Argumente für die Etablierung eines organisationalen Compliance Managements darlegen:[362]

- Indem Organisationen die Prävention und Aufdeckung wirtschaftskrimineller Handlungen institutionalisieren, streben sie nach der systematischen Einhaltung geltenden Rechts. Diese Rechtskonformität ist integraler Bestandteil der

---

[362] Vgl. hierzu ausführlicher: Wieland, J. (2009), S. 27.

Organisations- und Aufsichtspflichten von Unternehmensführung und Kontrollorgan und eine Grundvoraussetzung legaler Existenzsicherung.

- Langfristig können Organisationen nur dann erfolgreich bestehen, wenn es ihnen gelingt, ihre gesellschaftliche Legitimation („license to operate") nicht zu gefährden. Das Compliance Management dient der Sicherung dieser Legitimation in Form einer guten Reputation, indem zumindest die Befolgung von Gesetzen planvoll sichergestellt wird.[363]

- Auf globaler Ebene findet Wachstum heute vor allem in Entwicklungs- und Schwellenländern statt. Gerade dort sind die Herausforderungen, Geschäfte auf saubere Art abzuschließen, aber häufig am größten. Dabei fehlt es in diesen Ländern in der Regel nicht an entsprechenden Gesetzen, die Korruption und andere Wirtschaftsstraftaten verbieten. Vielmehr mangelt es vielfach an einer konsequenten Rechtsdurchsetzung. Wer – zumal als international agierendes Unternehmen, das auch in Drittländern unter den Anwendungsbereich extraterritorial ausstrahlender Anti-Korruptionsgesetze fällt[364] – dennoch in diesen Ländern aktiv sein will, ist auf ein Compliance Management angewiesen. Anders formuliert: Compliance macht das wirtschaftliche und auch rechtlich sichere Agieren in Hochrisikoländern überhaupt erst möglich.

Neben diesen drei Argumenten, die als „Kern des Business Case jedes Compliance Managements"[365] bezeichnet werden können, sollen zwei weitere Gründe explizit erwähnt werden:

- Wirtschaftskriminalität lässt sich in „corporate misconduct" und „fraud against the company" differenzieren. Während die erste Kategorie wirtschaftskriminelle Handlungen umfasst, von denen Unternehmen zunächst einen unmittelbaren Vorteil erwarten (z.B. Korruption im Zusammenhang mit der Erlangung von Aufträgen), geht es bei der zweiten Kategorie um doloses Verhalten, das sich gegen die Organisation richtet. In beiden Fällen handelt es sich um Straftaten, die – neben den oben bereits ausgeführten rechtlichen Konsequenzen – erhebliche Vermögensschäden infolge von Strafzahlungen, Marktausschlüssen und Kosten der Rechtsvertretung (im Fall des „corporate misconduct") bzw. durch Untreue, Unterschlagung oder Diebstahl (im Fall des „fraud against

---

[363] Inwiefern darüber hinaus Ansprüche von Stakeholdern Berücksichtigung finden, ist das Ergebnis eines am Unternehmensinteresse ausgerichteten Abwägungsprozesses und Gegenstand der Abgrenzung zwischen den unternehmerischen Funktionen Compliance und Corporate Responsibility.
[364] Vgl. hierzu ausführlicher Kap. 3.3.1.3.
[365] Wieland, J. (2009), S. 27.

the company") bewirken können. Ein weiteres Argument für Compliance besteht daher in der Vermeidung derartiger Vermögensschäden.[366]

- Und schließlich gilt: Organisationen, die Compliance systematisch sicherstellen, befinden sich in einem „safe harbour". Dieser Metapher liegt die Erkenntnis zugrunde, dass Unternehmen heutzutage ein Compliance Management benötigen, um überhaupt als Geschäftspartner anerkannt zu werden. Die durch Banken oder potenzielle Auftraggeber angewendeten Due Diligence-Verfahren sind häufig darauf ausgerichtet, die Existenz eines Compliance Programms zu prüfen und die Begründung einer Geschäftspartnerbeziehung von diesem abhängig zu machen. Neben der Vermeidung von Vermögensschäden wird das Compliance Management also immer häufiger als Grundlage für eine „gerichtsfeste Umgebung für unternehmerisches Handeln"[367] in Geschäftsbeziehungen vorausgesetzt.

In der Gesamtschau ergeben sich also rechtliche, finanzielle und Reputationsgründe, die ein Compliance Management in seiner für Unternehmen existenzsichernden Notwendigkeit theoretisch begründen und dessen Geltung für die Corporate Governance verdeutlichen. Bevor nun auf die sich daraus ergebenden Konsequenzen für die Gestaltung der Compliance Funktion eingegangen wird, sollen zunächst die rechtlichen Anforderungen näher beleuchtet werden.

3.3.1.3 Rechtliche Grundlagen des Compliance Managements

Lange Zeit bildete die allgemeine Sorgfaltspflicht[368] den einzigen gesetzlich kodifizierten Maßstab verantwortlichen Handelns von Vorstandsmitgliedern im Unternehmenskontext. Erst mit gesetzgeberischen Initiativen in Reaktion auf die Häufung von Unternehmensskandalen, die ihren Ursprung in dolosen Handlungen hatten, wurde der zunehmenden Bedeutung von Compliance als Kernaufgabe von Unternehmen auch explizit Vorschub geleistet. Zunächst in den USA in den 1990'er Jahren[369], dann nahezu überall in der Welt nahm die Regulierung zur Vermeidung und Bekämpfung von Wirtschaftskriminalität in all ihren Facetten seither sukzessive zu. Und wenngleich diese Entwicklung noch nicht abgeschlossen sein mag und weiterhin einer hohen Dynamik unterliegt, so kann doch festgestellt werden, dass die Sicherstel-

---

[366] Vgl. Grüninger, S. (2009), S. 43f.
[367] Jäger, A. et al. (2009), S. 32.
[368] Vgl. hierzu § 93 I AktG
[369] 1996 formulierte ein US-amerikanisches Gericht Compliance als Kernaufgabe der Unternehmensleitung. Vgl. Jäger, A. et al. (2009), S. 26.

lung von Rechtskonformität (als Mindestanforderung an das Compliance Management) heute als integraler Bestandteil der Führungsverantwortung verstanden wird.[370]

Für Unternehmen, die international agieren, bedeutet die zugenommene Regelungsdichte faktisch die Pflicht zur Einrichtung eines Compliance Management Systems – wenngleich dieses nicht gesetzlich kodifiziert ist. Schließlich kann der Vielzahl der nationalen und internationalen Gesetze nur durch die systematische Befassung mit den unternehmensspezifischen (Rechts-)Risiken und maßgeschneiderten Compliance-Programmen begegnet werden, wie sie Gegenstand des Compliance Managements sind.[371] Die Verschärfung der diesbezüglichen Regulierung und deren Folgen für die Bürokratisierung von Unternehmen haben zwar auch Kritik seitens der Wirtschaft hervorgerufen.[372] An der Erweiterung der konkreten gesetzlichen Anforderungen an die Organe von Aktiengesellschaften zur Sicherstellung von Rechtskonformität hat dies gleichwohl nichts geändert.

„Ein allgemeines Gebot an Unternehmen, rechtmäßig zu handeln, enthält das Gesetz nicht."[373] Gleichwohl formulieren vor allem Strafrecht[374], Verwaltungsrecht[375] und Gesellschaftsrecht[376] ein dichtes Netz an gesetzlichen Bestimmungen, die ein umfangreiches Gebot der Rechtskonformität begründen. Dass insbesondere die allgemeine Sorgfaltspflicht eine Norm ist, deren Maßstab kontextbezogen immer wieder neu erhoben werden muss, um eine Handlung als angemessen bewerten zu können, zeugt von der Herausforderung, der sich Unternehmen zuweilen bei der Interpretation geltenden Rechts ausgesetzt sehen.[377]

Von herausgehobener Bedeutung für die Sanktionierung von Unternehmen bei Zuwiderhandlung ist das dem Verwaltungsrecht zuzuordnende Gesetz über Ordnungswidrigkeiten (OWiG). In Ermangelung eines Unternehmensstrafrechts im deutschen Rechtsraum sind §§ 30 und 130 OWiG die Rechtsgrundlagen dafür, Unternehmen in Höhe von bis zu 10 Millionen Euro Geldbuße zu sanktionieren, wenn Führungsper-

---

[370] Vgl. Jäger, A. et al. (2009), S. 28f.
[371] Vgl. Schmidt, B. (2010), S. 24.
[372] Beispielhaft sei hier auf die Diskussionen beim Weltwirtschaftsforum 2005 in Davos erinnert. Kritisiert wurde insbesondere, dass die zugenommene Regulierung die Unternehmen Aufwand und Zeit kosteten, die für wichtige Aufgaben der Unternehmensentwicklung fehlten. Vgl. Jäger, A. et al. (2009), S. 28.
[373] Steinmeyer, R.; Späth, P. (2009), S. 180.
[374] Hier insbesondere §§ 266 (Untreue) sowie 299 (Korruption).
[375] Hier insbesondere §§ 30 und 130 OWiG.
[376] Hier insbesondere die bereits oben erwähnte allgemeine Sorgfaltspflicht aus § 93 I AktG.
[377] Vgl. Jäger, A. et al. (2009), S. 37.

sonen[378] im Namen der Gesellschaft eine Straftat oder Ordnungswidrigkeit begangen haben und das Unternehmen keine angemessenen Aufsichtsmaßnahmen zur deren Verhinderung installiert hatte.[379] Mit anderen Worten: Ein Unternehmen handelt dann ordnungswidrig, „wenn es vorsätzlich oder fahrlässig diejenigen Aufsichtsmaßnahmen unterlässt, die erforderlich sind, um eine Zuwiderhandlung gegen betriebsbezogene Pflichten [zur Vermeidung von Straftaten oder Ordnungswidrigkeiten] zu verhindern"[380]. Im Fall eines Rechtsverstoßes obliegt es daher dem Unternehmen, die Angemessenheit der internen Sicherungsmaßnahmen zu belegen, um eine Haftungsminderung oder einen Haftungsausschluss zu erreichen. Die „Bestimmung der richtigen Aufsichtsmaßnahmen [wird] damit zur „Gretchenfrage" der Corporate Compliance"[381].

Wie müssen die Aufsichtsmaßnahmen also gestaltet sein, um bei Eintreten strafrechtlich relevanter Handlungen eine Haftungserleichterung für Unternehmen zu erwirken? Da sich der Gesetzgeber in Deutschland mit einer Beantwortung dieser Frage bisher weitgehend zurückgehalten hat, sind Unternehmen hierzulande auf andere Quellen angewiesen. Zum einen können die vom Institut der Wirtschaftsprüfer in Deutschland im Jahr 2011 veröffentlichten „Grundsätze ordnungsmäßiger Prüfung von Compliance-Management Systemen" (IDW PS 980) zur Orientierung dienen. Zwar ist der Standard primär an Wirtschaftsprüfer gerichtet. Dennoch ist er auch für andere Unternehmen aufschlussreich, da er die Grundelemente eines angemessenen Compliance Management Systems darstellt.[382] Dabei beschreibt der Standard Anforderungen, die mittlerweile durchaus auch als international anerkannter gemeinsamer Kern an Überzeugungen verstanden werden können, wie das Beispiel zweier ausländischer Anti-Korruptions-Gesetze zeigt.

Die international wohl bekannteste Rechtsgrundlage zur Bekämpfung von Korruption ist wohl das US-amerikanische Bundesgesetz „Foreign Corrupt Practices Act" (FCPA), das bereits 1977 die Bestechung ausländischer Amtsträger unter Strafe stellte. Aufgrund seiner extraterritorialen Ausstrahlungswirkung auf alle Unternehmen, die in den USA aktiv sind[383], findet es potenziell auch Anwendung auf deutsche

---

[378] § 30 OWiG zählt zu diesen Führungspersonen u. a. Mitglieder von Vorständen und Aufsichtsräten, aber auch sonstige leitende Angestellte.
[379] Vgl. §§ 30 und 130 OWiG.
[380] Steinmeyer, R.; Späth, P. (2009), S. 184.
[381] Steinmeyer, R.; Späth, P. (2009), S. 191.
[382] Vgl. Otremba, S. (2014), S. 530.
[383] Die Praxis der Strafverfolgung zeigt, dass der Handel mit Produkten in den USA kein notwendiges Kriterium für eine Anklage durch US-Behörden nach dem FCPA ist. So wurde die norwegische Ölfirma Statoil im Jahr 2006 allein auf der Grundlage ihres Listings an der New Yorker Börse und der

Unternehmen.[384] Neben weiteren Besonderheiten, die hier nicht näher erläutert werden können[385], wurde der FCPA 1991 um „Federal Sentencing Guidelines" ergänzt, die „grundlegende Leistungsmerkmale für ein wirksames Compliance-System beinhalten und vom US-Justizministerium bzw. von US-Gerichten bei der Strafzumessung berücksichtigt werden"[386]. In Analogie zur Haftungserleichterung in Deutschland ist es Unternehmen in den USA also ebenfalls möglich, bei Vorliegen eines angemessenen Compliance-Systems mit einem reduzierten Strafmaß zu rechnen oder straffrei zu bleiben. Anders als in Deutschland bieten die Richtlinien zum FCPA jedoch konkrete Anhaltspunkte, an denen sich Unternehmen bei der Etablierung ihres Compliance-Systems orientieren können. Ohne Zweifel waren die US-Vorgaben daher richtungsweisend für alle späteren Regulierungsansätze.

Einen im Grundsatz ganz ähnlichen Weg ist der britische Gesetzgeber mit der Etablierung des UK Bribery Act gegangen. Das im Jahr 2011 in Kraft getretene Gesetz zielt darauf ab, Unternehmen bei Verstößen gegen britische Anti-Korruptions-Vorschriften strafrechtlich zu belangen – selbst, wenn diese nicht britischer Herkunft sind, sondern lediglich eine irgendwie geartete Verbindung („close connection") zum Vereinigten Königreich aufweisen.[387] Dabei geht das britische Gesetz zum Teil noch über den FCPA hinaus: Erstens sanktioniert er nicht nur aktive Bestechung, sondern auch passive Bestechung. Zweitens stellt er Beschleunigungszahlungen („Facilitation Payments") unter Strafe, die gemäß FCPA unter bestimmten Umständen erlaubt sind. Und drittens ist die Geltung des UK Bribery Act nicht auf die Bestechung von Amtsträgern beschränkt, sondern erstreckt sich auch auf den privaten Wirtschaftssektor. An der Kernaussage einer grundsätzlichen Tendenz zunehmender Rechtsrisiken für Unternehmen ändert dies gleichwohl wenig. Diesen Risiken – da stimmen FCPA und UK Bribery Act überein – kann nur angemessen begegnet werden, wenn

---

Tatsache, dass die Bestechung iranischer Beamter über Konten in den USA abgewickelt worden war, angeklagt und schließlich Vergleichszahlungen in Millionenhöhe sowie eine Bewährungszeit von drei Jahren vereinbart. Die extraterritoriale Ausstrahlungswirkung des FCPA hat demnach in den vergangenen Jahren deutlich zugenommen.

[384] Vgl. Saitz, B. (2009), S. 153.

[385] Gemeint ist hiermit u.a. der Charakter des FCPA als Teil des US-amerikanischen Unternehmensstrafrechts, demzufolge Unternehmen direkt strafrechtlich verantwortlich gemacht werden können. Vgl. Steinmeyer, R.; Späth, P. (2009), S. 201f.

[386] Otremba, S. (2014), S. 530.

[387] Der UK Bribery Act findet dann Anwendung, wenn die Bestechung oder Bestechlichkeit entweder auf britischem Boden (inkl. Überseegebiete) getätigt wurde, oder wenn die relevante Person britischer Staatsbürger ist. Darüber hinaus ist eine Firma aber auch dann haftbar, wenn eine mit ihr verbundene Person in korruptive Handlungen involviert ist – auch dann, wenn diese Person selbst keine enge Verbindung nach Großbritannien aufweist. Gerade für international agierende Unternehmen mit Geschäftsaktivitäten im Vereinigten Königreich (über Tochtergesellschaften oder Betriebsstätten) bedeutet dies faktisch eine Ausweitung der Gesetzgebung auf den gesamten Konzern. Vgl. UK Bribery Act (2011), § 12.

Unternehmen ein systematisches Compliance Management institutionalisiert haben. Ähnlich dem US-amerikanischen Gesetz gibt auch der britische Gesetzgeber Anhaltspunkte, wie dieses ausgestaltet sein muss, um als angemessen bewertet zu werden. Die vom britischen Justizministerium entwickelten Richtlinien[388] konkretisieren demnach, bei Vorliegen welcher Voraussetzungen eine Sanktionierung herabgesetzt werden oder vollständig unterbleiben kann, sollte es zu einem (individuellen) Compliance-Verstoß gekommen sein. Welche Anforderungen sowohl der deutsche IDW PS 980-Standard als auch die Anti-Korruptions-Gesetze aus den USA und Großbritannien formulieren und welche Auswirkungen dies für eine Compliance-Funktion im Unternehmen hat, soll im nächsten Abschnitt dargelegt werden.

In der Gesamtschau kann festgestellt werden, dass die nationale und internationale Gesetzgebung sowie darüber hinaus entstandene berufsständische Standards die Anforderungen an Unternehmen, Rechtskonformität systematisch sicherzustellen, in den vergangenen Jahren erheblich erhöht haben. Dabei ist die Korruptionsbekämpfung zwar ein Schwerpunkt, aber bei weitem nicht das einzige Rechtsgebiet, das einer intensivierten Regulierung unterliegt. Auch Kartellrechts- und Wettbewerbsverstöße, Datenschutzdelikte oder Zuwiderhandlungen gegen Exportkontroll-, Buchführungs- und Geldwäschevorschriften unterliegen mehr denn je der Rechtssetzung und zunehmend auch der Rechtsdurchsetzung.[389] Alle diese – hier nur beispielhaft genannten – Teilrechtsgebiete muss ein Unternehmen im Blick haben, um Compliance zu gewährleisten. Unternehmensleitung und Aufsichtsorgan sehen sich vor diesem Hintergrund zusätzlich mit dem Spannungsfeld erweiterter Haftungsrisiken[390] einerseits und einem (nicht ganz klaren) Geschäftsleiterermessen („Business Judgement Rule"[391]) andererseits konfrontiert. In der Ausgestaltung dieses Spannungsfeldes kann angesichts der zunehmenden Verrechtlichung der Wirtschaft davon ausgegangen werden, dass eine Compliance-Funktion jedenfalls auch künftig an Bedeutung gewinnen und seine Rolle als notwendiger Bestandteil guter Corporate Governance weiter festigen wird.

---

[388] Siehe hierzu ausführlicher: UK Ministry of Justice (Hrsg.) (2011).

[389] Vgl. Steinmeyer, R.; Späth, P. (2009), S. 175.

[390] Siehe hierzu auch die Ausführungen in Kap. 2.3.2.4.2 zum Transparenz- und Publizitätsgesetz (TransPuG) aus dem Jahr 2002 sowie zum Gesetz zur Unternehmensintegrität und Modernisierung des Anfechtungsrechts (UMAG) aus dem Jahr 2005.

[391] § 93 I 2 AktG formuliert: „Eine Pflichtverletzung liegt nicht vor, wenn das Vorstandsmitglied bei einer unternehmerischen Entscheidung vernünftigerweise annehmen durfte, auf der Grundlage angemessener Information zum Wohle der Gesellschaft zu handeln." Seit 2007 ist diese Gutgläubigkeit, zum Wohle der Gesellschaft zu handeln, auch im DCGK verankert. Sie kann als Gegenstück der erweiterten Haftungsmöglichkeiten interpretiert werden. Vgl. Jäger, A. et al. (2009), S. 43f.

3.3.2 Die Funktion des Compliance Managements

3.3.2.1 Der Berufsstand des Compliance Managements

Einher gehend mit den aufgezeigten regulatorischen Entwicklungen stieg die Notwendigkeit für Unternehmen, dedizierte Compliance-Funktionen einzurichten. Ab Mitte der 2000'er Jahre wurde – angeregt durch den US-amerikanischen Sarbanes-Oxley-Act[392] – zunächst in international agierenden Großunternehmen, später auch im Mittelstand, begonnen, Compliance-Verantwortliche zu installieren. In dem Maße, wie die Compliance-Debatte voranschritt, begannen diese, sich zu organisieren und ein im Kern ähnliches Verständnis des Berufsbildes des Compliance-Managers auszuprägen. Diese gemeinsame Überzeugung ist heute eng mit den Aufgaben verknüpft, deren Umsetzung dem Compliance-Verantwortlichen obliegt. Die Bundesagentur für Arbeit fasst das Tätigkeitsbild des Compliance-Managers wie folgt zusammen: „Compliance-Manager/innen erarbeiten Konzepte und Maßnahmen, mit deren Hilfe ein rechtlich und ethisch korrektes Verhalten von Unternehmen, Organisationen und deren Mitarbeitern gewährleistet werden soll. Durch Beratung, Vorbeugung und Kontrolle stellen sie die Einhaltung von Gesetzen, Richtlinien und freiwilligen Verhaltenskodizes sicher und vermindern oder vermeiden damit auch Vermögens- und Imageschäden.“[393] Wenngleich angesichts dieser Definition ein anderer Eindruck entstehen könnte, so muss doch klar sein, dass der Compliance-Manager selbst nicht die Verantwortung für Rechtskonformität im gesamten Unternehmen trägt. Vielmehr kann er lediglich (aber immerhin) die Voraussetzungen dafür schaffen, dass systematisches Fehlverhalten erschwert wird. In dieser Hinsicht ist er ein durch die Geschäftsführung im Rahmen einer vertikalen Delegation Beauftragter.[394] An der Gesamtverantwortung des Vorstands für Compliance ändert die Benennung eines Compliance-Officers gleichwohl nichts.

Die Rechtspflicht der Geschäftsleitung zur Bestellung eines Compliance-Beauftragten besteht ausschließlich für Wertpapierdienstleistungsunternehmen.[395] Außerhalb dieser Branche obliegt es dem Ermessen der Geschäftsleitung, diese Notwendigkeit zu bewerten. Allerdings gilt, wie bereits oben gezeigt, dass zumindest im Fall von Rechtsverstößen die Existenz interner Sicherungsmaßnahmen – und hierzu zählt nicht zuletzt die Etablierung einer organisatorischen Verantwortlichkeit – haftungser-

---

[392] Siehe hierzu ausführlicher Kapitel 3.1.1.3.
[393] Bundesagentur für Arbeit (Hrsg.) (2014).
[394] Vgl. Schmidt, B. (2010), S. 146.
[395] Siehe hierzu § 12 der „Verordnung zur Konkretisierung der Verhaltensregeln und Organisationsanforderungen für Wertpapierdienstleistungsunternehmen (Wertpapierdienstleistungs-Verhaltens- und Organisationsverordnung - WpDVerOV)“ i.V.m. § 33 I WpHG.

leichternd wirken kann. Da es aber im Ermessen der Geschäftsleitung liegt, einen Compliance-Verantwortlichen zu benennen, ist diese auch frei, die Kompetenzen einer solchen Funktion auszugestalten. Vor dem Hintergrund der Unterschiedlichkeit von Unternehmen ergibt sich, dass auch die Aufgaben, Kompetenzen und Verantwortlichkeiten des Compliance-Beauftragten geschäftsmodell- und risikospezifisch ausgerichtet sein müssen. Im Hinblick auf die Aufgabenübertragung dienen dabei die Grundsätze der Delegationssorgfalt als Orientierung stiftende Anhaltspunkte:[396]

- In Übereinstimmung mit dem Grundsatz der Auswahlsorgfalt sollte der Compliance-Verantwortliche über die Kompetenz verfügen, die rechtlichen Anforderungen an das Unternehmen zu bewerten und mittels hinreichender Kenntnisse über die Geschäftsabläufe in die Unternehmenspraxis zu überführen.
- Gemäß dem Grundsatz der Instruktionssorgfalt ist der Compliance-Beauftragte mit hinreichenden Befugnissen und Sachmitteln auszustatten. Zu diesen Befugnissen gehört auch ein hinreichendes Maß an Unabhängigkeit (im Rahmen des Weisungsrechts durch die Geschäftsführung), das dem Compliance-Officer ermöglicht, seiner Regelsetzungs- und Überwachungsfunktion auch gegenüber anderen Fachabteilungen angemessen nachzukommen.[397]
- Schließlich gebietet der Grundsatz der Überwachungssorgfalt die Wahrnehmung angemessener Kontrollpflichten durch den Delegierenden. Konkret bedeutet dies für die Geschäftsleitung von Unternehmen den Wandel von einer Handlungspflicht in eine Überwachungspflicht, die mithilfe eines geeignete Berichtswesens sicherzustellen ist.

Über diese Orientierung stiftenden Grundsätze und Analogieschlüsse aus der Corporate Governance Debatte hinaus obliegt es den Unternehmen selbst, die Funktion des Compliance-Officers auszugestalten. Allerdings zeugt der zunehmende Organisationsgrad von Compliance-Verantwortlichen von einem steigenden Interesse nicht zuletzt im Hinblick auf (Rechts-)Sicherheit im Umgang mit den Anforderungen an diesen noch vergleichsweise jungen Berufsstand, wie die folgenden Ausführungen verdeutlichen.

---

[396] Vgl. Schmidt, B. (2010), S. 151f.

[397] Wie weit die Unabhängigkeit des Compliance-Verantwortlichen reichen sollte, wird kontrovers diskutiert. Schmidt spricht bspw. davon, dass diese in disziplinarischer, organisatorischer und finanzieller Hinsicht bestehen sollte. Unter einer finanziellen Unabhängigkeit wird sowohl die Bereitstellung angemessener Sachmittel, als auch die erfolgsunabhängige Vergütung verstanden. Vgl. Schmidt, B. (2010), S. 152f. Da Unternehmen in der Ausgestaltung der Funktion des Compliance-Verantwortlichen frei sind, bestehen hierzu keine gesetzlichen Vorgaben. Vielmehr sollten Unternehmen die tatsächlichen Notwendigkeiten aus den spezifischen Kontextbedingungen ableiten.

Einen wesentlichen Beitrag bei der Entwicklung von theoretisch fundierten und in der Unternehmensrealität umsetzbaren Lösungen zur Implementierung von Compliance Management Systemen leistet bereits seit 1999 das Forum Compliance & Integrity (FCI) des Deutschen Netzwerks Wirtschaftsethik. Das zunächst als Anwenderrat für Wertemanagement gegründete und in 2011 umfirmierte Forum hat es sich zur Aufgabe gemacht, in enger Verknüpfung von Wissenschaft und Praxis aktuelle Fragen eines modernen und nachhaltig wirksamen Integrity- und Compliance-Managements zu diskutieren.[398] Seit Ende 2012 sind drei neue Organisationen gegründet worden, deren Ziele sie wie folgt beschreiben:[399]

- Der Berufsverband der Compliance Manager (BCM), gegründet im Februar 2013, sieht sich als unabhängige Interessenvertretung, deren Ziel in der branchenübergreifenden Vernetzung und Professionalisierung der Compliance-Arbeit liegt. Der BCM richtet sich an Personen, die in Unternehmen als Compliance-Verantwortliche arbeiten.
- Der im November 2012 gegründete Bundesverband Deutscher Compliance Officer e.V. (BDCO) zielt darauf ab, als Interessenvertretung zu Fragen der regulatorischen Compliance zu fungieren und dabei Standards und Best-Pratices ebenso zu fördern wie das Berufsbild des Compliance Managers zu konturieren. Die Mitglieder des BDCO sind ebenfalls Compliance-Beauftragte. Allerdings richtet sich der Verband auch an Berater und Vertreter aus angrenzenden Bereichen.
- Mit dem Deutschen Institut für Compliance e.V. (DICO) wurde im November 2012 ein Verein gegründet, der sich sowohl an Einzelpersonen, als auch an Unternehmen, Behörden, Hochschulen und Verbände richtet. Zu den Hauptzielen des DICO gehören die Entwicklung von Compliance-Standards, der Austausch von Wissenschaft und Praxis und die Formulierung rechtspolitischer Stellungnahmen.

Da die drei genannten Organisationen noch relativ jung sind, kann über die Ergebnisse deren Arbeit noch keine fundierte Aussage getroffen werden. Allerdings ist auffällig, dass sie innerhalb eines vergleichsweise kurzen Zeitraums von drei Monaten gegründet wurden. Unabhängig davon kann angesichts dieser Gründungswelle davon ausgegangen werden, dass sich das Berufsbild des Compliance-Managers über die Entwicklung von gemeinsam geteilten Standards weiter konkretisieren wird. Welche (Mindest-)Anforderungen an das Compliance-Management schon heute das

---

[398] Siehe hierzu ausführlicher: Zentrum für Wirtschaftsethik (2014).
[399] Vgl. Nitsche, Sarah (2013), S. 6.

Vorgehensmodell in diesem Bereich prägen, soll im folgenden Abschnitt dargelegt werden.

3.3.2.2 Das Vorgehensmodell des Compliance Managements

Aus der Gesamtheit der relevanten nationalen und internationalen Gesetze[400], Standards[401], Orientierung stiftenden „Good Practices"-Dokumente[402] und sonstigen Literatur[403] lassen sich eine Reihe von Grundelementen herleiten, die ein angemessenes Compliance Management System (CMS) konstituieren. Obgleich die konkrete Ausgestaltung des CMS nach wie vor den gesetzlichen Vertretern einer Organisation obliegt und Spiegelbild der spezifischen unternehmerischen Kontextbedingungen ist, wird die Existenz dieser Grundelemente unisono als Voraussetzung für eine wirksame Compliance-Arbeit angesehen. Nach der hier vertretenen Ansicht lassen sich diese Grundelemente in sieben Kategorien zusammenfassen und zur Verdeutlichung ihrer wechselseitigen Verknüpfung in dem nachfolgenden Regelkreis visualisieren.

---

[400] Siehe hierzu vor allem der US-amerikanische Foreign Corrupt Practices Act (FCPA) sowie der britische UK Bribery Act.

[401] Siehe hierzu vor allem der vom Institut der Wirtschaftsprüfer in Deutschland publizierte Prüfungsstandard „Grundsätze ordnungsmäßiger Prüfung von Compliance Management Systemen (IDW PS 980)".

[402] Siehe hierzu vor allem die von Transparency International veröffentlichte „Guidance on good practice procedures for corporate anti-bribery programmes".

[403] Siehe hierzu u.a. der „ComplianceProgramMonitor^{ZFW}" des Zentrums für Wirtschaftsethik.

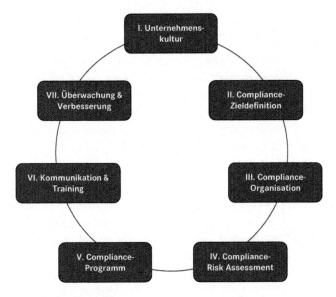

Abb. 8: Der CMS-Regelkreis[404]

Die Unternehmenskultur ist die Grundlage eines jeden Compliance Management Systems. Deren Grundpfeiler, ein möglichst konsistentes Wertesystem sowie in Übereinstimmung mit diesen Werten handelnde Führungskräfte („tone at the top"), erzeugen für die Beschäftigten eines Unternehmens erst „die notwendige Handlungsorientierung und –Sicherheit für schwierige Entscheidungen im unternehmerischen Alltag"[405]. In dem Maße, wie es der Unternehmensführung gelingt, die Verhaltensgrundsätze glaubhaft durch eigenes Beispiel und mittels geeigneter verhaltensrelevanter Steuerungsmechanismen mit Leben zu füllen, wächst die Bereitschaft der Mitarbeiter zu regelkonformem Verhalten. Dabei ist die Unternehmenskultur das wohl komplexeste Grundelement des CMS, da sie dessen Grundlage und dessen Ergebnis zugleich ist: Sie wirkt auf das Verhalten einzelner und ist gleichzeitig das Ergebnis der Handlungen vieler. Zudem wird die Unternehmenskultur von externen, gesellschaftlichen Faktoren beeinflusst. Inwieweit eine Organisation die kulturellen Voraussetzungen für ein wirksames CMS zu schaffen vermag, hängt daher nicht zuletzt da-

---

[404] Eigene Darstellung in Anlehnung an IDW PS 980.
[405] Vgl. Wieland, J.; Grüninger, S. (2009), S. 117.

135

von ab, wie es ihr gelingt, die Perspektiven der „Legal Compliance" und der Wertorientierung zu einem Compliance- und Ethik-Programm zu verschmelzen.

Das zweite Grundelement des hier vertretenen CMS besteht darin, in Übereinstimmung mit den Unternehmenszielen Compliance-Ziele zu definieren. Diese dienen zum einen dazu, die für das Unternehmen relevanten (gesetzlichen und freiwilligen) Regeln vor dem Hintergrund des Unternehmensinteresses zu priorisieren. Zum anderen zielt der Zieldefinitionsprozess darauf ab, ein gemeinsames Verständnis über die Compliance-Anforderungen im Unternehmen zu schaffen und dieses zur Grundlage von Risikoanalyse und Erfolgskontrolle zu machen.[406]

Auf der Grundlage der Compliance-Zieldefinition obliegt es der Unternehmensleitung, eine mit dem Compliance-Management beauftragte Aufbauorganisation zu etablieren und diese so auszustatten, dass deren Ressourcen und Befugnisse die Erreichung der Compliance-Ziele gewährleisten. Darüber hinaus sind ablauforganisatorische Maßnahmen zu definieren, welche die Umsetzung des CMS ermöglichen. Sowohl Aufbau- als auch Ablauforganisation sind dabei Ausdruck der spezifischen Compliance-Anforderungen sowie der Risikosituation des Unternehmens. Daher empfiehlt es sich, die Compliance-Organisation spiegelbildlich zum Unternehmen und dessen Risikolage auszurichten und damit eine enge Kooperation zwischen den Mitarbeitern der Compliance-Abteilung und den Geschäftsbereichen sicherzustellen.

Das Compliance Risk Assessment bezweckt die systematische Identifikation, Bewertung, Dokumentation und Berichterstattung von Konstellationen, die das Potenzial aufweisen, die Erreichung der Compliance-Ziele zu gefährden. Mithilfe geeigneter Indikatoren (z.B. Geschäftsmodell, Ort und Art der Geschäftstätigkeit, Geschäftspartnerbeziehungen auf Lieferanten und Vertriebsseite, Behördenkontakte, rechtliches Umfeld) und Methoden (z.B. Fragebögen, Interviews, Workshops oder kombinierte Vorgehensweisen) wird die Compliance-Risikolage des Unternehmens sowie einzelner Bereiche und Tochtergesellschaften eruiert und transparent gemacht. „Dabei dient das Compliance Risk Assessment als Grundlage für die Allokation unternehmerischer Ressourcen mit dem Ziel der effektiven und effizienten Sicherstellung von Compliance im Unternehmenskontext."[407]

Auf Basis der Ergebnisse der Risikoanalyse geht es im fünften Grundelement des CMS darum, den identifizierten Risiken in geeigneter Weise zu begegnen. Das Compliance-Programm besteht aus einer Reihe an Prozessen, die darauf ausgerichtet

---

[406] Vgl. IDW PS 980 (2011), S. 22.
[407] Otremba, S. (2014), S. 531

sind, Fehlverhalten zu vermeiden oder eingetretene Verstöße zu erkennen und professionell zu handhaben. Beispiele für Prozesse, die der Prävention von Regelverstößen dienen, sind der Geschäftspartner Due Diligence-Prozess, die Etablierung einer internen Anlaufstelle zur Beratung von Mitarbeitern in Compliance-Fragen sowie die Schaffung eines auf Compliance-Themen bezogenen Internen Kontrollsystems.[408] Ein Hinweisgebersystem hingegen mag zwar ebenfalls präventive Wirkung entfalten, dient aber in erster Linie der angemessenen Reaktion auf vermutetes und gemeldetes Fehlverhalten sowie der fairen und transparenten Bearbeitung entsprechender Verdachtsfälle. Bei der differenzierten Implementierung eines Compliance-Programms kommt es vor allem darauf an, die Intensität einzelner Prozesse an den Risiken und Bedarfen einzelner Fachbereiche und Tochtergesellschaften auszurichten. Schließlich ist ein CMS nur dann wirklich angemessen ausgestaltet, wenn es Anforderungen an Effektivität und Effizienz gleichermaßen erfüllt.

Ein wesentliches und das gesamte Compliance Management flankierendes Grundelement eines CMS besteht in der Kommunikation und Schulung von Mitarbeitern. Hierbei geht es vor allem darum, die Verhaltensgrundsätze des Unternehmens praxisgerecht zu vermitteln und dafür Sorge zu tragen, dass diese im Unternehmensalltag gelebt werden. Im Hinblick auf die Ziele von Kommunikations- und Schulungsmaßnahmen ist zwischen Information, Sensibilisierung und Befähigung zu unterscheiden. Während in weniger risikogeneigten Fachbereichen eine allgemeine Information über die Compliance-Anforderungen mittels Online-Trainings angemessen sein mag, bedarf es in risikobehafteten Einkaufs- oder Vertriebsbereichen gegebenenfalls tiefer gehender Präsenzschulungen, die darauf ausgerichtet sind, Mitarbeiter im Umgang mit (ethischen) Dilemmasituationen zu schulen und für die Praxis zu befähigen. Sowohl die Lernziele als auch die jeweils zur Anwendung kommenden Methoden spiegeln also die Risiken und Bedarfe einzelner Zielgruppen. Aufgrund der Signifikanz von Compliance in Geschäftspartnerbeziehungen ist es zudem ratsam, neben den eigenen Mitarbeitern auch Lieferanten und Vertriebsmittler zu informieren und, bei Bedarf, zu schulen. Letztlich hängt die Wirksamkeit eines CMS entscheidend auch davon ab, wie es gelingt, die direkten Beziehungen zu Externen „compliant" zu gestalten.[409]

---

[408] Ein auf Compliance-Themen bezogenes Internes Kontrollsystem besteht aus Kontrollen zur Sicherstellung von Funktionstrennungs- und Mehraugenprinzipien, entsprechenden Berechtigungskonzepten, Genehmigungsverfahren und sonstigen Vorkehrungen zum Vermögensschutz. In dieser Hinsicht ergänzt es das auf eine angemessene Finanzberichterstattung ausgerichtete Kontrollsystem. Vgl. IDW PS 980, S. 23.
[409] Vgl. Wieland, J.; Grüninger, S. (2009), S. 121f.

Das siebte Grundelement des Compliance Managements besteht darin, das CMS zu bewerten und Verbesserungspotenziale abzuleiten. Das Monitoring dient der Beurteilung der Wirksamkeit der eingeleiteten Maßnahmen, mithin der Beantwortung der Frage, ob die Compliance-Ziele erreicht wurden. Die hierzu erforderliche Prüfung kann sowohl durch externe Stellen (Berater, Compliance-Monitor, Wirtschaftsprüfungsgesellschaft) als auch durch interne Funktionen (Compliance-Funktion, Interne Revision) prozessbegleitend sowie prozessunabhängig durchgeführt werden. Dabei dient das Monitoring der Aufdeckung von Defiziten ebenso wie der Eruierung von Möglichkeiten zur weiteren Optimierung von Effektivität und Effizienz des CMS und ist somit seinerseits die Grundlage für die Weiterentwicklung der anderen Grundelemente im Regelkreis des Compliance-Managements.

3.3.3 Compliance Management und Corporate Governance

In der Herleitung der theoretischen Grundlagen des Compliance Managements ist bereits ausgeführt worden, dass das Principal-Agent-Theorem ein wichtiger Ansatz für die Begründung der Notwendigkeit einer systematischen Sicherstellung von Regelkonformität ist. In einem erweiterten Verständnis des Theorems geht es dabei nicht nur darum, bestehenden informationellen Asymmetrien zwischen Kapitaleignern und Unternehmensführung zu begegnen, sondern auch legitime Interessen sonstiger Stakeholder zu wahren. Es geht also um das Unternehmensverhalten in seiner Gänze. Wer dieses in Übereinstimmung mit dem Unternehmensinteresse (als Maßstab guter Corporate Governance) steuern will, bedarf eines Instruments, das auf die Vermeidung von Fehlverhalten und die Realisierung von Regeltreue direkt einwirkt. Das Compliance Management ist ein solches Instrument. Wenngleich daher also über die Ansicht, dass Compliance über die Verhinderung wirtschaftskrimineller Handlungen hinaus auch eine positive Verhaltenssteuerung zu erreichen vermag, kontrovers diskutiert werden kann, so darf doch an der (zumindest nach unten absichernden) Bedeutung des Compliance Managements für die Corporate Governance nicht gezweifelt werden.[410]

---

[410] Welchen Beitrag das Compliance Management zur Corporate Governance tatsächlich zu leisten vermag, hängt nicht zuletzt davon ab, welche Rolle ihm im Unternehmen konkret zugedacht ist. Selbst bei enger Auslegung einer reinen Vermeidung von Haftungs- und Sanktionsrisiken kann die Bedeutung der Compliance nicht unterschätzt werden. Schließlich besteht der Zweck der Corporate Governance in der Sicherung der Existenz sowie der Wahrung der langfristigen Wertschöpfungsfähigkeit, die bei hohen Strafzahlungen oder Marktausschlüssen gefährdet sein können. Vgl. Grüninger, S. (2009), S. 47f.

Aus der Perspektive geltenden Rechts lassen sich für die drei wichtigsten Akteure im Unternehmen die folgenden Anforderungen erkennen: die Sorgfaltspflicht der Geschäftsleitung zur Vermeidung von Nachteilen für das Unternehmen durch unzureichende Compliance, die Überwachungspflicht des Aufsichtsorgans bei der Kontrolle der Geschäftsführung und die (nebenvertragliche) Schadensabwehr- und Treuepflicht der Arbeitnehmer, welche die Übereinstimmung mit Verhaltensnormen im Sinne der Compliance umfasst.[411] Compliance ist damit ein wesentlicher Bestandteil der gegenüber dem Unternehmen bestehenden Pflichten. Umso bemerkenswerter ist es da, dass – von branchenspezifischen Regeln abgesehen – der Begriff Compliance bisher gesetzlich nicht vorkommt. Mit der Aufnahme dieses Terminus in den Deutschen Corporate Governance Kodex wurde diese (eher semantische) Lücke adressiert und Compliance als notwendiger Bestandteil guter Unternehmensführung kodifiziert.[412]

Abschließend sei an dieser Stelle auf den Zusammenhang zwischen der Unternehmenskultur und der Ausgestaltung des Compliance Managements hingewiesen. Im Spannungsfeld der von den beiden Polen Misstrauen und Vertrauen geprägten Unternehmenskultur gilt: Je mehr diese in Richtung Vertrauenskultur tendiert, desto größer die individuellen Handlungsspielräume und desto geringer der spezifische Regelungsbedarf (et vice versa).[413] Umfang und Intensität des Compliance Managements müssen diesen kulturellen Voraussetzungen Rechnung tragen. Gleichzeitig wirkt der Compliance-Bereich direkt und normativ auf das Unternehmen und seine Akteure ein. Im Hinblick auf die Realisierung einer effektiven und effizienten Unternehmenssteuerung ist es daher die Aufgabe der Geschäftsleitung, ein für die konkrete Gesellschaft geeignetes Optimum aus Vertrauen und Kontrolle zu finden, um Regeltreue sicherzustellen, aber auch Kreativität und Innovativität nicht zu gefährden. Die Compliance-Organisation ist hierbei abhängige Variable und Impulsgeber zugleich – und deren Ausgestaltung Ausdruck des Beziehungsgeflechts zwischen Unternehmensführung und Unternehmensüberwachung, zwischen Führungskräften und Mitarbeitern als Kernthema der Corporate Governance.

---

[411] Vgl. Schmidt, B. (2010), S. 245f.
[412] Konkret wird der Begriff Compliance u.a. als Pflicht des Vorstands und des Aufsichtsrates sowie als Bestandteil im „Zusammenwirken von Vorstand und Aufsichtsrat" genannt. Vgl. DCGK (2012), Zif. 3.4, Zif. 4.1.3 sowie Zif. 5.2.
[413] Vgl. Weiß, E. et al (2009), S. 64f.

3.4 Fazit zur Bestandsaufnahme

Die Ausführungen in diesem Kapitel haben sich der fokussierten Beschreibung und Analyse der wichtigsten Parameter der hier behandelten GRC-Funktionen gewidmet. Damit wurden zwei Zielsetzungen verfolgt: Zum einen ging es darum, durch Schaffung von Transparenz über die historischen, definitorischen, theoretischen und rechtlichen Hintergründe, die Ausgestaltung der Funktionen selbst und deren Bezug zur Corporate Governance ein profundes Verständnis über Interne Revision, Risikomanagement und Compliance Management zu ermöglichen. Darauf aufbauend ging es, zweitens, darum, durch dieses Verständnis die Grundlagen zu legen für über die singuläre Untersuchung dieser GRC-Funktionen hinaus gehende integrierte Betrachtungen. Bevor dieser nächste Schritt im folgenden Kapitel 4 unternommen wird, sollen zunächst die wichtigsten Erkenntnisse aus der vergleichenden Analyse der Bestandsaufnahme entlang der Unterkapitelstruktur der betrachteten Analysekriterien zusammengefasst werden.

- Eine Analyse der **historischen Entwicklung** der drei GRC-Funktionen offenbart, dass diese zwar bereits seit langer Zeit – zum Teil seit dem Mittelalter – als Bestandteile verantwortungsvoller Unternehmensführung angesehen wurden. Gleichwohl hat die Bedeutung insbesondere des Risikomanagements und des Compliance Managements in den vergangenen 20 Jahren erheblich zugenommen. So waren es vor allem die Unternehmensskandale in den 1990'er und 2000'er Jahren, auf die mit dem Ruf nach professionelleren Methoden zur Vermeidung und Aufdeckung von Fehlentwicklungen reagiert wurde. Entwicklungen, welche den Geltungszuwachs der GRC-Funktionen beschleunigt haben und die Unternehmenslandschaft heute prägen.
- So groß die Unterschiede in der **definitorischen Betrachtung** der drei GRC-Funktionen im Einzelnen sein mögen, so fällt doch eine Gemeinsamkeit besonders auf: Sowohl Interne Revision, als auch Risikomanagement und Compliance Management beziehen ihre Rechtfertigung aus der Realisierung der Unternehmensziele. Sie sind darauf ausgerichtet, Schaden vom Unternehmen abzuwenden und durch die Sicherstellung effektiver und effizienter Methoden Mehrwert zu schaffen.
- Ein hohes Maß an Übereinstimmung zeigt sich bei den **theoretischen Grundlagen**. Die drei GRC-Funktionen dienen u.a. dazu, der im Principal-Agent-Theorem beschriebenen Problematik asymmetrischer Informationsverteilung zwischen einem Auftraggeber und einem Auftragnehmer zu begegnen. Durch ihre spezifischen Einblicke in die Unternehmenspraxis sind Interne Revision, Risikomanagement und Compliance Management so zu wichtigen Lieferanten

unabhängiger Informationen gegenüber der Geschäftsführung (im Hinblick auf die Handlungen der Mitarbeiter) sowie gegenüber dem Aufsichtsorgan (hinsichtlich der Handlungen des gesamten Unternehmens, insbesondere des Vorstands) geworden.

- Eine Analyse der **rechtlichen Grundlagen** zeigt, dass die gesetzliche Pflicht zur Einrichtung der GRC-Funktionen in expliziter Weise ausschließlich für das Risikomanagement – das Gesetz spricht vom „Überwachungssystem" – besteht. Hingegen lässt sich die gesetzliche Kodifizierung von Interner Revision und Compliance Management lediglich implizit aus den Pflichten insbesondere des Vorstands herleiten. Der Deutsche Corporate Governance Kodex erwähnt die Funktionen jedoch und betont deren Notwendigkeit für eine gute Unternehmensführung. Prägender war ein teils vielschichtiges Normengefüge aus branchenspezifischen, kapitalmarktinduzierten, berufsständischen und sonstigen Bestimmungen, die für alle drei GRC-Funktionen ein genaueres Verständnis über deren jeweiligen Wesensgehalt überhaupt erst ermöglicht haben.

- Die **Ausgestaltung der GRC-Funktionen** ergibt sich aus deren jeweiligem Aufgabenfeld und obliegt im Konkreten der Unternehmensleitung. Jede der Funktionen reklamiert für sich einen gewissen Grad an Unabhängigkeit, der bei der Internen Revision am stärksten ausgebildet ist. Ein umfangreiches Wissen über die Wirkungszusammenhänge im Unternehmen in Kombination mit profunden fachlichen und methodischen Kenntnissen hinsichtlich der vertretenen Funktion ist in allen GRC-Bereichen notwendiges Handwerkszeug. Für Interne Revision, Risikomanagement und zuletzt auch Compliance Management wurden Fachverbände gegründet und Zertifizierungsmöglichkeiten entwickelt, die diese hohen Anforderungen widerspiegeln und die Bedeutung des eigenen Berufsstands zu untermauern versuchen.

- Das **Vorgehensmodell der GRC-Funktionen** ist in allen Bereichen von einem gemeinsamen Kern an Überzeugungen geprägt. Wenngleich die Ansätze in der Unternehmenspraxis divergieren mögen, so besteht in der wissenschaftlichen und der auf die Praxis gerichteten Literatur doch ein hohes Maß an Übereinstimmung bezüglich der einzelnen Methoden, Strukturen und Prozesse innerhalb der Bereiche Interne Revision, Risikomanagement und Compliance Management. Zwar ist damit über Effektivität und Effizienz in der Realität noch wenig gesagt. Jedoch zeigt sich, dass die GRC-Bereiche über funktionsbezogene Standards verfügen, die sie von den meisten anderen Unternehmensbereichen unterscheiden.

- Schließlich ist deutlich geworden, dass der **Bezug zur Corporate Governance** bei Interner Revision, Risikomanagement und Compliance Management ausgesprochen eng ist. Dies ergibt sich – gewissermaßen in einem Zirkelschluss – aus der Tatsache, dass diese Funktionen sich selbst als wesentliche Bestandteile guter Unternehmensführung und -kontrolle begreifen. Indem sie nach der Vermeidung und Aufdeckung potenzieller Schäden sowie der Generierung von Mehrwert für das Unternehmen streben, tragen sie zur Realisierung des Unternehmensinteresses als Maßstab der Corporate Governance bei und begründen so die enge wechselseitige Beziehung.

Mit dieser Zusammenfassung ist die Bestandsaufnahme zu den drei hier behandelten GRC-Funktionen mit Blick auf die wichtigsten Unterschiede und Gemeinsamkeiten abgeschlossen. Für den Moment wurde dabei auf die singuläre Analyse jedes Bereiches fokussiert und zum Teil bereits bestehende Ansätze für eine stärkere integrierte Betrachtung dieser Funktionen ausgeblendet. Unter Zuhilfenahme dieser Ansätze soll im folgenden Kapitel der Versuch unternommen werden, aufbauend auf den Erkenntnissen aus der Bestandsaufnahme ein integriertes Gesamtkonzept für ein Governance-, Risk- und Compliance-Management zu entwickeln.

4 Governance, Risk & Compliance: Integriertes Gesamtkonzept

Probleme kann man niemals mit derselben Denkweise lösen,

durch die sie entstanden sind.

Albert Einstein

In Kapitel 2.3.2.5 ist bereits angedeutet worden, welchen potenziellen Nutzen die integrierte, gesamthafte Betrachtung der Governance-Funktionen generieren kann. Dieses Leistungsversprechen ist eng verknüpft mit den Defiziten der Corporate Governance in der derzeitigen realwirtschaftlichen Praxis. Zur Erinnerung: Zwar wurden in den vergangenen 15 Jahren erhebliche Fortschritte bei der Erhöhung von Transparenz, der Schaffung von Kontrollmöglichkeiten und der Etablierung von stabilitätsfördernden Mechanismen börsennotierter Unternehmen erzielt. Durch eine Vielzahl an Maßnahmen konnten damit Unternehmensführung und -kontrolle professionalisiert und die Corporate Governance deutscher Unternehmen punktuell verbessert werden. Diese Entwicklungen sind nicht gering zu würdigen. Dennoch: Da hier die Ansicht vertreten wird, dass eine gute Corporate Governance stets die kombinierte Betrachtung von Stakeholder-Vertrauen und Wirtschaftlichkeit erfordert, verbleiben begründete Zweifel, dass die aktuellen Ansätze diesem Anspruch bereits vollends gerecht werden. Die tatsächlichen in den vergangenen Jahren zu Tage getretenen, teils spektakulären Insolvenzen sowie die viel zu oft deutlich gewordenen (Compliance-) Verfehlungen von Unternehmen geben hierzu genauso Anlass wie die von zahlreichen Unternehmenslenkern geäußerte Ansicht, die Corporate Governance Debatte der letzten Jahre habe zwar die Anforderungen im regulatorischen Bereich erhöht, aber keinen unmittelbaren Mehrwert für Unternehmen gebracht. Beides – die Generierung eines unmittelbaren Mehrwerts durch Führungs- und Kontrollmechanismen zugunsten der sie anwendenden Unternehmen sowie die wirksame Verhinderung von bestandsgefährdenden Gefahren und systematischem Fehlverhalten im Unternehmenskontext – soll daher im Folgenden stärker in den Blick genommen und in Form eines integrierten GRC-Rahmenwerks entwickelt werden.

Zunächst wird hierzu der aktuelle Stand der Diskussion zu einem integrierten Gesamtkonzept der Governance, Risk & Compliance in Theorie und Praxis vorgestellt. Zur Ermöglichung eines Verständnisses über den Begriff GRC wird dieser anschließend definiert und dessen potenzieller Nutzen für Unternehmen hergeleitet. Der Schwerpunkt der folgenden Ausführungen wird sich mit der Entwicklung eines Rahmenwerks für ein integriertes GRC-Management befassen – ein Rahmenwerk, das auf den jeweiligen Stärken von Interner Revision, Risikomanagement und Compliance Management aufbaut, den durch diese Funktionen in Aussicht gestellten Mehrwert für das Unternehmen durch konsequente Nutzung bestehender Synergiepotenziale erhöht und Ressourcen sowohl auf GRC-Seite als auch in den operativen Einheiten schont. Dabei muss es das Ziel sein, durch effektive und effiziente GRC-Prozesse die Ziele der Corporate Governance bestmöglich zu unterstützen und damit die langfristige Wertschöpfungsfähigkeit von Unternehmen zu sichern.

4.1 Status Quo zu GRC in Theorie & Praxis

4.1.1 Status Quo der Literatur zum Thema GRC

Eine Analyse der zum Themengebiet GRC vorhandenen deutsch- und englischsprachigen Literatur offenbart teils bemerkenswerte Erkenntnisse, die in den folgenden fünf Hauptaussagen zusammengefasst werden:[414]

- Während die wissenschaftliche und praxisorientierte Literatur zu den einzelnen Themengebieten Corporate Governance, Interne Revision, Risikomanagement und Compliance immens ist und in der Gänze kaum zu überblickende Ausmaße angenommen hat, sind relevante Beiträge zu einem integrierten Gesamtkonzept dieser Funktionen in Anzahl und Umfang eher überschaubar.[415]

- Nahezu sämtliche Quellen, die sich zu einem integrierten GRC-Gesamtkonzept äußern, stammen von Beratungs- oder Software-Unternehmen, deren primärer Zweck darin besteht, Leistungen zur Implementierung von GRC-Konzepten im Unternehmenskontext anzubieten.[416] Wissenschaftliche Publikationen hierzu sind hingegen äußerst rar und fokussieren dann auf die Kooperation zweier GRC-Funktionen, ohne ein integriertes GRC-Gesamtkonzept zu entwickeln.[417]

---

[414] Die Aussagen basieren auf einer eigenen umfangreichen Literaturrecherche sowie dem im Jahr 2010 veröffentlichten Dokument „A Frame of Reference for Research of Integrated Governance, Risk & Compliance (GRC). Vgl. hierzu ausführlicher: Racz, N., Weippl, E., Seufert, A. (2010).

[415] Racz et al. kamen im Rahmen ihrer Analyse für den Zeitraum 2004 bis 2009 auf 107 Quellen, die auf Basis ihres Umfangs, ihrer Produktunabhängigkeit und ihres Formats einer genaueren Bewertung unterzogen werden konnten. Vgl. Racz, N., Weippl, E., Seufert, A. (2010), S. 109.

[416] Die Mehrzahl dieser Publikationen beschreibt dabei die Implementierung von GRC-Konzepten in SAP-Umgebungen.

[417] Vgl. hierzu beispielhaft Geiersbach, K. (2011) zum Themengebiet „Der Beitrag der Internen Revision zur Corporate Governance".

144

- Die Mehrzahl der zum Themengebiet GRC erfolgten Veröffentlichungen ist technologieorientiert, konzentriert sich also auf die Etablierung geeigneter IT-Systeme zur Nutzung von Synergiepotenzialen zwischen den einzelnen Funktionen. Dies hängt zum einen mit Herkunft und Leistungsangebot der publizierenden Unternehmen zusammen. Zum anderen ist zu vermuten, dass die sich aus der gemeinsamen Verwendung von Rollen- und Stammdaten, Berichtsformaten und Prozesszyklen ergebenden Effizienzpotenziale besonders offensichtlich scheinen und daher einen Schwerpunkt der Betrachtung bilden. Über die diesem Fokus notwendigerweise vorgelagerten konzeptionellen Überlegungen zu einem integrierten GRC-Konzept ist damit hingegen noch wenig gesagt.

- Des Weiteren fällt auf, dass die diversen Veröffentlichungen zum Teil völlig unterschiedliche Verständnisse zum GRC-Begriff aufweisen. Während einige Autoren GRC ausschließlich technologieorientiert interpretieren, legen andere Autoren Wert auf die Feststellung, dass GRC zwar technologiebasiert agiert, aber über die reine IT-Systematik hinausgeht. Während einige Beiträge GRC als die Summe seiner Funktionen betrachten, betonen andere, dass die integrierte Betrachtung der GRC-Funktionen mehr sei, als die Summe seiner Teile und gerade hierin der Mehrwert eines integrierten GRC-Ansatzes zu finden sei.[418]

- Eng mit dem abweichenden Begriffsverständnis zu GRC verknüpft ist die Tatsache, dass die Mehrzahl der Artikel nicht einmal eine Definition des GRC-Begriffes aufweist. Stattdessen wird implizit ein Konsens zum Gesamtkontext GRC vorausgesetzt, der sich aus der Unterschiedlichkeit der Literatur jedenfalls nicht herleiten lässt. Um in dieser Hinsicht Klarheit zu schaffen, wird der GRC-Begriff daher in Kapitel 4.2 der vorliegenden Arbeit zunächst reflektiert und dann definiert.

In der Gesamtschau ergibt sich damit ein heterogenes Bild der derzeitigen Literatur zum Themengebiet GRC. Bemerkenswert ist diese Uneinheitlichkeit vor allem deshalb, weil das Akronym GRC mittlerweile etabliert zu sein scheint und jedenfalls vielfach verwendet wird.[419] Mit der vorliegenden Arbeit soll daher der Versuch unternommen werden, einen Beitrag zur Klärung gerade auch solcher grundlegenden, das Begriffsverständnis prägenden Fragen zu leisten.

---

[418] Vgl. hierzu ausführlicher Kap. 4.3 sowie Racz, N., Weippl, E., Seufert, A. (2010), S. 110.
[419] Im Business Netzwerk LinkedIn wurden 2010 ca. 4.000 Personen als „GRC Professionals" gelistet. Vgl. Racz, N., Weippl, E., Seufert, A. (2010), S. 107.

4.1.2 Status Quo der Umsetzung von GRC in der Unternehmenspraxis

Neben der Analyse der vorhandenen Literatur lohnt es sich, auf Basis von Studien[420] den Stand der Umsetzung von GRC-Konzepten in der unternehmerischen Praxis in den Blick zu nehmen. Zwar sind die Ergebnisse der bisher hierzu erschienenen wissenschaftlichen Arbeiten aufgrund ihrer eingeschränkten Repräsentativität sowie der bereits oben bemerkten unterschiedlichen Begriffsverständnisse mit Vorsicht zu betrachten. Dennoch weisen sie erste Tendenzen auf, ob und auf welche Weise eine GRC-Implementierung in Unternehmen erfolgt und bieten damit Anhaltspunkte für die weitere Bearbeitung des Untersuchungsgegenstandes. In fünf Hauptaussagen zusammengefasst, gestaltet sich der Umsetzungsstand zu GRC in der unternehmerischen Praxis demnach wie folgt:

- Eine Mehrheit der Befragten ist (grundsätzlich) der Auffassung, dass die Vorteile eines integrierten GRC-Ansatzes die Aufwendungen aus dessen initialer Einrichtung und kontinuierlicher Durchsetzung überwiegen.[421] Demgemäß verfügt mehr als die Hälfte dieser Unternehmen über eine unternehmensweit gültige GRC-Strategie. Gleichwohl ist diese nur in 60 % der Unternehmen mit GRC-Strategie auch – bspw. mithilfe eines GRC-Methodenhandbuchs – operationalisiert.[422]

- Die Hälfte der befragten großen und mittelständischen Unternehmen verfügt über eine organisatorische Institutionalisierung der Kooperation zwischen den GRC-Funktionen. In den verbleibenden Organisationen findet zwar partiell ebenfalls ein meist anlassbezogener Austausch zwischen den Bereichen statt; allerdings ist dieser dann in der Regel nicht formal definiert und damit legitimiert.[423] Unternehmen, die dem Themengebiet GRC eine große Relevanz beimessen, verfügen mehrheitlich über zentrale GRC-Bereiche.[424]

- Auf prozessualer Ebene scheint die Integration der GRC-Funktionen weniger fortgeschritten als die aufbauorganisatorische Institutionalisierung vermuten ließe. Leidglich 27 % der Befragten geben an, über integrierte GRC-Prozesse zu verfügen. In den verbleibenden 73 % der Unternehmen dominiert demnach

---

[420] Als Quellen konnten herangezogen werden (1) eine Studie von Brühl/Hiendlmeier (2013), in der 29 große und mittelständische Unternehmen zum GRC-Umsetzungsstand befragt wurden, sowie (2) eine Untersuchung von Racz et al. (2010), an der 99 Personen teilnahmen, die laut eigener Aussage beruflich im Themenfeld GRC aktiv sind.
[421] Vgl. Racz, N. et al. (2010), S. 4.
[422] Vgl. Brühl, K., Hiendlmeier, A. (2013), S. 25.
[423] Vgl. Brühl, K., Hiendlmeier, A. (2013), S. 26.
[424] Die Studie von Racz, N. et al. spricht hier von 61 %. Gemessen an der Gesamtheit der befragten Experten, verfügen 41 % der Unternehmen über einen zentralen GRC-Bereich. Vgl. Racz, N. et al. (2010), S. 4.

die rein funktionale Steuerung nach den einzelnen GRC-Bereichen.[425] Eine bereichsübergreifende Risikosteuerung mittels einheitlicher Methoden und Prozesse, die auch Wechselwirkungen zwischen den einzelnen GRC-Funktionen in Betracht zieht, wird dadurch erschwert.[426]

- Den zitierten Studien zufolge ist ein abgestimmtes GRC-Berichtswesen nur in einer Minderheit der Unternehmen etabliert. Die Koordination von Formaten, Strukturen und Zeitpunkten entsprechender Berichte findet nicht oder nur teilweise statt.[427] „So dominieren noch weitgehend separate bereichs- oder themenspezifische Berichtsstrukturen."[428] Die angestrebten Effekte einer erhöhten Transparenz über die (auch vergleichende) Risikorelevanz der Informationen aus den GRC-Funktionen kann dadurch nicht vollends realisiert werden.

- Eine besondere Rolle in der GRC-Debatte spielt die informationstechnologische Unterstützung. Zwar hält eine Mehrheit der Befragten den Beitrag von IT-Systemen hierbei für bedeutsam. Jedoch setzt lediglich ein Drittel der befragten Unternehmen ein Tool zur ganzheitlichen Unterstützung des GRC-Managements ein.[429] Die Organisationen, die eine IT-Lösung zur GRC-Steuerung eingeführt haben, vermitteln dabei ein uneinheitliches Bild darüber, ob sich der Aufwand der Implementierung auch gelohnt hat: Lediglich 52 % der Befragten bejahen dies, wohingegen 42 % unsicher sind. Dabei ist bemerkenswert, dass die Zustimmungsquote der Unternehmen, die Standardlösungen verwenden, über der Quote von Organisationen liegt, die über kundenspezifisch angepasste bzw. vollständig selbst entwickelte IT-Systeme verfügen.[430] Die noch gering ausgeprägte IT-Unterstützung des GRC-Managements scheint dabei auch Ausdruck der noch limitierten Fortschritte bei der Implementierung geeigneter GRC-Gesamtprozesse zu sein.

Die Erkenntnisse zum Umsetzungsstand von GRC in der Unternehmenspraxis suggerieren, dass sich eine Mehrheit der großen und mittelständischen Organisationen mit dem Themengebiet GRC befasst. Dies darf schon deshalb nicht überraschen, da diese Unternehmen häufig im Anwendungsbereich solcher gesetzlicher Bestimmungen liegen, welche die Einrichtung der einzelnen GRC-Funktionen vorschreiben oder

---

[425] Vgl. Racz, N. et al. (2010), S. 4.
[426] Vgl. Brühl, K., Hiendlmeier, A. (2013), S. 26.
[427] Die teilweise Integration von Berichtsinhalten erfolgt bspw. durch die Aufnahme von IKS-Risiken in die Berichterstattung des Risikomanagements. Vgl. Brühl, K., Hiendlmeier, A. (2013), S. 27.
[428] Brühl, K., Hiendlmeier, A. (2013), S. 27.
[429] Vgl. Brühl, K., Hiendlmeier, A. (2013), S. 28.
[430] Vgl. Racz, N. et al. (2010), S. 4.

zumindest empfehlen.[431] Allerdings scheint die Unternehmenspraxis von einem stringenten aufbau- und ablauforganisatorisch (horizontal) integrierten GRC-Management weit entfernt zu sein. Von einer darüber hinaus bedeutsamen vertikalen Integration der GRC-Funktionen in die Geschäftsprozesse ist weder in den Fragen noch in den Antworten die Rede. Überdies treffen die hier zu Rate gezogenen Studien keine Feststellung dazu, ob den Aussagen der Befragten überhaupt ein gemeinsames Verständnis zum GRC-Themengebiet zugrunde lag. Umso mehr sind die generierten Erkenntnisse ein wichtiges Indiz dafür, dass zahlreiche Fragen zum GRC-Management in Theorie und Praxis noch unbeantwortet sind. Dazu gehört die Verständigung auf eine GRC-Definition mit ihren Zielen ebenso wie das Aufzeigen konkreter Mehrwert stiftender Lösungen in Aufbau- und Ablauforganisation. In den folgenden Abschnitten wird daher versucht, diesen Fragen Antworten gegenüberzustellen und damit erstmals ein theoretisch fundiertes und auf die Praxis ausgerichtetes integriertes GRC-Gesamtkonzept zu entwickeln.

4.2 Definition eines integrierten GRC-Managements

Es ist zu vermuten, dass die Heterogenität in den bisherigen Befunden aus Theorie und Praxis aus einem gehörigen Maß an Unsicherheit darüber resultiert, was unter GRC überhaupt zu verstehen und was mit einem GRC-Ansatz tatsächlich zu erreichen ist. Während sich die Wissenschaft zu GRC bisher nicht auf eine einheitliche Definition hat einigen können, kursieren in der unternehmerischen Praxis abweichende Vorstellungen, die vor allem von Beratungsfirmen und Anbietern von IT-Lösungen geprägt werden. Dies alles hat zu einer gewissen Konfusion darüber geführt, wer oder was eigentlich worin „integriert" werden soll, wenn von „integrierter GRC" gesprochen wird. Um diesem Umstand abzuhelfen, soll daher nun zunächst der Begriff GRC näher definiert und mit Blick auf dessen Ziele und potenziellen Nutzen konkretisiert werden.

Wie oben bereits ausgeführt, beinhaltet eine Mehrzahl der Publikationen zum Themengebiet GRC keinerlei Definition des Begriffes. Stattdessen wird entweder implizit von einem gesetzten Begriffsverständnis ausgegangen, oder es werden die einzelnen GRC-Funktionen definiert, ohne den besonderen Nutzen einer „integrierten" Betrachtung näher auszuführen. Drei Studien helfen dabei, sich dem Terminus GRC systematisch anzunähern. In einer Untersuchung des Beratungshauses Kahn Con-

---

[431] Siehe hierzu ausführlicher die rechtlichen Grundlagen der einzelnen GRC-Funktionen in Kap. 3.

sulting Inc. aus dem Jahr 2008 wurden über 400 Unternehmen u.a. zum Stand der Umsetzung eines GRC-Programms befragt. Demnach betrachten drei Viertel der Rückmeldungen GRC als ein koordiniertes Programm unter Berücksichtigung von Strukturen, Prozessen und Technologie mit dem Ziel, Fehlverhalten zu verhindern, den Umgang mit Anforderungen im GRC-Umfeld zu vereinfachen und schließlich die operationelle Effizienz zu erhöhen.[432] Damit gehen die befragten Unternehmen bereits über das vorherrschende Verständnis des GRC-Begriffes hinaus, die ein Jahr zuvor noch das Software-Unternehmen Approva Corporation in einer Studie ermittelt hatte. Dort hatten rund 87 % der über 200 teilnehmenden Unternehmen GRC als eine Reihe interner Richtlinien und Prozesse zur Steuerung von Risiken definiert.[433] Von einer integrierten Betrachtungsweise kann auf Basis dieser Interpretation noch nicht gesprochen werden. Unter Zugrundelegung dieser beiden zahlenmäßig recht umfassenden Untersuchungen und weiterer Recherchen widmeten sich im Jahr 2010 eine Gruppe Wissenschaftler der Technischen Universität Wien und der Steinbeis Hochschule Berlin der Suche nach einer akademischen Ansprüchen genügenden Definition. Dabei wurden drei Prämissen vorausgesetzt: Zum einen formulierten die Autoren, dass GRC nicht in der fragmentierten Erfüllung funktionsbezogener Pflichten bestehen könne, ergo: das Ganze mehr sein müsse, als die Summe seiner Teile. Zweitens betonten sie den unmittelbaren Bezug von GRC und strategischem Management. Und drittens konkretisierten sie die Rolle der Informationstechnologie als wichtig, ohne das Themengebiet GRC auf selbige zu reduzieren. Nachdem eine vorläufige Definition 131 Befragten mit der Bitte um Kommentierung zur Verfügung gestellt und abschließend überarbeitet worden war, kamen die Autoren zur folgenden Definition des GRC-Begriffes:

„GRC ist ein integrierter, holistischer Ansatz einer unternehmensweiten Governance, Risk und Compliance, die dazu dient sicherzustellen, dass eine Organisation ethisch korrekt und in Übereinstimmung mit ihrer Risikoneigung, internen Richtlinien und externen Anforderungen agiert. Durch eine Abstimmung von Strategie, Prozessen, Technologie und Personal / Strukturen werden Effektivität und Effizienz verbessert."[434]

---

[432] Vgl. Kahn Consulting Inc. (2008), S. 4f.
[433] Vgl. Racz, N., Weippl, E., Seufert, A. (2010), S. 111.
[434] Eigene sinngemäße Übersetzung. Original: „GRC is an integrated, holistic approach to organisation-wide governance, risk and compliance ensuring that an organisation acts ethically correct and in accordance with ist risk appetite, internal policies and external regulations through the alignment of strategy, processes, technology and people, thereby improving efficiency and effectiveness." Racz, N., Weippl, E., Seufert, A. (2010), S. 113.

Wenngleich diese Definition aus der intensiven Recherche herausragt, so provoziert sie doch Nachfragen. Schließlich sind mehrere Begriffe vage und es bleibt unklar, was unter „integriert", „holistisch" oder auch „ethisch korrekt" zu verstehen ist. Diese verbleibende Unklarheit mag zum einen mit der Komplexität des (interdisziplinären) Untersuchungsgegenstandes GRC selbst zu tun haben. Zum anderen sollten Definitionen kurz und prägnant sein und damit das Begriffsverständnis bestenfalls in einem Satz auf den Punkt bringen. Dies scheint angesichts der Vielgestaltigkeit des Themengebiets nahezu unmöglich, wie auch die hier vorgeschlagene Definition zeigt. Sie ist graduell strukturiert und damit so gestaltet, dass sie zunächst ein grobes Begriffsverständnis über das WAS und das WOZU ermöglicht, welches dann mit zunehmender Detaillierung weiter ausgeführt und in Bezug gesetzt wird. Auf Basis dieser Überlegungen wird der Begriff GRC (alternativ GRC-Management) in dieser Arbeit wie folgt definiert:

Governance, Risk & Compliance (GRC) bezeichnet die kontinuierliche gesamthafte Betrachtung aller Funktionen einer Organisation, um rechtliche, finanzielle und Reputationsrisiken effektiv und effizient zu steuern.

Durch die funktionsübergreifende Betrachtung von Risikomanagement, Compliance sowie Interner Revision und die gezielte Einbeziehung weiterer relevanter Unternehmensfunktionen (IKS, Controlling, Rechtsbereich u.a.) werden Synergiepotenziale genutzt (horizontale Integration) und die Einbindung von GRC in bestehende Geschäftsprozesse sichergestellt (vertikale Integration).

Die Corporate Governance des Unternehmens ist Fundament und Bezugspunkt des GRC-Managements. GRC ist damit Bestandteil des strategischen und operativen Managements und dient der Verwirklichung des Unternehmensinteresses.

Diese GRC-Definition beantwortet zunächst die Frage, welche unternehmerischen Funktionen von einem GRC-Management überhaupt betroffen sind (nämlich grundsätzlich alle) und präzisiert damit dessen organisationsweite Bedeutung. Sie formuliert, zweitens, die damit verfolgte Zielsetzung, die zunächst in der effektiven und effizienten Steuerung von Risiken besteht und damit der Verwirklichung des Unternehmensinteresses als Kriterium guter Corporate Governance dient.[435] Drittens wird die Frage nach der zeitlichen Ausgestaltung eines GRC-Managements beantwortet, indem verdeutlicht wird, dass dieses kontinuierlich stattfinden müsse. Viertens führt die Definition aus, auf welche Weise die gesamthafte, funktionsübergreifende Betrachtung realisiert werden kann, indem sie verdeutlicht, dass sie zur vollen Entfaltung ihres Leistungsversprechens die horizontale und die vertikale Integration in Betracht ziehen muss. Schließlich, fünftens, offenbart die Definition den Bezugspunkt des GRC-Managements zur Corporate Governance und beantwortet damit die Frage, wie sich GRC in die bestehende Gesamtorganisation einfügt. Es ist damit dieses Begriffsverständnis, auf dem in der vorliegenden Arbeit alle weiteren Überlegungen zur Umsetzung von GRC-Konzepten in der Unternehmenspraxis basieren.

4.3 Governance, Risk & Compliance – Integriertes Gesamtkonzept

In den vergangenen Jahren sind die regulatorischen Anforderungen im Bereich der Unternehmensführung und -kontrolle kontinuierlich erweitert worden. Ursächlich hierfür waren einerseits Unternehmenszusammenbrüche, die durch professionelle Corporate Governance-Mechanismen teilweise hätten vermieden werden können. Andererseits hat eine Melange aus politischer Kurzsichtigkeit und unternehmerischen Fehlentscheidungen Krisen begünstigt, die einzelne Unternehmen wie ganze Volkswirtschaften massiv belastet haben und dies noch heute tun.[436] Die Verdichtung des Netzes von Anforderungen zur Verbesserung der Qualität unternehmerischer Leitungs- und Kontrollprozesse ist daher auch als Reaktion auf offenkundig gewordene Defizite der realwirtschaftlichen Praxis zu sehen.

Dem durch zusätzliche Corporate Governance-Anforderungen entstehenden Kostenanstieg steht der ebenfalls zunehmende globale Wettbewerbsdruck gegenüber.[437] Diese Gemengelage schafft ein Spannungsfeld, das Lösungen verlangt, die erhöhten Normen zu erfüllen und dabei die Wirtschaftlichkeit nicht aus den Augen zu verlieren. Vor diesem Hintergrund ist die ganzheitliche Betrachtung derjenigen Funktionen, die ein Unternehmen dazu befähigen, mit diesen Herausforderungen umzugehen, nicht nur „nice to have", sondern eine wesentliche Voraussetzung für die wirksame Ver-

---

[435] Vgl. hierzu ausführlicher Kap. 2.4.
[436] Beispielhaft sei an dieser Stelle die „Immobilienkrise" genannt, die sich – ausgehend von den USA – über eine Banken- und Finanzkrise zu einer veritablen Staatsschuldenkrise in zahlreichen Ländern ausgewirkt hat. In diesem Fall kann tatsächlich von einem Konglomerat des Versagens von staatlichen Institutionen, Finanzinstituten und Ratingagenturen gesprochen werden. Vgl. hierzu ausführlicher Kap. 2.3.2.
[437] Vgl. Menzies, C. et al. (2006), S. 332.

meidung von Nachteilen, die zielgerichtete Realisierung von Wertschöpfungspotenzialen, die effiziente Gestaltung der hierzu erforderlichen Prozesse und schließlich die Generierung erlebbaren Mehrwerts bei der Verwirklichung des Unternehmensinteresses.

Im Sinne dieser Zielsetzung widmen sich die folgenden Ausführungen der Konzeption eines integrierten GRC-Gesamtkonzepts in Form des an dieser Stelle erstmals vorgestellten GRC-Rahmenwerks. In dieser strukturgebenden Gliederung des Themengebiets werden acht GRC-Dimensionen als wesentliche Bestandteile des GRC-Managements identifiziert, in ihrem jeweiligen Leistungsbeitrag charakterisiert und zueinander in Beziehung gesetzt. Damit unterstützt das GRC-Rahmenwerk bei der Orientierung im Gesamtkontext und erleichtert die sukzessive Umsetzung eines integrierten GRC-Ansatzes in der Unternehmenspraxis.

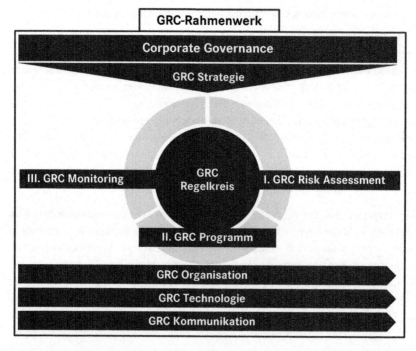

Abb. 9: Das GRC-Rahmenwerk[438]

---

[438] Eigene Darstellung.

Das GRC-Rahmenwerk verdeutlicht, dass die Corporate Governance eines Unternehmens Ausgangspunkt und Bezugspunkt des GRC-Managements gleichermaßen ist. Die organisationalen Mechanismen zur Unternehmensführung und -kontrolle sind durch gesetzliche oder satzungsmäßige Voraussetzungen zunächst einmal gegeben und damit ein Fundament, auf dem ein jedes GRC-Management aufbauen muss. Gleichzeitig wird die Corporate Governance aber auch durch das GRC-Management erst konkret ausgestaltet, da die Art und Weise, in der relevante Informationen erhoben, zusammengebracht, gewürdigt, berichtet und schließlich in der Entscheidungsfindung beachtet werden, durch GRC-Prozesse beeinflusst wird. Vor diesem Zusammenhang ist die Corporate Governance ein (zur zum Teil beeinflussbarer) Ausgangspunkt und der (durch GRC gezielt ausgestaltete) Bezugspunkt gleichermaßen.

Die Corporate Governance ist damit auch der Ansatzpunkt für die Definition der GRC-Strategie, die ihrerseits wiederum den Kern des GRC-Regelkreises bildet. Mit der Regelkreissystematik wird die Ablauforganisation eines kontinuierlichen GRC-Managements versinnbildlicht, das in einem Risk Assessment seinen Ausgang nimmt, auf dessen Grundlage die risikoorientierte GRC-Steuerung anstrebt und in einem Monitoring-Prozess mündet, der die Wirksamkeit des GRC-Managements misst und Verbesserungspotenziale aufzeigt. Dass die Erkenntnisse aus dem Monitoring wiederum in Risk Assessment und GRC-Steuerung einfließen, erklärt sich aus der Regelkreissystematik des GRC-Managements.

Mit der Dimension der GRC-Organisation wird die Aufbauorganisation des GRC-Managements in den Blick genommen. Schließlich resultiert ein Teil des Leistungsversprechens von GRC auf der Prämisse der Einheitlichkeit in Prozessen und Strukturen, was organisationale Fragen aufwirft. Gleichzeitig bestehen für einzelne GRC-Funktionen aber auch externe Anforderungen, die Unternehmen bei der Ausgestaltung der GRC-Organisation berücksichtigen sollten.

Schließlich veranschaulicht das GRC-Rahmenwerk zwei prozessbegleitende Dimensionen, die aufgrund ihrer für das GRC-Management herausgehobenen Bedeutung explizit behandelt werden. Zum einen geht es hierbei um die informationstechnologische Dimension. Diese spielt, wie oben bereits ausgeführt, in der GRC-Literatur und in der Unternehmenspraxis eine bedeutende Rolle und soll deshalb auch hier näher betrachtet werden. Zum anderen darf die prozessbegleitende Kommunikation nicht vernachlässigt werden. Dies betrifft sowohl die Phase der Etablierung eines GRC-Managements als auch die kontinuierliche Sensibilisierung und Schulung von Mitarbeitern im Umgang mit GRC-Themen. Daher wird die Ausgestaltung der Kommunikation im vorliegenden GRC-Gesamtkonzept einen bedeutenden Platz einnehmen.

Die folgenden Kapitel widmen sich der näheren Beschreibung der einzelnen Dimensionen des GRC-Rahmenwerks, für die unter Bezugnahme auf den derzeitig vorherrschenden Zustand in Theorie und Praxis ein Zielzustand entwickelt wird. Um den unterschiedlichen Entwicklungsständen von Unternehmen auf dem Weg zu diesem Zielzustand gerecht zu werden, erfolgt anschließend die Darstellung eines Transformationsprozesses.

4.3.1 Corporate Governance als Ausgangs- und Bezugspunkt des GRC-Managements

Ein prägendes Merkmal unternehmerischen Handels im 21. Jahrhundert besteht darin, dass Firmen mit zahlreichen Anforderungen konfrontiert sind, welche den Rahmen, innerhalb dessen diese ihre Corporate Governance gestalten können, festlegen. Seit den 1990'er Jahren wurde das für kapitalmarktorientierte Organisationen in Deutschland bestehende Normengefüge aus gesetzlichen, branchenspezifischen, kapitalmarktinduzierten, berufsständischen und sonstigen Bestimmungen sukzessive ausgeweitet und immer weiter verdichtet. In der Gesamtschau dieser Entwicklungen unterliegen Unternehmen weitreichenden Vorgaben, die Aufgaben, Rollen und Verantwortlichkeiten von Vorstand, Aufsichtsrat und Aktionärsversammlung regeln, das Beziehungsgeflecht dieser Gruppen untereinander präzisieren, Informations-, Offenlegungs- und Kontrollmöglichkeiten konkretisieren und stabilitätsfördernde Mechanismen einfordern. Darüber hinaus prägen weitere, unternehmensindividuelle Parameter den Corporate Governance Rahmen von Unternehmen. Innerhalb dieses Rahmens jedoch verfügen Organisationen über ein breites Spektrum an Freiheiten zur konkreten Ausgestaltung von Mechanismen zur Führung und Aufsicht und damit auch zur Bestimmung des Managements der die Corporate Governance wesentlich beeinflussenden Unternehmensfunktionen Interne Revision, Risiko- und Compliance Management.

Systematisch lassen sich die Parameter, welche bei der Ausgestaltung des GRC-Managements betrachtet werden sollten, in eine Vielzahl interner und externer Einfluss- bzw. Kontext-Faktoren gliedern. Diese Faktoren sollten also zunächst einer Untersuchung unterzogen werden, bevor das GRC-Management entwickelt wird. Mit anderen Worten: Es liegt nicht auf der Hand, wie GRC im Unternehmen bis ins Detail ausgeprägt sein sollte. Vielmehr gibt es eine Reihe an Faktoren, deren Analyse erst die Signifikanz des GRC-Managements für eine Organisation verdeutlicht und damit die Höhe der Investition, die ein Unternehmen für diese Funktion zu akzeptieren bereit ist, ebenso determiniert, wie konkrete Fragen der Ausgestaltung.

Diese Erkenntnis ist in zweierlei Hinsicht relevant. Zum einen waren die GRC-Funktionen in der Vergangenheit aufgrund der ihnen zu Grunde liegenden Regulierung viel zu lange allein durch sich selbst gerechtfertigt. Da sie regulatorisch (mehr oder weniger explizit) gefordert sind, bedurfte es keiner zusätzlichen Argumente, die Notwendigkeit von Interner Revision, Risikomanagement oder Compliance zu begründen. Dies führte aber auch dazu, dass diese Funktionen viel zu lange von Wirtschaftlichkeitsüberlegungen ausgenommen waren. Die vorliegende Arbeit versucht, dieser Ansicht eine Alternative gegenüber zu stellen – nicht weil die GRC-Funktionen unnötig wären, sondern weil diese innerhalb eines gestaltbaren Rahmens ebenso der unternehmerischen Entscheidung unterliegen sollten, wie Einkauf, Produktion oder Vertrieb. Die auf Basis einer unternehmensspezifischen Analyse relevanter Kontext-Faktoren erfolgende bewusste Entscheidung über Umfang und Ausgestaltung des GRC-Managements im Rahmen der Corporate Governance ist dabei auch eine wesentliche Voraussetzung dafür, dass die Mechanismen zur Unternehmensführung und -kontrolle in der Gänze als Mehrwert stiftend empfunden werden.[439]

Der zweite Begründungsansatz dafür, dass erst die spezifische Analyse der ein Unternehmen prägenden Kontext-Faktoren die Ausgestaltung des GRC-Managements determinieren sollte, lautet kurz gefasst: „Keep it situational"[440]. Gemeint ist damit, dass unterschiedliche Unternehmen auch unterschiedliche Empfehlungen im Bereich der Corporate Governance erfordern – eine Erkenntnis, die außerdem durch den Deutschen Corporate Governance Kodex formuliert wird, der darin eine Möglichkeit zur Flexibilisierung und Selbstregulierung deutscher Unternehmensverfassungen sieht.[441] Mit der Berücksichtigung der situativen Kontext-Faktoren wird den realen Erfordernissen von Unternehmen Rechnung getragen.

Die folgende Abbildung veranschaulicht die wichtigsten Einflussfaktoren für die Ausgestaltung des unternehmerischen GRC-Managements, deren Erörterung Gegenstand der weiteren Ausführungen ist:

---

[439] Siehe hierzu die Studie von Russell Reynolds Associates, in der Unternehmenslenker die Ansicht vertraten, dass die Corporate Governance Debatte der vergangenen Jahre zwar die Anforderungen im regulatorischen Bereich erhöht, aber keinen unmittelbaren Mehrwert für Unternehmen gebracht hätte. Vgl. Russell Reynolds Associates (2005), S. 6f.
[440] Hilb, M. (2009), S. 17.
[441] Vgl. DCGK (2012), S. 2.

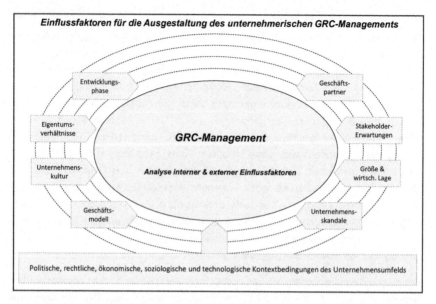

Abb. 10: Einflussfaktoren des GRC-Managements[442]

Da an dieser Stelle keine Theorie der Corporate Governance formuliert werden soll, werden hier die neun für diesen Zusammenhang wichtigsten Einflussfaktoren überblicksmäßig dargestellt. Zudem sollten diese im Zusammenhang mit der allgemeinen Corporate Governance Debatte im Unternehmen, die über das Themengebiet GRC hinausgeht, bereits analysiert worden sein. Hingegen soll die Frage beantwortet werden, welche Schlussfolgerungen sich für das GRC-Management aus der Ausprägung einzelner Kontext-Faktoren ziehen lassen.

1. Anspruch des Unternehmensumfelds

Unter dem Unternehmensumfeld sind politische, rechtliche, ökonomische, soziologische und technologische Kontextbedingungen zu subsummieren. Während die Legislative durch ihre Gesetzgebung determiniert, ob Unternehmen über ein monistisches, duales oder triales Board-System[443] verfügen (bzw. ob

---

[442] Eigene Darstellung.
[443] Das triale Bord-System ist vor allem in islamischen Ländern zu finden. Es kombiniert ein dem monistischen Modell ähnliches Bord-System, in dem sich Bord of Directors und Managing Bord zum Teil überschneiden, mit dem dualistischen Modell, indem diesem ein drittes Gremium, das Supervisory Bord, an die Seite gestellt wird. Vgl. Hilb, M. (2009), S. 49.

diese bei der Gestaltung ihrer Führungs- und Kontrollstrukturen die Wahl zwischen den Modellen haben), sind es Exekutive und Judikative, die letztlich die Rechtsdurchsetzung bestimmen. Diese kann wiederum durch ökonomische Verhältnisse des Landes und die gesellschaftliche Kultur geprägt sein. Für die Ausgestaltung des GRC-Managements von Unternehmen gilt: Je sensibler das Umfeld für Fragen der Corporate Governance ist, desto bedeutsamer wird die GRC-Funktion selbst. Für international tätige Unternehmen ist dabei nicht nur das jeweilige Herkunftsland zu beachten. Vielmehr finden Gesetze zunehmend extraterritoriale Anwendung, so dass bspw. bei Verbindungen in die USA oder nach Großbritannien deren Anti-Korruptionsgesetze auch dann vollzogen werden, wenn die Handlung selbst in einem Drittland stattgefunden hat. Faktisch führt das in vielen Fällen in der Praxis zu einer Orientierung am jeweils strengsten Gesetz, an dem sich dann auch das GRC-Management ausrichten sollte.

2. Komplexität des Geschäftsmodells

Das Geschäftsmodell eines Unternehmens spielt eine entscheidende Rolle bei der Festlegung des GRC-Managements. Grob gesagt, handelt es sich hierbei um die Frage, mit welchem Ziel eine Organisation was (Produkte, Dienstleistungen) womit (Ressourcen) für wen (Kunden, Märkte) und auf welche Weise (Leistungserstellungsprozess) produziert. Je höher dabei die Komplexität, desto größer tendenziell auch der Bedarf an professionellen Mechanismen zur Führung und Überwachung der Prozesse. Dabei ist die mit einer erhöhten Anzahl unterschiedlicher Produkte, Ressourcen, Kunden und Märkte verbundene Vielschichtigkeit nur ein Faktor, der die äußere Komplexität erhöht. Demgegenüber steht die als Reaktion hierauf ebenfalls zunehmende Vielschichtigkeit an internen Prozessen, die eine steigende innere Komplexität bedingt. Es ist diese Komplexität, welche die Anforderungen an die Führung und Kontrolle im Unternehmen erhöht und damit die Leistungsfähigkeit des GRC-Managements beansprucht.[444]

3. Geschäftspartnerkontakte

Aus dem Geschäftsmodell ergeben sich die Geschäftspartnerkontakte, die einen weiteren wichtigen Kontext-Faktor darstellen. Lieferanten, Kunden, strategische Kooperationen, Fremdkapitalgeber – sie alle sind wichtige Einflussgrößen, wenn es darum geht, das grundsätzliche Risiko eines Unternehmens zu bestimmen: Denn erstens tragen Geschäftspartner zum Funktionieren des

---

[444] Vgl. hierzu auch die Ausführungen in Kap. 2.5 zum Zusammenhang zwischen der Organisation und der Corporate Governance von Unternehmen.

Geschäftsmodells bei. Der Ausfall eines wichtigen Partners kann den Unternehmenserfolg gefährden. Daher ist die wirtschaftliche Stabilität zumindest der nicht kurzfristig und aufwandslos zu ersetzenden Geschäftspartner für jedes Unternehmen von Bedeutung und damit Gegenstand des GRC-Managements. Zweitens werden Organisationen immer häufiger nicht nur für ihre eigenen Handlungen verantwortlich gemacht. Vielmehr bedienen sich Unternehmen der Produkte und Dienstleistungen von Geschäftspartnern und gehen damit eine immer stärker eingeforderte Verantwortung auch für die Verhältnisse ein, unter denen die Partner agieren. Kinderarbeit in der Zuliefererkette oder Korruption durch einen Absatzmittler, Umweltverschmutzung durch einen strategischen Partner oder Hygienemängel bei einem Franchise-Nehmer – auch ohne direkten Zugriff auf die Prozesse der Geschäftspartner sind Unternehmen aufgefordert, durch eine sorgfältige Auswahl, vertragliche Konstellationen, anlassbezogene Überprüfungen und eine erhöhte Sensibilität bei tatsächlichen Anhaltspunkten für Fehlverhalten zu agieren. Solche Fälle präventiv zu vermeiden ist dabei genauso Aufgabe eines (proaktiven) GRC-Managements wie die Verhinderung eigener Nachteile im Fall des Eintritts von Fehlern bei Geschäftspartnern. Und schließlich, drittens, sind es nicht selten die eigenen Geschäftspartner, welche die Etablierung professioneller Risikomanagement- und Compliance-Prozesse fordern – oft aus den beiden erstgenannten Gründen. Insbesondere für Unternehmen, die aufgrund der Ausprägung ihrer eigenen Kontext-Faktoren daher eigentlich keine größeren Investitionen in ein GRC-Management geplant hatten, kann die Zusammenarbeit mit einer in der Öffentlichkeit stehenden, international agierenden Publikumsgesellschaft daher erhebliche Anstrengungen im GRC-Bereich notwendig machen. Insofern ist die Interdependenz zwischen Geschäftspartnerauswahl und GRC-Management zu beachten.

4. Größe und wirtschaftliche Lage des Unternehmens

Aus der Möglichkeit für Unternehmen, ihr GRC-Management eigenen Auffassungen gemäß auszugestalten (so lange die gesetzlichen Mindestanforderungen erfüllt werden), folgt, dass auch Größe und wirtschaftliche Lage eines Unternehmens als Kontext-Faktoren zu berücksichtigen sind. Häufig sind mit der Etablierung von Interner Revision, Risiko- und Compliance-Management Investitionen verbunden, die gerade für kleinere Unternehmen verhältnismäßig hohe Aufwendungen darstellen können. Tatsächlich sind in diesem Zusammenhang bspw. Kosten zum Erwerb des notwendigen Know-hows, Personalkosten und Kosten der Etablierung und Wartung eventuell genutzter Informationstechnologie nicht zu vernachlässigen. Schließlich gilt, dass für den Abbau von Informationsasymmetrien zwischen Principal und Agent sowie die Einschränkung und Kontrolle der Verfügungsrechte – also durch die bloße Existenz der GRC-Funktionen – Transaktionskosten entstehen, deren wirtschaftliche Gestaltung ein Optimierungsproblem darstellt. Umso mehr sollten Unternehmen, die keine großen Investitionen in Interne Revision, Risiko- und Compliance-Management zu leisten im Stande sind, die Vorteile einer integrierten, ganzheitlichen, auf die Nutzung von Synergiepotenzialen ausgerichteten und damit wirtschaftlichen GRC-Lösung in den Blick nehmen.

5. **Entwicklungsphase des Unternehmens**

Dass Start-ups und bereits mehrere Jahrzehnte bestehende Unternehmen in der Regel über einen unterschiedlichen Grad an etablierten Prozessen verfügen, darf nicht überraschen. Der Fokus von Neugründungen liegt häufig auf dem Finden der Erfolg versprechenden Produkt-Markt-Kombinationen, nicht auf der Gestaltung von Mechanismen zur Führung und Kontrolle (künftiger) Mitarbeiter. Dies anzuerkennen, bedeutet die Realitäten ernst zu nehmen. Dennoch bietet gerade die (Nach-) Gründungsphase mehrere Chancen: Zum einen mag in der Einbeziehung eines schlüssigen GRC-Konzepts in die strategische Planung eines jungen Unternehmens die Möglichkeit bestehen, potenzielle Investoren von der Nachhaltigkeit des Geschäftsmodells zu überzeugen. Zum anderen bietet diese frühe Phase die Gelegenheit, von Anbeginn zersplitterte Prozesse zwischen den GRC-Funktionen zu vermeiden und wirtschaftliche Lösungen zu etablieren. Häufig ist es – unabhängig von der Gründungszeit – starkes Wachstum, das für Organisationen strukturelle und prozessuale Herausforderungen mit sich bringt, da diese der unternehmerischen Entwicklung meist nachlaufen. Umso wichtiger ist es, die jeweilige künftige Entwicklungsphase von Unternehmen zu antizipieren, um die Mechanismen zur Führung und Kontrolle auf den zu erwartenden Zustand vorzubereiten. Ein auf Gefahren und Chancen ausgerichtetes Risikomanagement mag hierzu einen wichtigen Beitrag leisten und das GRC-Management auf die Generierung eines kontinuierlichen Mehrwerts ausrichten.

6. **Eigentumsverhältnisse des Unternehmens**

Ein weiterer Kontext-Faktor für die Bestimmung des GRC-Managements besteht in den Eigentumsverhältnissen eines Unternehmens. Während eigentümergeführte Unternehmen hier vergleichsweise unabhängig agieren können, unterliegen börsennotierte Publikumsgesellschaften umfangreichen Anforderungen an Transparenz, Kontrolle und Stabilität. Auch der Grad des Streubesitzes und die Interessen einzelner (Groß-)Aktionäre können für ein Unternehmen bei der Ausgestaltung seiner GRC-Prozesse von Bedeutung sein.

Dafür spricht der empirische Befund, dass der Befolgungsgrad der Corporate Governance Empfehlungen sowohl mit der Unternehmensgröße als auch mit dem Anteil der Aktien, der sich in Streubesitz befindet, tendenziell zunimmt.[445]

7. Spezifische Stakeholder-Erwartungen & Exposition in der Öffentlichkeit

Eng mit den Eigentumsverhältnissen verknüpft ist häufig die Exposition eines Unternehmens in der Öffentlichkeit. Aber auch weitere Einflussfaktoren wie die gefertigten Produkte und Dienstleistungen, die Marketingstrategie oder die das Unternehmen in der Gesellschaft repräsentierenden Personen können die öffentliche Wahrnehmung von Unternehmen beeinflussen. Infolge erhöhter öffentlicher Exposition steigen häufig auch Anzahl und Ansprüche der Stakeholder eines Unternehmens. Neben den teils bereits oben genannten Personengruppen, die aufgrund vertraglicher Bindungen unmittelbar Ansprüche aufweisen, sind das auch die Community und die weitgehend unbeteiligte, aber am Unternehmen interessierte Öffentlichkeit.[446] Für die Festlegung von Umfang und Art des GRC-Managements ist dieser Kontext-Faktor deshalb bedeutsam, weil ein in der Öffentlichkeit stehendes Unternehmen im Fall von Fehlverhalten erhöhten Risiken in Bezug auf Reputationsschäden und damit auch wirtschaftlichen (sowie ggf. sogar rechtlichen) Nachteilen ausgesetzt sein kann.

8. Unternehmensskandale der Vergangenheit

Nichts prägt wohl die Wahrnehmung von Unternehmen in der Öffentlichkeit so stark und ungewollt wie Unternehmensskandale. Ob Korruptionsdelikte, Datenschutzverstöße oder unwirksame Risikofrüherkennungssysteme – Unternehmen, die aufgrund von Zuwiderhandlungen gegen geltendes Recht in die Öffentlichkeit gelangen, zeugen von (zumindest eingeschränkt funktionsfähigen) GRC-Prozessen. Neben den durch Unternehmensskandale hervorgerufenen Schäden für den wirtschaftlichen Erfolg und die Reputation von Unternehmen zeichnet sich zunehmend ein weiteres Risiko ab: Strafverfolgungsbehörden tendieren immer häufiger dazu, Unternehmen, die in einem Land oder in einem Teilrechtsgebiet auffällig geworden sind, auch in ihrem Zuständigkeitsbereich näher zu beleuchten. Frei nach dem Motto: Wer in China Korruption betreibt, der besticht auch in Nigeria. Oder: Wer seine Prozesse zur Vermeidung von Korruption nicht im Griff hat, der wird wohl auch in Kartellrechtsverstöße involviert sein. Zudem gilt, dass Organisationen, die wiederholt straffällig werden, das Risiko tragen, deutlich erhöhte Strafzahlungen leisten zu

---

[445] Vgl. Welge, M., Eulerich M. (2012), S. 78 sowie Macharzina, K., Wolf, J. (2010), S. 148.
[446] Wieland unterscheidet Stakeholder in Kunden, Lieferanten, Mitarbeiter, Investoren, Communities und Nichtregierungsorganisationen (NGOs). Vgl. Wieland, J. (2011), S. 226.

müssen oder gar von Auftragsvergaben in einem Land ausgeschlossen zu werden. Unternehmen, die einen Skandal überstanden haben, sind daher besonders gefordert, ihre GRC-Prozesse professionell auszugestalten und mit Nachdruck umzusetzen.[447]

9. Unternehmenskultur & Risikoneigung

Schließlich gehören zu den für das GRC-Management relevanten Kontext-Faktoren auch die Unternehmenskultur und die ihr innewohnende Risikoneigung. Es gehört zu den Freiheiten von Organisationen, eine angemessene Balance zwischen Vertrauen und Kontrolle zu bestimmen. In den Schlussfolgerungen zum Widerstreit der beiden Begründungsansätze zur Corporate Governance, Principal-Agent-Theorie und Stewardship-Ansatz, ist deutlich geworden, dass sich eine angemessene Corporate Governance gerade dadurch auszeichnet, dass sie einerseits durch die sinnvolle Ausgestaltung von Verfügungsrechten und Anreizsystemen die Gefahr für unerwünschtes Verhalten einschränkt, andererseits aber auch genügend Spielräume gewährt, um Motivation und Identifikation der Mitarbeiter mit dem Unternehmen zu fördern.[448] Das angemessene Vertrauen-Kontrolle-Verhältnis ergibt sich demnach aus der optimalen Kombination der tatsächlich entstehenden Transaktionskosten für den Abbau von Informationsasymmetrien zwischen Principal und Agent sowie die Einschränkung und Kontrolle der Verfügungsrechte einerseits sowie den psychologischen und sozialen „Kosten" verminderter Motivation beim Agenten durch ein Zuviel an Regulierung und Überwachung andererseits.[449] Dabei ist es offensichtlich, dass Unternehmen in der Wahl dieses Verhältnisses nicht völlig frei sind. Ein international tätiges, managergeführtes Unternehmen mit mehreren Hunderttausend Mitarbeitern, das zudem an der US-Börse gelistet ist oder war, wird demnach in der Tendenz ein deutlich dichteres Netz an Kontrollen und geringere Verfügungsrechte aufweisen als ein Start-up-Unternehmen mit einigen Hundert Mitarbeitern, das ausschließlich an einer deutschen Börse gelistet ist und von den Gründern geführt wird. Die Risikoneigung als ein Ausdruck der Unternehmenskultur ist .ihrerseits also eine Funktion der Geschäftstätigkeit und Geschichte einer Organisation. Für die Gestaltung des GRC-Managements ist dieser Kontext-Faktor (obgleich intern)

---

[447] Progressive Unternehmen lernen nach dem hier vertretenen Verständnis nicht nur aus eigenen Fehlern, sondern auch aus den Fehlern anderer Organisationen. So gehört die gezielte Analyse der Skandale anderer Unternehmen zu einem professionellen Compliance- und Risikomanagement.

[448] Vgl. hierzu ausführlicher Kap. 2.2.3.

[449] Vgl. Stiglbauer, M. (2010), S. 36.

möglicherweise die am schwierigsten zu bewertende Einflussgröße, da relevante Erfahrungen und objektive Vergleichsmaßstäbe oft fehlen. Zudem sind die Kommunikations- und Kooperationskultur sowie die Bereitschaft, auch unangenehme Wahrheiten im Unternehmen transparent zu machen, zwar allgegenwärtig, aber dennoch schwer zu greifen. Umso sinnvoller ist es daher, das angemessene Maß an GRC sukzessive auszutesten und nicht von anderen (vermeintlich vergleichbaren) Unternehmen vorbehaltlos zu übernehmen.

Mit der Darlegung der neun wichtigsten Kontext-Faktoren sind einige Anhaltspunkte dafür gegeben worden, auf Basis welcher Einflussgrößen ein Unternehmen überhaupt über die Ausgestaltung seiner GRC-Funktion entscheiden sollte. Ein (potenzielles) GRC-Management findet diese Situation zunächst einmal vor. Es kann zwar versuchen, diese sukzessive zu beeinflussen. Widersprechen darf es ihr nicht. Vielmehr muss zwischen der Art und Weise, in der GRC-Management betrieben wird, und den das Unternehmen charakterisierenden Wesensmerkmalen ein Gleichklang bestehen. Für ein integriertes GRC-Management ist die Corporate Governance daher Ausgangs- und Bezugspunkt gleichzeitig.

4.3.2 Die GRC-Strategie als Leistungsversprechen

Auf Basis der Bestandsaufnahme zu den wesentlichen Kontext-Faktoren des GRC-Managements sind Unternehmen in einem zweiten Schritt gefordert, ihre GRC-Strategie zu definieren. Mit der GRC-Strategie werden wesentliche Fragen zu den GRC-Zielen, den wichtigsten Akteuren und zur grundsätzlichen Ausgestaltung des GRC-Managementprozesses beantwortet. Zwar variieren die Lösungen je nach unternehmensindividueller Lagebeurteilung; im Einzelnen lassen sich jedoch drei Strategieelemente identifizieren, auf die ein Strategieprozess eingehen sollte, um eine in der Gegenwart wurzelnde, langfristig tragfähige, mit dem Unternehmensinteresse übereinstimmende und Orientierung stiftende GRC-Strategie zu generieren. Als Ausgangspunkt für diese Überlegungen dient dabei die in Kapitel 4.2 hergeleitete GRC-Definition.

1. **Ziele eines integrierten GRC-Managements**

   Im ersten Strategieelement sind zunächst die Ziele, die mit einem integrierten GRC-Management angestrebt werden, zu definieren. Im Rahmen der Relevanzanalyse der GRC-Funktionen als Bestandteil der Corporate Governance war zunächst ja lediglich die Bedeutung des GRC-Managements an sich in den Blick genommen worden. Bei der Festlegung der GRC-Strategie sollten nun auch explizit Aussagen zum Verhältnis der GRC-Funktionen untereinander getroffen werden. In diesem Zusammenhang kommt es dann auch darauf an, den spezifischen Mehrwert einer ganzheitlichen Betrachtung der das GRC-Management konstituierenden Teilbereiche zu konkretisieren, wie ihn ein integriertes Gesamtkonzept vorsieht. Auf den Punkt gebracht, lassen sich die Ziele eines integrierten GRC-Managements wie folgt definieren:

- ... von isoliert zu integriert

Häufig agieren die einzelnen GRC-Funktionen in der Praxis weitgehend unabhängig voneinander: Von der Risikoidentifikation über die Steuerung von Gegenmaßnahmen und das Monitoring bis hin zur Berichterstattung – unterschiedliche Grundverständnisse, abweichende Methoden und Prozesse sowie fehlende inhaltliche und zeitliche Abstimmungen führen zu einem erhöhtem Koordinationsaufwand, Redundanzen in der Datenerfassung, -analyse und -dokumentation sowie uneinheitlichen Entscheidungsgrundlagen und hemmen damit das Transparenzpotenzial, das auf Basis der Gesamtheit der vorhandenen Informationen eigentlich erreichbar wäre. Häufig werden Fachbereiche mehrfach zu ähnlichen Themen kontaktiert, wodurch der Zusatzaufwand beim Adressaten der Anfragen genauso steigt wie die Gefahr von Inkonsistenzen bei der Datenanalyse. Im Ergebnis wird damit nicht nur die Effizienz des GRC-Managements selbst gemindert, sondern die operative und strategische Entscheidungsfähigkeit im Rahmen der Corporate Governance herabgesetzt. Vor diesem Hintergrund ist es ein wesentlicher Bestandteil der GRC-Strategie, das Ziel zu formulieren, Silo-Denken zwischen den einzelnen GRC-Funktionen zu überwinden und die Nutzung von Synergien im gesamten GRC-Prozess – wo möglich und sinnvoll – voranzubringen.[450]

- ... von reaktiv zu antizipativ

Zu den Zielen eines aktiven GRC-Managements gehört es auch, nicht nur auf das Eintreten von Schadensfällen zu reagieren, sondern Gefahrenpotenziale zu antizipieren. Eigene praktische Erfahrungen, Analogieschlüsse aus anderen Unternehmen, theoretische Reflexionen und eine kontinuierliche diskursive Praxis mit den Fachbereichen im Unternehmen ermöglichen häufig das Erkennen von Risiken und die Vermeidung von Krisen, bevor diese eintreten. Zwar sehen die jeweiligen Vorgehensmodelle der GRC-Funktionen, wie in Kapitel 3 dargestellt, die Risikoanalyse vor[451] – allerdings sind die zur Anwen-

---

[450] Vgl. Menzies, C. et al. (2007), S. 7f.
[451] Das Vorgehensmodell der Internen Revision beinhaltet die Risikoanalyse in der Prüfungsprogrammplanung. Das Risikomanagement beinhaltet die Phase der Risikoidentifikation. Im Rahmen des Compliance Managements wird vom Compliance Risk Assessment gesprochen. Bereits hier

dung kommenden Verfahren oft auf Vergangenheit und Gegenwart gerichtet und orientieren sich zu wenig an den künftigen Erfolgspotenzialen von Unternehmen. Da die Unternehmensstrategie selbst zukunftsorientiert ist, bedarf es also einer GRC-Strategie, die darauf ausgerichtet ist, durch eine hinreichende Offenheit für alle relevanten internen und externen Einflussfaktoren Chancen und Gefahren für die künftigen Erfolgsbringer zu identifizieren und adäquat zu steuern.

- ... von prozessunabhängig zu prozessimmanent

Es gehört zu einem zentralen Mantra der GRC-Funktionen, für sich Unabhängigkeit zu reklamieren. Gemeint ist damit, dass diese zur Sicherstellung einer Überwachungsfunktion nicht durch ihre disziplinarische Zuordnung oder Erfolgsabhängigkeit in Interessenkonflikte geraten dürfen. Besonders stark ist dieses Interesse nach Unabhängigkeit bei der Internen Revision, was bereits durch die Definition dieser Funktion durch das DIIR deutlich wird.[452] Aber auch für Risiko- und Compliance Management gilt, dass diese in ihrer Beurteilung neutral und gegenüber den Risikoeignern eigenständig sein sowie einen direkten Zugang zu Geschäftsführung und Aufsichtsorgan haben sollten.[453] Diese sinnvolle Form der Unabhängigkeit bei der unbeeinflussten Bewertung von Geschäftsvorgängen darf dennoch nicht zu der irrigen Überzeugung führen, Risiko- und Compliance Management seien per se unabhängig von den sie betreffenden Prozessen. Vielmehr werden beide GRC-Funktionen erst dann ihre volle Wirkung entfalten, wenn sie zu einem integralen Bestandteil der Geschäftsprozesse und damit zum Gegenstand der Verantwortung der Risikoeigner selbst werden. Risikomanagement und Compliance Management werden damit zu einer „second line of defense", die ihrerseits – trotz aller Nähe zum Geschäft – unabhängig agieren kann, während die primäre Verantwortung beim Geschäftsprozesseigner verbleibt. Für die GRC-Strategie bedeutet dies, dass die Ziele eines integrierten GRC-Managements sowohl in der horizontalen (also zwischen den GRC-Funktionen erfolgenden) als auch in der vertikalen (also zwischen den GRC-Funktionen und den Geschäftsprozessen zu sichernden) Integration bestehen sollten.

---

zeigt sich die terminologische Divergenz zwischen den Funktionen – obwohl es sich im Kern um denselben Prozessschritt handelt.

[452] In der Definition der Internen Revision durch das DIIR heißt es: „Die Interne Revision erbringt unabhängige und objektive Prüfungs-(„assurance"-) und Beratungsleistungen (...)." DIIR (2013), S. 5.

[453] Vgl. Brühwiler (2009), S. 25.

- ... von Schaden vermeidend zu Chancen generierend

Zumindest in der Literatur hat sich schon seit einigen Jahren die Erkenntnis durchgesetzt, dass ein fortschrittliches Risikomanagement stets die Vermeidung von Gefahren sowie die Generierung von Chancen verknüpft, da erst die Betrachtung beider Dimensionen die langfristige Überlebensfähigkeit eines Unternehmens sichern hilft.[454] Dass auch ein wirksames Compliance Management – zumal wenn es von einer Kultur der Integrität getragen wird – Vorteile bringen und nicht lediglich Schaden vermeiden helfen kann, wird zumindest in der Theorie ebenfalls mittlerweile zunehmend vertreten. In Bezug auf die Interne Revision wird diese Forderung noch selten vertreten, obgleich gerade diese Funktion aufgrund ihres unternehmensweiten Einblicks über ein enormes Potenzial zur Erkennung von Chancen verfügt. Es ist daher zu vermuten, dass die derzeitige Auffassung vieler Geschäftsführer, dass die Corporate Governance bisher keinen erlebbaren Mehrwert für Unternehmen geschaffen habe, vor allem damit zu tun hat, dass die Möglichkeiten der GRC-Funktionen bei der Identifikation von Chancen in der Praxis noch nicht vollends ausgeschöpft werden.[455] Häufig beschränken sich diese auf ihre Schadensvermeidungsrolle statt aktiv nach Erfolgspotenzialen in der Optimierung interner Prozesse sowie der Wahrnehmung externer Chancen zu suchen. Ein GRC-Management, das sich auch als Bestandteil des strategischen Managements versteht, muss daher diese Aufgabe zu ihrem Ziel erklären.

- ... vom reinen Kostenfaktor zum Mehrwertstifter

Eng mit dem Erkennen strategischer Erfolgspotenziale verknüpft ist das Ziel des GRC-Managements, sich als Mehrwertstifter im Unternehmen zu positionieren. Allerdings geht diese Rolle weit über die Generierung von Chancen hinaus. Der Mehrwert einer integrierten GRC-Funktion besteht zudem, erstens, in der effektiven Erfüllung der das GRC-Management konstituierenden jeweiligen Aufgaben, zweitens in der effizienten, auf die Nutzung von Synergien gerichteten Aufbau- und Ablauforganisation und, drittens, in der Unterstützung der gesamten Organisation bei der Vermeidung rechtlicher, finanzieller und Reputationsrisiken. In dieser Hinsicht sind die GRC-Bereiche Beratungs-, Ordnungs- und Schutzfunktionen im Unternehmen. Durch die adressatenorientierte und abgestimmte Bereitstellung relevanter Informationen werden Vorstand und Aufsichtsrat in die Lage versetzt, notwendige Entscheidungen zu treffen und damit das Unternehmensinteresse zu verwirklichen.

---

[454] Vgl. Wygoda, S. (2005), S. 46f.
[455] Vgl. hierzu die Studie von Russell Reynolds Associates (2005), S. 6f.

Damit sind die wichtigsten Ziele, die mit einem integrierten GRC-Management verfolgt werden, im Sinne eines Leistungsversprechens benannt. Für die Umsetzung im spezifischen Unternehmenskontext ist es ratsam, die Ziele zu konkretisieren und, wie die gesamte GRC-Strategie, zu formalisieren. Dabei sollten die GRC-Ziele so konkret sein, dass sie Orientierung zu geben vermögen, aber so abstrakt, dass sie eine flexible, im Geist der GRC-Strategie stehende Ausgestaltung von Methoden und Prozessen möglich machen. Wie diese flexible Ausgestaltung aussehen könnte, wird in den folgenden Kapiteln näher erläutert.

2. Akteure eines integrierten GRC-Managements

Das zweite Element einer GRC-Strategie nimmt die Akteure eines integrierten GRC-Managements näher in den Blick. Hierzu gehören die Urheber des GRC-Managements selbst, die in diese Strategie einbezogenen Unternehmensbereiche und die Adressaten der durch das GRC-Management generierten Leistungen.

• Urheber eines integrierten GRC-Managements

Als Urheber einer GRC-Strategie kommen zum einen die GRC-Funktionen selbst, zum anderen deren Leistungsempfänger in der Geschäftsleitung, ggf. unterstützt durch den Strategiebereich, in Frage. Da die Etablierung einer integrierten GRC-Funktion im Unternehmen häufig Chancen und Gefahren für einzelne Akteure in den bestehenden Unternehmensbereichen mit sich bringt, bedarf es häufig des Anstoßes aus dem operativen Geschäft oder der Geschäftsleitung. Allerdings sind diese Personen in der Regel keine Experten für das Themengebiet GRC, was gezielte Hinweise zur Optimierung erschwert. Oft ist es diese Gemengelage, die Unternehmen davon abhält, die Optimierung ihres GRC-Managements überhaupt anzustreben. Idealerweise wird durch die Geschäftsleitung eine unternehmensweit zuständige GRC-Funktion benannt, die direkt an die Unternehmensführung berichtet, ihr die GRC-Strategie zur Entscheidung vorlegt und alle weiteren Fragen der operativen Ausgestaltung verantwortet.

• Funktionen eines integrierten GRC-Managements

In den bisherigen Ausführungen ist deutlich geworden, dass die Interne Revision, das Risikomanagement und das Compliance Management wesentliche Bestandteile des GRC-Managements sind.[456] Allerdings ist es sinnvoll, die

---

[456] Die Auswahl der genannten Funktionen ist vor allem mit dem Ziel erfolgt, die Möglichkeiten und Grenzen der integrierten Betrachtung aufzuzeigen. Die Aufnahme weiterer Unternehmensbereiche ändert am Vorgehensmodell der Analyse nichts. Um die Komplexität der vorliegenden Arbeit nicht

(punktuelle) Einbeziehung weiterer Funktionen zu prüfen. Hierzu gehören der für das Interne Kontrollsystem zuständige Bereich – eine Funktion, die durchaus auch unter das Risikomanagement subsummiert werden kann – sowie das Controlling, dessen Aufgabe vor allem in der Bereitstellung entscheidungsrelevanter Informationen gegenüber dem Management sowie anderer GRC-Funktionen besteht. Weitere Bereiche, deren Einbeziehung geprüft werden sollte, sind bspw. die Konzernsicherheit, der Rechtsbereich sowie Funktionen, die sich mit dem Management von Reputations- und Nachhaltigkeitsrisiken befassen. Die Entscheidung über den funktionsbezogenen Umfang des GRC-Managements sollte dabei unter Abwägung von Aufwand und Nutzen Funktion für Funktion getroffen werden. Der Aufwand setzt sich hierbei aus den Aktivitäten zur Etablierung und laufenden Investitionen materieller und immaterieller Art zusammen. Der zu erwartende Nutzen ergibt sich hingegen aus Effizienzsteigerungen und ggf. in Aussicht gestellten Kosteneinsparungen sowie einer verbesserten Unterstützung der Fachbereiche und erhöhten Qualität der bereitgestellten Informationen für die Entscheidungsfindung. Sind die relevanten Funktionen benannt, sollte die GRC-Strategie deren Rollen und Verantwortlichkeiten benennen und die Zusammenarbeit der einzelnen Bereiche untereinander regeln. Meist ist es auch sinnvoll, ein unternehmensweites GRC-Management sukzessive zu etablieren und demnach die hierbei zu integrierenden Funktionen zu priorisieren. Nähere Ausführungen zu diesen Aspekten finden sich in den folgenden Abschnitten.[457]

- Adressaten eines integrierten GRC-Managements

Die Adressaten der Arbeitsergebnisse der GRC-Funktionen sind zum einen durch ein vielschichtiges Normengefüge aus gesetzlichen, branchenspezifischen, kapitalmarktinduzierten, berufsständischen und sonstigen Bestimmungen[458] (wenngleich nicht immer explizit[459]) definiert. So ist es die Aufgabe des Vorstands, ein Überwachungssystem zu etablieren[460] und die Funktion des Aufsichtsrats, den Vorstand seinerseits zu überwachen. Daraus ergibt sich,

---

noch weiter zu erhöhen, wurde diese daher auf die drei Funktionen beschränkt. Chancen zur Erweiterung des GRC-Managements um andere Unternehmensbereiche werden genannt, wo dies sinnvoll erscheint.

[457] Vgl. hierzu ausführlicher Kap. 4.4

[458] Vgl. Amling, T, Banthleon, U. (2007), S. 81f.

[459] Zu den gesetzlichen und sonstigen regulatorischen Anforderungen an die GRC-Funktionen, siehe die entsprechenden Abschnitte in Kapitel 3 dieser Arbeit.

[460] Im DCGK heißt es hierzu, es gehöre zu den Pflichten des Vorstands, den Aufsichtsrat „regelmäßig, zeitnah und umfassend über alle für das Unternehmen relevanten Fragen der Strategie, der Planung, der Geschäftsentwicklung, der Risikolage, des Risikomanagements und der Compliance" zu informieren. DCGK (2012), S. 4.

dass Vorstand und Aufsichtsrat auch die primären, pflichtmäßigen Empfänger der Leistungen eines integrierten GRC-Managements sind. Gleichwohl kann ein Unternehmen darüber hinaus weitere Funktionen als Leistungsempfänger definieren – und gerade in größeren stark arbeitsteilig und über mehrere Führungsebenen organisierten Unternehmen ist es auch sinnvoll, dies zu tun. Indem das GRC-Management auch Mitarbeitern und Führungskräften unterhalb der Geschäftsführungsebene (abgestufte) Informationen zur Verfügung stellt, trägt es zu deren Befähigung im Erkennen und Bewältigen von Risiken bei, verdeutlicht den Mehrwert der GRC-Funktion und stärkt die Verantwortung des operativen Managements im Umgang mit GRC-Themen.

Sind die Ziele und die Akteure des GRC-Managements benannt, ist es in einem dritten Schritt erforderlich, den GRC-Prozess zu skizzieren.

3. Prozess-Skizze eines integrierten GRC-Managements

Der im Rahmen der GRC-Strategie zu definierende GRC-Prozess kann grundsätzlich in zwei Phasen unterschieden werden.

- Im Rahmen der (erstmaligen) Etablierung eines integrierten GRC-Managements gilt es, den Weg hin zu einem definierten Zielzustand zu beschreiben.

- Ist ein integriertes GRC-Management bereits etabliert, so sollte die GRC-Strategie die wichtigsten Prozessschritte, deren Abfolge und Einbindung in den Gesamtkontext definieren sowie Rollen und Verantwortlichkeiten zuweisen.

Der GRC-Prozess ist im Kern durch einen Regelkreis gekennzeichnet, der die Ablauforganisation eines kontinuierlichen GRC-Managements versinnbildlicht. Dieser beginnt mit einem Risk Assessment, auf dessen Grundlage die risikoorientierte GRC-Steuerung erfolgt und mündet in einem Monitoring-Prozess, der die Wirksamkeit des GRC-Managements misst und Verbesserungspotenziale aufzeigt. Ergänzt wird der GRC-Regelkreis durch eine prozessbegleitende Kommunikation und eine den Ablauf effizient gestaltende Informationstechnologie. Im Rahmen der Festlegung und Dokumentation der GRC-Strategie genügt es, die einzelnen Prozessschritte auf hohem Niveau zu beschreiben und deren Beziehung zueinander zu klären. Allerdings ist es ratsam, die diesen Prozessen zu Grunde liegenden Abläufe detaillierter in einem GRC-Handbuch darzulegen. Erstens erleichtert die Verschriftlichung das Erkennen von Klärungsbedarfen, zweitens macht diese das Vorgehen unternehmensweit transparent und drittens unterstützt ein GRC-Handbuch eine konsistente Anwendung der definierten Methoden und Prozesse.

Die folgende Abbildung fasst die Elemente der GRC-Strategie nochmals grafisch zusammen.

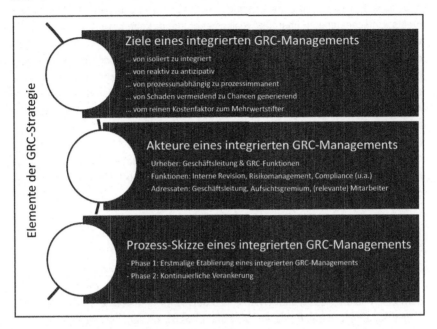

Abb. 11: Die Elemente der GRC-Strategie[461]

Mit der Definition der GRC-Ziele, der Benennung der relevanten Akteure und der Beschreibung des GRC-Prozesses sind die wichtigsten Elemente einer GRC-Strategie determiniert. Auf dieser Basis wird im nächsten Schritt der GRC-Regelkreis als ablauforganisatorisches Herzstück des GRC-Rahmenwerks, beginnend mit dem GRC Risk Assessment, erläutert.

4.3.3 Das GRC-Risk Assessment als erster Schritt des GRC-Regelkreises

Die systematische Identifikation, Analyse und Bewertung von Risiken sowie deren Dokumentation und Berichterstattung ist in den drei hier behandelten GRC-Funktionen stets der erste Schritt in einem als Regelkreis gedachten Vorgehensmo-

---

[461] Eigene Darstellung.

dell: Die Interne Revision benötigt ein Risk Assessment, um ihre Prüfungsprogrammplanung auf Basis von Risikoerwägungen etablieren zu können. Im Rahmen des Risikomanagementprozesses können erst auf der Grundlage des Risk Assessments Entscheidungen über die Risikosteuerung getroffen werden. Und für das Compliance Management liegt im Risk Assessment eine wichtige Voraussetzung für die risiko- und bedarfsorientierte Compliance-Programmsteuerung. In allen Fällen ist das Risk Assessment die Grundlage für die Allokation unternehmerischer Ressourcen mit dem Ziel der effektiven und effizienten Sicherstellung der jeweiligen funktionalen Absichten, dem Schutz finanzieller, rechtlicher und Reputationsinteressen und letztlich der Erreichung der Unternehmensziele. Während also alle hier genannten (und darüber hinaus auch weitere denkbare, hier aber nicht explizit dargestellte) GRC-Funktionen eines Risk Assessments bedürfen, unterscheidet sich die Herangehensweise der verschiedenen Bereiche in der Praxis erheblich. Das wirft Fragen auf, die im Folgenden näher diskutiert werden sollen.[462]

4.3.3.1 Das Risk Assessment der Internen Revision

Der primäre Zweck des Risk Assessments der Internen Revision besteht in der Erlangung eines möglichst präzisen Blicks auf die Risikolage des Unternehmens mit dem Ziel, Prüfungsfelder und –Themen zu definieren, um selbige im Rahmen eines Audits auf Effektivität und Effizienz zu prüfen. Hierzu bedient sich die Interne Revision diverser Risikoindikatoren, eigener Erfahrungen aus der Vergangenheit (bspw. aus bereits durchgeführten Prüfungen in diesen oder verwandten Prüfungsfeldern) und Trendeinschätzungen für die Zukunft sowie subjektiver Anregungen durch Vertreter des Managements und der Unternehmensleitung.[463] Damit basiert das Risk Assessment sowohl auf konkreten Gefahren, die im Rahmen früherer Prüfungen oder revisionsexterner Prozesse identifiziert wurden, als auch auf abstrakten Risiken, die sich aus den einen Bereich kennzeichnenden Einflussfaktoren ergeben.

Dabei ist der Anwendungsbereich des Risk Assessments grundsätzlich so groß wie das Betätigungsfeld des Unternehmens und reicht von Einkauf bis Vertrieb, vom Top Management bis zum Auszubildenden, oder anders ausgedrückt: von A wie Abwasserentsorgung bis Z wie Zahlungsverkehr. Die revisorischen Prüfungshandlungen adressieren damit sowohl finanzielle, als auch rechtliche und Reputationsrisiken. Das breite Tätigkeitsspektrum der Internen Revision führt dazu, dass diese Schwerpunkte

---

[462] Vgl. Otremba, S. (2014), S. 531.
[463] Vgl. hierzu ausführlicher Kap. 3.1.2.2.

in ihrer Arbeit setzen muss. In fortschrittlichen Revisionsbereichen werden Prozesse exemplarisch in wenigen Tochtergesellschaften geprüft und nur bei Vorliegen erheblicher Defizite weitere Prüfungen desselben Prüfungsgegenstandes in anderen Tochtergesellschaften veranlasst. Ergänzt wird dieses Vorgehen durch den offenen Umgang mit prozessualen Mängeln, so dass auch solche Bereiche oder Beteiligungen, die nicht geprüft wurden, auf Grundlage der festgestellten Defizite ihre eigenen Prozesse hinterfragen und optimieren können. Auf diese Weise kann die Interne Revision eine beachtlichen Hebelwirkung entfalten.

Eine weitere Möglichkeit zur Erhöhung des Abdeckungsgrades besteht in der Initiierung von Self-Assessments. Nach dieser Methode wird ausgewählten Fachbereichen ein Fragebogen überstellt, den sie wahrheitsgemäß beantworten und an die Interne Revision zurücksenden müssen. Diese prüft die Rückmeldungen auf Plausibilität und Angemessenheit und entscheidet dann über notwendige Prüfungshandlungen, um erkannte Defizite analysieren oder die erhaltenen Rückmeldungen verifizieren zu können. Für den Fachbereich besteht der Vorteil dieses Vorgehens in der Chance, sich mit dem Fragebogen und den durch diesen deutlich gewordenen Anforderungen auseinander zu setzen und eigene Optimierungen vorzunehmen. Dabei können Self-Assessments fundierte Prüfungshandlungen nicht ersetzen; jedoch können sie probate ergänzende Mittel sein, um die im Rahmen anderer Prüfungen erlangten Erkenntnisse zu häufiger auftretenden Defiziten in die Breite des Unternehmens zu streuen, die Verantwortung des Managements bei der selbständigen Analyse und Mitigierung dieser Defizite zu stärken und die Risikoposition der Organisation dadurch effizient zu optimieren.[464]

Dennoch bleibt das Spektrum der unternehmerischen Aktivitäten zu breit, als dass die Interne Revision eine vollumfängliche Abdeckung der für die Organisation relevanten Risiken erreichen könnte – insbesondere dann, wenn eine Revision ihren Wertbeitrag zum Unternehmenserfolg nicht nur in der Abwehr von Gefahren, sondern auch im Aufzeigen von Chancen sieht. Der zentrale Maßstab der revisorischen

---

[464] Beispiel: Im Rahmen anderer Prüfungen hat die Interne Revision Mängel im Umgang mit personenbezogenen Daten festgestellt. Da das Thema Datenschutz eine immer größere Bedeutung erlangt, entschließt sich die Revision zur Initiierung eines Self-Assessments in ausgewählten Fachbereichen, die mit kunden- und mitarbeiterbezogenen Daten operieren. Das Self-Assessment beinhaltet einen Fragebogen, der die wichtigsten potenziellen Defizite (z.B. die fehlende Rechtsgrundlage für die Erhebung von personenbezogenen Daten, die fehlende Einwilligung des Kunden bzw. Mitarbeiters, die (unbeabsichtigte) Erhebung von Daten über den notwendigen Zweck hinaus, die Nichteinhaltung von Löschfristen etc.) thematisiert, fordert die Fachbereiche auf, ihre diesbezüglichen Prozesse zu beschreiben und die Angemessenheit zu bestätigen. Auf dieser Grundlage tätigt die Interne Revision dann eigene Stichproben und entscheidet über eventuell notwendige weitere Prüfungshandlungen.

Handlungen ist daher das Unternehmensinteresse und die aus ihm abgeleiteten Unternehmensziele.[465] Vor deren Hintergrund sind die oben genannten Einflussfaktoren des revisorischen Risk Assessments zu reflektieren, potenzielle Prüffelder zu priorisieren und in Anbetracht der kapazitativen Möglichkeiten in eine Prüfungsprogrammplanung zu überführen.

Beispiel: Für ein auf internationalem Wachstumskurs befindliches Unternehmen wird die Absicherung gegenüber Wechselkursschwankungen immer wichtiger. Erstmals vor einem Jahr hat sich die Treasury-Abteilung entschlossen, seine Exposure in Fremdwährung mithilfe von Termingeschäften abzusichern. Damit konnten größere kurzfristige Umsatzschwankungen aus Wechselkursentwicklungen vermieden und Planungssicherheit erreicht werden.

In Anbetracht der steigenden Bedeutung dieses Themenfeldes für das Unternehmen und der ausweislich geringen diesbezüglichen Erfahrung der Organisation ist die Interne Revision gefordert, sowohl die Absicherungspraxis in Form von Hedging selbst als auch die nachfolgende bilanzielle Behandlung im Rahmen des Hedge Accounting zu prüfen. Durch eine eng am Unternehmensinteresse und aktuellen Herausforderungen orientierte Prüfungspraxis können Fehler frühzeitig erkannt und Verbesserungspotenziale aufgezeigt werden. Und wenngleich dieses potenzielle Prüffeld mit anderen Themenstellungen zunächst abgewogen und schließlich priorisiert werden muss, so zeigen sich in diesem Beispiel konkrete Anhaltspunkte für eine notwendige Prüfungshandlung durch die Interne Revision.

Wie das Beispiel illustriert, sollte die Interne Revision in der Lage sein, auf kurzfristige Veränderungen im Unternehmen und dessen Umfeld, welche die Risikolage beeinflussen, zu reagieren. Daher ist es sinnvoll, erstens das Risk Assessment jährlich durchzuführen, dabei jedoch einen rollierenden Prüfungszeitraum von bis zu drei Jahren im Blick zu haben. Zweitens sollte stets ein kapazitativer Puffer für ad-hoc entstehende Prüfungsbedarfe reserviert werden.[466] Nur wenn es der Internen Revision gelingt, nah am Geschäft und dessen Chancen und Gefahren zu agieren, kann es ihr auch gelingen, relevante Prüfungsergebnisse, die das Unternehmen voranbringen, zu generieren.

---

[465] Vgl. Hofmann, R. (2005), S. 336f.
[466] Für diese ad-hoc-Prüfungen werden i.d.R. ca. 20-25 % der verfügbaren Jahresnettokapazität berücksichtigt. Vgl. Kagermann, H., Küting, K., Weber, C.-P. (2006), S. 510.

Zu einer professionellen Prüfungsprogrammplanung gehört eine sichere, strukturierte und effiziente Datenverwaltung. Je größer die Komplexität eines Unternehmens, desto höher ist auch der Bedarf an hierfür entwickelten IT-Systemen. Da die Interne Revision selbst Gegenstand von externen Prüfungen – zum Beispiel durch den Wirtschaftsprüfer – sein kann, ist die nachvollziehbare Dokumentation des Risk Assessments so wichtig wie die verständliche Darlegung der Prüfungsergebnisse selbst. Um redundante Datenerfassungen zu vermeiden, sollten die im Unternehmen verfügbaren Quellen zu unternehmensbezogenen Stamm- und Rollendaten genutzt und nicht separat erhoben werden müssen. Gleiches gilt für die Einbeziehung von risikorelevanten Erkenntnissen aus anderen Prozessen, bspw. dem Risiko- oder dem Compliance-Management. Auf diesbezügliche Synergiepotenziale wird in den nächsten Abschnitten näher eingegangen.

Abschließend sei kurz auf den Anwendungsbereich des Risk Assessments der Internen Revision eingegangen. Diesem unterliegen grundsätzlich sämtliche Unternehmensfunktionen. Aufgrund der unmittelbaren Haftungsrisiken sollten Mehrheitsbeteiligungen dabei zwar priorität behandelt werden. Gleichwohl ist die Einräumung von Prüfungsrechten bei Minderheitsbeteiligungen sowie wesentlichen Geschäftspartnern in klar definiertem Umfang ebenfalls sinnvoll. Mit dem dadurch weiter wachsenden potenziellen Tätigkeitsspektrum der Internen Revision nimmt die Bedeutung des Risk Assessments ebenfalls zu. Schließlich muss es das Ziel der Revision bleiben, mit jeder Prüfung einen Mehrwert an Sicherheit, Effektivität und Wirtschaftlichkeit für das Unternehmen zu bringen.

4.3.3.2 Das Risk Assessment im Rahmen des Risikomanagementprozesses

Das Risk Assessment im Rahmen des Risikomanagementprozesses dient der systematischen Identifikation, Analyse und Bewertung, Dokumentation und Berichterstattung solcher Risiken, die in Eintrittswahrscheinlichkeit und potenzieller Schadenshöhe bestimmbar und für das Unternehmen wesentlich oder gar bestandsgefährdend sind. Voraussetzung dafür ist eine möglichst vollständige Betrachtung relevanter Risiken. Diese ist ihrerseits auf eine Unternehmenskultur angewiesen, in der Risiken nicht als Probleme, sondern als eng mit der Geschäftstätigkeit verknüpfte Ereignisse verstanden werden, die es zu analysieren und zu steuern gilt. Um dieses Verständnis zu schärfen, sollte das Risikomanagement um Kommunikationsmaßnahmen begleitet und mithilfe von Best-Practice-Ansätzen oder Erfahrungen aus dem Unternehmensalltag ergänzt werden. Noch deutlicher wird der Mehrwert eines Risikomanagementprozesses, wenn dieser sich nicht ausschließlich auf Gefahren bezieht, sondern auch Chancen umfasst. Während Prozessoptimierungen im Kleinen dabei ohnehin kontinuierlich und daher nicht ausschließlich im Rahmen des periodischen Risikomanagements erfolgen sollten, kann ein systematisches und professionell moderiertes Vorgehen vor allem Innovations- und Wertschöpfungspotenziale im Großen identifizieren helfen. Der Wertbeitrag des Risikomanagementprozesses wird dadurch vielen Mitarbeitern erst bewusst.

Da die Risikolage ein Spiegelbild des Unternehmens mit seinen zahlreichen internen und externen Verflechtungen darstellt, sollten auch die Kategorien, innerhalb derer Risiken erfasst werden, auf die Organisation ausgerichtet werden. Die Festlegung der Kategorien erfolgt unabhängig vom Prozess bereits bei der Definition der Risikostrategie.[467] Gleichwohl gibt es eine Reihe von Kategorien, die für jedes Geschäftsmodell relevant sind. Dazu gehören politische, volkswirtschaftliche und allgemeine Marktrisiken ebenso wie unternehmensspezifische Beschaffungs-, Produktions-, Absatz-, Technologie sowie Personalrisiken. Des Weiteren spielen finanzwirtschaftliche Risiken eine immer bedeutendere Rolle dort, wo Unternehmen nicht nur Zinsänderungs-, Liquiditäts- und Kreditrisiken ausgesetzt sind, sondern aufgrund ihres spezifischen Geschäftsmodells auch Wechselkurs- und Commodity-Preisänderungsrisiken unterliegen. Schließlich sollten auch rechtliche und Compliance-Risiken sowie Reputationsrisiken explizit betrachtet werden. Für die Kategorisierung der identifizierten Risiken ist dabei deren Ursprung entscheidend. Mit der Nennung der Kategorien wird deutlich, dass ein Unternehmen bei der Identifizierung von Risiken über die organisationalen Grenzen hinaus blicken muss. Neben dem Unternehmen selbst sind daher auch Beteiligungen und selbst Geschäftspartner in die Betrachtung einzubeziehen, sofern diese wesentliche (oder gar bestandsgefährdende) Auswirkungen auf die Erreichung der Unternehmensziele haben. So kann bspw. der Ausfall eines wichtigen Lieferanten zu Engpässen in der Produktion führen, sofern dieser nicht kurzfristig und qualitativ ersetzt werden kann.

Während die unvoreingenommene Identifizierung von Risiken in der Praxis schon schwer genug ist, stellt die adäquate Analyse und Bewertung Fachbereiche oft vor große Herausforderungen. Daher ist es wichtig, dass der Risikomanagementprozess im Dialog zwischen Risikoeignern und Risikomanagementexperten stattfindet. Während erstere einen profunden Einblick in den durch sie verantworteten Fachbereich haben, verfügen letztere über die Kompetenz, die richtigen Fragen zu stellen, objek-

---

[467] Risikokategorien dienen der Gliederung interner und externer Einflussfaktoren. Seidel differenziert bspw. zwischen allgemeinen externen Risiken, leistungswirtschaftlichen Risiken, finanzwirtschaftlichen Risiken sowie Risiken aus der Corporate Governance. Vgl. Seidel, U. (2011), S. 35.

tiv auf potenzielle Gefahren und Chancen zu blicken, Bewertungen professionell anzuleiten und Querverbindungen zu anderen Fachbereichen zu ziehen. Die Qualität des Risikomanagementprozesses hängt daher in entscheidender Weise davon ab, wie dieser kommunikativ begleitet, moderiert und damit ernst genommen wird. Methodisch eignen sich grundsätzlich sowohl Workshops und Fragebögen als auch reine Desktop- und Prozessanalysen, wobei – je nach Risikoart – in der Regel eine Kombination der Methoden adäquat ist. Die identifizierten Risiken werden entsprechend ihres Ursprungs in die definierten Risikokategorien gegliedert. Dies ermöglicht die anschließende Bewertung sowie das Erkennen von sich gegenseitig kompensierenden oder kumulierenden Risiken innerhalb derselben Risikokategorie. Dabei gilt es, den identifizierten Risiken eine eindeutige Nummer, eine Kurzbeschreibung, eine ursachenbezogene Erläuterung sowie eine potenzielle Auswirkung zuzuweisen und diese Risikobeschreibung in einem Risikoinventar oder Risikokatalog zu dokumentieren.[468]

Nach der Risikoidentifikation erfolgt die Analyse und Bewertung der erfassten Risiken. Im Kern geht es darum, dass Risikoeigner und Risikomanager die Risiken in Ursprung, Auslöser, Ablauf und potenziellen Auswirkungen auf die Unternehmensziele verstehen. Dabei werden die Auswirkungen nach den Kriterien der potenziellen Eintrittswahrscheinlichkeit und der zu erwartenden Schadenshöhe zunächst einzeln bemessen, wo möglich aggregiert oder kompensiert und schließlich in einer Risikomatrix dargestellt. In beiden Fällen gilt es, mit gesundem Menschenverstand Kategorisierungen von Risiken zu ermöglichen statt exakte Messwerte zu erzeugen.[469] In der Praxis äußert sich dies meist durch die Anwendung von drei- bis fünfstufigen Einteilungen. Für präzise zu bewertende Risiken wird meist die Erwartungswertmethode empfohlen, bei der Eintrittswahrscheinlichkeit und Schadens- bzw. Nutzenhöhe miteinander zu einem Erwartungswert multipliziert werden.[470] Hierzu bedarf es dann quantifizierter Faktoren, für welche die Finanzmathematik komplexe Rechenmodelle entwickelt hat.[471] In der Praxis zeigt sich jedoch häufig, dass eine näherungsweise Schätzung von Eintrittswahrscheinlichkeit und Schadens- bzw. Nutzenhöhe auf Basis

---

[468] Vgl. Seidel, U. (2011), S. 33 f.
[469] Vgl. Brühwiler, B. (2011), S. 132 f.
[470] Die Bewertung erfolgt in einem ersten Schritt mithilfe der Brutto-Methode, der zufolge die Einschätzung vor Initiierung von Gegenmaßnahmen vorgenommen wird. Erst im Rahmen der Entscheidung über Risikosteuerungsmaßnahmen wird unter deren Einbeziehung das Netto-Risiko ermittelt, welches das nach Umsetzung der Maßnahmen verbleibende Restrisiko darstellt. Vgl. Seidel, U. (2011), S. 40.
[471] Vgl. hierzu Romeike, F. (2005), S. 28, der zwischen quantitativen (Value at Risk, Earning at Risk u.a.) und qualitativen (Risikoindikatormethode, Szenarioanalyse) Risikobewertungsmethoden unterscheidet.

zuvor definierter Schwellwerte die pragmatischere Vorgehensweise ist, die zudem eine hinreichende Informationsbasis für die nachfolgende Entscheidung über die Risikosteuerung sicherstellt.[472]

Beispiel: Im Rahmen des Risikomanagementprozesses im Einkaufsbereich wird deutlich, dass ein wesentlicher Lieferant von Komponenten für die Produktion in Liquiditätsproblemen steckt. Nach Informationen des zuständigen Einkäufers liegt die Ursache darin, dass ein anderer Kunde des Lieferanten Insolvenz anmelden musste und daher ausgefallen ist sowie offene Rechnungen gegenüber dem Lieferanten nicht bezahlen konnte. Für das Unternehmen würde der Ausfall des Lieferanten massive Engpässe in der Produktion bedeuten, da die Komponenten nicht kurzfristig und in gleicher Qualität ersetzt werden könnten.

Da genauere Informationen auch nach Kontaktaufnahme mit dem Lieferanten nicht zu erhalten sind, schätzen Risikoeigner und Risikomanager dessen Ausfallrisiko grob auf 50 %. Die potenzielle Schadenshöhe berechnen sie gemeinsam mit dem Produktionsbereich und dem Vertrieb auf Basis der zu erwartenden Produktionsausfälle bis zu einer Substitution des Lieferanten und beziffern diese mit 100 Mio. Euro. Aus der Multiplikation der potenziellen Schadenshöhe mit der Eintrittswahrscheinlichkeit ergibt sich ein Erwartungswert von 50 Mio. Euro, der in die Risikolandkarte des Unternehmens eingetragen wird. Auf dieser Grundlage entscheidet das Unternehmen nun über die Risikosteuerungsstrategie, die im konkreten Fall vom Aufbau eines alternativen Lieferanten über eine temporäre Liquiditätshilfe des gefährdeten Lieferanten bis hin zu dessen Übernahme reichen kann.

Im Beispiel wird deutlich, dass der Risikomanagementprozess nah am Geschehen im Unternehmen stattfinden muss. Im Idealfall ist Risikomanagement daher ein kontinuierlicher Prozess. Dennoch ist es sinnvoll, ein Erhebungsintervall zu definieren, um periodisch und systematisch Umwelt und Imwelt des Unternehmens auf Gefahren und Chancen zu analysieren. Zwar hängt dieses Intervall wesentlich von der Dynamik des Unternehmens selbst ab. Dennoch ist zu empfehlen, diesen Prozess mindestens jährlich unter Bezugnahme auf die (ebenfalls in der Regel jährlich erneuerten) Unternehmensziele durchzuführen. Größere Publikumsgesellschaften, die eine Quartalsberichterstattung anwenden, sollten in diesem Zusammenhang (zum Bei-

---

[472] Gleiches gilt für Reputationsrisiken, deren exakte Bewertung schwierig ist.

spiel im Rahmen von Ist-Erwartungen) zumindest die Notwendigkeit eines Updates des Risikoinventars prüfen.

In welcher Weise Risiken im Unternehmen an Vorstand und Aufsichtsrat berichtet werden, hängt von der Größe der Organisation ab. Mithilfe von Schwellwerten kann sichergestellt werden, dass in einem komplexen Unternehmen nur solche Risiken auf höchster Ebene zur Kenntnis genommen werden, die eine bestimmte Wesentlichkeit (gemessen am Erwartungswert) übersteigen. Risiken, die unterhalb dieses Schwellwertes liegen, sind dann auf Divisions-, Bereichs- oder Abteilungsebene zu berichten und zu steuern. Dabei kann es sinnvoll sein, bestimmte Risiken unabhängig vom Erwartungswert immer in die Berichterstattung gegenüber Vorstand und Aufsichtsrat einzubeziehen, wenn diese von besonderer strategischer Relevanz sind. Dies gilt bspw. häufig für Reputationsrisiken, deren potenzielle Schadenshöhe in der Regel nicht quantifiziert, sondern lediglich mittels qualitativer Einschätzungen angegeben wird.[473]

Auch das Risikomanagement bedarf einer professionellen informationstechnologischen Unterstützung. Hierfür sprechen die Nachvollziehbarkeit des Risikomanagementprozesses ebenso wie die Nutzung von Synergien mit anderen Fachbereichen, das Erkennen von Cluster-Risiken sowie ein stringentes Berichtswesen über organisationale Grenzen hinweg. Schließlich gilt auch für das Risikomanagement, dass sich dessen Mehrwert nicht nur aus dem Wertbeitrag für das Unternehmen, sondern auch aus der Effizienz seiner eigenen Prozesse ergibt.

4.3.3.3 Das Risk Assessment im Rahmen des Compliance Managements

Das Compliance Risk Assessment bezweckt die systematische Identifikation, Bewertung, Dokumentation und Berichterstattung von Konstellationen, die das Potenzial aufweisen, das Ziel der Übereinstimmung mit rechtlichen und internen Bestimmungen sowie freiwilligen Selbstverpflichtungen zu gefährden. Es dient „als Grundlage für die Allokation unternehmerischer Ressourcen mit dem Ziel der effektiven und effizienten Sicherstellung von Compliance im Unternehmenskontext"[474]. Anders als beim in Kapitel 4.3.3.2 dargestellten allgemeinen Risikomanagement, das auf der Grundlage gegebener Anhaltspunkte konkrete (Compliance-)Risiken erfasst, deren Auswirkungen in Form eines Erwartungswertes quantifiziert oder eines Reputations-

---

[473] Für Reputationsrisiken wird häufig eine dreistufige Bewertung des potenziellen Schadens in hoch-mittel-niedrig vorgenommen.
[474] Otremba, S. (2014), S. 531.

schadens qualifiziert werden können, widmet sich das Compliance Risk Assessment der grundsätzlichen, abstrakten Risikoexposition eines Unternehmens und dessen Teilbereichen. Diesem abstrakten Risiko gilt es, proaktiv zu begegnen, um das Eintreten konkreter Nachteile zu vermeiden.[475]

Die abstrakte Risikoexposition eines Unternehmens ist das Ergebnis einer Reihe von internen und externen Risikoindikatoren, die in mehreren Stufen erhoben werden können. Insbesondere in komplexen Organisationen mit zahlreichen Tochtergesellschaften und Zentralbereichen bietet es sich an, zunächst auf der Basis bereits vorliegender Informationen eine Ersteinschätzung vorzunehmen, um dann auf deren Grundlage die weitere Vorgehensweise zu bestimmen. In einem nächsten Schritt kommen dann sowohl fragebogenbasierte Umfragen als auch leitfadenbasierte Interviews in Frage, um unter Einbeziehung der Risikoeigner notwendige Informationen und Einschätzungen zu erlangen. Während fragebogenbasierte Umfragen geeignet sind, um innerhalb eines vergleichsweise kurzen Zeitraums Rückmeldungen von den im Anwendungsbereich befindlichen Einheiten zu erhalten, sind Interviews aufwendiger. Jedoch führt der Aufwand oft zu fundierteren Ergebnissen, die in einem höheren Erkenntnisgewinn für Fachbereich und Compliance-Funktion bestehen, da sich beide intensiv und im Dialog mit Compliance-Risiken auseinandersetzen. Zudem bieten Interviews die Möglichkeit, auf der Grundlage identifizierter Risiken sodann auch adäquate Lösungen gemeinsam zu entwickeln, deren Umsetzung von einem geteilten Verständnis beider Funktionen getragen wird. In der Wahl der Vorgehensweise sind daher Effizienz und Qualität der (Selbst-)Einschätzungen gegeneinander abzuwägen und je nach Ersteinschätzung differenziert anzuwenden.[476]

Um die Compliance-Risikolage systematisch und nachvollziehbar zu erfassen, bedarf es der Anwendung geeigneter Risikoindikatoren. Entsprechend der engen Verknüpfung effektiver Compliance Management Systeme mit der diesen zu Grunde liegenden Unternehmenskultur sind qualitative Indikatoren, die auf die Umsetzung der Unternehmenswerte in der Praxis abzielen, zwar besonders wichtig. Gleichwohl sind diese „weichen" Faktoren oft auch schwierig zu erheben.[477] In der Praxis eignet sich daher die Verwendung sowohl qualitativer als auch quantitativer Risikoindikatoren, die sowohl interne als auch externe Wesensmerkmale einzelner Fachbereiche und

---

[475] Eine weitere Perspektive der Risikoorientierung besteht innerhalb der Compliance-Teilprozesse. Danach richtet sich die Intensität der angewendeten Maßnahmen nach risikobasierten Einschätzungen über konkrete Notwendigkeiten im Einzelfall. Werden bspw. in einer initialen Risikoanalyse des Due Diligence-Prozesses erhöhte Risiken bei einem Geschäftspartner identifiziert, sollte dieser einer genaueren Analyse unterzogen werden.
[476] Vgl. Otremba, S. (2014), S. 540.
[477] Vgl. Barth, V. (2012), S. 660f.

Tochtergesellschaften umfassen. Die für die Bestimmung der Compliance-Risikolage wichtigsten (wenngleich nicht abschließend genannten) Indikatoren sind:

- Das Geschäftsmodell, das beschreibt, mit welchem Ziel eine Organisation was (Produkte, Dienstleistungen) womit (Ressourcen) für wen (Kunden, Märkte) und auf welche Weise (Leistungserstellungsprozess) produziert.
- Der Ort der Geschäftstätigkeit, womit sämtliche Orte der Leistungserstellung in Einkauf, Produktion, Verwaltung und Vertrieb gemeint sind.
- Die Geschäftspartnerbeziehungen, welche Lieferanten, Absatzmittler, Investoren, Joint-Venture-Partner und sonstige vertraglich gebundene Unternehmen umfassen.
- Die Behördenkontakte, deren Intensität und Bedeutung durch notwendige Zulassungen, Genehmigungen, Prüfungen, gesetzliche Gestaltungsmöglichkeiten, aber auch gesellschaftliche und repräsentative Aufgaben bestimmt werden.
- Die Wettbewerbssituation, welche durch die eigene Marktstellung, den Zugang zu Einkaufs-, Personal- und Absatzmärkten, die Substituierbarkeit eigener Produkte und dadurch letztlich die Intensität der Konkurrenz in allen relevanten Belangen gekennzeichnet ist.
- Das unternehmensinterne Entwicklungsstadium, welches durch Dynamik oder Stagnation, Wachstum oder Schrumpfung, beeinflusst sein kann.
- Die wichtigsten internen Kenngrößen wie Umsatz, Ergebnislage, Budgetsituation oder Personalfluktuation, die ihrerseits eng mit Entwicklungsstadium und Unternehmenskultur korrelieren.
- Das rechtliche Umfeld, das sich aus der Rechtssetzung durch die Legislative sowie die Rechtsdurchsetzung durch Exekutive und Judikative zusammensetzt.
- Die Compliance-Historie, die sich aus Fehlverhalten der Vergangenheit, Erkenntnissen aus revisorischen Prüfungen und dem Internen Kontrollsystem sowie eigenen Monitoring-Erkenntnissen zusammensetzt. .

Die genannten Risikoindikatoren sind grundsätzlich für sämtliche Compliance-Risikofelder anwendbar. Gleichwohl verändert sich deren jeweilige Gewichtung je nach Themengebiet. Für die Ermittlung des Korruptionsrisikos mag daher die Intensität der Behördenkontakte eine größere Rolle spielen als für die Erfassung von Geldwäscherisiken. Die Wettbewerbssituation ist für die Analyse von Kartellrechtsrisiken wiederum von größerer Bedeutung. Mit der Darlegung wichtiger Risikoindikatoren sollen vor allem drei Aspekte betont werden. Zum einen geht es bei der Bestimmung des abstrakten Compliance-Risikos stets um die Betrachtung interner und externer, qualitativer und quantitativer Faktoren. Zweitens liegt die Festlegung eines Risikoprofils in der Regel nicht auf der Hand, leitet sich also nicht automatisch aus den Gegebenheiten ab, sondern ist das Ergebnis eines analytischen Prozesses der Abwägung unter Zugrundelegung einer Vielzahl unterschiedlicher Kenngrößen. Diese Abwägung kann wiederum nur im Dialog zwischen Risikoeigner und Compliance-Experte erfolgen. Und drittens geht es bei der Bestimmung des Compliance-Risikos nicht um exakte Messwerte, sondern um die relationale Betrachtung der Risikolagen unterschiedlicher Unternehmensbereiche und die notwendige Entscheidung zur Allokation der vorhandenen Ressourcen bzw. zur Ergänzung weiterer Ressourcen im Rahmen der Schwerpunktsetzung bei der Compliance-Steuerung.

Beispiel: Im Zuge der Ausweitung seiner internationalen Aktivitäten und im Hinblick auf den mittelfristig avisierten Gang an die Börse etabliert ein mittelständisches Unternehmen eine Compliance-Funktion. Der neue Chief Compliance Officer wird beauftragt, die Einhaltung relevanter Anti-Korruptionsgesetze unternehmensweit sicherzustellen und ggf. erforderliche Maßnahmen einzuleiten. Neben der Effektivität soll er dabei auch auf die Effizienz des Compliance-Programms achten und überbordende Bürokratie vermeiden.

Der Chief Compliance Officer entscheidet sich für die Durchführung eines Compliance Risk Assessments. Mit dessen Hilfe will er zunächst Transparenz über die Risikolage der verschiedenen Teilbereiche des Unternehmens erlangen, um anschließend über geeignete Maßnahmen entscheiden und die Allokation seiner begrenzten Ressourcen im Sinne einer Schwerpunktsetzung bestimmen zu können. Bei der Durchführung des Risk Assessments stellt er schnell fest, dass einige Tochtergesellschaften im Vergleich zu anderen über erhöhte Risiken verfügen:

- So ist bspw. ein in Brasilien ansässiges Unternehmen im Konzernverbund mit der Produktion von Maschinen zur Ölförderung und deren Export in den lateinamerikanischen Markt befasst. Abnehmer der Produkte sind sowohl öffentliche als auch private Unternehmen. Die Wettbewerbssituation ist hart und häufig können Geschäfte nur durch gute Kontakte über Agenten überhaupt vermittelt werden.

- Demgegenüber analysiert der Chief Compliance Officer auch eine in Deutschland ansässige Tochterfirma, die IT-Dienstleistungen ausschließlich für die im Konzernverbund befindlichen Unternehmen erbringt.

Nach Abwägung aller relevanten Risikoindikatoren (s.o.) kommt er so zu dem Schluss, dass die unterschiedliche Risikolage beider Unternehmen auch abweichende Intensitäten in der Risikosteuerung notwendig macht. „One-size-fits-all"-Ansätze lehnt er ab. Schließlich sind seine eigenen Ressourcen begrenzt und Maßnahmen, die in Brasilien angemessen erscheinen mögen, würden in Deutschland als unnötige Bürokratie kritisiert.

Daher kategorisiert der Chief Compliance Officer alle Tochtergesellschaften und Zentralbereiche in drei Risikoprofilklassen: hoch-mittel-niedrig. Jeder Risikoprofilklasse wird ein bestimmtes Maßnahmenpaket zugeordnet, das mit ansteigendem Risiko ebenfalls im Umfang zunimmt. Der deutschen IT-Firma wird demnach ein niedriges Risikoprofil zugewiesen. Neben der Umsetzung der unternehmensweit gültigen Compliance-Richtlinie umfasst dies vor allem die jährliche Teilnahme aller Mitarbeiter an einem zentral bereitgestellten E-Learning sowie die Bekanntmachung einer unternehmensinternen Beratungsstelle zu Compliance-Fragen und einer vertraulichen Funktion zur Meldung von Hinweisen bei Verdacht auf Fehlverhalten. Der brasilianischen Firma hingegen wird ein hohes abstraktes Compliance-Risiko zugewiesen. Aufgrund der ersten Erkenntnisse aus dem Risk Assessment entscheidet sich der Chief Compliance Officer, seine Bestandsaufnahme durch eine vor Ort stattfindenden Detailanalyse auszuweiten. Vor allem geht es ihm um die Frage der Rechtmäßigkeit der Beauftragung von Agenten zur Anbahnung von Geschäften. Unabhängig von ggf. bestehenden konkreten Risiken ist er sich aber bereits jetzt sicher, dass das brasilianische Unternehmen ein erweitertes Maßnahmenpaket erhalten wird. Neben den auch für die deutsche Tochterfirma geltenden Maßnahmen wird dieses aus intensiveren Geschäftspartnerprüfungen, Präsenztrainings der Mitarbeiter aus Einkaufs- und Vertriebsbereichen sowie auf Management-Ebenen und internen Kontrollen zur Sicherstellungen der Einhaltung der Compliance-Vorgaben bestehen.

Um Missverständnisse zu vermeiden, verdeutlicht der Chief Compliance Officer bei der Präsentation der Ergebnisse seines Risk Assessments, dass die Zuweisung der Risikoprofile keine Aussagen über die Qualität des jeweiligen Managements treffe. Vielmehr gingen bestimmte Aktivitäten – zum Beispiel Produktion und Vertrieb von Ölfördermaschinen in Lateinamerika – mit erhöhten abstrakten (!) Risiken einher. Diesen müsse eben mittels geeigneter maßgeschneiderter Maßnahmen begegnet werden, um die Einhaltung der Anti-Korruptionsvorschriften systematisch sicherzustellen.[478]

Neben der im Beispiel illustrierten risikoorientierten Vorgehensweise beim Compliance Risk Assessment ist auch dessen Erhebungszyklus ein wichtiger Treiber für Effektivität und Effizienz der Compliance-Organisation. Hierbei gilt, dass dieser stets vor dem Hintergrund von Aufwand und Nutzen abzuwägen ist. Da sich die zu Grunde liegenden Risikoindikatoren in der Regel nicht in kürzeren Zyklen stark verändern – das Geschäftsmodell, die Orte der Leistungserstellung oder die grundsätzlichen Geschäftspartnerkontakte sind relativ konstant – bedarf es nicht zwingend einer jährlichen erneuten Erhebung der Risikolage. Jedoch kann es aus anderen Gründen sinnvoll sein, das Intervall nicht zu lang zu definieren. Schließlich ist die regelmäßige Befassung mit Compliance-Themen durch die Risikoeigner ein Mehrwert per se, der nicht unterschätzt werden sollte und durch das Compliance Risk Assessment einen Anlass finden kann. Nach der hier vertretenen Ansicht ist das Erhebungsintervall daher zum einen das Ergebnis der Reife einer Organisation im Umgang mit Compliance-Themen. Zum anderen sollte der Erhebungszyklus in Abhängigkeit der Risikolagen einzelner Unternehmensbereiche definiert werden. Damit wird sichergestellt, dass der Aufwand eines Risk Assessments vor allem dort betrieben wird, wo dieser durch einen unmittelbaren Mehrwert an Erkenntnisgewinn und Risikomitigierung gerechtfertigt werden kann.

Analog zu den Risk Assessments bei den anderen GRC-Funktionen ist der Anwendungsbereich des Compliance Risk Assessments zunächst auf sämtliche Mehrheitsbeteiligungen eines Unternehmens zu erstrecken. Hier sind die faktischen Einflussmöglichkeiten und die damit verbundenen Organisationspflichten besonders hoch. Allerdings sollten auch Minderheitsbeteiligungen einer genaueren Analyse unterzogen werden, sofern Anhaltspunkte für erhöhte Risiken vorliegen. „Hierbei sollten vertragliche Regelungen ebenso berücksichtigt werden wie faktische Zugriffsrechte der Muttergesellschaft durch Mitarbeiter in Geschäftsführungs- und/oder Aufsichtsfunktionen des Tochterunternehmens."[479]   .

Schließlich gilt auch für das Compliance Risk Assessment, dass eine professionelle IT-Infrastruktur die Basis für den verlässlichen und effizienten Umgang mit Compliance-Risiken darstellt, welche auch den Prüfkriterien der Nachvollziehbarkeit, Re-

---

[478] Das Beispiel fokussiert auf die Feststellung des Compliance-Risikos im Rahmen des Compliance Risk Assessments und deutet Konsequenzen für die Risikosteuerung lediglich an. Für Details zu möglichen Maßnahmen im Rahmen der Compliance Steuerung, siehe Kap. 4.3.4.3.
[479] Vgl. Otremba, S. (2014), S. 538.

produzierbarkeit und Datensicherheit genügen. Dies gilt sowohl für den Umgang mit den einen Unternehmensbereich kennzeichnenden Rollen- und Stammdaten als auch für die Ergebnisse des Risk Assessments und deren Herleitung. Zudem ist eine geeignete technologische Handhabung die Voraussetzung für die abschließende Berichterstattung der Ergebnisse des Risk Assessments und der sich daraus ergebenden Konsequenzen für das Compliance Management in Vorstand und Aufsichtsrat.

4.3.3.4 Integrierte Betrachtung: Das Risk Assessment der GRC-Funktionen

Die obigen Ausführungen haben gezeigt, dass das Risk Assessment für alle hier genannten GRC-Funktionen eine grundlegende Bedeutung besitzt. Dieser Bedeutung wird nicht zuletzt dadurch Rechnung getragen, dass das Risk Assessment der erste Schritt in einem als Regelkreis gedachten GRC-Management ist. Gleichzeitig haben die Schilderungen offenbart, dass es Gemeinsamkeiten und Unterschiede in Zielsetzung, Vorgehensweise und Aussagegehalt gibt, die ernst genommen werden müssen. Schließlich gilt es, gerade vor dem Hintergrund der Diskussion über Integrationspotenziale im Rahmen eines integrierten GRC-Gesamtkonzepts, Möglichkeiten in diesem Sinne aufzuzeigen, aber auch auf notwendige und sinnvolle Divergenzen hinzuweisen. Die folgende Tabelle stellt die wichtigsten Gemeinsamkeiten und Unterschiede daher nochmals vergleichend und verkürzt anhand wichtiger Beurteilungskriterien dar, bevor auf die sich daraus ergebenden Konsequenzen eingegangen wird.

Tab. 1: Vergleichende Analyse der GRC-Funktionen im Risk Assessment

Beurteilungskriterium	Interne Revision	Risikomanagement	Compliance Management
Wozu:			
- Zielsetzung	Systematische Identifikation, Analyse und Bewertung, Dokumentation und Berichterstattung,...		
	... konkreter und abstrakter Risiken im Unternehmen zur Definition von Prüfungsthemen im Rahmen der Prüfungsprogrammplanung	... konkreter Risiken, die in Eintrittswahrscheinlichkeit und potenzieller Schadenshöhe bestimmbar und für das Unternehmen wesentlich oder gar bestandsgefährdend sind	... abstrakter Risiken mit Potenzial, das Ziel der Übereinstimmung mit rechtlichen und internen Bestimmungen sowie freiwilligen Selbstverpflichtungen zu gefährden
Wer:			
- Rolle des Risikoeigners	Input im Rahmen von Management-Interviews	Hohes Maß an Eigenverantwortung	Enge Zusammenarbeit zwischen Risikoeigner und Compliance-Funktion; zeitliche, strukturelle und inhaltliche Vorgaben sowie Moderation des Gesamtprozesses durch Compliance-Funktion
- Rolle der GRC-Funktion	Vollständige Prozess- und Ergebnisverantwortung	Zeitliche, strukturelle und inhaltliche Vorgaben sowie Moderation des Gesamtprozesses	
Was:			
- Anwendungsbereich	Sämtliche Geschäftsaktivitäten in allen Mehrheitsbeteiligungen und Zentralbereichen (= Einheiten)		
Wie:			
- Zeitlicher Ablauf	Jährlich, i.d.R. rollierendes Erhebungsintervall im Zeithorizont von 1-3 Jahren	Mind. jährlich, ggf. Update bei Zielanpassungen im Rahmen von unterjährigen Ist-Erwartungen	Risikoorientiert in Abhängigkeit von der unternehmerischen Dynamik, i.d.R. alle 1-3 Jahre
- Instrumentarium	Einschätzung objektiver und subjektiver Indikatoren auf Basis von Desktop-Research, Interviews, Einschätzungen der Revision	Anwendung der Erwartungswertmethode auf der Grundlage von Einschätzungen der Risikoeigner	Einschätzung objektiver und subjektiver Indikatoren auf Basis von Umfragen, Interviews, Einschätzungen der Compliance-Funktion
- Informationstechnologie	Anforderungen an Nachvollziehbarkeit, Reproduzierbarkeit, Datensicherheit (Dokumentation) und Effizienz		
An wen:			
- Adressaten der Berichterstattung	Vorstand, Aufsichtsrat, Management nach Bedarf		

Die zusammenfassende Übersicht macht deutlich, was die Darlegung der einzelnen GRC-Funktionen bereits angedeutet hatte: Obgleich die jeweiligen Risk Assessments der Internen Revision, des Risikomanagements und des Compliance Managements nicht identisch sind, verfügen diese doch über ein erhebliches Maß an Überschneidungen. Diese Überschneidungen sollten Anlass genug sein, die GRC-Bereiche funktionsübergreifend zu betrachten, Synergiepotenziale gezielt zu eruieren und damit das Assessment rechtlicher, finanzieller und Reputationsrisiken im Sinne der GRC-Definition in effektiver und effizienter Weise zu verwirklichen.

Beginnen wir mit dem Anwendungsbereich, bei dem laut obiger Gegenüberstellung eine weitgehende Übereinstimmung der drei GRC-Funktionen besteht. In Bezug auf das Risikomanagement wird dagegen häufig argumentiert, dass dieses (im Unterschied zur Internen Revision und zum Compliance Management) in der Praxis lediglich die wesentlichen Mehrheitsbeteiligungen (und nicht alle) in den Blick nimmt. Diesem Ansatz liegt die Auffassung zu Grunde, dass aus der Perspektive der Muttergesellschaft eines komplexen Konzerns die Wesentlichkeit andere Dimensionen aufweist, als aus der Perspektive der einzelnen Tochtergesellschaft. Ein für die Erfolgsziele einer Tochtergesellschaft wesentliches Risiko mag daher für die Konzernmutter so gering erscheinen, dass es auf Konzernebene nicht berichtet wird. Aus zwei Gründen ist die Durchführung eines systematischen Risikomanagementprozesses auch für die kleinste Einheit im Konzern dennoch unabdingbar: Zum einen dient dieser der Sicherstellung der Erreichung solcher Ziele, die auf der Ebene der Tochtergesellschaft wesentlich sind. Zum zweiten können Risiken aus solchen Einheiten, die für den Konzernerfolg vermeintlich wenig bedeutend sind, durchaus auch Auswirkungen auf den Gesamtkonzern erlangen. Dies gilt für finanzielle Risiken – sofern sich mehrere kleine Risiken in unterschiedlichen Einheiten zu einem großen Cluster-Risiko auf Konzernebene verbinden –, für rechtliche Risiken – da bspw. Compliance-Risiken nicht anhand von Wesentlichkeiten gesteuert werden können – sowie Reputationsrisiken, die keine aufbauorganisatorischen Grenzen kennen, sondern nur Marken und deren Image. Vor diesem Hintergrund muss geschlussfolgert werden, dass der Anwendungsbereich der drei GRC-Funktionen eben (wie dargestellt) doch identisch ist und sich mindestens auf sämtliche Mehrheitsbeteiligungen und Zentralbereiche (zusammengefasst: Einheiten) erstreckt.[480]

---

[480] In der Darlegung der Anforderungen an ein Risk Assessment in den verschiedenen GRC-Funktionen ist deutlich geworden, dass auch Minderheitsbeteiligungen grundsätzlich einem systematischen Risikomanagementprozess unterzogen werden sollten. Ein Unternehmen A, das bspw. 40 % der Anteile an einer Tochtergesellschaft B hält, hat selbstverständlich ein Interesse daran, dass die Beteiligung ihre Ziele erreicht. Dennoch sind die rechtlichen und faktischen Einflussmög-

Daraus folgt, dass die drei GRC-Funktionen gleichermaßen darauf angewiesen sind, ihr Risk Assessment auf einem aktuellen Datenstand zu den im Konzernverbund befindlichen (Mehrheit-)Beteiligungen und Zentralbereichen aufzubauen. Was im ersten Moment banal klingen mag, erlangt in komplexen multinationalen Konzernen mit vielschichtigen Beteiligungsstrukturen an Bedeutung. Oft sind es in der Praxis fehlende oder inkonsistente Stammdaten, die ein Risk Assessment erschweren. Umso grundlegender ist daher ein professionelles Beteiligungsmanagement, das Transparenz über den Konzern und seine Unternehmen, deren jeweilige Geschäftsmodelle, Lokalisierungen und rechtliche Vertreter schafft. Es sind diese grundlegenden Informationen, die – ganz praktisch – die Umsetzung eines Risk Assessments erst ermöglichen, da sie einerseits Risikoindikatoren darstellen und andererseits die adressatengerechte Ansprache im Risk Assessment Prozess sicherstellen. Um unnötige Doppelarbeit bei der Erfassung und Pflege dieser Stammdaten zu vermeiden, sollte eine zentrale, sichere und redundanzfreie Datenhaltung auf der Grundlage der Anforderungen aller an diesen Informationen berechtigt interessierten Fachbereiche erfolgen. Wer dies konsequent sicherstellt, vermeidet bereits ein in der Praxis allzu häufig und an mehreren Stellen im Unternehmen parallel auftretendes Problem im Zusammenhang mit dem Risk Assessment.

Drei weitere Anknüpfungspunkte für die Nutzung von Synergiepotenzialen zwischen den GRC-Funktionen bietet die kombinierte Betrachtung zeitlicher, methodischer und inhaltlicher Aspekte. Unter den inhaltlichen Synergiepotenzialen sind an dieser Stelle zunächst Redundanz- und Widerspruchsfreiheit in der an den Risikoeigner gerichteten Risikoerhebung zu verstehen. In methodischer Hinsicht entstehen Synergien vor allem aus miteinander abgestimmten Vorgehensmodellen. Und aus zeitlicher Perspektive sind sowohl Zeitpunkt und Zeitraum des Risk Assessments als auch die Häufigkeit und Regelmäßigkeit der Erhebung gemeint. Die obige Gegenüberstellung verdeutlicht, dass Interne Revision, Risikomanagement und Compliance Management hier leicht voneinander abweichende Vorgehensweisen wählen. Allerdings muss festgehalten werden, dass Unternehmen in der konkreten Ausgestaltung ihrer Risk Assessments frei sind. Zwei unterschiedliche Perspektiven sollten daher bei der Festlegung des zeitlichen, methodischen und inhaltlichen Vorgehens und der Suche nach Synergiepotenzialen berücksichtigt werden. Zum einen die Perspektive der

---

lichkeiten bei Minderheitsbeteiligungen in der Regel geringer als bei beherrschendem Einfluss. Daher sind zur Steuerung von Risiken oft andere Mechanismen – bspw. die Wahrnehmung von Rechten über Repräsentanten der Muttergesellschaft A im Aufsichtsgremium der Tochtergesellschaft B – anzuwenden. Dieser Besonderheit trägt die obige Fokussierung auf Mehrheitsbeteiligungen Rechnung.

GRC-Funktionen selbst. Hierbei geht es um die gemeinsame Nutzung von Ressourcen zur effizienten Gestaltung des Risk Assessments. Gemeinsame Ressourcen sind u.a. Fachexperten für die inhaltlich fundierte und für den Risikoeigner verständliche Gestaltung des Risk Assessments und IT-Experten für die technische Unterstützung des Prozesses sowie wirtschaftliche Ressourcen zur Finanzierung der erforderlichen Aufwendungen. Zum anderen sollte bei der Risikoerhebung die Perspektive des Risikoeigners in Betracht gezogen werden. Schließlich ist dieser ein wesentlicher Beitragender (wenngleich in unterschiedlicher Ausprägung) für die drei hier behandelten Risk Assessments. Häufig werden Risikoeigner – Geschäftsführer von Tochtergesellschaften, Leiter von Zentralbereichen, Manager wichtiger risikorelevanter Unternehmensfunktionen – innerhalb eines Jahres von unterschiedlichen Funktionen mit ähnlichen, methodisch jedoch abweichenden und inhaltlich zum Teil nicht überschneidungsfreien Anfragen konfrontiert. Diese sollen dann innerhalb weniger Tage neben dem Tagesgeschäft zunächst verstanden und dann beantwortet werden. Ineffizienzen im Prozess, beschränkte Aufmerksamkeiten und Verwirrung bei den für die Risikosteuerung (eigentlich) Verantwortlichen, Widersprüchlichkeiten in den Aussagen und schlimmstenfalls die Einschränkung der Wirksamkeit des Gesamtprozesses können die Folge sein. Wer die Expertise der Risikoeigner daher optimal nutzen und diese für die sachgemäße Identifikation, Steuerung und Überwachung von Risiken in ihrem Verantwortungsbereich bestmöglich sensibilisieren, befähigen und unterstützen will, sollte es diesen Personen so einfach und effizient wie möglich machen, sich am Risk Assessment Prozess zu beteiligen. Schließlich sind es in der Regel diese Risikoeigner, welche den Erfolg des Unternehmens am Markt verantworten.

Vor diesem Hintergrund ergeben sich im Hinblick auf die Nutzung von Synergiepotenzialen zwischen den drei GRC-Funktionen drei Schlussfolgerungen: Erstens sollten die Anfragen gegenüber Risikoeignern methodisch harmonisiert werden. Dies betrifft die genutzten IT-Systeme, zur Anwendung kommende Prozesse sowie eventuelle Hilfestellungen wie Handbücher oder Begleitunterlagen. Zweitens sollten die Risk Assessments zeitlich aufeinander abgestimmt werden. Trotz unterschiedlicher Intervalle – von unterjährig bis mehrjährig – gibt es Zeitpunkte im Jahr, die aus der Perspektive der GRC-Funktionen ebenso wie vom Standpunkt der Geschäftsbereiche geeignet sind, um eine Risikoerhebung durchzuführen. Ein gebündeltes und von allen GRC-Bereichen gemeinsam initiiertes Risk Assessment kann – bei Beibehaltung der jeweiligen Unabhängigkeit – die Aussagekraft und damit den Mehrwert sogar erhöhen und den Aufwand für alle Beteiligten reduzieren. Und schließlich, drittens, sollten die Risk Assessments inhaltlich koordiniert werden. Dazu gehören ein gemeinsames Risikoverständnis der GRC-Funktionen, die Harmonisierung der verwendeten Begrifflichkeiten, die redundanzfreie Abfrage von Inhalten und die widerspruchsfreie Deutung dieser bei der Bestimmung von Risikoprofilen. Die inhaltliche Koordination bedeutet dabei nicht, inhaltliche Divergenzen einzuebnen. Es gibt im Gegenteil gute Argumente für die inhaltlich abweichenden Blicke der diversen GRC-Funktionen. Jedoch ist es gerade die Schärfung von Gemeinsamkeiten und Unterschieden, die durch ein gemeinsames Vorgehen erreicht und auch dem Risikoeigner gegenüber verdeutlicht werden kann. Durch die methodische, zeitliche und inhaltliche Abstimmung der jeweiligen Risikoerhebungen werden diese im Optimum zu einem gemeinsamen GRC-Risk Assessment, welches die Anforderungen der beteiligten Bereiche abdeckt und aus dem diese sich für ihre Zwecke bedienen können.

Ein nächster Anknüpfungspunkt zur Nutzung von Synergiepotenzialen zwischen den GRC-Funktionen beim Risk Assessment besteht in der verwendeten Informationstechnologie. Die bekannten Prüfungsanforderungen an die Nachvollziehbarkeit, Reproduzierbarkeit und Datensicherheit werden hier durch eine vierte Komponente, die Effizienz, ergänzt. Schließlich ist der wirtschaftliche Umgang mit den Ressourcen einer Firma eine Grundbedingungen unternehmerischen Handelns, der auch die GRC-Funktionen unterliegen müssen. Zudem zahlt ein effizienter Prozess der Risikoidentifikation und –Bewertung unmittelbar auf die Akzeptanz des Risk Assessments beim Risikoeigner ein und ist damit ein wichtiges Charakteristikum des diesem Prozess zugrunde liegenden IT-Systems. Wie oben bereits deutlich geworden ist, liegen die Synergiepotenziale zwischen den GRC-Funktionen im Hinblick auf informationstechnologische Aspekte sowohl in der gemeinsamen Haltung von Rollen[481]- und Stammdaten[482] im Rahmen des Beteiligungsmanagements als auch in der Prozessbegleitung. Diese kann mithilfe eines gemeinsam genutzten Fragebogens ebenso optimiert werden wie mit der einheitlichen Dokumentation wesentlicher (vorläufiger) Ergebnisse des Risk Assessments. Je höher dabei der Grad der gemeinsamen Nutzung identischer Daten ist, desto größer sind auch die Synergiepotenziale innerhalb einer IT-Systemlandschaft. Der deutlichste Vorteil einer gemeinsam genutzten Infrastruktur ergibt sich jedoch aus der Perspektive der Berichterstattung. Ist die IT angemessen gestaltet, können die Berichte der GRC-Funktionen einheitlich strukturiert werden, um den Adressaten der Berichterstattung eine angemessene Transpa-

---

[481] Unter Rollen werden hier sowohl die für eine Einheit wesentlichen Funktionsträger als auch die in den GRC-Funktionen am Prozess Beteiligten in ihren jeweiligen Aufgaben verstanden. Rollendaten greifen auf diese Funktionen zurück und verknüpfen diese mit einem Benutzerberechtigungskonzept, das die jeweiligen Kompetenzen widerspiegelt.

[482] Mit Stammdaten sind die ein Unternehmen und dessen Beteiligungen charakterisierenden Informationen gemeint, die nicht in kurzen Zyklen Veränderungen unterliegen. Dazu gehören u.a. die Rechtsform, Geschäftszweck und Geschäftsmodell, der Ort der Geschäftätigkeit und die Gesellschaftsorgane.

renz über die Risikolage zu ermöglichen. Aber auch aus der Sicht der GRC-Bereiche ergeben sich durch gemeinsam verwendete IT-Landschaften Vorteile – nämlich dann, wenn Ad-hoc-Bedarfe von Vorstand oder Aufsichtsrat auch kurzfristig beantwortet werden können und aufwändige Abstimmungen zwischen den GRC-Bereichen entfallen. Zudem sei an einen weiteren Aspekt erinnert, der in der GRC-Debatte häufig zu kurz gekommen ist: Mag die geteilte Nutzung eines IT-Systems Kompromisse bei den einzelnen GRC-Bereichen erfordern, so können die Kosten der Einrichtung und Pflege der IT-Infrastruktur zumindest langfristig erheblich verringert werden, wenn diese durch drei (oder mehr) Bereiche genutzt wird.[483]

Schließlich liegt der letzte hier dargelegte Anknüpfungspunkt für ein GRC-Risk Assessment in der Berichterstattung gegenüber den am GRC-Prozess Interessierten. Hierzu gehören vor allem der Vorstand, in dessen Verantwortung die Einrichtung eines Risikofrüherkennungssystems[484] liegt, sowie der Aufsichtsrat, der sich mit der Überwachung von Rechnungslegung, Internem Kontrollsystem, Interner Revision sowie Compliance Management befasst.[485] Je nach Unternehmenssteuerung können weitere Gremien – bspw. ein ggf. eingerichtetes Risikomanagement-Komitee – oder divisionale Ausschüsse adäquate Adressaten der GRC-Berichterstattung sein. Mittels geeigneter Wege der Berichterstattung wird dabei nicht nur Transparenz angestrebt, die kein Wert an sich sein kann. Vielmehr werden die Entscheidungsträger in die Lage versetzt, auf der Grundlage einer ganzheitlichen Übersicht der GRC-Risikolage auch strategische Entscheidungen bspw. zur Allokation von Ressourcen, zu Markteintritt oder Marktaustritt oder zur Gestaltung und Lokalisierung von neuen Geschäftsmodellen zu treffen. Insofern unterstützt die GRC-Berichterstattung sowohl operationale als auch strategische Ziele im Unternehmen.[486]

---

[483] In der Praxis ist die Etablierung von IT-Systemen häufig durch ad-hoc auftretende Notwendigkeiten gekennzeichnet. Dies führt zu Verinselungen in der IT-Infrastruktur. Doch auch pro-aktiv gestaltete IT-Systeme werden häufig isoliert von den Bedarfen angrenzender Fachbereiche entwickelt. Dies hängt mit den vermeintlich geringeren Anfangsinvestitionen zusammen, die „kleine Lösungen" suggerieren. Tatsächlich können ganzheitliche IT-Lösungen – insbesondere im Bereich GRC – schon mittelfristig zu verringerten Kosten führen. Vgl. SecurIntegration (2008), S. 59f.
[484] Vgl. § 91 Abs. 2 AktG.
[485] Vgl. DCGK (2012), S. 6.
[486] Vgl. Menzies, C. et al. (2007), S. 7f.

Beispiel für ein zeitlich, methodisch und inhaltlich abgestimmtes GRC-Risk Assessment anhand der fiktiven Firma Optima AG:

Die international tätige Optima AG, die über zahlreiche Tochtergesellschaften im Ausland verfügt, ist bestrebt, die Transparenz über finanzielle, rechtliche und Reputationsrisiken zu erhöhen. Die Unternehmensführung möchte dies mithilfe der im Unternehmen vorhandenen Expertise tun, gleichzeitig jedoch das Geschäft durch aufwendige Prozesse nicht zusätzlich belasten. Sie entscheidet sich daher, die gewünschte Transparenz in einem integrierten Ansatz mithilfe einer Erhebung zu generieren. In enger Zusammenarbeit zwischen den drei GRC-Funktionen Interne Revision, Risikomanagement und Compliance Management entsteht ein zeitlich, methodisch und inhaltlich aufeinander abgestimmtes Vorgehensmodell mit den folgenden Parametern:

- In einem ersten Schritt stellt die Optima AG mittels seines Beteiligungsmanagements sicher, dass relevante Stammdaten zu allen Tochtergesellschaften und Zentralbereichen vollständig und auf aktuellem Stand vorhanden sind.

- In einer – dem eigentlichen Risk Assessment vorgeschalteten – Pilotierungsphase wird das durch die GRC-Funktionen gemeinsam entwickelte Vorgehen in ausgewählten Einheiten des Unternehmens auf Zielgenauigkeit und Verständlichkeit getestet und auf Basis der Rückmeldungen optimiert.

- Zu einem definierten Zeitpunkt im Jahr, der außerhalb der Urlaubszeit, der „Jahresend-Rallye" und kapazitätsbindender Messen und Veranstaltungen liegt, werden sämtliche Mehrheitsbeteiligungen und Zentralbereiche über das anstehende integrierte GRC-Risk Assessment informiert. Ziele und Vorgehen werden in einer E-Mail an das verantwortliche Management skizziert und um eine Begleitpräsentation mit weiteren Details ergänzt. Das verantwortliche Management wird zu Telefonkonferenzen, Webinars oder Videokonferenzen eingeladen, wo die Möglichkeit besteht, offene Punkte zu klären. Bestehende Management-Meetings werden zur Erläuterung des Vorgehens und zur Klärung von Fragen genutzt.

- Anschließend wird ein modular strukturierter Fragebogen an die Leiter aller im Anwendungsbereich des Risk Assessments befindlichen Einheiten versendet. Der modulare Aufbau spiegelt zunächst die beteiligten GRC-Bereiche wider und erleichtert die nachgelagerte Auswertung des Fragebogens. Fragen, die für mehrere Funktionen von Interesse sind, werden nur einmal gestellt. Gleichzeitig ermöglicht der modulare Aufbau des Fragebogens eine geschäftsmodellspezifische Differenzierung. Das verantwortliche Management der Einheiten wird aufgefordert, sich unter Einbeziehung relevanter Funktionsträger mit dem Fragebogen zu befassen. Dabei ist dieser so strukturiert, dass er zunächst mithilfe ausgewählter Umfeld- und Imwelt-Indikatoren die abstrakte Risikolage der Einheit thematisiert, dann die konkreten Risiken in den Blick nimmt und schließlich Aussagen zu möglichen Prüfungsbedarfen durch die Interne Revision trifft.

- Einige Wochen nach Versand des Fragebogens findet ein Interview mit dem Management jeder Einheit statt. Die GRC-Funktionen werden durch einen dedizierten GRC-Verantwortlichen, der in jeder Einheit etabliert wurde, vertreten. Dieser ist – bei Beibehaltung der Verantwortlichkeit der lokalen Geschäftsführung – für die Koordination sämtlicher GRC-Themen in der betreffenden Einheit zuständig. Je nach Notwendigkeit übt er diese Tätigkeit in Teilzeit neben anderen Aufgaben, oder in Vollzeit aus. Sofern erforderlich, nehmen andere GRC-Funktionen – hier vor allem die in ihrer Unabhängigkeit am stärksten ausgeprägte Interne Revision – über Telefon-, Video- oder Web-Konferenzen an dem Interview teil.

- Der logische und mehrere Erkenntnisgebiete verknüpfende Aufbau des Fragebogens ermöglicht sowohl dem Management der Einheit, als auch den GRC-Funktionen, aus den das Unternehmen kennzeichnenden Parametern (z.B. Geschäftsmodell, Entwicklungsphase, externe Geschäftspartnerkontakte, Umfeldbedingungen) direkt Schlussfolgerungen für die Risikolage zu ziehen. Das Gespräch ermöglicht so ein erstes gemeinsames Verständnis aller Beteiligten sowohl über die abstrakte Risikolage, als auch über konkrete Risiken und Prüfungsbedarfe sowie notwendige Maßnahmen zur Optimierung der Risikolage in allen Belangen. In diesem Zusammenhang deutlich gewordene Ad-hoc-Bedarfe – insbesondere bei Vorliegen konkreter Risiken im Rahmen des Risikomanagements – werden unmittelbar adressiert.

- So werden für die Optima-Filius AG, eine Tochtergesellschaft der Optima AG, bspw. zwei konkrete Risiken identifiziert: der drohende Ausfall eines wichtigen und nicht kurzfristig zu ersetzenden Lieferanten sowie das infolge erhöhter Auslandsaktivitäten gestiegene Fremdwährungsrisiko. Aus der Ausweitung des Vertriebs der Einheit in Hochrisikoländer wird zudem ein erhöhtes abstraktes Compliance-Risiko abgeleitet. Und auch die Revision bezieht diese Informationen in ihre Prüfungsprogrammplanung ein. Welche Konsequenzen sich aus der ermittelten Risikolage für die GRC-Risikosteuerung ergeben, wird in Kapitel 4.3.4.4 erneut aufgegriffen.

- Mit der Dokumentation des Inputs und der Ergebnisse des Interviews ist das Risk Assessment für die einzelnen Einheiten zunächst abgeschlossen. Die GRC-Funktionen reflektieren die Ergebnisse der einzelnen Interviews, ergänzen diese um Erkenntnisse aus anderen Quellen[487] und vergleichen die Risikoeinschätzung der Einheiten untereinander. Schließlich definiert die Interne Revision ihre Prüfungsprogrammplanung und Risikomanagement sowie Compliance Management vereinbaren gemeinsam mit dem Management der Einheiten geeignete Risikosteuerungsstrategien bzw. Compliance Maßnahmen zur Optimierung der Risikolage. Die GRC-Funktionen agieren dabei auf der Grundlage derselben Daten, setzen aber ihrem Auftrag gemäß eigene Schwerpunkte.

- Zu einem definierten Zeitpunkt erfolgt die Berichterstattung der sich aus dem Risk Assessment ergebenden Ergebnisse an Vorstand und Aufsichtsrat der Optima AG: Die Interne Revision stellt ihre Prüfungsprogrammplanung für das folgende Geschäftsjahr vor; das Risikomanagement berichtet anhand vordefinierter Wesentlichkeitsgrenzen über die wichtigsten Risiken im Konzernverbund und der Compliance-Bereich erklärt die Compliance-Risikolage des Unternehmens. Anschließend informieren Risikomanagement und Compliance Management die jeweiligen Einheiten über die Ergebnisse des Risk Assessments, resultierende Risikoprofile und notwendige Maßnahmen.

- Die Begleitung der erforderlichen Steuerung der identifizierten Risiken – und damit die Unterstützung des lokalen Managements bei der Umsetzung eigener Sorgfaltspflichten – liegt bei den jeweiligen GRC-Funktionen. Dennoch vereinbaren die GRC-Funktionen, sich unterjährig zu einem definierten Zeitpunkt (sowie zusätzlich bei Bedarf) über den Fortschritt bei der Risikosteuerung sowie ggf. neue Erkenntnisse über die Risikolage der Einheiten auszutauschen.

- In der Gesamtschau erreicht die Optima AG durch ihr integriertes GRC Risk Assessment eine bestmögliche Transparenz über die unternehmensweite GRC-Risikolage sowie eine enge Einbindung des operativen Managements, welches durch die abgestimmte und dialogorientierte Vor-

---

[487] Diese sonstigen Quellen können internen wie externen Ursprungs sein. Auch hier zeigt sich ein weiteres Synergiepotenzial zwischen den GRC-Funktionen. Durch die Nutzung von Ergebnissen aus revisorischen Prüfungen in der Vergangenheit kann der Compliance Bereich bspw. Erkenntnisse über die Wirksamkeit des Compliance Managements ableiten. Umgekehrt kann die Interne Revision aus historischen Compliance-Defiziten Erkenntnisse für die Prüfungsprogrammplanung gewinnen.

gehensweise bestmöglich darin unterstützt und dazu befähigt wird, seine Verantwortung als Risikoeigner wahrzunehmen.

Die vergleichende Darstellung der GRC-Funktionen in Bezug auf das Risk Assessment, die genannten Anhaltspunkte für die Nutzung von Synergiepotenzialen zwischen diesen und das geschilderte Praxisbeispiel haben zweierlei verdeutlicht: Erstens bestehen zahlreiche Möglichkeiten, durch ein koordiniertes, abgestimmtes Vorgehen Effektivität und Effizienz des Risk Assessments zu erhöhen. Zweitens können diese Synergiepotenziale bei Beibehaltung der spezifischen Identitäten der jeweiligen GRC-Funktionen verwirklicht werden. Die sich in Zielsetzung, Vorgehen und Ergebnis offenbarenden Unterschiede spiegeln die Aufgaben und Verantwortlichkeiten von Interner Revision, Risikomanagement und Compliance Management wider – und sollten nicht leichtfertig eingeebnet werden. Gleichwohl dürfen aber auch – vor allem in der Praxis allzu oft bestehende – Nebelkerzen nicht darüber hinweg täuschen, dass die ernsthafte Befassung mit der Suche nach Synergien auch dort Potenziale offenbart, wo diese bislang negiert wurden. So ist davon auszugehen, dass die GRC-Funktionen künftig noch stärker konvergieren werden – ohne jedoch ihre Spezifik zu verlieren. Im Hinblick auf das Zusammenarbeitsmodell zwischen Risikoeigner und GRC-Funktion beim Risk Assessment bspw. ist eine stärkere Dialogorientierung ebenso wünschenswert (und im Hinblick auf aussagekräftige Ergebnisse auch erforderlich), wie diese beim Compliance Risk Assessment zumindest in einigen Unternehmen schon heute Praxis ist. Und dennoch widersprechen diese Tendenzen der zunehmenden Konvergenz nicht der Auffassung, dass die GRC-Funktionen für sich selbst stehen und jede ihren eigenen Mehrwert im Unternehmen schafft. Dieser Umstand zeigt sich gerade auch im zweiten Schritt des systematischen GRC-Managements, der GRC-Risikosteuerung, auf die im folgenden Abschnitt näher eingegangen wird.

4.3.4 Die GRC-Steuerung als zweiter Schritt des GRC-Regelkreises

Der zweite Schritt des systematischen GRC-Regelkreises, die GRC-Steuerung, zielt darauf ab, die identifizierten und bewerteten Risiken mittels geeigneter Risikosteuerungsstrategien zu bewältigen. Der Begriff der Risikosteuerung stammt aus dem Risikomanagement. Er umfasst dort die vier Strategiealternativen der Risikovermeidung, -Reduzierung, -Überwälzung und -Akzeptanz und verdeutlicht damit den Charakter des Risikos als jedem Handeln immanentes Charakteristikum. Aufgrund dieser Eigenschaft sind Risiken nicht zwangsläufig (und ausschließlich) zu vermeiden.

Vielmehr ist deren Relevanz für die Erreichung der Unternehmensziele mit dem zu erwartenden Aufwand der Risikosteuerung abzuwägen, um über die geeignete Strategie im Umgang mit diesen entscheiden zu können. Je nach Ergebnis dieses Abwägungsprozesses kann die Steuerungsstrategie dann eben auch in der Reduzierung (der Wahrscheinlichkeit und/oder der potenziellen Schadenshöhe), der Überwälzung auf andere Akteure oder gar der Akzeptanz liegen. Es ist dieser Zusammenhang von allgemeiner Risikoneigung als Teil der GRC-Strategie einerseits und Kritikalität sowie Aufwand zur Bewältigung eines spezifischen Risikos andererseits, der die Risikosteuerung vorgibt. Aus GRC-Perspektive ergibt sich dadurch eine Vielzahl an Handlungsoptionen – und eben nicht nur die eine Option der Risikovermeidung –, die in den folgenden Abschnitten anhand der einzelnen GRC-Funktionen konkretisiert und schließlich zusammengeführt werden sollen.[488]

4.3.4.1 Die Risikosteuerung der Internen Revision

Im ersten Moment scheint der Begriff der Risikosteuerung in Bezug auf die Tätigkeiten der Internen Revision etwas in die Irre zu führen. Die Revision prüft die im Rahmen des Risk Assessments identifizierten und in der Prüfungsprogrammplanung dokumentierten Prüffelder und bewertet Konzeption sowie Umsetzung und Wirksamkeit der Themen nach den Kriterien der Effektivität und Effizienz. Allerdings ist es nicht ihre Aufgabe, die im Revisionsprozess identifizierten Risiken zu bewältigen. Vielmehr obliegt diese Pflicht dem Risikoeigner, während die Revision hier als Initiator einer Veränderung agiert. In dreierlei Hinsicht wird hier dennoch von der Rolle der Internen Revision in der Risikosteuerung gesprochen:

Erstens ist sie nicht nur für die Risikoidentifikation, sondern aufgrund ihrer übergeordneten Perspektive auch für die Risikosteuerung ein wichtiger Impulsgeber im Unternehmen. In dieser Funktion setzt sie auch Leitplanken für den Umgang mit Risiken im Allgemeinen und deren Bewältigung im Besonderen. Durch die Vereinbarung von Risikosteuerungsmaßnahmen mit dem verantwortlichen Fachbereich und deren formelle Dokumentation mithilfe informationstechnologischer Medien formuliert sie eine Erwartungshaltung, welche die Art, in der Risiken im Unternehmen bewältigt werden, wesentlich beeinflusst.

Zweitens besteht die Rolle der Internen Revision bei der unternehmerischen Risikosteuerung in ihrer Möglichkeit, über Einzelprüfungen hinaus auf die nachhaltige

---

[488] Vgl. Brühwiler, B. (2011), S. 144. sowie Wolf, K., Runzheimer, B. (2009), S. 90f.

Verbesserung von Geschäftsprozessen hinzuwirken. Durch gezieltes Aufgreifen von Defiziten, die in unterschiedlichen Kontexten wiederholend festgestellt wurden, und deren Adressierung in Form von Rundschreiben, Best-Practices-Ansätzen oder Management-Informationen kann die Interne Revision unmittelbar zur Sensibilisierung und Schulung von Mitarbeitern beitragen und damit risikosteuernd agieren. Zudem gilt, dass die Unabhängigkeit der Revision deren Beteiligung an der Entwicklung von Strategien zur Bewältigung komplexer Problemstellungen keineswegs verhindern muss. Das interdisziplinäre Know-how und die Problemlösungskompetenz der Revisoren sind wichtige Eigenschaften, die bei der Entwicklung geeigneter Risikosteuerungsstrategien genutzt werden sollten. Um die Revision selbst dabei nicht in einen Interessenkonflikt zu bringen, ist bei der Erfolgskontrolle jedoch darauf zu achten, dass die Revision nicht die durch sie konzipierten (oder im Rahmen von Beratungsprojekten gar umgesetzten) Prozesse prüft, sondern dies für die entsprechenden Themenstellungen von externen Revisoren übernommen wird.

Der dritte Anknüpfungspunkt, die Interne Revision als Akteur der Risikosteuerung von Unternehmen zu qualifizieren, wird deutlich, wenn wir die Adressaten in den Blick nehmen, die Prüfungsberichte der Revision erhalten. Neben den geprüften Fachbereichen sind das die Unternehmensleitung sowie – je nach Kritikalität der Prüfungsfeststellungen – der Aufsichtsrat. Gerade für letzteren ist eine hinreichende Informationsversorgung die entscheidende Voraussetzung für eine effektive und effiziente Überwachungstätigkeit.[489] Indem Vorstand und Aufsichtsrat sich mit den Erkenntnissen aus Prüfungen befassen, sich über den Fortgang der Bewältigung wesentlicher Risiken berichten lassen sowie in Kenntnis der Arbeitsergebnisse der Revision (weitere) Prüfaufträge erteilen, trägt die Interne Revision dazu bei, das Risiko schuldhaften Unterlassens grundlegender Sorgfaltspflichten durch die Unternehmensorgane zu reduzieren. Mit anderen Worten: Die Interne Revision ist eine weitgehend unabhängige Instanz, die dazu beiträgt, die sich aus der Informationsasymmetrie zwischen Leitungsorgan und Fachbereichen ergebenden Risiken zu reduzieren. Gleiches gilt für das Verhältnis zwischen Aufsichtsorgan und Unternehmensleitung. Durch Transparenz wird die jeweils übergeordnete Instanz in die Lage versetzt, ihrer Unternehmenslenkungs- bzw. Kontrollfunktion gerecht zu werden, dadurch die Steuerung des Unternehmens entsprechend des Unternehmensinteresses zu si-

---

[489] Vgl. Geiersbach, K. (2011), S. 268.

chern und finanzielle, rechtliche sowie die Reputation der Organisation betreffende Nachteile zu vermeiden.[490]

Ungeachtet der sich direkt oder indirekt (z.B. durch Abstraktion) aus Prüfungen ergebenden Beiträge der Internen Revision zur Risikosteuerung hat deren funktionale Bedeutung als Beratungsinstanz in den letzten Jahren an Bedeutung gewonnen. Ursächlich hierfür sind zum einen das interdisziplinäre Know-how und die Problemlösungskompetenz der Revisoren, zum anderen das Bestreben, kurzfristige Bedarfe an spezifischer Expertise nicht durch teure externe Berater, sondern mithilfe interner Ressourcen zu decken. Angesichts des kontinuierlichen Kostendrucks in vielen Unternehmen ist davon auszugehen, dass diese Rolle der Revision künftig noch zunehmen und deren Mehrwert für das Unternehmen „hin zu einer zukunftsorientierten, integralen Risikoberatung und Informationsdienstleistung"[491] weiter steigen wird.[492] Wie die sich aus dieser Entwicklung ergebende Chance für die effektivere und effizientere Gestaltung der Corporate Governance optimiert werden kann, zeigt sich erst durch eine integrierte Betrachtung der Internen Revision mit anderen Corporate Governance Funktionen.[493]

4.3.4.2 Die Risikosteuerung im Rahmen des Risikomanagements

Der primäre Zweck des Risikomanagements besteht in der Sicherung der Existenz und der Erreichung der Ziele eines Unternehmens. Nach der Identifikation, Analyse und Bewertung der Risiken ist es im Rahmen der Risikosteuerung erforderlich, geeignete Maßnahmen umzusetzen, um die Risiken im Unternehmensinteresse zu bewältigen. Diese Maßnahmen lassen sich in vier Risikosteuerungsstrategien gliedern, die in Kapitel 3.2.2.2 charakterisiert wurden und daher an dieser Stelle lediglich wiederholend genannt werden:

- Risikovermeidung
- Risikoreduzierung (auch: Risikoverminderung)

---

[490] Zur Rolle der Internen Revision bei der Reduzierung der sich aus einer asymmetrischen Informations-, Risiko- und Interessenverteilungen im Unternehmen ergebenden Risiken, siehe ausführlicher Kap. 3.1.1.2.
[491] Geiersbach, K. (2011), S. 248.
[492] Hilb unterstreicht diese Entwicklung, indem er auf das gewachsene Aufgabenspektrum der Revision verweist. Demnach geht dieses, wie auch in Kapitel 3.1.1.1 erörtert, mittlerweile über das reine „Financial Auditing" hinaus und umfasst zunehmend neben „Operations", also Zweckmäßigkeits- und Wirtschaftlichkeitsprüfungen, auch auf die Unternehmensleitung und -kontrolle ausgerichtete „Management Audits" sowie Beratungsumfänge. Vgl. Hilb, M. (2009), S. 170f.
[493] Siehe hierzu Kap. 4.3.4.4.

- Risikoüberwälzung (auch: Risikoübertragung)
- Risikoakzeptanz

Die Alternativen verdeutlichen, wie bereits oben gezeigt, dass die Bewältigung eines Risikos keineswegs in dessen Vermeidung bestehen muss. Sie ist vielmehr das Ergebnis der Anwendung des alten Prinzips vom „Wägen und Wagen", also der Analyse der potenziellen Auswirkungen von Ereignissen und den Kosten der Risikosteuerung vor dem Hintergrund der unternehmerischen Risikoneigung.

Die Rolle der Risikomanagementfunktion bei der Bewältigung von Gefahren beschränkt sich in der Praxis oft auf die Moderation des Gesamtprozesses und die Dokumentation sowie Berichterstattung der erzeugten Ergebnisse. Während diese Aufgaben in komplexen Organisationen schon nicht gering zu würdigen sind, ergibt sich jedoch gerade aus der Nutzung des funktionsübergreifenden, unterschiedlichste Risikofelder im Unternehmen überblickenden Wissens im Idealfall eine Kompetenz, die bei der Bewältigung von Risiken hilfreich sein kann. Dies kann sich in der Beratung zu geeigneten Methoden ebenso äußern wie im Zusammenbringen von Kompetenzträgern aus unterschiedlichen Regionen oder Fachfunktionen. In der Tat ist nach Ansicht des Autors eine aktive Rolle des Risikomanagements bei der Definition und Begleitung wesentlicher Risiken – bei Beibehaltung der Verantwortung des Risikoeigners – ein entscheidender Erfolgsfaktor bei der erfolgreichen Risikosteuerung.

Die vier Alternativen der Risikosteuerung verdeutlichen die in Theorie und Praxis fortbestehende Fokussierung des Risikomanagements auf die „Abwehr" von Gefahren. Von der vollständigen Nutzung des kreativen und Innovationspotenzials der Mitarbeiter im Sinne eines unternehmerischen Chancenmanagements kann häufig nicht die Rede sein. Dabei kann die Risikomanagementfunktion in dieser Hinsicht zweierlei leisten: Zum einen kann durch eine entsprechende unternehmensweite Kommunikation und ergänzende Motivationsmaßnahmen der Anreiz erhöht werden, Optimierungsvorschläge im kleinen Maßstab im Sinne eines kontinuierlichen Verbesserungsprozesses einzubringen. Zum anderen kann der systematisch entlang der Planungszyklen strukturierte Risikomanagementprozess die gezielte Suche nach Innovationspotenzialen forcieren und zu einem integralen Bestandteil der Unternehmenssteuerung machen. So ist zu vermuten, dass erst die kombinierte Betrachtung von Chancen und Gefahren in Form eines professionell moderierten Wettbewerbs der Ideen das volle Potenzial der Mitarbeiter in der Identifikation von Risiken entfalten und Wege zum Umgang mit diesen aufzeigen kann.

Um jederzeit Transparenz über die identifizierten Risiken sowie den Stand der Umsetzung der Risikosteuerung generieren zu können, ist die informationstechnologische Unterstützung der Risikosteuerung unabdingbar. Auf Basis der im Rahmen des Risk Assessments gestalteten Risikolandkarte sollten die Maßnahmen zur Risikobewältigung festgehalten und die Umsetzung in vordefinierten Zyklen dokumentiert werden. Abweichungen von wesentlichen Meilensteinen sollten kenntlich gemacht und entsprechend der Kritikalität des Risikos an übergeordnete Instanzen berichtet werden. Die Aufgabe der Risikomanagementfunktion besteht hierbei darin, bei Beibehaltung der primären Verantwortung des Risikoeigners die Risikosteuerung kritisch-konstruktiv zu begleiten, die Effektivität der Maßnahmen zu hinterfragen, deren Umsetzung zu unterstützen und die Gesamtrisikolage des Unternehmens im Blick zu behalten. Unabhängig von der regelmäßigen, an den Planungszyklen des Unternehmens orientierten Berichterstattung an die Geschäftsleitung sollten wesentliche Planabweichungen auch ad hoc berichtet und damit transparent gemacht werden.

Letztlich geht es im Rahmen des Risikomanagements immer um die Frage, ob die Aktivitäten einer Organisation auf das gemeinsame Unternehmensinteresse ausgerichtet sind. Das Bewusstsein um den eigenen Beitrag zur Erreichung dieses Unternehmensinteresses ist dabei umso größer, je besser es gelingt, die Ziele einer Organisation zu kommunizieren und durch den Transfer auf die verschiedenartigen Funktionsbereiche und Tochtergesellschaften für den Einzelnen zu übersetzen. Unternehmen, denen es gelingt, die Risikosteuerung nicht als lästigen Zusatzprozess, sondern als Beitrag zur Erreichung eines gemeinsamen Ziels zu positionieren, werden nicht nur Risiken professionell bewältigen, sondern eine Dynamik erzeugen, die Unternehmen im Wettbewerb den entscheidenden Vorteil bringen kann. In dieser Hinsicht ist Kommunikation sicher nicht hinreichend, um die Effektivität und Effizienz der Risikosteuerung sicherzustellen. Jedoch ist Kommunikation notwendig.

4.3.4.3 Die Risikosteuerung im Rahmen des Compliance Managements

Die Risikosteuerung im Rahmen des Compliance Managements verfolgt den Zweck, die im Compliance Risk Assessment identifizierten abstrakten Compliance Risiken angemessen präventiv zu bewältigen bzw. eingetretenes Fehlverhalten zu erkennen und professionell reaktiv zu handhaben. Unter angemessen ist zu verstehen, dass die Mehrheitsbeteiligungen und Zentralbereiche eines Unternehmens verpflichtet werden, ein Paket von Maßnahmen umzusetzen, das ihrem Risikoprofil entspricht. Dadurch kommt es zu unterschiedlichen Intensitäten in der Risikosteuerung, die sich im Sinne eines effizienten Einsatzes der unternehmerischen Ressourcen an den Risikokategorien (z.B. hoch-mittel-niedrig) orientieren und „one-sitze-fits-all"-Ansätze vermeiden.

Systematisch lassen sich die Bestandteile der Compliance-Steuerung folgendermaßen strukturieren:[494]

- **HR-Compliance:**
  Die sorgfältige Personalauswahl sowohl bei Neueinstellungen als auch bei Be-
  förderungen und der Besetzung solcher Positionen, die einen besonders hohen Anspruch an die Integrität des Verantwortlichen stellen, ist eine Grundvoraussetzung für eine effektive Compliance-Steuerung. Je nach Führungsebene und Aufgabenspektrum sowie auf der Basis der abstrakten Risikolage einer
  Einheit sollte der Umfang eines Compliance-Checks variieren: Während demnach das „Mindset" eines Sachbearbeiters in einer indirekten Verwaltungs-
  funktion im Bewerbungsgespräch mittels weniger Fragen sowie des Gesamt-
  eindrucks beurteilt werden kann, bedarf es bei der Besetzung von Funktionen
  mit erweitertem Verantwortungsumfang sowie repräsentativen Aufgaben –
  zum Beispiel der Funktion des Geschäftsführers einer Tochtergesellschaft –
  zusätzlicher Prüfschritte. Diese können (bei Zustimmung des Kandidaten) in
  der Analyse des polizeilichen Führungszeugnisses, dem Auswerten gezielter
  Internet-Recherchen[495] oder einem Gespräch mit dem bisherigen Arbeitgeber
  bestehen. Die Berücksichtigung von Compliance und Integrität in der Bewer-
  berauswahl neben der fachlichen, persönlichen und methodischen Eignung
  eines Kandidaten für die betreffende Funktion ist ein wichtiges Signal dafür,
  dass ein Unternehmen diese Themen ernst nimmt.

- **Geschäftspartner Due Diligence:**
  Neben der Vermeidung von Compliance-Verstößen durch eigene Mitarbeiter
  sind Unternehmen aufgefordert, sicherzustellen, dass auch ihre Geschäftspartner den gesetzlichen Anforderungen genügen. Diese u.a. im US-
  amerikanischen FCPA aufgeführte Pflicht gilt sowohl für Lieferanten als auch
  für Vertriebspartner, Berater, Agenten, Bevollmächtigte, Joint-Venture-Partner
  oder sonstige Geschäftspartner (zusammengefasst „Dritte").[496] Art und Umfang dieser Due Diligence sollten erneut nach dem Risiko variieren, das im
  Rahmen einer kurzen Erstbeurteilung erkannt wurde und von einem bloßen
  Desktop-Research über eine fragebogengestützte Analyse bis hin zur Beauf-

---

[494] Aus Effizienzgründen werden hier lediglich die wichtigsten Maßnahmen der Compliance-Steuerung
genannt.
[495] Inwiefern eine Internet-Recherche von Kandidaten als zulässig betrachtet werden kann, ist juristisch umstritten. Vor allem datenschutzrechtliche Bedenken könnten gegen diese Möglichkeit sprechen. Um als Unternehmen rechtlichen Gefahren zu entgehen, sollte in jedem Fall die Einwilligung
des Kandidaten für die Recherche eingeholt werden. Vgl. Hugger, H., Simon, S. (2009), S. 508.
[496] Vgl. Volz, M. (2009), S. 247.

tragung einer Prüfung durch eine externe Kanzlei oder Wirtschaftsprüfungsgesellschaft reichen. In jedem Fall sollte die Due Diligence vor Aufnahme einer Geschäftsbeziehung durchgeführt und bei kontinuierlichem Leistungsaustausch permanent überwacht oder periodisch risikoorientiert wiederholt werden.

- **Kommunikation und Schulung zu Compliance**
  Die Wirksamkeit eines Compliance Management Systems hängt wesentlich davon ab, wie es gelingt, die Verhaltensgrundsätze des Unternehmens praxisgerecht zu vermitteln und dafür Sorge zu tragen, dass diese im Unternehmensalltag gelebt werden. Dabei können Kommunikations- und Schulungsmaßnahmen in Aktivitäten zur Information, Sensibilisierung und Befähigung unterschieden werden. Während in weniger risikogeneigten Fachbereichen eine allgemeine Information über die Compliance-Anforderungen mittels Online-Trainings angemessen sein mag, bedarf es in risikobehafteten Einkaufs- oder Vertriebsbereichen gegebenenfalls tiefer gehender Präsenzschulungen, die darauf ausgerichtet sind, Mitarbeiter im Umgang mit (ethischen) Dilemmasituationen zu schulen und für die Praxis zu befähigen. Sowohl die Lernziele als auch die jeweils zur Anwendung kommenden Methoden spiegeln also die Risiken und Bedarfe einzelner Zielgruppen. Aufgrund der Bedeutung von Compliance in Geschäftspartnerbeziehungen ist es zudem ratsam, neben den eigenen Mitarbeitern auch direkte Lieferanten und Vertriebspartner zu informieren und zumindest in risikobehafteten Konstellationen zu schulen.

- **Beratung zu Compliance**
  Die Beratung der Beschäftigten eines Unternehmens zu Compliance-Themen ist originärer Bestandteil des Aufgabenspektrums der Compliance-Organisation. Sie trägt dazu bei, dass Mitarbeiter auf allen Ebenen ihrer Verantwortung zur Einhaltung der relevanten Normen nachkommen können. Neben der frühzeitigen und aktiven Einbindung des Compliance-Bereiches in die Gestaltung neuer Themenfelder und Geschäftsmodelle ist es ratsam, den Mitarbeitern die Möglichkeit einzuräumen, sich bei ad hoc aufkommenden sowie allgemeinen Fragestellungen fachkundigen Rat einholen zu können. Ein wichtiger Bestandteil der Compliance-Steuerung ist es daher, den bestehenden Beratungsbedarf zu eruieren und zielgruppengerecht zu decken. Je nach der im Compliance Risk Assessment identifizierten Risikolage kann der Aufbau eines Ansprechpartners zu Compliance-Fragen in den einzelnen Einheiten dann sinnvoll sein, wenn der Beratungsbedarf besonders hoch ist. Dabei besteht die Herausforderung bei der Beratung zu Compliance-Themen darin, juristischen Sachverstand mit Kenntnissen zu den Geschäftsmodellen und immanenten

Risiken zu verknüpfen, um gemeinsam mit dem Risikoeigner sachgerechte Lösungen entwickeln zu können.

- **Hinweisgebersystem**[497]

Während die bisher genannten Maßnahmen in erster Linie präventiv wirken und risikoorientiert implementiert werden, sollte ein Hinweisgebersystem unternehmensweit umgesetzt und vor allem reaktiv darauf ausgerichtet werden, auf der Basis von Meldungen durch Mitarbeiter oder Geschäftspartner Straftaten oder Normenverstöße aufzudecken und aufzuklären.[498] Durch die Möglichkeit, Hinweise über vermutetes Fehlverhalten an eine vertrauenswürdige interne oder beauftragte externe Stelle[499] zu adressieren, sollen diese Handlungen abgestellt und Schäden vom Unternehmen abgewendet werden. Zudem unterstützt ein internes Hinweisgebersystem Organisationen dabei, mögliches Fehlverhalten ohne Einbindung Externer (z.B. der Medien) zur Sprache zu bringen. Damit ein Hinweisgebersystem seine positive Wirkung im Unternehmen entfalten kann, muss der Schutz aller von einer Meldung Betroffenen gewährleistet sein. Sowohl der Hinweisgeber muss das Recht haben, aufgrund seiner Meldung keine Nachteile zu erlangen. Gleichzeitig muss aber auch der durch einen Hinweis Beschuldigte so lange als unschuldig gelten, bis seine Schuld eindeutig bewiesen ist. Dabei ist insbesondere auf die Vermeidung eines Denunziantentums und die Einhaltung geltender Datenschutzbestimmungen im Hinblick auf die Wahrung der betroffenen Persönlichkeitsrechte zu achten. Um das Vertrauen in das unternehmerische Hinweisgebersystem zu stärken, sollte dieses zudem durch eine entsprechende Kommunikation beworben und dessen Vorgehensweise transparent gemacht werden.[500]

Die Darlegung der fünf Bestandteile der Compliance-Steuerung verdeutlicht, dass der Compliance-Bereich diese zwar initiiert sowie zentral steuert und überwacht. Gleichwohl verbleibt die Verantwortung zur Sicherstellung von Compliance beim jeweiligen Fachbereich. Gerade bei juristisch komplexen Sachverhalten bedarf es daher einer engen Kooperation zwischen Risikoeigner und Compliance-Bereich, um

---

[497] Hinweisgebersysteme werden dem angloamerikanischen Ursprung gemäß häufig auch Whistleblowing-Systeme genannt.

[498] Vgl. Tur, K. (2009), S. 438f.

[499] Statt oder in Ergänzung zu einer internen Stelle wird bspw. eine Rechtsanwaltskanzlei beauftragt, als „Ombudsstelle" oder „neutraler Mittler" Hinweise vertraulich entgegen zu nehmen und die Aufklärung entweder an interne Ermittlungsstellen weiterzugeben oder im Auftrag des Unternehmens eine Ermittlung durch professionelle Beratungsunternehmen zu beauftragen.

[500] Siehe hierzu ausführlicher: Tur, K. (2009), S. 437f.

eine angemessene, d.h. an den Risiken und Bedarfen ausgerichtete, Compliance-Steuerung zu gewährleisten.

Die informationstechnologische Unterstützung der Compliance-Programmatik ist aus Effektivitäts- und Effizienzgründen unerlässlich. Die prozessuale Unterstützung sowie Ergebnisdokumentation von Compliance Checks bei Mitarbeitern und Geschäftspartnern bedarf professioneller IT-Systeme, die den Kriterien der Nachvollziehbarkeit, Reproduzierbarkeit und Datensicherheit genügen. Die hohen datenschutzrechtlichen Anforderungen an ein Hinweisgebersystem – gerade auch im Hinblick auf den Hinweisgeberschutz – erfordern ebenfalls eine sichere IT-Infrastruktur. Und schließlich ergeben sich vor dem Hintergrund der berechtigten Interessen von Vorstand und Aufsichtsrat an Transparenz über die Compliance-Risikolage Berichtspflichten, die bei zunehmender thematischer und unternehmerischer Komplexität nur noch mit einer spezialisierten Informationstechnologie bewältigt werden können. So hängt die Wirksamkeit der Compliance-Steuerung nicht zuletzt davon ab, inwiefern es dem Compliance-Bereich gelingt, Erkenntnisse aus der Vergangenheit zu nutzen, um Compliance-Verstöße oder sonstige Defizite gezielt analysieren und die eigene Programmatik im Sinne eines kontinuierlichen Verbesserungsprozesses optimieren zu können.

4.3.4.4 Integrierte Betrachtung: Die Risikosteuerung der GRC-Funktionen

Der obige Überblick zu den wichtigsten Bestandteilen der Risikosteuerung der hier dargestellten GRC-Funktionen hat verdeutlicht, dass diese in allen Fällen die logische Antwort auf die in den jeweiligen Risk Assessments identifizierten Risiken ist. Mithilfe geeigneter Methoden werden die erkannten (Chancen und) Gefahren risiko- und bedarfsorientiert sowie unter Wahrung von Verhältnismäßigkeit und Wirtschaftlichkeit bewältigt, um die Erreichung der Unternehmensziele zu gewährleisten. Allerdings offenbaren die Ausführungen auch, dass sich die jeweils zum Einsatz kommenden Methoden voneinander unterscheiden. Bevor auf die Synergiepotenziale im Rahmen der Risikosteuerung eingegangen wird, soll diese daher für die einzelnen GRC-Funktionen anhand der bekannten Beurteilungskriterien kurz und vergleichend gegenübergestellt werden.

Tab. 2: Vergleichende Analyse der GRC-Funktionen in der Risikosteuerung

Beurteilungskriterium	Interne Revision	Risikomanagement	Compliance Management
Wozu:			
- Zielsetzung			
	Effektive und effiziente Bewältigung der...		
	... im Rahmen von revisorischen Prüfungen als Ergebnis des Risk Assessments identifizierten konkreten und abstrakten Risiken	... im Risk Assessment identifizierten konkreten Gefahren sowie Wahrnehmung von Chancen	... im Compliance Risk Assessment identifizierten abstrakten Risiken, erkannter konkreter Risiken sowie Aufdeckung von Fehlverhalten
Wer:			
- Rolle des Risikoeigners	Vollständige Verantwortung für die Risikosteuerung, deren Effektivität und Effizienz		
- Rolle der GRC-Funktion	Interne Revision als: - Impulsgeber (prozessual) - Rahmensetzer (inhaltlich) - Berater (teilweise) - Unabhängiger Prüfer - Informant ggü. Organen	Risikomanagementfunktion als: - Impulsgeber (prozessual) - Rahmensetzer (inhaltlich) - Berater & Partner - Moderator & Vermittler - Informant ggü. Organen	Compliance-Funktion als: - Impulsgeber (prozessual) - Rahmensetzer (inhaltlich) - Berater - Aktiver Partner - Informant ggü. Organen
Was:			
- Anwendungsbereich	Sämtliche Geschäftsaktivitäten in allen Mehrheitsbeteiligungen und Zentralbereichen (= Einheiten)		
Wie:			
- Zeitlicher Ablauf	Kontinuierliche Risikosteuerung		
- Instrumentarium	Initiierung geeigneter Maßnahmen	Anwendung geeigneter Risikosteuerungsstrategien	Risikoorientierte Umsetzung des Compliance-Programms
- Informationstechnologie	Anforderungen an Nachvollziehbarkeit, Reproduzierbarkeit, Datensicherheit (Dokumentation) und Effizenz		
An wen:			
- Adressaten der Berichterstattung	Vorstand, Aufsichtsrat, Management nach Bedarf		

Die direkte Gegenüberstellung der Risikosteuerung der einzelnen GRC-Funktionen offenbart, dass, erstens, die jeweils verfolgten Ziele zwar nicht überschneidungsfrei, aber eben auch nicht identisch sind: Während die Interne Revision sämtliche Risiken konkreter und abstrakter Art in den Blick nimmt, fokussiert das Risikomanagement auf konkrete, also in Eintrittswahrscheinlichkeit und potenzieller Schadenshöhe näher bestimmbare Risiken. Der Compliance-Bereich beschränkt seine Risikosteuerung wiederum auf Compliance-Risiken, die im Rahmen des Compliance Risk Assessments bestimmt (abstrakt) oder unterjährig identifiziert wurden (konkret). Dabei ist gerade die Steuerung konkreter Compliance-Risiken nicht unbedingt das (systematisch zu erwartende) Ergebnis des Compliance Risk Assessments, da sich dieses auf abstrakte Risiken konzentriert. Vielmehr erlangt der Compliance-Bereich im Rahmen seiner kontinuierlichen Begleitung der Fachbereiche Einblicke, die ihn befähigen, konkrete Risiken – zum Beispiel (potenzielle) Gesetzesverstöße durch Mitarbeiter oder Geschäftspartner, Prozessdefizite in der Anwendung des Compliance-Programms u.a. – zu erkennen und zu bewältigen. Je enger die fortschrittliche Compliance-Funktion daher mit den Fachbereichen interagiert, desto eher wird sie zu einem aktiven Risikomanager in allen Compliance-Fragen. Diese Eigenschaft unterscheidet sie wesentlich gerade von der Internen Revision und qualifiziert die Compliance-Funktion zu einem Partner der Geschäftsbereiche im Unternehmensalltag.

Eng mit den Zielen der Risikosteuerung verknüpft ist das zweite Unterscheidungskriterium, das sich mit der Rolle der GRC-Funktionen bei der Risikosteuerung befasst. Zwar sind sowohl Interne Revision als auch Risikomanagement und Compliance Management in prozessualer Hinsicht Impulsgeber sowie inhaltlicher Rahmensetzer, im besten Fall Berater zur Risikosteuerung und in jedem Fall Bereitsteller von Informationen an Geschäftsleitung und Aufsichtsgremium. Jedoch agiert die Interne Revision bei alledem zuvorderst als unabhängiger Prüfer, berät also in der Regel nur indirekt im Rahmen ihres Prüfungsmandats und beteiligt sich nicht an der Umsetzung von Maßnahmen. Fortschrittliche Risikomanagement- und Compliance-Funktionen hingegen sind aktiv Beitragende zu Problemlösung und Umsetzung geeigneter Maßnahmen, um die unternehmerische Risikoexposition zu optimieren. Diese Nuancen ändern zwar nichts an der originären Rolle des Risikoeigners in der Verantwortung für die durch ihn getragenen Risiken, verdeutlichen aber die unterschiedlich ausgeprägten Grade an Unabhängigkeit und Involvierung der GRC-Funktionen bei der Risikosteuerung.

Drittens unterscheidet sich das zur Anwendung kommende Instrumentarium der Risikosteuerung. Während das operative Risikomanagement systematisch zwischen den vier Risikosteuerungsstrategien unterscheidet und diese im Einzelnen auf die erhobenen Risiken anwendet, steht dem Compliance Management ein spezielles Spektrum an Maßnahmen zur Verfügung, um abstrakte Compliance Risiken zu steuern. Die Interne Revision wiederum verfügt in der Risikosteuerung über eine besondere Rolle, die in Kapitel 4.3.4.1 ausführlich dargestellt worden ist. So sie sich nicht aktiv – zum Beispiel im Rahmen von Beratungsprojekten – an der Risikosteuerung beteiligt, verfügt sie vor allem durch das Setzen von Leitplanken, das Formulieren von Erwartungen, die Durchführung von Sensibilisierungs- und Schulungsmaßnahmen sowie die Berichterstattung an die Organe der Gesellschaft über ein klar definiertes, aber umso wirkungsvolleres Instrumentarium, die Risikosteuerung bei Beibehaltung ihrer Unabhängigkeit mitzugestalten.

Die genannten Abweichungen spiegeln die sich aus der jeweiligen Verantwortlichkeit der GRC-Funktionen ergebenden thematischen Schwerpunkte sowie die bereits im Rahmen des Risk Assessments festgestellten Abweichungen wider und können daher nicht überraschen. Umso bemerkenswerter erscheinen vor diesem Hintergrund die dennoch bestehenden Synergiepotenziale, die zum einen in der horizontalen Integration, also der Kooperation der GRC-Bereiche untereinander, und zum zweiten in der vertikalen Integration, also der Zusammenarbeit von GRC-Funktion und Geschäftsbereichen, bestehen.

Beginnen wir mit der Aufbauorganisation, so wird deutlich, dass die Interne Revision eine von anderen Funktionen unabhängige Instanz ist, die direkt dem Vorstand unterstellt sein muss. Risiko- und Compliance Management hingegen bieten zahlreiche Potenziale, in einer Organisationseinheit gebündelt zu werden: Sie verfügen (trotz aller Nuancen) über ähnliche Zielsetzungen, haben mit den Mehrheitsbeteiligungen und Zentralbereichen dieselben internen Partner und mit Vorstand und Aufsichtsrat dieselben Adressaten ihrer Berichterstattung. Vor allem aber reduziert eine GRC-Einheit, die Risiko- und Compliance Management bündelt, die Komplexität im Unternehmen, kombiniert die methodische und inhaltliche Kompetenz, ermöglicht eine gemeinsame redundanz- und widerspruchsfreie Ansprache der Geschäftsbereiche, erhöht dadurch Verständnis und Akzeptanz für GRC-Themen selbst und steigert den unmittelbaren Mehrwert der GRC-Funktionen im Unternehmen durch die wirksame Bewältigung von Gefahren und die Wahrnehmung von Chancen.[501]

Der in Aussicht gestellte Mehrwert einer aufbauorganisatorischen Integration von Risikomanagement und Compliance Management realisiert sich im Unternehmen

---

[501] Vgl. Tüllner, J. (2012), S. 120. Vgl. hierzu auch Kap. 4.3.6, in dem die organisationale Dimension des GRC-Rahmenwerks ausführlicher dargestellt wird.

jedoch erst mit der ablauforganisatorischen Verwirklichung der Synergiepotenziale. Hierzu bedarf es – neben einer zentralen Stelle, die direkt an den Vorstand berichten sollte – einer dezentralen Organisation, die in der Lage ist, zentrale Vorgaben für den spezifischen Kontext der Einheiten zu übersetzen und zielgenau umzusetzen. In Entsprechung der zentralen Aufbauorganisation eignet sich hierfür die Schaffung eines GRC-Managers pro Tochtergesellschaft und Zentralbereich, der sich in gebündelter Form um sämtliche Revisions-, Risikomanagement- und Compliance-Themen sowie sonstige Fragestellungen der internen (z.B. im Rahmen des Internen Kontrollsystems) und externen Governance (z.B. Einhaltung gesellschaftsrechtlicher Anforderungen, externe Berichterstattung oder die Beobachtung rechtlicher Entwicklungen) kümmert. Auch die professionelle Handhabung der immer stärker der Verrechtlichung unterliegenden CSR-Themen[502] gehört zum potenziellen Aufgabenspektrum eines GRC-Managers. Je nach Komplexität und Risikolage mag diese Aufgabe in Teilzeit ausgeführt werden können oder durch mehrere Personen wahrgenommen werden müssen. Dabei entbindet eine dezentrale, eng mit der zentralen GRC-Stelle kooperierende und ggf. gar disziplinarisch an sie gebundene GRC-Funktion nicht das lokale Management von seiner primären Organisationsverantwortung.[503] Durch die Bündelung dieser Themen werden auch auf der Ebene einer Tochtergesellschaft Geschäftsleitung und Aufsichtsgremium überhaupt erst in die Lage versetzt, das Management von GRC-Risiken auf effektive und effiziente Weise sicherzustellen und Haftungsrisiken zu vermeiden.

Eine grundlegende Voraussetzung dafür, Verständnis und Akzeptanz für GRC-Themen im Unternehmen zu stärken, besteht in der Schaffung eines gemeinsamen GRC-Verständnisses zwischen den GRC-Funktionen.[504] Dieses äußert sich zunächst in klaren Aufgaben, Kompetenzen und Verantwortlichkeiten der GRC-Funktionen, was durch eine aufbauorganisatorische Bündelung erleichtert wird. Des Weiteren verdeutlicht sich ein gemeinsames GRC-Verständnis in der zur Anwendung kommenden Methodik, verwendeten Begrifflichkeiten und Prozessen. Dabei ist es nicht erforderlich, die Besonderheiten jeder GRC-Funktion zu nivellieren. Wo Unterschiede

---

[502] CSR = Corporate Social Responsibility.
[503] Die direkte disziplinarische Unterstellung der dezentralen GRC-Funktion an die zentrale GRC-Stelle bietet den Vorteil einer gestärkten Unabhängigkeit des GRC-Managers in der Einheit. So darf bspw. das Aufzeigen von Risiken und deren Berichterstattung an zentrale Stellen nicht zu persönlichen Nachteilen für den GRC-Manager führen. Gleichzeitig bedarf es jedoch einer engen Anbindung des GRC-Managers an das lokale Management. Diesem Spannungsfeld sollte mit der aufbauorganisatorischen Verankerung des dezentralen GRC-Managers in zentrale Berichtswege einerseits und in der Tochtergesellschaft bestehende Prozesse andererseits Rechnung getragen werden.
[504] Siehe hierzu auch die Ausführungen zur GRC-Strategie in Kap. 4.3.2.

gerechtfertigt sind, sollen diese fortbestehen. Jedoch hilft es dem operativen Management häufig bereits, die Unterschiede und Gemeinsamkeiten in einem sinnvollen Gesamtbild erläutert zu sehen, um ein besseres Verständnis für seine eigene GRC-Verantwortung zu erlangen. Ein durch alle GRC-Funktionen entwickeltes GRC-Handbuch sowie die gegenseitige Abstimmung von Richtlinien und sonstigen Vorgaben ist hierfür ein sinnvolles, weil Transparenz schaffendes und Orientierung stiftendes Hilfsmittel. Zudem kann es – insbesondere in der Phase des Aufbaus eines integrierten GRC-Managements – sinnvoll sein, GRC-Ziele in Stellenbeschreibungen oder Zielvereinbarungen des Managements aufzunehmen, um die Verantwortung insbesondere der Führungskräfte beim Risikomanagement zu betonen und die kombinierte Betrachtung von GRC als Gesamtkomplex zu fördern.[505]

Wie bereits im Zusammenhang mit der Schaffung eines GRC-Risk Assessments aufgezeigt, bestehen einige Synergiepotenziale in einem gemeinsam definierten Anwendungsbereich der jeweiligen GRC-Aktivitäten. Dieser wird durch die Zuschreibung tatsächlicher Haftungsrisiken sowie die faktischen Einflussmöglichkeiten bestimmt und erstreckt sich auf sämtliche Mehrheitsbeteiligungen sowie Zentralbereiche eines Unternehmens. Liegen darüber hinaus Erkenntnisse über Risiken aus nicht kontrollierten Beteiligungen vor, sollten diese ebenfalls gewürdigt und je nach Kritikalität im Rahmen aktiver Risikosteuerung bewältigt werden. Mit dem durch alle GRC-Funktionen definierten Anwendungsbereich ergibt sich die Möglichkeit zur Nutzung gemeinsamer Rollen- und Stammdaten als Voraussetzung für eine vollständige effektive und effiziente Risikosteuerung. Schließlich ist die Aktualität dieser Basisinformationen für die gezielte Ansprache der Bereiche entsprechend dokumentierter Zuständigkeiten ebenso relevant wie für die Gestaltung von Zugriffsrechten auf teils sensible Informationen im Rahmen der Risikosteuerung.

In informationstechnologischer Hinsicht ergeben sich – in Fortführung der Erörterungen zum Risk Assessment – zweierlei Synergiepotenziale: Zum einen bedürfen sowohl die GRC-Funktionen als auch die Risikoeigner strukturierter IT-Systeme, durchdachter Prozesse und sicherer Datenhaltung, um die Risikosteuerung professionell handhaben und dokumentieren zu können. Kreative Insellösungen in jedem Fachbereich mögen auf den ersten Blick als pragmatische Lösung erscheinen. Bei näherer Betrachtung zeigt sich jedoch, dass der Gesamtaufwand im Unternehmen für die Erstellung dieser individuellen Datenverarbeitungssysteme sowie deren kontinuierliche Wartung in der Regel deutlich über den Investitionen in ein IT-System liegt, das

---

[505] Vgl. PWC (2007), S. 12.

durch alle GRC-Funktionen und Fachbereiche entsprechend gesteuerter Zugriffsberechtigungen und Dokumentationsanforderungen gemeinsam genutzt wird. Zum zweiten ergeben sich informationstechnologische Vorteile einer integrierten Betrachtung der GRC-Funktionen bei der Risikosteuerung aus der Berichterstattung gegenüber Geschäftsleitung und Kontrollorgan. Wie bereits oben ausgeführt, muss es das Ziel der GRC-Funktionen sein, beiden Gremien die Erkenntniserlangung über wesentliche Unternehmensrisiken zu erleichtern und dabei die internen Prozesse zur Erstellung und Abstimmung dieser Berichte so effizient wie möglich zu gestalten. Ein gemeinsam genutztes, professionell gestaltetes IT-System, das über Standard-Berichte, die sich an den Erwartungen der Berichtsempfänger orientieren, verfügt, kann dies leisten. Für Vorstand und Kontrollorgan wiederum ermöglicht ein integriertes GRC-Reporting überhaupt erst die Entscheidungsfindung im Rahmen der Risikosteuerung.

Neben den aufgezeigten organisatorischen, methodischen und prozessualen Synergiepotenzialen ergeben sich aus der integrierten Betrachtung einer GRC-Steuerung ganz konkrete inhaltliche Vorteile. Zwei Beispiele sollen dies verdeutlichen:

- Während die Geschäftspartnerauswahl in der Vergangenheit in der Regel auf Qualität, Zuverlässigkeit und wirtschaftliche Stabilität des potenziellen Geschäftspartners beschränkt war, spielten Compliance-Aspekte häufig keine Rolle. Jedoch können die negativen Auswirkungen auf die Reputation eines Unternehmens auch bei Verstößen durch Geschäftspartner erheblich sein und sogar Haftungsrisiken bergen. Gerade hier ergeben sich Möglichkeiten, einen bestehenden Prozess – die Geschäftspartner Due Diligence – zu nutzen, um eine risikoorientierte Compliance-Analyse zu ergänzen und damit Synergiepotenziale auf effiziente Weise zu nutzen. Dasselbe gilt dann in einem weiteren Schritt bei der Vereinbarung vertraglicher Rechte und Pflichten, die neben finanziellen und allgemeinen rechtlichen Fragestellungen eben auch Compliance-Klauseln umfassen sollten.

- Ein anderes Beispiel nimmt die strategische Entscheidungsfindung im Zusammenhang mit der Ausweitung eigener Geschäftsaktivitäten in neue Märkte in den Blick. Diese Entscheidungen sind häufig von finanziellen Kenngrößen – dem erwarteten zusätzlichen Umsatz, den erhofften Einsparungen bei der Produktion in Niedriglohnländern u.a. – dominiert. Während diese Bewertungskriterien wichtig bleiben, sollte jedoch zusätzlich bereits in einer frühen Phase auch betrachtet werden, welchen Rechtsrisiken sich ein Unternehmen aussetzt, wenn es seine Aktivitäten international ausweitet. Die Einbeziehung von Compliance- und Menschenrechtsfragen mag zwar nur in Ausnahmefällen die Entscheidung über den Markteintritt direkt beeinträchtigen. Allerdings könnten notwendige Sicherungsmaßnahmen zur Vermeidung von rechtlichen, finanziellen und die Reputation des gesamten Unternehmens betreffenden Nachteilen den Business Case, also die erwartete Rendite aus der Auslandsinvestition, oder die Kooperation mit lokalen Partnern beeinflussen und die Markteintrittsentscheidung dadurch indirekt prägen. Umso wichtiger ist es daher, GRC-Risiken bereits frühzeitig in strategische sowie operative Prozesse einzubeziehen und damit die vertikale Integration zwischen GRC-Management und Geschäftsprozessen sicherzustellen.

Ein integriertes GRC-Rahmenwerk verspricht keine Wunder. Die durch Interne Revision, Risiko- und Compliance-Management zur Anwendung kommenden Methoden haben sich im Wesentlichen – bei allen Defiziten in der Praxis – bewährt. Die integrierte Betrachtung dieser Funktionen strebt danach, das Bewährte beizubehalten, aber durch konsequente Nutzung bestehender horizontaler und vertikaler Synergiepotenziale Effektivität und Effizienz im Erkennen sowie im Handhaben von Chancen und Gefahren zu erhöhen. In Bezug auf die Risikosteuerung wurden diese Potenziale in folgenden Bereichen identifiziert:

- Die Bündelung spezifischer GRC-Kompetenzen in einer gemeinsamen Aufbauorganisation von Risiko- und Compliance-Management auf zentraler sowie dezentraler Ebene.
- Die Schaffung eines gemeinsamen GRC-Verständnisses zwischen den GRC-Funktionen inklusive der Rollen und Verantwortlichkeiten entlang des GRC-Prozesses.
- Die Vereinheitlichung von Methoden und Prozessen, Dokumentationsanforderungen und Mindeststandards.
- Die gemeinsame Nutzung einer IT-Infrastruktur für die effektive, effiziente und datensichere Begleitung der Risikosteuerung.
- Die einheitliche Berichterstattung an Geschäftsleitung und Kontrollgremium unter Anwendung effizienter interner Prozesse.
- Die frühzeitige Einbindung der GRC-Funktionen in die operative und strategische Entscheidungsfindung zur Vermeidung finanzieller, rechtlicher und Reputationsschäden.

In Fortführung des Beispiels, das im Rahmen des GRC-Risk Assessments geschildert wurde, sollen diese Synergiepotenziale nachfolgend konkret und exemplarisch dargestellt werden.

Beispiel für eine zeitlich, methodisch und inhaltlich abgestimmte GRC-Steuerung für die fiktive Firma Optima AG:

- Die im Rahmen des GRC-Risk Assessments gewonnenen Erkenntnisse zur Risikolage der Mehrheitsbeteiligungen und Zentralbereiche der Optima AG sind ausgewertet, an Vorstand und Aufsichtsrat sowie die jeweiligen Einheiten berichtet und dokumentiert worden.

- Im Rahmen des Risikomanagements wurden diverse konkrete Risiken identifiziert, denen mit unterschiedlichen Risikosteuerungsstrategien begegnet wird. Für die Tochtergesellschaft Optima-Filius AG wurden so bspw. zwei konkrete Risiken erkannt: Der drohende Ausfall eines wichtigen Lieferanten wird mithilfe einer Liquiditätsunterstützung in Form von Eigenkapital im Tausch gegen Unternehmensanteile abgewendet. In einem weiteren Sinne wird damit nicht nur der Gefahr eines Lieferengpasses begegnet, sondern auch die Chance ergriffen, in ein zukunftsträchtiges Unternehmen zu investieren und die gute Lieferbeziehung langfristig sicherzustellen. Das infolge erhöhter Auslandsaktivitäten gestiegene Fremdwährungsrisiko wird durch Hedging auf andere Marktteilnehmer übertragen. Die GRC-Funktion koordiniert dabei den Kontakt zu dem für die Absicherung von Wechselkursen zuständigen Zentralbereich und einer anderen Tochtergesellschaft, die seit zwei Jahren Erfahrungen im Hedging gesammelt hat.

- Im Rahmen des Compliance Managements wurde das abstrakte Compliance-Risiko identifiziert. Für die Optima-Filius AG ergab sich aufgrund der Ausweitung des Vertriebs in Hochrisikoländer ein erhöhtes abstraktes Compliance-Risiko. Mithilfe intensivierter Due Diligence-Prozesse für die dortigen Vertriebspartner sowie gezielter Schulungsmaßnahmen für die in diesen Ländern tätigen Mitarbeiter begegnet das zuständige Management dieser Veränderung in enger Zusammenarbeit mit der Compliance-Funktion.

- Die Interne Revision hat die Erkenntnisse aus dem Risk Assessment in der Prüfungsprogrammplanung zusammengeführt. Da sie aufgrund des integrierten GRC-Risk Assessments über dieselben Informationen verfügt, wie die anderen GRC-Funktionen, weiß sie von den die Risikolage der Optima-Filius AG beeinflussenden Veränderungen. Sie entscheidet daher, im Rahmen einer cross-funktionalen Prüfung die Internationalisierungsstrategie sowie die Vertriebsaktivitäten dieser Tochtergesellschaft im Ausland zu prüfen.

- Innerhalb der Mehrheitsbeteiligungen und Zentralbereiche ist der jeweils etablierte GRC-Manager Anlaufstelle für alle GRC-Themen. Er koordiniert und beantwortet alle entsprechenden Anfragen und unterstützt die Umsetzung der Risikosteuerungsmaßnahmen durch die zentralen GRC-Funktionen. Durch eine enge Zusammenarbeit mit seiner lokalen Geschäftsleitung, an die er monatlich im Rahmen der Board-Sitzungen sowie bei Bedarf ad hoc berichtet, stellt er zudem die Einbindung des verantwortlichen Managements sicher.

- Die prozessbegleitende Dokumentation der Fortschritte bei der Umsetzung der Risikosteuerungsmaßnahmen erfolgt in einem IT-System, das durch die GRC-Funktionen in Zusammenarbeit mit ausgewählten Einheiten entwickelt wurde. Mithilfe klar definierter Meilensteine und unterstützt durch Erinnerungsfunktionen und sonstige praktische Features werden das lokale Management sowie die GRC-Manager in den Einheiten gezielt gesteuert, angeleitet und entlang der gesamten Risikosteuerung durch die jeweiligen GRC-Funktionen begleitet.

- Die Berichterstattung innerhalb der Optima-Filius AG erfolgt anhand der für die einzelnen Risikosteuerungsmaßnahmen definierten Meilensteine. Die Geschäftsleitung der Muttergesellschaft Optima AG wird vierteljährlich über die Fortschritte der Risikosteuerung aller Tochtergesellschaften und Zentralbereiche informiert. Hierzu fasst die zentrale Risikomanagement- und Compliance-Funktion die Ergebnisse aus den Einheiten adressatenorientiert zusammen. Die Interne Revision berichtet parallel von den wesentlichen Ergebnissen der durch sie durchgeführten Prüfungen.

Das Beispiel der Optima AG verdeutlicht, dass die horizontale Integration der GRC-Funktionen – dort, wo sie sinnvoll ist – erhebliche Effizienzsteigerungen im Umgang mit Risiken erzielen und dabei die Effektivität der Maßnahmen erhöhen kann. Dabei gilt, wie das Beispiel der Optima-Filius AG gezeigt hat, dass die Vielschichtigkeit der durch Geschäftsentwicklungen bewirkten Risiken erst in der Gesamtschau der unterschiedlichen GRC-Perspektiven deutlich wird. Gleichzeitig zeigt das Beispiel aber auch, dass die vertikale Integration, also die enge Zusammenarbeit zwischen den GRC-Funktionen und den Geschäftsbereichen, eine wesentliche Voraussetzung für die wirksame Compliance-Steuerung ist. Schließlich verbleibt die primäre Organisationsverantwortung für den Geschäftserfolg und damit auch die diesen Erfolg gefährdenden Risiken bei den Risikoeignern. Durch sinnvolle, lösungsorientierte Prozesse und gegenseitiges Verständnis können diese jedoch bei der Wahrnehmung ihrer Verantwortung unterstützt werden. Hierbei kann die integrierte Betrachtung der Risikosteuerung der GRC-Funktionen einen wichtigen Beitrag leisten.

4.3.5 Das GRC-Monitoring als dritter Schritt des GRC-Regelkreises

Die Ziele des GRC-Monitorings bestehen darin, die kontinuierliche Effektivität und Effizienz des GRC-Managements sicherzustellen sowie Verbesserungspotenziale zu erkennen und gezielt wahrzunehmen. In der Systematik des GRC-Regelkreises ist das Monitoring der dritte Schritt, dessen Erkenntnisse unmittelbar auf GRC-Risk Assessment und GRC-Steuerung einwirken. Mittels geeigneter Verfahren werden die Angemessenheit in der Konzeption sowie die Wirksamkeit in der Umsetzung sämtlicher Bestandteile des GRC-Rahmenwerks überprüft, bewertet und gemeinsam mit den jeweiligen Prozesseignern Maßnahmen zur Optimierung selbiger entwickelt.

Im Hinblick auf eine geeignete Ausgestaltung der Monitoring-Prozesse ist ein Spannungsfeld besonders interessant, das bereits im Zusammenhang mit den Begründungsansätzen der Corporate Governance angesprochen wurde: Im Kern geht es bei diesem Spannungsfeld um das optimale Verhältnis von Vertrauen und Kontrolle im Unternehmen. Dieses ergibt sich aus einer Kombination der tatsächlich entstehenden Transaktionskosten für die Abbau von Informationsasymmetrien zwischen Principal und Agent sowie die Einschränkung und Kontrolle von Verfügungsrechten einerseits sowie den psychologischen und sozialen „Kosten" verminderter Motivation beim Agenten durch ein Zuviel an Regulierung und Überwachung andererseits.[506] Ein GRC-Monitoring muss daher darauf ausgerichtet sein, ein Optimum zu finden, das zur Unternehmenskultur passt und die Erreichung der operativen und strategischen Ziele der Organisation sicherstellt.

Im Sinne einer effizienten Erfüllung dieser Verantwortung sollte das GRC-Monitoring bereits vorhandene Daten aus unterschiedlichen Quellen nutzen, durch sinnvolle eigene Maßnahmen risikoorientiert ergänzen und so zu einer Gesamtaussage über das GRC-Management kommen. Damit wird das Monitoring zum Schnittstellen-Management.[507] Zur Verdeutlichung der jeweiligen Verantwortlichkeiten in diesem Kooperationsgeflecht dienen drei Verteidigungslinien („3 lines of defense"): Während der Risikoeigner als erste Verteidigungslinie die primäre Verantwortung für seine Geschäftsprozesse trägt, agieren Risiko- und Compliance-Management als zweite Verteidigungslinie, indem sie prozessbegleitende und prozessunabhängige Kontrollmaßnahmen ausüben. Die Interne Revision fungiert demgegenüber als vollständig (prozess-)unabhängige Instanz, die mithilfe punktueller Prüfungsmaßnahmen die

---

[506] Vgl. hierzu ausführlicher Kap. 2.2.3.
[507] Vgl. Wieland, J. (2014), S. 34.

dritte und damit letzte Verteidigungslinie im Unternehmen darstellt.[508] Wie diese Funktionen im Einzelnen agieren und welche Synergiepotenziale zwischen ihnen in der Gänze bestehen, soll im Folgenden näher erläutert werden.

4.3.5.1 Das Monitoring der Internen Revision

Das spezifische Vorgehensmodell der Internen Revision, das durch die berufsständischen Normen des Institute of Internal Auditors kodifiziert worden ist, beinhaltet das Monitoring unter dem Begriff der Erfolgskontrolle und umfasst zwei voneinander unterschiedliche Komponenten. Zum einen geht es darum, die Umsetzung der mit einem geprüften Fachbereich zur Adressierung von Defiziten und Verbesserungspotenzialen vereinbarten Maßnahmen zu überwachen. Zum anderen ist die Interne Revision selbst Gegenstand eines Qualitätssicherungsprozesses im Sinne einer kontinuierlichen Verbesserung. Auf beide Aspekte soll im Folgenden kurz eingegangen werden.

Durch IIA-Standard 2500 ist der Leiter einer Internen Revision verpflichtet, „ein Follow-up-Verfahren [einzurichten], mit dem überwacht und sichergestellt wird, dass vereinbarte Maßnahmen wirksam umgesetzt werden oder die Geschäftsleitung das Risiko auf sich genommen hat, keine Maßnahmen durchzuführen"[509]. Aus der Formulierung geht deutlich hervor, dass die Verantwortung zur Bewältigung des Risikos zwar beim Risikoeigner verbleibt. Gleichzeitig wird aber auch die Verpflichtung der Revision ersichtlich, durch Einrichtung eines geeigneten „Verfahrens" die Risikosteuerung zu unterstützen.

In Entsprechung des risikoorientierten Vorgehens der Internen Revision ist es zweckmäßig, Zeitraum und Intensität der Überwachung in Abhängigkeit von der Wesentlichkeit der Prüfungsfeststellungen zu definieren.[510] Während demnach hohe und mittlere Risiken in kürzeren Intervallen – spätestens jedoch zum vereinbarten Umsetzungstermin – überwacht werden sollten, kann es gerade in einer auf Vertrauen basierenden Unternehmenskultur sinnvoll sein, die Umsetzung von Maßnahmen zur

---

[508] Buderath/Amling unterscheiden die im Rahmen des Monitorings stattfindenden Überwachungsmaßnahmen begrifflich in systeminterne bzw. prozessabhängige Kontrollen einerseits und systemexterne bzw. prozessunabhängige Prüfungen andererseits. Vgl. Buderath, H., Amling, T. (2000), S. 129. So sinnvoll eine diesbezügliche terminologische Klärung sein mag, ist diese angesichts der bestehenden Literatur und berufsständischen Normen derzeit nicht etabliert. In den folgenden Ausführungen werden daher die in den jeweiligen GRC-Funktionen vorherrschenden Termini verwendet.

[509] DIIR (2013), S. 50.

[510] Vgl. Geiersbach, K. (2011), S. 329.

Bewältigung von niedrigen Risiken sowie Empfehlungen überhaupt nicht oder nur in Stichproben zu kontrollieren. Auf diese Weise können Dokumentationsanforderungen reduziert und die Fokussierung auf wesentliche Risiken gestärkt werden. Das Instrumentarium des Monitorings umfasst vor allem zwei Mittel: Während die Fachbereiche die Realisierung von Maßnahmen in der Regel durch eine schriftliche Stellungnahme bestätigen, verfügt die Revision durch das Mittel der Follow-up-Prüfungen über eine Möglichkeit, die tatsächliche Umsetzung zu kontrollieren. Hierzu eignen sich punktuell und risikoorientiert eingesetzte kurze Prüfungen, die ausschließlich die Bewältigung der wichtigsten Risiken überwachen, um gerade bei diesen Themen zusätzliche Sicherheit über die Optimierung der Risikoposition des Unternehmens zu erlangen.

Die Rolle der Internen Revision bei der Mängelbeseitigung ist vielgestaltig. Zum einen ist sie Ordnungs- und Überwachungsfunktion gegenüber den Fachbereichen, da sie die Umsetzung vereinbarter Maßnahmen einfordert und Abweichungen transparent macht. Zum anderen ist die Interne Revision Dienstleister, indem sie bestenfalls das Management der Fachbereiche rechtzeitig an definierte Termine erinnert und sie dadurch darin unterstützt, ihrer Verantwortung nachzukommen. Schließlich ist die Revision, drittens, Informant gegenüber der Geschäftsleitung und dem Aufsichtsgremium. Um diesen Aufgaben gerecht zu werden, bedarf es eines professionellen IT-Systems, das jederzeit Transparenz über den Stand der Mängelbeseitigung schafft, die Abmeldung von Maßnahmen durch die Fachbereiche nachvollziehbar und datensicher dokumentiert, über eine durchdachte Benutzerberechtigungssteuerung den direkten Zugriff der Fachbereiche auf die Datenbank ohne Systembrüche ermöglicht und bei Überschreitung von Terminen einen Erinnerungs- und Eskalationsprozess in Gang setzt. Je vielschichtiger dabei ein Unternehmen ist, desto größer sind auch die Anforderungen an die prozess- und systemseitige Unterstützung beim Management dieser Komplexität.[511]

Die Berichterstattung der Revision an Führungs- und Kontrollgremien sollte ebenfalls von der Kritikalität der identifizierten Risiken abhängig gemacht werden. Zwar eignet sich ein fester Berichtszyklus, der je nach Tätigkeitsumfang der Revision, monatlich oder quartalsweise definiert sein kann. Das Ausmaß dieser Berichterstattung sollte allerdings zwischen hohen und geringen Risiken unterschieden werden. Ob und inwiefern bspw. geringe Risiken überhaupt an die Geschäftsleitung berichtet werden, hängt daher nicht zuletzt von der Risikokultur im Unternehmen und den Interessen

---

[511] Vgl. Geiersbach, K. (2011), S. 329f.

der Berichtsadressaten in den Führungsgremien ab. Unabhängig von unternehmens-individuellen Auffassungen verdeutlicht IIA-Prüfungsstandard 2600 hingegen die Pflichten des Leiters der Internen Revision bei Vorliegen einer inakzeptablen Risiko-akzeptanz auf Seiten des Managements eines geprüften Fachbereiches: Liegt diese vor, so hat der Leiter der Internen Revision den Sachverhalt mit der Geschäftsleitung zu besprechen. Wird die Angelegenheit auch dann nicht zufriedenstellend gelöst, so ist diese dem Aufsichtsorgan zur Kenntnis zu bringen.[512] Die Revision erhält damit die Pflicht (und die Möglichkeit), Führungs- und Kontrollorgan auf fortbestehende Risiken aufmerksam zu machen und sie damit zu befähigen, ihrer Verantwortung im Sinne des Unternehmensinteresses gerecht zu werden.

Die zweite Komponente der Erfolgskontrolle im Revisionsprozess besteht in der Qua-litätssicherung der Arbeit der Internen Revision. Zu dieser ist die Revision durch IIA-Standard 1300 verpflichtet. Dort heißt es, der Leiter der Revision habe ein Programm zur Qualitätssicherung und –Verbesserung zu entwickeln und zu pflegen, das sowohl interne als auch externe Beurteilungen umfasst, sich an den Standards des IIA orien-tiert und dessen Ergebnisse an die leitenden Führungskräfte, die Geschäftsleitung und das Überwachungsorgan berichtet.[513] Mittels interner prozessbegleitender und prozessunabhängiger Überprüfungen (z.B. durch eine Qualitätssicherungsfunktion innerhalb der Internen Revision) sowie regelmäßiger, jedoch mindestens alle fünf Jahre stattfindender, externer Beurteilungen (z.B. durch Wirtschaftsprüfungsgesell-schaften oder in Form von Peer Reviews) soll sichergestellt werden, dass die Revisi-on ihren Aufgaben in angemessener Weise nachkommen und so dazu beitragen kann, „Mehrwerte zu schaffen und die Geschäftsprozesse zu verbessern"[514].

4.3.5.2 Das Monitoring des Risikomanagements

Als ein wichtiger Bestandteil des internen Überwachungssystems ist das Risikoma-nagement selbst Gegenstand der Überwachung. Dieses Monitoring im Rahmen des Risikomanagements findet auf vier Ebenen statt, die im Folgenden kurz skizziert werden sollen:

- Zunächst obliegt es auf einer ersten Ebene dem Risikoeigner, die Wirksamkeit (d.h. den Erfolg) seiner Maßnahmen zur Bewältigung von Gefahren oder zur Realisierung von Chancen zu beurteilen. Im Rahmen dieser prozessabhängi-

---

[512] DIIR (2013), S. 51.
[513] Vgl. DIIR (2013), S. 31f.
[514] DIIR (2013), S. 5.

gen Überwachungsmaßnahmen bietet sich die Verwendung von Abweichungsanalysen an, die darauf ausgerichtet sind, Ist-Zustände mit definierten Soll-Zuständen zu vergleichen. Gerade bei sich verändernden Risikolagen ist es wichtig, den Erfolg gewählter Risikosteuerungsstrategien kontinuierlich zu beurteilen, um rechtzeitig geeignete Korrektivmaßnahmen ergreifen zu können. Dabei sollten sich die Überwachungsmaßnahmen auch auf solche Risiken beziehen, die akzeptiert wurden. Schließlich können auch diese einer Entwicklung unterliegen, welche die Wahl einer alternativen Risikosteuerungsstrategie notwendig macht. Entsprechend der Kritikalität von Risiken definierte Monitoring- und Berichtszyklen stellen sicher, dass der Risikomanagementprozess selbst risikoorientiert abläuft und damit auch Wirtschaftlichkeitsanforderungen erfüllt.

- Auf einer zweiten Ebene des Monitorings ist es die Aufgabe der Risikomanagementfunktion, den Risikoeigner bei seinen Pflichten zu begleiten und zu kontrollieren. Während die Begleitung in der Rolle eines Kompetenzzentrums prozessabhängig erfolgt und in der Unterstützung der Fachbereiche bei der Umsetzung von Maßnahmen und der Überwachung von Risiken besteht, findet die Kontrolle in prozessunabhängiger Form statt. Mithilfe eigener Analysen unter Berücksichtigung globaler Trends und in profunder Kenntnis der organisationalen Teilbereiche sollte eine Risikomanagementfunktion die Vollständigkeit der identifizierten Risiken und deren Bewertung ebenso überprüfen, wie die Eignung und Wirksamkeit der gewählten Steuerungsstrategien. So können Backtesting-Verfahren bspw. Aufschluss über die Zuverlässigkeit von Risikobewertungsverfahren vermitteln und stichprobenartige Überprüfungen in Form von Datenauswertungen oder Interviews den Erfolg von Maßnahmen hinterfragen. Dabei kann es nicht um eine vollständige Kontrolle sämtlicher Risiken im Unternehmen gehen. Vielmehr sollte gerade die prozessunabhängige Kontrolle risikoorientiert erfolgen.[515]

- Die dritte Ebene des Monitorings im Rahmen des Risikomanagements nimmt das Risikomanagementsystem in seiner Gänze in den Blick. Zur Durchführung dieser prozessabhängigen Überwachungsmaßnahme durch die Risikomanagementfunktion in ihrer Rolle als Prozesseigner bieten sich drei Strategien an: Mithilfe von Systemtests wird die Einhaltung der formalen Anforderungen an ein Risikomanagementsystem geprüft.[516] Output-Tests hinterfragen, ob Vorstand und Aufsichtsrat als primäre gesetzliche Adressaten sowie sonstige

---

[515] Vgl. Vanini, U. (2012), S. 249f.
[516] Vgl. hierzu v.a. DRS 20 sowie die im Aktiengesetz verankerten Vorgaben (s. Kap. 3.3).

relevante Gremien in angemessener Weise über die wesentlichen Risiken im Unternehmen informiert wurden und wichtige Informationen in Entscheidungsfindungsprozesse – zum Beispiel die Festlegung risikogewichteter Kapitalkostensätze, Finanzierungs- und Investitionsentscheidungen – eingeflossen sind. Abweichungstests hingegen sind darauf ausgerichtet, zu eruieren, ob Planabweichungen tatsächlich auf zuvor identifizierte Risiken zurückzuführen sind. Schließlich wird damit eine Aussage zur Vollständigkeit und Zielgenauigkeit getroffen. Wenngleich mit diesen drei Strategien ein sehr elaboriertes Selbstverständnis der Risikomanagementfunktion unterstellt wird, so kann nach der hier vertretenen Ansicht erst durch die Gänze der Maßnahmen tatsächlich auch die Leistungsfähigkeit des Risikomanagementsystems beurteilt werden.[517]

- Die vierte Ebene der Monitoring-Aktivitäten umfasst die Interne Revision, welche durch unabhängige Prüfungen sowohl das Risikomanagementsystem an sich als auch punktuell und risikoorientiert die Angemessenheit des Risikomanagements im Einzelnen nach den Kriterien der Ordnungsmäßigkeit, Sicherheit, Wirtschaftlichkeit und Zweckmäßigkeit beurteilt. Prüfungsgrundlagen der Internen Revision sind die einschlägigen rechtlichen Anforderungen insbesondere aus Aktiengesetz und Handelsgesetzbuch, der berufsständische Revisionsstandard Nr. 2 zur Prüfung des Risikomanagementsystems, externe Referenzrahmen wie COSO II und ISO 31000 sowie unternehmensinterne Vorgaben.[518] Zwar ist die Mehrzahl der revisorischen Prüfungen in der Praxis auf die oben genannten Systemtests ausgerichtet; allerdings sind auch darüber hinaus gehende Output- und Abweichungstests sinnvoll und im Sinne einer fundierten Überprüfung der Wirksamkeit des unternehmerischen Risikomanagementsystems nach Ansicht des Autors notwendig.

In Anbetracht der vier Ebenen des Monitorings im Rahmen des Risikomanagements werden zum einen die drei Verteidigungslinien deutlich. Unter Beibehaltung der Verantwortung des Risikoeigners sind Risikomanagementfunktion als zweite und Revision als dritte Verteidigungslinie erforderlich, um die Wirksamkeit und Leistungsfähigkeit des Risikomanagementsystems sicherzustellen. (Hinzu kommt der Wirtschaftsprüfer, der als externe Stelle das Risikomanagement prüft und damit – zumindest gegenüber den am Unternehmen interessierten Externen, vor allem Aktionären – als vierte Verteidigungslinie interpretiert werden kann.) Zweitens wird, gerade bei zu-

---

[517] Vgl. Gleißner, W. (2011), S. 249f.
[518] Vgl. Vanini, U. (2012), S. 253.

nehmender Komplexität in vielschichtigen Unternehmen, die Notwendigkeit eines risikoorientierten Vorgehens auf allen Ebenen auch beim Monitoring deutlich. Drittens ist offensichtlich, dass ohne die hinreichende Dokumentation und IT-gestützte Umsetzung des Risikomanagements eine effiziente Überwachungstätigkeit unmöglich ist. Und schließlich, viertens, ist zu erkennen, dass im Sinne einer konsistenten und widerspruchsfreien Berichterstattung an Vorstand und Aufsichtsrat ein abgestimmtes Vorgehen zwischen den am Risikomanagementprozess beteiligten Funktionen unerlässlich ist. Wie diese erreicht werden kann, soll vor allem bei der Darlegung der Synergiepotenziale eines integrierten GRC-Monitoring erneut aufgegriffen werden.

4.3.5.3 Das Monitoring des Compliance Managements

Der Begriff des Monitorings wird in Bezug auf Compliance Management Systeme im deutschsprachigen Raum in der Regel mit „Überwachung und Verbesserung"[519] übersetzt. Dies verdeutlicht die zu Recht bestehende Hybridität des Monitorings als Prozess zur Beurteilung der Angemessenheit und Wirksamkeit des Compliance Management Systems sowie als Chance zur Entdeckung von Verbesserungspotenzialen. Das Compliance Monitoring kann dabei nach dem Beurteilenden in interne und externe Ansätze gegliedert werden.

In Entsprechung der Monitoring-Aktivitäten beim Risikomanagement können die internen Überwachungsmaßnahmen in vier Ebenen unterschieden werden, die hier lediglich kurz adaptiert werden sollen.

- So ist es auf der ersten Ebene der Risikoeigner – das Management einer Tochtergesellschaft oder eines Unternehmensbereiches –, der die Wirksamkeit der durch ihn verantworteten Prozesse kontinuierlich sicherzustellen hat. Der Geschäftspartnerauswahlprozess obliegt bspw. den Einkaufs- und den Vertriebsbereichen, die diesen unter Anwendung der mit dem Compliance-Bereich definierten Sorgfaltspflichten („Due Diligence") durchzuführen und durch geeignete Kontrollmaßnahmen entlang des Prozesses dessen Wirksamkeit sicherzustellen haben.[520]

---

[519] Vgl. hierzu der Prüfungsstandard PS 980 des IDW, der das siebte CMS-Element mit „Compliance-Überwachung und Verbesserung" tituliert.

[520] Diese Sicherstellung kann bspw. über Stichproben erfolgen, die darauf ausgerichtet sind, zu überprüfen, ob tatsächlich für jeden Geschäftspartner entsprechend definierter risikoorientierter Kriterien eine Due Diligence-Prüfung durchgeführt wurde. Ergänzend bietet sich ein kontinuierliches

- Ergänzt wird diese systemimmanente Überprüfung auf der zweiten Ebene um eine punktuell und risikoorientiert durchgeführte Kontrolle durch den Compliance-Bereich in seiner Ordnungsfunktion. Am Beispiel des Due Diligence Prozesses besteht diese zweite Verteidigungslinie darin, die Angemessenheit und Nachvollziehbarkeit der Geschäftspartnerauswahl zu beurteilen. Je nach unternehmensindividuell gestaltetem Prozess mag der Compliance-Bereich selbst (vor allem bei kritischen, aber wichtigen Geschäftspartnern) in die Entscheidungsfindung involviert sein, wodurch diese zweite Ebene des internen Monitoring zu einer (Teil-) Selbstprüfung wird.

- Die dritte Ebene der internen Überwachungsmaßnahmen umfasst die Beurteilung der Wirksamkeit des CMS in seiner Gänze durch den Compliance-Bereich im Sinne einer fortlaufenden Selbstanalyse.[521] Hierbei geht es darum, unter Verwendung der systemimmanent generierten Indikatoren und in Ergänzung durch weitere Informationen[522] die sieben Elemente des Compliance Management Systems – von der Kultur über das Risk Assessment und die Programmsteuerung bis hin zum Monitoring selbst – zu bewerten. Sowohl objektive als auch subjektive Bewertungen sind dabei die Grundlage für eine nach vordefinierten Kriterien erfolgende Gesamtbeurteilung, die ihrerseits Gegenstand der Überprüfung durch Interne Revision und Wirtschaftsprüfer ist und Geschäftsleitung sowie Aufsichtsgremium zum Jahresabschluss zur Verfügung gestellt wird.

- Die vierte interne Ebene des Compliance Monitorings besteht in der prozessunabhängigen Prüfung des CMS und seiner Bestandteile durch die Interne Revision. Diese dienen zum einen der Aufdeckung von Compliance-Verstößen sowie Defiziten in der Anwendung der Grundsätze des Compliance Managements, verfügen aber auch über eine präventive Funktion und geben Leitungs- und Aufsichtsgremium damit Aufschluss darüber, inwieweit die Compliance-Ziele der Organisation auch in der täglichen Praxis gelebt werden.[523] Als externer Referenzrahmen bieten die vom Institut der Wirtschaftsprüfer in Deutschland im Jahr 2011 veröffentlichten „Grundsätze ordnungsmäßiger Prüfung von Compliance-Management Systemen" (IDW PS 980) auch bei internen Prüfungsmaßnahmen Orientierung – wenngleich der Standard in der Pra-

---

Monitoring an, demgemäß systemtechnisch bspw. erst dann eine Bestellung (Lieferung) ausgelöst werden kann, wenn für den Lieferanten (Vertriebspartner) eine wirksame Due Diligence ohne Auflagen dokumentiert wurde. Vgl. Withus, K. (2014), S. 132.

[521] Vgl. Withus, K. (2014), S. 130.

[522] Bspw. bietet es sich an, durch die Einbeziehung der Vertreter anderer Funktionen im Unternehmen Aufschluss über die Wirksamkeit des CMS zu erlangen.

[523] Vgl. Miras, A. (2014), S. 916.

xis zunächst mit Leben zu füllen ist, um eine nicht ausschließlich auf Formal-kriterien basierende Prüfung des CMS zu gewährleisten. In jedem Fall ist die-se vierte Ebene des Compliance Monitorings – sowohl im Hinblick auf einzel-ne Compliance-Prozesse in Zentrale und Peripherie eines Unternehmens als auch bezogen auf das CMS in seiner Gänze – eine wichtige ergänzende Säu-le, da die Überwachung der Wirksamkeit des Compliance Managements nicht allein auf prozessabhängigen Beurteilungen basieren darf.[524]

Die vier internen Ebenen des Compliance Monitorings werden durch die Prüfungsak-tivitäten zweier externer Akteure ergänzt. In Anbetracht der intensivierten Rechtsset-zung und –Durchsetzung wird Non-Compliance mittlerweile zu einem potenziell „den Fortbestand [einer] Gesellschaft gefährdende[n] Entwicklung"[525]. Damit rückt das Compliance Management System immer mehr in den Fokus der Prüfung des unter-nehmerischen Überwachungssystems durch den externen Wirtschaftsprüfer. Gleich-zeitig steigt der Druck auf Seiten von Geschäftsleitung und Kontrollgremium, durch externe Beurteilungen die Sicherheit in der Erfüllung eigener Sorgfaltspflichten zu erhöhen. Externe Prüfungen gemäß IDW PS 980 bieten hierfür eine Grundlage.[526] Anders als im Fall von revisorischen Prüfungen dienen diese allerdings nicht der Aufdeckung von Fehlverhalten (wenngleich dies ein Nebeneffekt einer Prüfung sein kann), sondern der Systemprüfung, die umso wertvoller auch im Hinblick auf die Identifikation von Verbesserungspotenzialen ist, je besser das Unternehmen durch den externen Prüfer verstanden wird.

Schließlich soll an dieser Stelle auf einen weiteren externen Akteur im Zusammen-hang mit dem Compliance Monitoring hingewiesen werden. Compliance Monitore sind externe Experten, die dann beauftragt werden, „wenn insbesondere öffentliche Auftraggeber oder Finanzierungsinstitute (z.B. Weltbank, Europäische Bank für Wie-deraufbau und Entwicklung) die Einrichtung oder Erneuerung/Verbesserung eines Compliance Systems von einem Unternehmen verlangen"[527]. Nach US-amerikani-schem Recht ist es zudem möglich, Unternehmen, die bspw. durch Verstöße gegen den Foreign Corrupt Practices Act straffällig geworden sind, im Rahmen von Ver-

---

[524] Vgl. Withus, K. (2014), S. 128.
[525] § 91 II AktG.
[526] Insbesondere Wirtschaftsprüfungsgesellschaften weisen auf weitere Vorteile einer CMS-Prüfung gemäß IDW PS 980 hin: Demnach kann die Kommunikation der Ergebnisse einer CMS-Prüfung die Transparenz für Ratingagenturen, Banken und Versicherungen verbessern helfen und damit (zumindest im positiven Fall) zu einer Reduzierung von Kapitalkosten führen. Gleichzeitig könnten durch die geschaffene Transparenz Principal-Agent-Konflikte reduziert werden. Vgl. Laue, J., Kunz, J. (2014), S. 6.
[527] Wieland, J., Grüninger, S. (2009), S. 126.

gleichsverhandlungen für einen begrenzten Zeitraum einen Compliance Monitor zu verordnen. In allen Fällen ist es die Aufgabe des Monitors, die Übereinstimmung des unternehmerischen Handelns mit dem Gesetz sowie sonstigen Vereinbarungen (z.B. im Zusammenhang mit Ausschreibungen) zu kontrollieren.[528]

So unterschiedlich die handelnden Akteure und die zur Anwendung kommenden Methoden im Einzelnen sein mögen – die Gemeinsamkeiten der jeweiligen Überwachungsmaßnahmen sind offensichtlich: In allen Fällen geht es darum, die Angemessenheit und Wirksamkeit des Compliance Managements zu beurteilen sowie Verbesserungspotenziale abzuleiten. Dabei mögen gerade interne Akteure einen größeren Fokus auf die Effizienz der Prozesse legen, was an der grundsätzlichen Übereinstimmung der Ziele nichts ändert. Diese Beurteilung kann wiederum nur auf der Basis einer hinreichenden Dokumentation erfolgen, welche die Nachvollziehbarkeit von Entscheidungen sicherstellt. Um diese zu ermöglichen, bedarf es gerade in komplexen Organisationen geeigneter IT-Systeme, welche die kombinierte Betrachtung und Dokumentation von objektiven Messwerten und subjektiven Einschätzungen erleichtern und externen Prüfern zugänglich machen. Monitoring-Aktivitäten finden kontinuierlich prozessbegleitend sowie risikoorientiert prozessunabhängig statt. Entsprechend identifizierter Risiken erfolgt schließlich die Berichterstattung, die sich – je nach Akteur – in jedem Fall an Geschäftsleitung und Aufsichtsgremium richtet. Vor dem Hintergrund der zahlreichen Überschneidungen in den diversen Monitoring-Ansätzen ist festzuhalten, dass diese umso effizienter ausgestaltet werden können, je besser es gelingt, sie aufeinander abzustimmen, d.h. horizontal und vertikal zu integrieren. Wie dies gelingen kann, darauf soll im folgenden Kapitel näher eingegangen werden.

4.3.5.4 Integrierte Betrachtung: Das Monitoring der GRC-Funktionen

Die Darlegung der Monitoring-Aktivitäten von Interner Revision, Risiko- und Compliance Management offenbart, dass die gezielte prozessabhängige und prozessunabhängige Überwachung eine grundlegende Voraussetzung für die Sicherstellung effektiver und effizienter Verfahren innerhalb der einzelnen Bestandteile eines GRC-Systems ist. Dabei nimmt das Monitoring in allen Fällen Bezug auf die der jeweiligen GRC-Funktion immanenten Elemente – vor allem Risk Assessment und Risikosteuerung – und etabliert damit die für das erfolgreiche Management jedweder Risiken

---

[528] Vgl. Wiehen, M. (2014), S. 895.

notwendige Regelkreissystematik. Ergänzt werden sollte die Überwachungsaufgabe um die systematische Identifikation und Wahrnehmung von Verbesserungspotenzialen. Wer beide Perspektiven des Monitoring miteinander verknüpft, begreift Monitoring auch als Chance.

Was für die GRC-Funktionen im Einzelnen gilt, wird durch deren kombinierte Betrachtung noch verstärkt. Deutlich wird dies gerade auch an der direkten Gegenüberstellung, wie die folgende Tabelle unter Bezugnahme auf die bereits bekannten Beurteilungskriterien veranschaulicht.

Tab. 3: Vergleichende Analyse der GRC-Funktionen im Monitoring

Beurteilungskriterium	Interne Revision	Risikomanagement	Compliance Management
Wozu:			
- Zielsetzung	Sicherstellung von Effektivität und Effizienz sowie Identifikation und Umsetzung von Verbesserungspotenzialen		
Wer:			
- Rolle des Risikoeigners	Risikoeigner trägt vollständige Verantwortung für Risikobewältigung als „1st line of defense"		
- Rolle der GRC-Funktion	- Ordnungsfunktion - Überwachungsfunktion - Dienstleister - Informant	- Ordnungsfunktion - Überwachungsfunktion - Begleiter & Unterstützer - Informant	
Was:			
- Anwendungsbereich	Sämtliche Geschäftsaktivitäten in allen Mehrheitsbeteiligungen und Zentralbereichen (= Einheiten)		
Wie:			
- Zeitlicher Ablauf	Kontinuierlich prozessimmanent und risikoorientiert prozessunabhängig gemäß der Wesentlichkeit der Risiken		
- Instrumentarium	- Bestätigungsschreiben des Risikoeigners - Follow-up-Prüfung durch die Interne Revision	- Abweichungsanalysen durch Risikoeigner - System-, Output- und Abweichungstests durch Risikomanagementfunktion - Unabhängige Prüfungen durch die Interne Revision	- (Selbst-)Einschätzungen durch Risikoeigner - Kontrolltätigkeiten durch die Compliance-Funktion - Unabhängige Prüfungen durch die Interne Revision
- Informationstechnologie	Anforderungen an Nachvollziehbarkeit, Reproduzierbarkeit, Datensicherheit (Dokumentation) und Effizienz		
An wen:			
- Adressaten der Berichterstattung	Vorstand, Aufsichtsrat, Management nach Bedarf, Wirtschaftsprüfer nach Wesentlichkeit		

Die obige Tabelle zeigt, dass die Zielsetzung der Monitoring-Aktivitäten der hier porträtierten GRC-Funktionen übereinstimmt und darin besteht, die Effektivität und Effizienz der Prozesse sicherzustellen sowie Verbesserungspotenziale zu identifizieren und umzusetzen. Dieses Ziel soll grundsätzlich für sämtliche Geschäftsaktivitäten in allen Mehrheitsbeteiligungen und Zentralbereichen gelten, was primär (wie erläutert) mit Haftungsrisiken für die Organe der Gesellschaft und Einflussmöglichkeiten durch selbige zusammenhängt. Ebenso stimmen die GRC-Funktionen darin überein, dass der Risikoeigner – also das Management der Einheiten – die vorrangige Verantwortung für den Erfolg seines Tuns trägt und daher als erste Verteidigungslinie fungiert. Aus der spezifischen Rolle der GRC-Funktionen erwachsen aber auch Unterschiede, die sich in der Zusammenarbeit mit den Fachbereichen und in dem zur Anwendung kommenden Instrumentarium widerspiegeln.

Indem die Rolle der Internen Revision als Ordnungs- und Überwachungsfunktion beschrieben wird, soll verdeutlicht werden, dass ihr primäres Anliegen im Rahmen des Monitorings darin besteht, die Bewältigung identifizierter Risiken durch den Risikoeigner gemäß Vereinbarung sicherzustellen. Im besten Fall ist sie dabei Impulsgeber und Dienstleister, indem der Fachbereich an vereinbarte Termine erinnert wird. Jedoch ist sie kein aktiver Unterstützer in der Umsetzung von Maßnahmen, da sie hierdurch ihre Unabhängigkeit gefährden und im Hinblick auf eine mögliche Follow-up-Prüfung in einen Interessenkonflikt geraten würde. Insbesondere hierin unterscheidet sich die Rolle der Internen Revision von den Möglichkeiten des Risiko- und Compliance Managements.

Auch Risiko- und Compliance-Funktion agieren als Ordnungs- und Überwachungsorgan, da sie Vorgaben formulieren und deren Umsetzung kontrollieren. Als Experten ihrer jeweiligen Profession sollten sie aber den Risikoeigner auch aktiv darin unterstützen, geeignete Mittel und Wege zur Beurteilung des Erfolgs initiierter Maßnahmen zu entwickeln. Es geht also darum, die Fachbereiche entlang des gesamten Regelkreises – vom Risk Assessment über die Risikosteuerung bis hin zum Monitoring – aktiv zu begleiten, sachlich herauszufordern, Lösungsmöglichkeiten aufzuzeigen und damit im Dialog zwischen operativer Kompetenz und GRC-Bereich eine Optimierung der Risikolage für das Unternehmen zu erreichen. So unterschiedlich Risiko- und Compliance-Funktion diese Aufgabe bisher in praxi leben mögen – aus der Logik ihrer Funktion lässt sich kein Unterschied in ihrer Rolle herleiten. Vielmehr verdeutlicht die direkte Gegenüberstellung (auch im Monitoring) das Potenzial, welches in der Integration gerade dieser beiden Funktionen besteht.

Die unterschiedlichen Rollenverständnisse der GRC-Funktionen spiegeln sich auch im zur Anwendung kommenden Monitoring-Instrumentarium wider. So nutzt die Interne Revision Bestätigungsschreiben durch die Risikoeigner zur Bescheinigung der Umsetzung vereinbarter Maßnahmen und prüft ihrerseits punktuell und risikoorientiert im Rahmen von Follow-up-Audits die Übereinstimmung von Fachbereichsaussage und Realität. Demgegenüber steht Risiko- und Compliance Management ein ungleich größeres Instrumentarium zur Verfügung, das sowohl (Selbst-)Analysen durch den Risikoeigner als auch Beurteilungen durch die GRC-Funktion beinhaltet. Mithilfe interner Kontrollsysteme können die Bewertungen zwar objektiviert werden, bleiben aber im Kern Selbsteinschätzungen. Hinzu kommt die ebenfalls als Self-Assessment konzipierte Systemprüfung, die zum Ziel hat, das Risikomanagementsystem bzw. das Compliance Management System in seiner Gänze anhand vordefinierter Kriterien zu bewerten und dessen Wirksamkeit im Rahmen des Jahresabschlusses zu bewerten. Die durch Risiko- und Compliance-Funktion gesteuerten Monitoring-Aktivitäten unterliegen schließlich der unabhängigen Überprüfung durch die Interne Revision, die hierbei als dritte Verteidigungslinie im Unternehmen fungiert.

Im Hinblick auf ein auch Wirtschaftlichkeitsanforderungen genügendes Monitoring-System ist es geradezu zwingend, bereits vorliegende oder prozessbegleitend generierbare Informationen zu nutzen und redundante Datenerhebungen zu vermeiden. Die gezielte Nutzung des Internen Kontrollsystems zur Absicherung wesentlicher Prozessschritte sowie die risikoorientierte Durchführung eigener Überprüfungen in den Einheiten sind sinnvolle ergänzende Maßnahmen. Dabei sollten geeignete Indikatoren in einem GRC-Kennzahlensystem erfasst, durch professionelle Einschätzungen ergänzt und zentral den GRC-Funktionen zugänglich gemacht werden. Je stärker die Vorprozesse dabei harmonisiert sind, desto leichter fällt die vergleichende Analyse der Einheiten aus der Perspektive der GRC-Bereiche. Gleichzeitig wird dadurch die gemeinsame Nutzung der jeweils erlangten Informationen ermöglicht, was beispielhaft an drei Verknüpfungen deutlich gemacht werden soll:

- So sind die Ergebnisse der Internen Revision wichtige Indikatoren für die Beurteilung der Risikolage aus Risikomanagement- und Compliance-Sicht. Sie geben Auskunft darüber, welche Risiken in einer Einheit gesehen werden und wie deren Bewältigung erfolgt, erstrecken sich also auf die gesamte Prozesskette des Risiko- und Compliance-Managements von Risk Assessment über Risikosteuerung bis hin zum Monitoring selbst. Neben einem Einblick in die Funktionsweise des GRC-Managements können diese Erkenntnisse aber auch Hinweise auf Verbesserungspotenziale geben. So können häufiger wiederholende Defizite ein Indiz dafür sein, Mitarbeiter im Hinblick auf die betreffenden Themen besser zu schulen oder das relevante Regelwerk zu verbessern und damit das Instrumentarium der GRC-Funktionen kontinuierlich weiter zu entwickeln.

- Umgekehrt sind die im Rahmen des gesamten Regelkreises generierten Erkenntnisse von Risiko- und Compliance-Management bedeutsame Anhaltspunkte für die Interne Revision bei der Festlegung ihrer Prüfungsschwerpunkte. Zwar führt die Interne Revision im Rahmen der Prüfungsprogrammplanung Interviews, in denen Risiko- und Compliance-Management auf aggregierter Ebene Hinweise zu möglichen Prüfungsobjekten aufzeigen. Die Unterlegung dieser Management-Gespräche mit systematisch generierten Daten – zum Beispiel dem Compliance Risk Assessment – erleichtert jedoch die Ableitung von Handlungsbedarfen sowie das Erkennen eventuell bestehender ad-hoc-Prüfungsbedarfe.

- Schließlich kann der kontinuierliche systematische Austausch von Informationen zwischen den GRC-Funktionen Zwecken dienen, die mit dem GRC-Monitoring im engeren Sinne gar nichts zu tun haben. So werden durch Interne Revision, Risiko- und Compliance-Management häufig Daten erhoben, die für die Nachhaltigkeitsberichterstattung genutzt werden können und dann eben nicht erneut erhoben werden müssen. Die internationale Risikolage des Unternehmens sowie Art und Anzahl der durchgeführten Compliance-Schulungsmaßnahmen sind nur zwei Beispiele hierfür. Werden diese Daten im Rahmen eines unternehmensweiten Kennzahlensystems sinnvoll mit bereits bestehenden Informationen verknüpft, kann die Transparenz nicht nur für die GRC-Funktionen selbst, sondern auch für den Vorstand einer Gesellschaft deutlich erhöht werden.

So unabhängig die GRC-Funktionen dabei voneinander bleiben mögen – die Verwendung solcher Informationen, die im Unternehmen bereits vorhanden sind, stellt die jeweilige Rolle nicht in Frage, sondern erhöht die Transparenz für die Entscheidungsträger, stärkt die Leistungsfähigkeit von GRC im Unternehmen und entlastet das operative Management.

Letztlich dienen die im Rahmen des GRC-Monitorings erhobenen Informationen dem Ziel, die Verwirklichung des Unternehmensinteresses sicherzustellen. Ein Zuviel an Daten, die mit hohem Aufwand erhoben werden und nicht in die Entscheidungsfindung einfließen, wirkt diesem Ziel entgegen. Daher ist die zeitnahe und empfängerorientierte Berichterstattung relevanter Informationen an Vorstand und Aufsichtsrat ein Schlüsselfaktor erfolgreichen Monitorings. Um den Organen eines Unternehmens den Erkenntnisgewinn zu erleichtern, einen hohen Aufwand für die Erstellung von Berichten zu vermeiden und auch ad-hoc-Reporting-Anforderungen effizient gerecht zu werden, ist die gemeinsame Nutzung eines zentralführenden IT-Systems unabdingbar. Allerdings sollten – neben Vorstand und Aufsichtsrat der Muttergesellschaft eines Konzerns – auch die Führungskräfte der Tochtergesellschaften und Zentralbereiche als potenzielle Empfänger der Berichterstattung gesehen werden. Schließlich sind diese ihrerseits genauso verpflichtet, Transparenz zur Risikolage ihrer Einheit in allen Facetten zu bewahren. Ein auch auf das operative Management abzielendes und kundenorientiert ausgestaltetes Berichtswesen erhöht damit nicht nur die Sicherheit des gesamten Unternehmens im Umgang mit Risiken, sondern stärkt auch die Akzeptanz der GRC-Funktionen in der Organisation.

In Fortführung des Beispiels, das im Rahmen von GRC-Risk Assessment und GRC-Risikosteuerung geschildert wurde, sollen die Synergiepotenziale eines GRC-Monitorings anhand der fiktiven Firma Optima AG nachfolgend konkret und exemplarisch dargestellt werden.

Beispiel für ein zeitlich, methodisch und inhaltlich abgestimmtes GRC-Monitoring für die fiktive Firma Optima AG:

- Die auf Basis der jeweiligen GRC-Risk Assessments mit dem Management der Einheiten vereinbarten Steuerungsmaßnahmen stellen die Grundlage für das Monitoring in der gesamten Optima AG dar. Das Management der Einheiten hat aufgrund der in einem IT-System nachgehaltenen Handlungsbedarfe die nötige Transparenz über seine jeweiligen Verpflichtungen, ist aber auch aufgefordert, die Umsetzung der Vereinbarungen systemseitig zu dokumentieren. Eine Erinnerungsfunktion im System erleichtert dabei die Steuerung des Prozesses.
- Die Risikosituation der Tochtergesellschaft Optima-Filius AG war u.a. durch den drohenden Ausfall eines wichtigen Lieferanten geprägt. Die Risikomanagement-Funktion der Optima AG hat die Tochtergesellschaft bei der Liquiditätsunterstützung des Lieferanten aktiv begleitet, mit Projektmanagement-Know-how unterstützt und den Kontakt zu Experten im Unternehmen vermittelt. Gemeinsam mit Treasury- und Rechtsbereich sowie Beteiligungsmanagement wurden die wirtschaftlichen und rechtlichen Voraussetzungen für den Kauf der Unternehmensanteile des Lieferanten geschaffen. Als zweite Verteidigungslinie hat die Risikomanagement-Funktion – wie auch im Fall des zweiten identifizierten Risikos aus zunehmenden Wechselkursrisiken infolge erhöhter Vertriebsaktivitäten im Ausland – die Einhaltung vereinbarter Maßnahmen überprüft und regel-

mäßig den Fortschritt der Umsetzung an den Vorstand berichtet. Im Rahmen der Ist-Erwartung der Folgeperiode konnte die Gefahr des Lieferengpasses durch den möglichen Ausfall des Lieferanten dadurch bereits abgemeldet werden.

- Aufgrund der engen Zusammenarbeit zwischen Risikomanagement- und Compliance-Funktion konnte letztere bereits bei der Anbahnung der Übernahme der Beteiligung am Lieferanten im Rahmen einer M&A Due Diligence eingebunden werden. Die in dieser Überprüfung festgestellten Defizite eines unzureichend ausgestalteten Compliance Management Systems beim Lieferanten wurden noch vor Abschluss des Kaufvertrages über die Unternehmensanteile in Form dezidierter Festlegungen rechtsverbindlich an das Management des Lieferanten adressiert, so dass – neben finanziellen Risiken – auch Rechtsrisiken bewältigt werden konnten. Der Optima-Filius AG, die nun einen Sitz im Aufsichtsrat des Lieferanten innehat, obliegt als erster Verteidigungslinie das Monitoring der Einhaltung dieser Compliance-Maßnahmen, während der Compliance-Bereich als zweite Verteidigungslinie fungiert.

- Zudem hatte der Compliance-Bereich erhöhte abstrakte Compliance-Risiken in der Optima-Filius AG infolge erhöhter Auslandsaktivitäten in Hochrisikoländern identifiziert. Die Umsetzung intensivierter Due Diligence-Prozesse für die dortigen Vertriebspartner wird zwar durch den zuständigen Vertriebsbereich der Tochter verantwortet, jedoch zusätzlich durch den Compliance-Bereich kontinuierlich in Form von Qualitätskontrollen sichergestellt. Nach Erreichen einer Nullfehlerquote ist der Übergang hin zu risikoorientierten Stichproben, wie sie auch in anderen Einheiten der Optima AG angewendet werden, geplant.

- Die Schulungen für die Vertriebsmitarbeiter der Optima-Filius AG wurden durch den GRC-Verantwortlichen sowie den Vertriebsleiter der Einheit in enger Zusammenarbeit mit den Experten aus dem Compliance-und Risikomanagement-Bereich im Rahmen der jährlichen Vertriebstagung durchgeführt. Während aus Compliance-Sicht dabei vor allem auf die in den Hochrisikoländern bestehenden Herausforderungen im Hinblick auf Zollabwicklung und Homologation, aber auch Einladungs- und Geschenkepraxis eingegangen wurde, fokussierte der Risikomanagementaspekt der Trainings auf die Notwendigkeit präziser und realistischer Absatzplanungen im gesamten Modellmix als Voraussetzung für eine möglichst genaue Planung des Cash Flows im Zusammenhang mit der Absicherung der Forderungen in Fremdwährung. Der Lernerfolg konnte durch Leistungstests am Ende der Schulung bestätigt sowie dokumentiert und damit das (netto) Risiko der Auslandsaktivitäten sowohl aus Compliance- als auch aus Risikomanagement-Perspektive erheblich reduziert werden.

- Die Interne Revision hatte infolge der im Risk Assessment beurteilten Risikolage entschieden, die Internationalisierungsstrategie der Einheit zu prüfen. Die in dieser Prüfung identifizierten Risiken – ein hohes, zwei mittlere und drei niedrige Risiken – werden wie folgt einem Monitoring-Prozess unterzogen:

  o Für sämtliche Risiken sind Maßnahmen vereinbart worden, die Ziele, Verantwortlichkeiten und Termine klar benennen.

  o Für die mittleren und hohen Risiken wurde zu den vereinbarten Terminen die Bestätigung der Umsetzung der Maßnahmen im dafür zur Verfügung gestellten IT-System eingefordert. Rechtzeitig vor Umsetzungstermin wurde das Management der Einheit an die Vereinbarung erinnert. Die Dokumentation der Umsetzung niedriger Risiken ist ebenfalls im System möglich.

  o Um die Mitigierung hoher Risiken sicherzustellen, hat die Interne Revision der Optima AG einen risikoorientierten Follow-up-Prozess definiert. Aufgrund der strategischen Relevanz der internationalen Vertriebsaktivitäten der Optima-Filius AG für das gesamte Unternehmen führte die Revision sechs Monate nach bestätigter Umsetzung der vereinbarten Maßnahmen eine Folgeprüfung durch, in deren Rahmen die erfolgreiche Bewältigung der hohen und mittleren Risiken bestätigt werden konnte.

- Durch die Erfahrungen in den vergangenen Monaten konnte die Sensibilisierung des Führungsteams sowie insbesondere des Vertriebsbereichs der Optima-Filius AG im Umgang mit rechtlichen und finanziellen Risiken deutlich erhöht werden. Der GRC-Manager der Einheit berichtet nun regelmäßig in den Geschäftsleitungssitzungen über den Stand der GRC-Aktivitäten, nimmt eine aktive Rolle in der Überprüfung von Ordnungsmäßigkeit und Wirtschaftlichkeit wahr und ist dadurch in seiner Rolle gestärkt.

- Neben den konkret am Beispiel der Optima-Filius AG aufgezeigten und auf die einzelnen Einheiten der Optima AG bezogenen Monitoring-Aktivitäten der GRC-Bereiche führen diese im Rahmen von Systemtests Selbstüberprüfungen durch, die sich auf die Funktionsfähigkeit ihrer jeweiligen Funktionen beziehen. Beispiele besonders guter Prozesse sowie wiederholt festgestellter Defizite werden durch die GRC-Bereiche gesammelt, aufbereitet, durch umsetzungsorientierte Hilfestellungen ergänzt und vierteljährlich an die Geschäftsleitungsmitglieder der Tochtergesellschaften sowie Leiter der Zentralbereiche kommuniziert.

- Darüber hinaus hat es sich die Interne Revision zur Aufgabe gemacht, jedes Jahr das Risiko- und Compliance-Management in mindestens zwei Tochtergesellschaften zu prüfen. Eine externe Überprüfung der Internen Revision wird im Auftrag des Vorstands durch unterschiedliche Wirtschaftsprüfungsgesellschaften alle fünf Jahre durchgeführt.

Das aufgezeigte Beispiel soll vor allem eines verdeutlichen: Ein Monitoring, das durch die GRC-Funktionen „mit der ausgestreckten Hand" verstanden und umgesetzt wird, verliert nichts von seiner Objektivität und Ernsthaftigkeit. Jedoch gewinnt es selbst an Effektivität und Effizienz in der Generierung von Transparenz über Angemessenheit, Wirksamkeit und Wirtschaftlichkeit der durch die Fachbereiche eingesetzten Verfahren. Eine enge Kooperation zwischen den GRC-Funktionen – hier an wenigen Beispielen exemplarisch angedeutet – und insbesondere zwischen Risiko- und Compliance-Bereich sowie die Schaffung eines Ansprechpartners auf der Ebene der Einheit erleichtern das Verständnis füreinander und verbessern die Betreuung des operativen Managements. Wird das Monitoring zusätzlich ergänzt durch den konstruktiven Umgang mit Fehlern und das Aufzeigen von Lösungen in einer Kultur des voneinander Lernens, so kann dieses tatsächlich als Chance im Sinne einer echten Leistungsverbesserung begriffen und das volle Potenzial des GRC-Managements als Mehrwert stiftende Beratungs-, Ordnungs- und Schutzfunktion im Unternehmen verwirklicht werden.

4.3.6 Die GRC-Organisation als Rückgrat des GRC-Managements

In den Ausführungen zur GRC-Strategie ist deutlich geworden, dass zu dessen voller Entfaltung das GRC-Management integriert, antizipativ, prozessimmanent, neben Schaden vermeidend auch Chancen generierend und mehrwertstiftend agieren muss.[529] Dieses Selbstverständnis der GRC-Funktionen setzt eine Aufbauorganisation voraus, welche die Ziele des GRC-Managements bestmöglich unterstützt, indem sie die Fragmentierung zwischen den einzelnen GRC-Funktionen auflöst und damit eine effektive und effiziente GRC-Steuerung überhaupt erst ermöglicht. Die folgende

---

[529] Vgl. hierzu ausführlicher Kap. 4.3.2.

Abbildung veranschaulicht eine solche GRC-Organisation. Sie wird in den darauffolgenden Ausführungen näher erläutert.

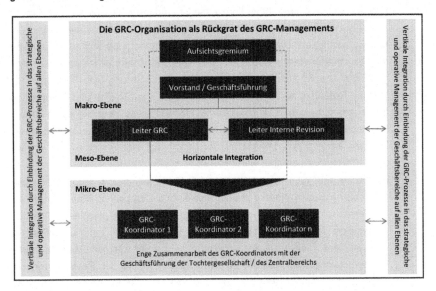

Abb. 12: Die GRC-Organisation als Rückgrat des GRC-Managements[530]

In diesem Sinne ist die aufbauorganisatorische Strukturierung des GRC-Managements auf drei unterschiedlichen Ebenen sinnvoll:

1. Das Verhältnis der GRC-Funktionen untereinander (Meso-Ebene)

Zunächst gilt es, auf einer mittleren Ebene das Verhältnis der GRC-Funktionen untereinander zu definieren. Wie bereits ausgeführt, gehört es zu einem zentralen Mantra von Interner Revision, Risiko- und Compliance-Management, für sich Unabhängigkeit zu reklamieren. Diese Unabhängigkeit ist und bleibt grundsätzlich wichtig, da sie Interessenkonflikte vermeiden hilft und die Ordnungsfunktion der GRC-Bereiche stärkt. Jedoch kommt es darauf an, wie diese Unabhängigkeit letztlich ausgestaltet wird, um deren Vorteile zu erhalten, aber gleichzeitig die Synergiepotenziale mit den anderen GRC-Funktionen zu verwirklichen.

---

[530] Eigene Darstellung.

Der Internen Revision kommt hierbei eine besondere Rolle zu, da sie einerseits ein wichtiger Informant des Vorstands bei der unabhängigen Überprüfung sämtlicher Unternehmensprozesse ist, andererseits aber auch als Dienstleister gegenüber dem Aufsichtsrat im Hinblick auf vorstandsunabhängige Informationen agiert. Um dieser Verantwortung gerecht werden zu können, bedarf es direkter Berichtswege an Leitungs- und Kontrollgremium sowie weitgehender Durchgriffsmöglichkeiten in der Durchführung von Prüfungen. Da sich die revisorischen Prüfungshandlungen auch auf Risiko- und Compliance-Management beziehen, ist es weiterhin sinnvoll, diese Bereiche aufbauorganisatorisch voneinander zu trennen. In zweierlei Hinsicht ergeben sich dennoch Potenziale, die durch das Mantra der Unabhängigkeit viel zu häufig verdeckt oder schlicht nicht erkannt werden:

- Durch eine gezielte horizontale ablauforganisatorische Kooperation zwischen Revision einerseits und Risiko- und Compliance-Management andererseits können, wie bereits gezeigt, erhebliche Synergieeffekte erzielt werden. So können bspw. die Erkenntnisse aus dem Compliance Risk Assessment in die Prüfungsprogrammplanung der Internen Revision einfließen. Umgekehrt können die Prüfungsergebnisse der Revision wichtige Einblicke in die Wirksamkeit des Compliance Managements bieten. Selbiges gilt erst recht für die gemeinsame Nutzung einer IT-Infrastruktur und die in Bezug auf Inhalte, Formate und Zyklen abgestimmte Berichterstattung an Vorstand und Aufsichtsrat. Sofern die Fachbereiche sich von der Qualität der Arbeit des jeweils anderen überzeugt haben, spricht – bei aller Unabhängigkeit – nichts dagegen, die Arbeitsergebnisse des benachbarten Bereichs zielgenau zu verwenden, dadurch eigenen Aufwand zu vermeiden und das operative Management mit erneuten Anfragen nicht zusätzlich zu belasten.

- Demgegenüber besteht eine weitere Chance der Internen Revision, ihren Mehrwert für das Unternehmen zu steigern, in der kundenorientierten Beratung der Fachbereiche bei der Bewältigung identifizierter Risiken. Die vorangegangenen Ausführungen zur Rolle der Revision im GRC-Regelkreis haben gezeigt, dass sich deren Verantwortung nicht auf das Aufzeigen von Risiken beschränken sollte. Vielmehr kann die Revision durch ihr im Unternehmen einzigartiges Know-how wesentlich dazu beitragen, durch Vermittlung zu Experten im Unternehmen oder eigene Expertise umsetzungsorientiert Hilfestellung zu geben und dadurch die Bewältigung von Risiken auf effektive und effiziente Weise zu ermöglichen. Ein solches Vorgehen, das den Fachbereich als Partner begreift, verstößt bei sinnvoller Balancierung keineswegs gegen den Grundsatz der Unabhängigkeit, vermag aber den im Unternehmen empfundenen Mehrwert der Revision zu erhöhen und damit die vertikale Integration der Corporate Governance Funktionen in die Geschäftsprozesse hinein zu stärken. Dabei ist dieses in praxi sehr weitreichend anmutende Selbstverständnis bereits heute von der Definition der Internen Revision gemäß DIIR gedeckt.[531]

Im Hinblick auf Risiko- und Compliance-Funktion konnten die bisherigen Darlegungen ein hohes Maß an Übereinstimmung verdeutlichen, das von den Zielen über die Prozesse – hier vor allem die Anwendbarkeit des GRC-Regelkreises – bis hin zur Rolle der beiden Bereiche reicht. Die direkte Gegenüberstellung von Risiko- und Compliance-Management hat aber auch Unterschiede aufgezeigt, die in dieser Deutlichkeit bisher nicht sichtbar waren. In der Gesamtschau weisen die Befunde in Richtung einer auch aufbauorganisatorischen Integration beider Fachbereiche – und zwar aus drei Gründen:

- Zwar mag die ablauforganisatorische, d.h. prozessuale, Verzahnung von Risiko- und Compliance-Management auch ohne eine aufbauorganisatorische Integration erreicht werden können. Die Praxis zeigt jedoch, dass die Nachdrücklichkeit, mit der die prozessuale (horizontale) Integration vorangetrieben wird, wesentlich vom Bestehen klarer ganzheitlicher (in Abgrenzung zu fragmentierter) Verantwortlichkeiten abhängt. Die effiziente Harmonisierung der Verfahren von Risiko- und Compliance-Management bedarf daher einer aufbauorganisatorischen Integration beider Bereiche unter einer Führung, die beide Themen gleichermaßen ernst nimmt und stringent in Richtung der Einheiten sowie in Richtung Vorstand und Aufsichtsrat zu steuern vermag. Unter Harmonisierung ist dabei nicht zu verstehen, dass die betreffenden Funktionen ihre jeweiligen Identitäten aufgeben sollten. Gerade die Darlegungen zum GRC-Regelkreis und die praktische Exemplifizierung anhand der Optima AG haben aber gezeigt, dass es zahlreiche Anknüpfungspunkte gibt, durch eine horizontale Integration der Prozesse den gemeinsamen Mehrwert zu steigern. Diese Anknüpfungspunkte sollten im Zentrum der Betrachtung stehen, wenn es darum geht, Synergiepotenziale zwischen Risiko- und Compliance-Management zu verwirklichen.

---

[531] Dort heißt es, die Interne Revision erbringe „Prüfungs-(„assurance"-) und Beratungsleistungen". DIIR (2013), S. 5.

- Der zweite Grund für die aufbauorganisatorische Integration von Risiko- und Compliance-Management erklärt sich aus der Perspektive der operativen Einheiten. Wie bereits erörtert, ist es für das Gelingen eines konsequenten GRC-Managements im gesamten Unternehmensverbund – gerade in komplexen und international diversifizierten Konzernen – ratsam, einen GRC-Verantwortlichen pro Tochtergesellschaft und Zentralbereich zu benennen. Dessen Aufgabe besteht in erster Linie darin, dem lokalen Management als Ansprechpartner für alle Fragen des Risikomanagements und des Compliance Managements zu dienen, die Durchführung revisorischer Prüfungen und die Bewältigung identifizierter Risiken zu unterstützen sowie benachbarte Themen – von Gesellschaftsrecht über Nachhaltigkeit bis hin zum Internen Kontrollsystem – zu koordinieren.[532] Um dieser Verantwortung mit dem nötigen Nachdruck gerecht werden zu können, bedarf es auf lokaler Ebene der Sicherung der disziplinarischen Unabhängigkeit des GRC-Verantwortlichen. Diese sollte durch eine direkte Berichtslinie an den zentralen GRC-Bereich sichergestellt werden. Die aufbauorganisatorische Integration von Risiko- und Compliance-Management auf zentraler Ebene ist daher eine wichtige Voraussetzung für die stringente Steuerung des GRC-Managements auf lokaler Ebene über den GRC-Verantwortlichen. Sie erleichtert nicht nur die disziplinarische Führung des GRC-Verantwortlichen, sondern auch die konsistente und kundenorientierte Anwendung der GRC-Prozesse in der Praxis – und ermöglicht damit die Verwirklichung der vertikalen Synergiepotenziale auf lokaler Ebene.

- Der dritte Grund für eine aufbauorganisatorische Integration von Risiko- und Compliance-Management wird vor allem aus der Perspektive von Vorstand und Aufsichtsrat deutlich. Schließlich bedürfen diese einer widerspruchsfreien sowie zeitlich, methodisch und inhaltlich abgestimmten Berichterstattung, um ihren Leitungs- bzw. Aufsichtspflichten gerecht werden zu können. Selbstverständlich kann diese Abstimmung grundsätzlich auch ohne aufbauorganisatorische Integration erreicht werden – und im Hinblick auf die Einbindung der Internen Revision wird dies aufgrund der organisatorischen Trennung auch weiterhin erforderlich sein. Jedoch erleichtert das gemeinsame Agieren von Risiko- und Compliance-Funktion die adressatenorientierte Kommunikation, vermeidet Redundanzen in der

---

[532] Für nähere Ausführungen zum GRC-Manager, siehe Punkt 2 („Das Agieren der GRC-Funktionen auf Einheiten-Ebene")

Berichterstattung, erhöht die ad-hoc-Fähigkeit bei kurzfristigen Informationsbedarfen und schafft bereits auf der Ebene der GRC-Funktionen (und nicht erst auf den Ebenen von Vorstand und Aufsichtsrat) die prozessübergreifende Transparenz, die für das Erkennen von Risiken und Chancen gleichermaßen erforderlich ist.

2. **Das Agieren der GRC-Funktionen auf Einheiten-Ebene (Mikro-Ebene)**

Je klarer das Verhältnis der GRC-Funktionen untereinander auf der Meso-Ebene definiert ist, desto leichter fällt deren Agieren auf der Mikro-Ebene. Innerhalb der Einheiten gilt es nun, durch Schaffung der aufbauorganisatorischen Voraussetzungen ein optimales GRC-Management überhaupt zu ermöglichen. Wie bereits angedeutet, eignet sich hierfür die Einrichtung eines GRC-Managers in jeder Einheit. Dessen Aufgabe besteht darin, das lokale Management bei der Erfüllung seiner Pflichten im Hinblick auf die Gesamtheit der Corporate Governance entlang der gesamten Wertschöpfungskette zu unterstützen.[533] Zwar wird damit die fortbestehende Verantwortung der Geschäftsführung für das GRC-Management in seiner Gänze nicht in Frage gestellt. Jedoch wird mit einem GRC-Manager der Tatsache Rechnung getragen, dass das Führungspersonal von Unternehmen in der Regel seine Stärken in Einkauf oder Vertrieb, Finanz- und Rechnungswesen oder Marketing hat – und daher der Anleitung in Fragen der Corporate Governance bedarf. Das mag man bedauern, aber es entspricht der Realität. Die Einrichtung einer GRC-Funktion auch auf Mikro-Ebene dient also der Befähigung des lokalen Managements und stärkt damit die unternehmensweite Verwirklichung der GRC-Ziele.

3. **Das Zusammenwirken der GRC-Funktionen in Geschäftsleitung und Kontrollgremium (Makro-Ebene)**

In der Regel wird die Umsetzung des GRC-Managements innerhalb der Geschäftsleitung an ein Mitglied des Gremiums horizontal delegiert, das seinerseits durch vertikale Delegation eine oder mehrere untergeordnete Stellen be-

---

[533] Welche kapazitativen Bedarfe diese Verantwortung mit sich bringt, hängt in praxi von den konkreten Anforderungen der jeweiligen Einheit ab. Die Funktion des GRC-Verantwortlichen kann demnach in weniger komplexen Einheiten in Teilzeit ausgeübt werden, während in komplexeren Tochtergesellschaften ein Team mit mehreren Personen erforderlich sein mag.

auftragt. Diese Delegation entbindet die Geschäftsleitung jedoch nicht von ihrer Gesamtverantwortung. Um dieser Verantwortung, die sich aus Rechten und Pflichten zusammensetzt, gerecht werden zu können, ist die Festlegung des Zusammenarbeitsmodells der GRC-Funktionen auf Makro-Ebene wichtig. Gemeint ist hiermit, auf welche Weise die Geschäftsführung in die Lage versetzt wird, sich ein Bild von der Risiko- und Chancenlage des Unternehmens zu machen und informierte Entscheidungen zu treffen. Je fragmentierter die GRC-Aufbauorganisation dabei ist, desto größer ist auch der Abstimmungsbedarf zwischen den Funktionen im Vorfeld der Entscheidungsfindung in Geschäftsführung und Kontrollgremium.

In der Praxis führt die aufbauorganisatorische Fragmentierung teilweise zur Etablierung eines GRC-Komitees, das damit beauftragt wird, eine Konsolidierung der Informationen aus den unterschiedlichen GRC-Bereichen vorzunehmen, die für die Geschäftsleitung wesentlichen Erkenntnisse zu extrahieren und aufzubereiten, um schließlich Leitungs- sowie Kontrollorgan Informationen harmonisiert aus einer Hand berichten zu können. Das GRC-Komitee setzt sich aus den Leitern der GRC-Funktionen sowie ggf. Vertretern der Geschäftsbereiche zusammen und ist einem Mitglied der Geschäftsleitung unterstellt.

So sinnvoll ein GRC-Komitee unter den beschriebenen Bedingungen sein kann, so deutlich wird, dass dieses bei optimaler Ausgestaltung des GRC-Managements ggf. gar nicht erforderlich ist: Sofern Risiko- und Compliance-Management ohnehin in einer Funktion integriert sind und beide (operativ und strategisch) eng mit der Internen Revision kooperieren, die jeweiligen Ziele und Aufgaben, Kompetenzen und Verantwortlichkeiten, Prozesse und Methoden, Berichtsformate und Inhalte aufeinander abgestimmt sind, kann die empfängerorientierte Berichterstattung an Geschäftsleitung und Aufsichtsgremium ohne (nochmalige) Abstimmung in Form eines Komitees erreicht und damit die Effizienz des GRC-Managements gesteigert werden. Das kontinuierliche Zusammenwirken der GRC-Funktionen – statt des periodischen Zusammenkommens in einem Komitee – stärkt zudem die horizontale Verzahnung der GRC-Prozesse und lässt sie als Selbstverständlichkeit im Arbeitsalltag wirken. Gleiches gilt für die vertikale Integration der GRC-Prozesse in die Arbeitswirklichkeit der Geschäftsbereiche. Mit anderen Worten: Die konsequente horizontale und vertikale Integration des GRC-Managements in allen beschriebenen Facetten sichert das wirksame Zusammenwirken der GRC-Funktionen auch auf der Makro-Ebene von Geschäftsleitung und Kontrollgremium.

Die Darstellung der drei Ebenen zeigt, dass GRC-Management kein Thema ist, das vom Elfenbeinturm der Unternehmenszentrale aus betrieben werden kann. Damit GRC dem Unternehmensinteresse optimal dienen kann, bedarf es neben der Nutzung bestehender Synergiepotenziale zwischen den GRC-Funktionen (horizontale Integration) auch deren vertikaler Einbindung in die Geschäftsprozesse. Eine Aufbauorganisation, die das Unternehmen als Netzwerk weitgehend eigenständiger, durch Selbststeuerung und Ergebnisverantwortung gekennzeichneter modularer Einheiten begreift und selbiges durch einheitliche, klare und durchgängige Führungs- und Kontrollprozesse – dort, wo sie sinnvoll sind – ergänzt, kann diese Integration unterstützen.[534] Die drei Ebenen des GRC-Managements verdeutlichen dabei, dass Kontextsensibilität, Agilität und Effizienz einerseits und eine stringente und wirksame unternehmensweite Compliance-Steuerung andererseits sich nicht ausschließen. Erst die konsequente aufbau- und ablauforganisatorische Verwirklichung des GRC-Managements auf allen Ebenen macht dieses letztlich zu einer starken Säule der Corporate Governance als deren Ausgangs- und Bezugspunkt.

4.3.7 Die GRC-Technologie als Effizienz-Treiber in komplexen Kontextbedingungen

Die bisherigen Ausführungen haben deutlich gemacht, dass ein effektives und effizientes GRC-Management vor allem in komplexen Unternehmen erst auf der Basis einer geeigneten Informationstechnologie möglich ist. Unter dieser informationstechnologischen Voraussetzung werden hier zwei verschiedene Perspektiven verstanden. Zum einen geht es darum, die GRC-Prozesse mithilfe einer im gesamten Unternehmen zur Anwendung kommenden IT-Architektur in wirtschaftlicher Weise umzusetzen. Zum zweiten ist die informationstechnologische Infrastruktur als IT-Governance selbst Gegenstand des GRC-Managements. Auf beide Perspektiven soll im Folgenden näher eingegangen werden.

Hinsichtlich der Unterstützung der GRC-Prozesse durch geeignete IT-Tools zeigen aktuelle Studien, dass lediglich ein Drittel der befragten Unternehmen spezifische Software zur ganzheitlichen und durchgängigen Umsetzung des GRC-Managements einsetzen.[535] Dies ist einerseits bemerkenswert, da der GRC-Komplex doch ganz wesentlich durch die IT-Branche und spezialisierte Beratungsunternehmen beworben wird. Andererseits offenbart dieser Befund den noch geringen Umsetzungsstand in-

---

[534] Zum Nexus zwischen Organisation und Corporate Governance, siehe ausführlicher Kap. 2.5.
[535] Vgl. Brühl, K., Hiendlmeier, A. (2013), S. 27f.

tegrierter GRC-Gesamtkonzepte in den Unternehmen und ist insofern nur folgerichtig. Demnach gaben in einer anderen Studie lediglich 27 % der befragten Unternehmen an, über integrierte GRC-Prozesse zu verfügen.[536] Was hier Ursache und was Wirkung ist, muss an dieser Stelle offen bleiben. Fakt ist jedoch, dass ein unternehmensweites GRC-Management mittels harmonisierter Methoden, das auch Wechselwirkungen zwischen den einzelnen GRC-Funktionen in Betracht zieht, durch das Fehlen einer geeigneten IT-Unterstützung erschwert wird.[537]

Das von der IT-Branche proklamierte Leistungsversprechen der Informationstechnologie als wesentlicher Erfolgsfaktor integrierter GRC-Prozesse wirft Fragen darüber auf, was diese konkret zu leisten vermag. Auf den Punkt gebracht und in wenigen Stichpunkten zusammengefasst, sind das vor allem fünf Aspekte:[538]

- Durch die Vermeidung paralleler und fragmentierter IT-Lösungen und die Schaffung einer homogenen IT-Infrastruktur im gesamten Unternehmen, welche die Anforderungen der GRC-Bereiche abdeckt und sich an den Bedürfnissen der Fachbereiche orientiert, werden über Größenvorteile Effekte der Kostendegression erzielt und Effizienzgewinne in Einrichtung und dauerhafter Pflege von IT-Systemen generiert.

- Durch eine einheitliche IT-Lösung werden die GRC-Bereiche dazu angehalten, sich im Sinne der empfängerorientierten Harmonisierung des GRC-Managements bei wesentlichen Fragen zu einigen. Von der terminologischen Vereinheitlichung über die kommunikative Ansprache der Einheiten bis hin zur Harmonisierung von Berichtsformaten – das gemeinsame Agieren in einem IT-System fordert und fördert ein gemeinsames Verständnis zum unternehmensweiten GRC-Management.

- Aus der Perspektive der Einheiten erleichtert ein GRC-System die Wahrnehmung bestehender Sorgfaltspflichten. Neben ganz praktischen Fragen des Arbeitens in einem IT-System erhöht dieses die Transparenz über die Risiko- und Chancenlage im Verantwortungsbereich des lokalen Managements auch über aufbauorganisatorische Grenzen hinweg. Wird das GRC-System durch Dashboards, workflow-gestützte Prozesse, eine automatisierte Terminüberwachung, durchdachte Eskalationsmechanismen und intelligente Kennzahlensysteme ergänzt, so kann dieses selbst zu einem das GRC-Management erheblich stärkenden Frühwarnsystem avancieren.

---

[536] Vgl. Racz, N. et al. (2010), S. 4.
[537] Zum Stand der Umsetzung von GRC in der Unternehmenspraxis, siehe ausführlicher Kap. 4.1.2.
[538] Vgl. Menzies, C. et al. (2007), S. 13f.

- Was auf der Ebene der einzelnen Einheit gilt, ist für das Gesamtunternehmen erst recht gültig. Eine durchdachte integrierte GRC-Infrastruktur verfügt über deutlich größere Potenziale, an sonstige im Unternehmen bestehende IT-Systeme angebunden zu werden und damit den Grad der informationstechnologischen Integration weiter zu erhöhen. So können bspw. Schnittstellen zum unternehmensinternen ERP-System, zu Stammdaten führenden Systemen in Einkauf und Vertrieb, zu einem ggf. bestehenden die Rollen und Benutzerberechtigungen verwaltenden System, zur Richtliniendatenbank oder gar zum E-Mail-System den praktischen Nutzen des GRC-Managements für alle Beteiligten deutlich erhöhen. Mittels geeigneter präventiver und detektiver Kontrollen können Fehlentwicklungen frühzeitig erkannt und abgestellt werden. Das GRC-Management wird dadurch zu einem integralen Bestandteil des operativen Managements.

- Schließlich erhöht ein GRC-System die unternehmensweite Transparenz über divisions-, länder- oder regionenspezifische Chancen- und Risikolagen, ermöglicht so den Austausch von Best Practices und befördert durch die zentrale, nachvollziehbare, reproduzierbare und datensichere sowie effiziente Dokumentation aller relevanten Informationen das Ziel der einen Wahrheit („single version of truth"). Gerade für die periodische und ad-hoc-Berichterstattung an die Leitungs- und Kontrollgremien des Unternehmens ist dies ein unschätzbarer Vorteil.

Dabei ist offensichtlich, dass die Notwendigkeit eines integrierten IT-Systems mit einer steigenden unternehmerischen Komplexität zunimmt. Jedoch ist es gerade die Anfangsphase in der Etablierung eines GRC-Managements, die besonders viele Chancen bietet, die zunächst in der Praxis oft bevorzugten inselhaften ad-hoc-Lösungen zu vermeiden und eine nachhaltige IT-Infrastruktur zu entwickeln. Schließlich lassen sich so auch spätere Umstellungen und aufwendige Migrationskosten vermeiden. Vor allem aber – und das haben die obigen Ausführungen verdeutlicht – lassen sich die Chancen eines konsequenten GRC-Managements nur mithilfe einer integrierten IT-Architektur realisieren. Wer GRC-Management daher ernst meint, wird um ein GRC-System, das die GRC-Bereiche zusammenbringt, offen ist für Schnittstellen zu anderen Quellen im Unternehmen und dadurch einen konkret erlebbaren Mehrwert für den Anwender auch auf Fachbereichsseite bringt, nicht herum kommen. Die folgende Abbildung stellt diesen Zusammenhang grafisch dar.

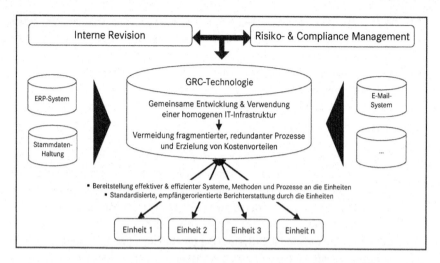

Abb. 13: Die IT-Infrastruktur als Effizienztreiber des GRC-Managements[539]

Die zweite hier zu diskutierende Perspektive der Informationstechnologie nimmt die IT-Governance als Gegenstand des GRC-Managements in den Blick. Gemeint sind hiermit sämtliche Maßnahmen zur Organisation und Überwachung der IT-Landschaft eines Unternehmens und damit die Einhaltung diesbezüglicher regulatorischer Anforderungen. So sind Beschaffung, Verarbeitung und Nutzung sowie Weitergabe personenbezogener Daten im Angesicht datenschutzrechtlicher Anforderungen zu betrachten und entsprechende Bestimmungen hinsichtlich des Zugangs zu diesen Informationen zu berücksichtigen. In Zeiten zunehmender „Consumerization", also der beruflichen Nutzung privater Endgeräte, sind Möglichkeiten und Grenzen der Nutzung unternehmerischer Systeme genauso zu prüfen wie Fragen der Datensicherheit. Die vielfältigen Anwendungsmöglichkeiten des „Cloud Computing" – gerade im Hinblick auf die Speicherung umfangreicher Datenmengen – werfen Fragen zum Schutz von Informationen geistiger sowie personenbezogener Art vor unberechtigten Zugriffen Dritter, aber auch ganz praktische Fragen zur Synchronisation von Daten über Geräte- oder Systemgrenzen hinweg auf. Und schließlich stellt das Aufkommen der sozialen Medien und die damit einher gehende Beschleunigung des Informationsflusses sowie die Annäherung von beruflicher und privater Kommunikation eine Herausforderung für Unternehmen dar, der mit einer gezielten Steuerung der Zu-

---

[539] Eigene Darstellung.

griffsmöglichkeiten auf interne Systeme und die sozialen Netzwerke selbst begegnet werden muss. IT-Governance wird damit zu einer wichtigen Säule der unternehmerischen Risikosteuerung und damit zum Gegenstand des GRC-Managements.[540]

4.3.8   Die GRC-Kommunikation: Medium des Forderns und Förderns

Neben der Informationstechnologie ist die Kommunikation die zweite das GRC-Management begleitende Dimension. Gemeint ist damit der audio-visuell-inhaltliche Auftritt, mit dem die GRC-Ziele unterstützt und durch einen Rückkopplungsprozess der kontinuierlichen Optimierung unterzogen werden. Kommunikation ist damit nicht „nice to have", sondern ein wichtiger Bestandteil des GRC-Managements, der wesentlich dessen Erfolg mitbestimmt.

Systematisch lassen sich drei Anlässe für die GRC-Kommunikation unterscheiden:

- Die erstmalige Etablierung eines GRC-Managements im Unternehmen
- Die Transformation bestehender fragmentierter GRC-Prozesse zu einem integrierten GRC-Management
- Die kontinuierliche GRC-Kommunikation als etablierter und begleitender Regelprozess

In allen Fällen kommt es darauf an, den unternehmerischen Mehrwert eines integrierten GRC-Managements auf den Punkt zu bringen. Ist bei Mitarbeitern – und vor allem Führungskräften – die Kenntnis über die aus regulatorischen Anforderungen und dem Unternehmensinteresse resultierende Notwendigkeit für GRC vorhanden, gilt es in einem zweiten Schritt, Verständnis für die unternehmensspezifische Umsetzung zu entwickeln. Erst wenn Kenntnis und Verständnis für GRC-Prozesse vorhanden sind, kann in einem dritten Schritt die erforderliche Akzeptanz erzeugt werden, GRC-Vorgaben im Geschäftsalltag mit Leben zu erfüllen. Dabei richtet sich dieser Dreischritt keineswegs nur an die Belegschaft außerhalb der GRC-Funktionen. Vielmehr müssen – gerade bei der Transformation bisher fragmentierter GRC-Prozesse zu einem integrierten GRC-Ansatz – auch die Mitarbeiter der einzelnen GRC-Funktionen überzeugt werden. Wie dies gelingen kann, wird in Kapitel 4.4 im Zusammenhang mit der Gestaltung des Transformationsprozesses näher ausgeführt.[541]

---

[540] Vgl. Asma, J. (2014), S. 232.
[541] Vgl. Kohler, J. (2014), S. 100f.

Ausgangspunkt einer jeden GRC-Kommunikation ist stets der „Tone from the top", also ein klares Bekenntnis der Unternehmensleitung zu den GRC-Zielen sowie das Vorleben der diese Ziele unterstützenden Verhaltensweisen. Während dies bei Compliance-Themen mittlerweile üblich ist, fehlt diese Unmissverständlichkeit im Hinblick auf das Risikomanagement oder die Interne Revision häufig. Je eindeutiger daher die oberste Führungsebene neben Compliance auch den verantwortungsvollen Umgang mit Chancen und Gefahren sowie die vertrauensvolle und konstruktive Zusammenarbeit mit der Revision einfordert, desto größer ist auch die Chance, GRC zu einem Kernbestandteil von Führungs- und Steuerungsprozessen im Unternehmen zu machen. Zu einem klaren Bekenntnis gehört dabei auch, Konsequenzen bei Zuwiderhandlungen aufzuzeigen und auszuführen sowie besonders positive Leistungen – bspw. beim Erkennen von Chancen – zu honorieren. Ohne echte Incentives bleibt der Themenkomplex GRC negativ konnotiert und wird seine volle Wirkung, die erst durch die Motivation der Mitarbeiter zur kontinuierlichen Optimierung entsteht, nicht entfalten.[542]

Bereits die Kommunikation durch die Unternehmensleitung kann der integrierten Betrachtung des GRC-Managements Vorschub leisten, indem dieses in einem Gesamtkontext dargestellt und als eine Aufgabe des gesamten Unternehmens verstanden wird. Konkrete Synergieeffekte einer integrierten GRC-Kommunikation werden aber vor allem dann deutlich, wenn die Kommunikationsziele und die zur Anwendung kommenden Methoden näher in den Blick gerückt werden. Diese lassen sich wie folgt unterscheiden:

- **Information:**
  Besteht das Kommunikationsziel in der Information, so geht es vor allem darum, die Belegschaft über die GRC-Anforderungen in Kenntnis zu setzen und für die eigene Verantwortung im GRC-Prozess zu sensibilisieren. Je nach Komplexität und Kritikalität des Inhaltes eignen sich unterschiedliche Methoden der Kommunikation: Während die Platzierung von Inhalten im firmeneigenen Intranet umfangreiche Möglichkeiten zur Ausgestaltung der Kommunikation mit Hintergrundinformationen und interaktiven Features bietet, ist die unmittelbare sensorische Erreichbarkeit von E-Mails oder Broschüren, die im Unternehmen an alle (relevanten) Mitarbeiter verteilt werden, höher. In der Praxis bietet es sich daher an, verschiedene Methoden miteinander zu kombinieren, indem zunächst im Rahmen einer Veranstaltung oder per E-Mail Interesse

---

[542] Vgl. Kohler, J. (2014), S. 107f.

geweckt und in einem Online-Medium zielgruppenspezifisch und interaktiv informiert wird.

Für die GRC-Kommunikation ist die reine Information die Einstiegshürde. Anders als bei der produktbezogenen Kommunikation, die per se ein hohes Attraktivitätspotenzial besitzt, erscheinen Interne Revision, Compliance- und Risikomanagement vielen Mitarbeitern im Unternehmen zunächst als „notwendiges Übel". Umso mehr bedarf es daher des professionellen Werbens für GRC, um neben dessen Notwendigkeit vor allem dessen Chancen transparent zu machen und damit die Belegschaft für das Thema zu gewinnen. Integrierte GRC-Prozesse bieten hierfür höhere Chancen als fragmentierte Verfahren, da sich die mit einem konsequenten GRC-Management angestrebte Harmonisierung und Effizienz auch in einem einheitlichen Markenauftritt der GRC-Funktionen widerspiegelt und somit Kohärenz zwischen Anspruch und Wirklichkeit ausdrückt. Gelingt es, GRC als interne Marke zu positionieren und mit dem Unternehmensimage zu verknüpfen, so kann über die reine Information die Hürde genommen werden, Mitarbeiter auch mit Inhalten zu erreichen, deren anfängliche Skepsis zu überwinden und schließlich zu Unterstützern für die Anliegen der GRC-Bereiche zu machen.[543]

- **Schulung:**
Während es bei der Information um die Kenntnisnahme und Sensibilisierung für Inhalte geht, zielt die Schulung darauf ab, Mitarbeiter für den Umgang mit diesen Anforderungen in ihrer Arbeitswirklichkeit zu befähigen. Je konkreter dabei die Anforderungen an einen Beschäftigten sind, desto zielgruppenspezifischer, praxisrelevanter und leichter verständlich müssen Schulungen ausgestaltet sein, um in der Realität Wirkung zu entfalten. Die Wahl der Methoden ist dabei erneut vom Kommunikationsziel abhängig: Online-Trainings, die im fließenden Übergang zwischen der auf Kenntnisnahme und Sensibilisierung abzielenden Information und der auf Befähigung ausgerichteten Schulung stehen, erreichen zwar eine hohe Anzahl an Mitarbeitern, können oft von externen Anbietern erworben und durch geringfügige Anpassungen unternehmensindividuell gestaltet werden und sind damit ein kostengünstiges Mittel. Demgegenüber verfügen Präsenzschulungen über deutlich erweiterte Möglichkei-

---

[543] Ein besonders beeindruckendes Beispiel für die Verknüpfung von Markengefühl und Compliance liefert die Audi AG. Durch den die interne Marketingkampagne tragenden Claim „Protect what you love" wurde den Mitarbeitern des Unternehmens verdeutlicht, dass derjenige, der die Compliance-Regeln einhält, auch die Produkte und die Marke von Audi schützt. Somit wurde eine Verknüpfung von Markengefühl und dem Anspruch an verantwortliches Handeln erreicht. Vgl. Martin, P.; Karczinski, D. (2014), S. 767f.

ten der Interaktion und der zielgruppenspezifischen Ausgestaltung, sind aber auch aufwendiger zu organisieren und durchzuführen. Auch hier bietet sich daher eine Kombination der Methoden an, nach der mittels eines Online-Trainings zunächst die Grundlagen geschult werden, bevor besonders im Fokus stehende Mitarbeiter im Rahmen von Präsenzschulungen speziell befähigt werden.

Im Hinblick auf die GRC-Kommunikation sind Schulungen zum einen vor allem dort bedeutsam, wo Mitarbeiter sich in komplexen Entscheidungsfindungsprozessen befinden, die mithilfe von Trainings eingeübt werden können. So ist bspw. der grundsätzliche Bedarf von Mitarbeitern aus Einkauf oder Vertrieb, Homologation oder Bauwesen, im Umgang mit Interessenkonflikten geschult zu werden, höher als in anderen Gruppen der Belegschaft. Diesem Risikoprofil ist im Rahmen der Trainingsbedarfsplanung Rechnung zu tragen. Zum anderen sind Schulungen überall dort wichtig, wo Mitarbeiter zu konkreten Handlungen im Rahmen der GRC-Prozesse aufgefordert sind. Die Identifikation und Bewertung von Risiken im Rahmen des Risiko- und Compliance-Managements bspw. erfordert fachliche, methodische und soziale Kompetenzen, die im Vorfeld des Risk Assessments geschult werden sollten, um diesen Prozess überhaupt erst effektiv zu ermöglichen. Gleiches gilt für die Geschäftspartner Due Diligence als Bestandteil des Compliance Managements und die Bewertung der Eignung und Wirksamkeit von Maßnahmen bei Risikosteuerung und Monitoring. Synergiepotenziale zwischen den GRC-Funktionen ergeben sich dabei aus der methodischen und fachlich-inhaltlichen sowie prozessualen Nähe der GRC-Funktionen, wie sie im GRC-Regelkreis verdeutlicht worden ist.[544]

- **Berichterstattung:**

Das Kommunikationsziel der Berichterstattung unterscheidet sich von Informations- und Schulungsmaßnahmen. Zwar geht es auch hier darum, Inhalte prägnant auf den Punkt zu bringen, zielgruppenspezifisch zu verdichten und leicht verständlich aufzubereiten. Als Adressaten der Berichterstattung treten allerdings in erster Linie die Führungs- und Aufsichtsgremien im Unternehmen in Erscheinung. Da diese aufgrund regulatorischer Anforderungen verpflichtet sind, sich ein Bild von „der Risikolage, [dem] Risikomanagement und der

---

[544] Allein der Umgang mit einem IT-System bedarf der Einübung. Greifen die GRC-Funktionen auf eine gemeinsam genutzte IT-Infrastruktur zurück, ergeben sich nicht nur bei Einrichtung und Pflege des Systems Synergieeffekte, sondern auch bei der Schulung der Mitarbeiter im Umgang mit diesem.

Compliance"[545] zu machen, dient die Berichterstattung als Sonderform der Kommunikation dazu, diese gesetzliche Aufgabe zu erfüllen.

Auf die zahlreichen Möglichkeiten – und aus GRC-Perspektive Notwendigkeiten – einer harmonisierten Berichterstattung aus einer Hand ist bereits hingewiesen worden. Daher sollen an dieser Stelle lediglich zwei neue Aspekte betont werden: Zum einen sollte eine fortschrittliche GRC-Funktion nicht nur Vorstand und Aufsichtsrat der Konzernmutter als potenzielle Adressaten der Berichterstattung anerkennen. Vielmehr entfaltet das GRC-Management gerade auch dann einen Mehrwert im Unternehmen, wenn Leitungs- und Kontrollorgane von Tochtergesellschaften, wichtige Führungsgremien im mittleren und oberen Management und sogar die Gesamtbelegschaft in abgestufter Weise über die Risikolage, aktuelle Herausforderungen und ggf. sogar Erfolgsgeschichten in der Bewältigung von Risiken und der Realisierung von Chancen informiert werden. Schließlich sind diese Akteure, die im Rahmen der Berichterstattung als Kunden auftreten, im GRC-Prozess selbst nicht selten Personen, die wichtige Informationen zuliefern. Deren Bereitschaft, aktiv zum GRC-Prozess beizutragen, mag dann durchaus auch davon abhängen, inwieweit sie infolge der gezielten Berichterstattung vom Mehrwert der GRC-Funktionen überzeugt worden sind. Aus diesem erweiterten Adressatenkreis der Berichterstattung ergibt sich der zweite Aspekt, nämlich die Herausforderung, die in der Breite kommunizierten Inhalte mit den an Vorstand und Aufsichtsrat erstatteten Berichten in Einklang zu bringen. Unternehmen, die harmonisierte Prozesse und geteilte IT-Systeme als Basis des Reporting nutzen, verfügen über eine „single version of truth". Ein integriertes GRC-Management kann dies leisten.

Die folgende Abbildung fasst die Instrumente, Ziele und Adressaten der GRC-Kommunikation sowie den spezifischen Nutzen einer integrierten Vorgehensweise nochmals zusammen:

.

---

[545] Im DCGK heißt es hierzu, es gehöre zu den Pflichten des Vorstands, den Aufsichtsrat „regelmäßig, zeitnah und umfassend über alle für das Unternehmen relevanten Fragen der Strategie, der Planung, der Geschäftsentwicklung, der Risikolage, des Risikomanagements und der Compliance" zu informieren. DCGK (2012), S. 4.

Abb. 14: Instrumente, Ziele und Adressaten der GRC-Kommunikation[546]

Die obigen Ausführungen zu den kommunikativen Herausforderungen des GRC-Managements waren auf die Beschäftigten eines Unternehmens fokussiert. Natürlich soll hier nicht verschwiegen werden, dass auch Externe zu den Adressaten der Kommunikation gehören (können). Verpflichten sich bspw. Geschäftspartner über die Allgemeinen Geschäftsbedingungen zu den „Anti-bribery-Clauses" oder dem „Code of Conduct" eines Auftraggebers, so werden diese zwangsläufig zu Objekten der GRC-Kommunikation eines Unternehmens. Gleichzeitig unternehmen vor allem größere Firmen immer häufiger Anstrengungen darin, ihre Geschäftspartner in Compliance-Themen zu schulen oder risikoorientiert revisorische Prüfungen durchzuführen. Auch Aktionäre und die allgemeine Öffentlichkeit können über den Geschäftsbericht oder die Nachhaltigkeitsberichterstattung sowie Online-Medien relevante Adressaten der GRC-Berichterstattung werden. Schließlich ist der externe Wirtschaftsprüfer ohnehin Empfänger pflichtmäßig zu erstellender Berichte und darüber hinaus nicht sel-

---

[546] Eigene Darstellung.

ten auch in die informelle Kommunikation im Unternehmen eingebunden. Wenngleich diese zusätzlichen Adressaten nichts an den Prinzipien der zielgruppenspezifischen, praxisrelevanten und leicht verständlichen Kommunikation ändern, so unterstreichen sie die Vieldimensionalität, welche die GRC-Kommunikation entlang der gesamten Prozesskette zu beachten hat.

Mit der GRC-Kommunikation wurde die letzte Dimension des GRC-Rahmenwerks erläutert – ein Rahmenwerk, das an der aktuellen wissenschaftlichen Diskussion und dem praktischen Umsetzungsstand des GRC-Managements anknüpft und aufzeigt, wie dessen Mehrwert durch eine verbesserte Zusammenarbeit der das GRC-Management konstituierenden Funktionen optimiert werden kann. Die Praxis zeigt aber auch, dass Unternehmen häufig bereits über vereinzelte Revisions-, Risikomanagement- und Compliance-Bereiche verfügen, deren integrative Betrachtung aus verschiedenen Gründen schwierig ist. Bevor das integrierte GRC-Gesamtkonzept daher in einem Fazit zusammengefasst wird, soll zunächst die Phase der Transformation von fragmentierten hin zu integrierten GRC-Prozessen näher betrachtet werden.

4.4 Von Fragmentiert zu Integriert: GRC-Management als evolutionärer Prozess

Das in Kapitel 4.3 geschilderte GRC-Rahmenwerk stellt ein Idealbild dar, das vor allem dann effizient umgesetzt werden kann, wenn dieses von Anfang an verfolgt wird. In den meisten Unternehmen existieren aber bereits unterschiedlich reife und untereinander fragmentierte Revisions-, Risikomanagement- und Compliance-Prozesse, so dass das GRC-Management des Rahmenwerks dann im besten Fall die Endausbaustufe einer langen evolutionären Entwicklung widerspiegelt. Um der Realität in den meisten Unternehmen gerecht zu werden, ist es daher wichtig, diesen Wege der Transformation von vereinzelten, fragmentierten Prozessen hin zu einem integrierten GRC-Gesamtkonzept aufzuzeigen. Die folgende grafische Darstellung veranschaulicht diesen Transformationsprozess; die nachfolgenden Ausführungen dienen der Erläuterung dieser Entwicklung entlang von vier Phasen.

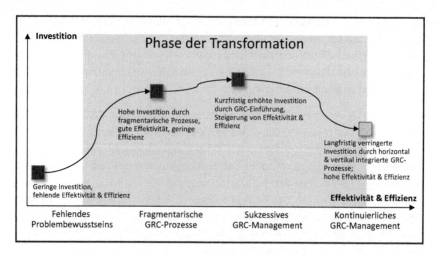

Abb. 15: GRC-Management als evolutionärer Prozess[547]

Gliedert man den Ablauf der Einführung eines integrierten GRC-Managements nach dem diesbezüglichen Reifegrad des Unternehmens, so können vier Phasen unterschieden werden:[548]

1. **Phase des fehlenden Problembewusstseins**

   Die erste Phase des Reifegradmodells ist durch ein fehlendes Problembewusstsein im Hinblick auf die Bestandteile des GRC-Managements geprägt. Zwar mögen Revision, Risiko- und Compliance-Management im Unternehmen existieren, jedoch sind diese nicht im operativen Geschäft verankert, geschweige denn integriert. Systematische und effektive Prozesse werden nicht gelebt, Risiken und Chancen werden nur zufällig erkannt und uneinheitlich bewältigt bzw. wahrgenommen. Kurzum: Unternehmen, die sich in der ersten Phase des Reifegradmodells befinden, nehmen ihre gesetzlichen Organisationspflichten nur auf dem Papier wahr und unterlassen eine ernsthafte Befassung mit dem GRC-Management.

---

[547] Eigene Darstellung.
[548] Dabei durchläuft nicht jedes Unternehmen auch jede Phase des Reifegradmodells. Vielmehr sind die Startpunkte für Unternehmen und dadurch deren Handlungsbedarf im Hinblick auf die Etablierung integrierter GRC-Prozesse unterschiedlich. Vgl. SecurIntegration GmbH (2008), S. 60f.

Im Hinblick auf die Implementierung eines integrierten GRC-Managements birgt dieses Stadium Chancen und Gefahren. Chancen deshalb, weil Unternehmen bisher keine größeren Investitionen getätigt haben und unter Umgehung der zweiten Phase einer fragmentarischen Umsetzung direkt den optimalen Zustand effektiver und effizienter GRC-Prozesse anstreben können. Gefahren und damit besondere Herausforderungen bestehen hingegen in der Schaffung eines Bewusstseins für die Risiken bei Vernachlässigung bestehender Organisationspflichten sowie die Chancen eines GRC-Managements. Die wichtigsten Aufgaben in dieser Phase bestehen daher – neben der Schaffung dieses Problembewusstseins – in der Erzielung eines unmissverständlichen Bekenntnisses durch Leitungs- und Kontrollgremium sowie in der Nominierung eines Verantwortlichen, der mit Unterstützung der Organe der Gesellschaft die weiteren Schritte plant.[549]

2. **Phase der fragmentarischen Umsetzung von Revision, Risiko- und Compliance**

Die meisten kapitalmarktorientierten Unternehmen befinden sich vermutlich in Phase zwei des Reifegradmodells. Hier herrscht zwar ein ausgeprägtes Bewusstsein in Bezug auf die regulatorischen Anforderungen; Prozesse zum systematischen Management von Chancen und Gefahren werden durch weitgehend effektive Revisions-, Risiko- und Compliance-Funktionen wahrgenommen. Jedoch agieren diese in aufbau- und ablauforganisatorischer Weise fragmentarisch, profitieren also nicht von den Synergiepotenzialen eines integrierten GRC-Managements.

Da die regulatorischen Anforderungen erfüllt werden und die GRC-Bereiche im Einzelnen bereits existieren, ist es im Hinblick auf die Schaffung eines integrierten GRC-Managements in diesem Stadium wichtig, dessen potenziellen synergetischen Nutzen zu erkennen und vor dem Hintergrund der spezifischen Corporate Governance des Unternehmens eine GRC-Strategie zu formulieren.[550] Hierzu bedarf es – analog der ersten Phase des Reifegradmodells – klarer Verantwortlichkeiten und eines ebenso deutlichen Bekenntnisses der Führungs- und Aufsichtsorgane. Den im Zusammenhang mit Veränderungen zu erwartenden Widerständen sollte durch Partizipation der betroffenen Fachbereiche begegnet werden. Schließlich sind diese nicht nur wichtige Säulen des (künftigen) GRC-Managements, sondern auch Botschafter der Veränderungen in die Organisation hinein. Die erfolgreiche und nachhaltige Umsetzung integrierter Prozesse hängt

---

[549] Vgl. hierzu ausführlicher die Ausführungen zu den potenziellen Urhebern eines integrierten GRC-Managements in Kap. 4.3.2.
[550] Vgl. hierzu ausführlicher Kap. 4.3.2.

daher nicht zuletzt davon ab, wie es gelingt, die von dieser Veränderung Betroffenen von Anbeginn einzubinden.

3. **Phase der sukzessiven Einführung eines GRC-Managements**

    Liegen ein Bewusstsein für die Notwendigkeit und den Nutzen integrierter GRC-Prozesse und ein klares Bekenntnis der Organe eines Unternehmens sowie der betroffenen Fachbereiche in Form einer von allen getragenen GRC-Strategie vor, kann ein Unternehmen mithilfe von Pilotprojekten sukzessive mit der Einführung des GRC-Managements beginnen. Hierbei sammeln Unternehmen Erfahrungen, die sowohl die horizontale Zusammenarbeit der GRC-Funktionen als auch die vertikale Integration der GRC-Prozesse in die Geschäftsabläufe betreffen. Zunächst bietet es sich an, die in ein GRC-Management zu integrierenden Funktionen sowie die zu pilotierenden Unternehmensbereiche zu priorisieren. Kriterien für die Priorisierung können aus einer Ist-Analyse über den Zustand bzw. aus einer Potenzialanalyse über die Verbesserungsmöglichkeiten generiert werden. Je schlechter der Zustand und je größer die Optimierungspotenziale, desto größer auch die Komplexität und damit der Schwierigkeitsgrad bei der Umsetzung integrierter GRC-Prozesse. Um die Unterstützung bei der Etablierung eines integrierten GRC-Managements zu sichern und Widerständen zu begegnen, bietet es sich an, komplexere Pilotprojekte, welche die faktischen Herausforderungen aufzeigen, mit weniger komplexen Pilotprojekten, die schnelle Erfolge ermöglichen, zu kombinieren.[551] Im Rahmen dieser Pilotphase werden der bereits bestehende Grad der aufbau- und ablauforganisatorischen Integration der GRC-Funktionen und die verbleibenden Verbesserungspotenziale erst deutlich. Ziele für das Gesamtunternehmen können auf diese Weise detailliert, mit Meilensteinen versehen und damit operationalisiert werden. Am Ende der dritten Phase des Reifegradmodells sollte das Unternehmen mithilfe der Erkenntnisse aus den Pilotprojekten ein klares Verständnis über die in ein GRC-Management einzubeziehenden GRC-Funktionen sowie deren jeweiligen angestrebten Integrationsgrad verfügen, so dass in einer vierten Phase die vollständige Umsetzung eines integrierten GRC-Managements erfolgen kann.[552]

---

[551] Die Komplexität ergibt sich dabei aus der Kombination aus dem betrachteten Prozess und dem Unternehmensbereich, auf den der Prozess angewendet wird. So könnte bspw. in einem komplexeren Pilotprojekt das Risk Assessment von Interner Revision, Risiko- und Compliance-Management in einer stark diversifizierten und risikobehafteten Tochtergesellschaft pilotiert werden. Demgegenüber stellt die Entwicklung einer GRC-Kommunikationsstrategie am Beispiel eines homogenen Geschäftsbereiches ein weniger komplexes (wenngleich nicht unbedingt leichteres) Pilotprojekt dar.

[552] Vgl. Menzies, C. et al. (2007), S. 28f.

4. Phase des kontinuierlichen horizontal und vertikal integrierten GRC-Managements

Eine kontinuierliche horizontale und vertikale Integration des GRC-Managements setzt voraus, dass die notwendigen aufbau- und ablauforganisatorischen Maßnahmen ergriffen und abgeschlossen worden sind. Horizontal bedeutet, dass das Zusammenarbeitsmodell zwischen den GRC-Funktionen definiert ist und die erforderlichen Umstrukturierungen erfolgt sind. Nach der hier vertretenen Ansicht beinhalten diese eine vollständige aufbauorganisatorische Integration von Risiko- und Compliance-Management und ein enges Zusammenarbeitsmodell zwischen dieser integrierten Funktion einerseits und der Internen Revision (sowie ggf. weiteren GRC-Funktionen) andererseits. In vertikaler Hinsicht zeigt sich die Integrationsleistung eines funktionsfähigen GRC-Rahmenwerks in einem integrierten, antizipativen, prozessimmanenten, Chancen generierenden und Mehrwert stiftenden GRC-Management und damit in der Verwirklichung des in Kapitel 4.3.2 präzisierten Leistungsversprechens.

Zur Wahrheit der realwirtschaftlichen Praxis gehört, dass die GRC-Ziele ein Ideal darstellen, das zwar vermutlich nur selten erreicht wird, aber dennoch stets angestrebt werden sollte. Um in diesem Streben nie nachzulassen, ist das kontinuierliche Monitoring eine wichtige Säule dieser vierten Phase im Reifegradmodell der GRC-Transformation. Das stete Hinterfragen der eigenen Leistungsfähigkeit, deren gezielte Messung mithilfe geeigneter Leistungsindikatoren sowie professioneller interner wie externer Einschätzungen und die agile Adaption des GRC-Managements an die sich entwickelnden Strukturen und Prozesse im Unternehmen sind dabei wichtige Erfolgsfaktoren, die den Anspruch der GRC-Funktionen an die Fachbereiche mit dem eigenen Selbstverständnis in Ausgleich bringen.

4.5 Herausforderung Leadership: Attribute einer das GRC-Management begünstigenden Führungskultur der Integrität

Bevor die Erkenntnisse des vorliegenden Kapitels zum integrierten GRC-Gesamtkonzept in einem Fazit zusammengefasst werden, soll im Folgenden auf einen Aspekt eingegangen werden, der in dieser Arbeit bisher unterbelichtet geblieben ist: Leadership. Die im Raum stehende Frage ist, wie die Führungskultur eines Unternehmens ausgestaltet sein muss, damit sich ein GRC-Management (wie beschrieben) bestmöglich entfalten kann. Unter Bezugnahme auf die Ergebnisse der Kapitel 2-4 sollen die wichtigsten Attribute einer das GRC-Management begünstigenden Führungskultur entwickelt und in ihrer jeweiligen Bedeutung begründet werden. Zwar kann damit an dieser Stelle keine umfassende Theorie zur Leadership im GRC-

Kontext erstellt werden; jedoch soll ein Bezug hergestellt werden zwischen den Funktionsbereichen des GRC-Managements einerseits und der Führungskultur als Träger und Ausdruck der Corporate Governance andererseits. Dieser Versuch ist eng mit der Überzeugung verbunden, dass die Corporate Governance erst als Einheit von Leadership und Monitoring ihr volles Potenzial entfalten kann, was wiederum eine wichtige Voraussetzung für ein funktionierendes GRC-Management darstellt.

Leadership – so, wie sie hier verstanden wird – ist nicht nur die Fähigkeit zur Beeinflussung von Mitarbeitern, ein gegebenes Ziel mit möglichst geringem Mitteleinsatz zu erreichen.[553] Leadership bezeichnet vielmehr die Kompetenz, eine Kultur in einer Organisation zu etablieren, die Mitarbeiter und Kollegen mittels eines gemeinsam getragenen Wertegerüsts dazu motiviert und inspiriert, ihre spezifischen Begabungen im Sinne des Unternehmensinteresses einzusetzen und damit zur langfristigen Wertschöpfungsfähigkeit der Organisation beizutragen. Leadership basiert auf der Fähigkeit insbesondere von Führungskräften, „sich in dem neuen globalen Koordinatensystem der Transparenz, Inklusion und Integrität sicher zu bewegen und richtig zu entscheiden."[554] Da sich Leadership in komplexen Unternehmensstrukturen nach Ansicht des Autors nicht mit der Führungskompetenz Einzelner gleichsetzen lässt, wird hier der deutsche Begriff der Führungskultur synonym verwendet. Er soll verdeutlichen, dass es sich bei der Leadership um eine vergleichsweise beständige, eine Organisation kennzeichnende Eigenschaft handelt, die den Umgang miteinander im Allgemeinen und mit Risiken im Sinne des GRC-Managements im Besonderen wesentlich beeinflusst. Welche Attribute diese Führungskultur kennzeichnen, soll im Folgenden dargelegt werden.

Attribut 1: Eine Kultur der Ganzheitlichkeit, der Offenheit und der Verantwortung

Im Jahr 1988 prägte der Soziologe Ulrich Beck mit seinem Begriff von der organisierten Unverantwortlichkeit eine Kritik, die sich unschwer auf den organisationalen Kontext übertragen lässt: Die in den vergangenen Jahrzehnten zugenommene Zersplitterung der unternehmerischen Prozesse durch das zweistufige Verfahren der Arbeitsteilung und Arbeitsvereinigung hat zu einer ebenfalls zunehmenden Spezialisierung der Arbeitskräfte geführt. Je stärker diese Zersplitterung wirkt, desto größer ist die

---

[553] Dieses enge Begriffsverständnis findet sich u.a. bei Hailey, J. (2006), S. 6 sowie Lehner, S. (2015), S. 5. Letztere führt hierzu aus: „Leadership bedeutet Menschen zu führen."
[554] Leadership Excellence Institute Zeppelin (2015), o.S.

Gefahr, dass Arbeitnehmer ausschließlich innerhalb ihrer jeweiligen Teilsysteme agieren und den Bezug zum Unternehmen in seiner Gänze verlieren. Die sich ausbildenden organisationalen Silos behindern die Entwicklung eines Verständnisses für den größeren Sinnzusammenhang sowohl des Wertschöpfungsprozesses an sich als auch die dessen Erfolg bedrohenden Risiken. Dieses fehlende Verständnis begünstigt eine Erosion der Verantwortung insbesondere im unteren und mittleren Management, welche das Funktionieren angemessener Governance-Prozesse gefährdet.

Für das GRC-Management ist dieser Mangel an Verantwortung von grundlegender Bedeutung. Schließlich ist dieses in besonderer Weise darauf angewiesen, dass Mitarbeiter die Bereitschaft entwickeln, sich über das normale Maß hinaus zu engagieren, Fehlentwicklungen zu identifizieren, diese anzusprechen und bei deren Lösung zu unterstützen. GRC lebt von der gedanklichen Überwindung organisationsinterner Barrieren und der Übernahme von Verantwortung über die eigene Aufgabe hinaus. Die Darlegungen zum Risikomanagement haben gezeigt, dass es gerade die Schnittstellen zwischen den Funktionsbereichen sind, welche die größten Gefahren in Form von unterbelichteten Fehlentwicklungen in sich tragen.[555] Gleichzeitig sind es aber dieselben Schnittstellen, welche auch die größten Chancen – häufig in Form von Innovationspotenzialen – bergen.[556] Für ein funktionierendes GRC-Management bedarf es daher einer Führungskultur, die ganzheitliches Denken fördert, gegenseitige Offenheit fordert und die Übernahme von Verantwortung incentiviert. Leadership in diesem Kontext bedeutet, durch Transparenz über vor- und nachgelagerte Prozessschritte ein ganzheitliches Verständnis für den Leistungserstellungsprozess bei den Mitarbeitern zu ermöglichen und durch persönliches Vorbild Beispiel für verantwortliches Handeln zu geben.

Attribut 2: Eine Fehlerkultur, die das Unternehmen als lernende Organisation begreift

Eng mit der Bereitschaft zur Übernahme von Verantwortung verknüpft ist der Umgang mit Fehlern in einer Organisation. Eigeninitiative und Entscheidungsfreude können sich nur dann entwickeln, wenn Fehler als Chance begriffen werden. Dabei sind zwei Arten von Fehlern zu unterscheiden: In Routineprozessen muss es das Ziel einer jeden Organisation sein, die Fehlerquote so weit wie möglich zu reduzieren.

---

[555] Siehe hierzu u.a. die in den österreichischen Risikomanagementnormen ONR 49001 sowie ONR 49003 beschriebenen Erwartungen an den Risikomanager in Kap. 3.2.2.1.
[556] Vgl. Kaudela-Baum, S.; Holzer, J.; Kocher, P. (2014), S. 1.

Geht es hingegen um kreative Prozesse, um das Finden neuer Produkt-Markt-Kombinationen und das Entdecken von Wachstumschancen, so müssen Fehler erlaubt sein. Eine angemessene, diese Differenzierung beachtende Fehlerkultur ist eine wichtige Voraussetzung für die Innovationsfähigkeit von Unternehmen. In den richtigen Bahnen ermöglicht sie die Entfaltung von Kreativität und Innovativität sowie die Etablierung einer Führungskultur, die das Unternehmen als lernende Organisation begreift.

Übertragen auf den GRC-Kontext ergeben sich drei Anhaltspunkte:

- Aus der Perspektive des Risikomanagements bedarf es fähiger und couragierter Mitarbeiter, die bereit sind, Risiken nicht nur zu erkennen, sondern diese auch zu benennen. Gleichzeitig bedarf es aber auch eines Managements, das mit offen angesprochenen Risiken konstruktiv umgeht und risikobewusste Entscheidungen fördert.[557] Werden Risiken als Probleme wahrgenommen oder müssen die Überbringer der Nachricht Nachteile befürchten, kann sich keine gesunde Fehlerkultur entwickeln.
- Gleiches gilt für den Umgang mit den Ergebnissen aus Prüfungen der Internen Revision. Die Bereitschaft der Mitarbeiter, eine interne Prüfung als Chance zur Optimierung von Arbeitsabläufen zu begreifen, hängt wesentlich davon ab, wie das Management als Empfänger der Prüfungsberichte mit den Ergebnissen umgeht. Werden identifizierte Defizite auch hier als Problem behandelt und die Verantwortlichen im auditierten Fachbereich zum Rapport bestellt, untergräbt dies jedes künftige Potenzial für eine auf Gegenseitigkeit und Offenheit basierende Prüfung in diesem und anderen Fachbereichen. Die Fähigkeit der Revision, dann überhaupt noch Verbesserungspotenziale im Schulterschluss mit den geprüften Fachbereichen zu erkennen, steht durch einen destruktiven Umgang mit Fehlern in Frage.
- Der dritte Anhaltspunkt für eine gesunde Fehlerkultur ergibt sich aus der Perspektive der Compliance. Wo bewusst und gezielt – zumal zum eigenen Vorteil – gegen Compliance-Vorgaben verstoßen wird, bedarf es klarer, nachvollziehbarer und konsequenter Sanktionen. Angesichts einer zunehmenden regulatorischen Komplexität und einer massiven Erhöhung der Entscheidungsgeschwindigkeiten in den vergangenen Jahren sind unbewusste und ungewollte Verstöße gegen interne oder externe Regularien hingegen nicht völlig auszuschließen. Diese bedürfen der Reflexion, möglicherweise einer Nach-

---

[557] Vgl. Kaudela-Baum, S.; Holzer, J.; Kocher, P. (2014), S. 233.

schulung, aber nicht zwingend einer Sanktionierung. Derartige Fehler sollten aufgegriffen und bei wiederholendem Aufkommen an anderer Stelle in Form von Sensibilisierungen und Refresher-Trainings an die relevanten Mitarbeiter kommuniziert werden. Denn auch hier gilt: Der destruktive Umgang mit Fehlern und Risiken paralysiert die Belegschaft, führt zu Entscheidungsstarre und hemmt Mitarbeiter, Verantwortung zu übernehmen.

Im Hinblick auf die nachhaltige Etablierung einer permissiven Fehlerkultur bedarf es sowohl sozialer als auch methodischer Kompetenzen – und das auf allen Ebenen. Insbesondere das Management trägt dabei jedoch ein erhöhtes Maß an Verantwortung. Zum einen richten sich Mitarbeiter in ihrem Verhalten danach, was von oben nach unten vorgelebt wird. Zum anderen verfügt das Management über die Ressourcen, auf konstruktive Weise Konsequenzen aus Fehlern zu ziehen, bspw. durch das Abstellen von Risiken mittels der Initiierung geeigneter Maßnahmen. Wer Schäden aus Fehlentwicklungen im Unternehmen reduzieren will, benötigt also nicht nur geeignete GRC-Prozesse, sondern eine Führungskultur, die Fehler als Impulse für eine lernende Organisation versteht.[558]

Attribut 3: Eine Kultur der Partizipation, der Autonomie und des Vertrauens

In der Diskussion über die organisationalen Kontextbedingungen einer effektiven Corporate Governance in Kapitel 2.5 ist folgendes deutlich geworden: Wenngleich die konkrete Entscheidung zwischen einer hierarchisch geprägten Organisation und einer modularen Netzwerkorganisation das Ergebnis einer bewussten Betrachtung der spezifischen Ausprägung von internen Arbeitsbedingungen und externen Umfeldbedingungen sein sollte, so kann doch festgehalten werden, dass ein Hybrid beider Organisationsformen mit modularer Prägung die Ziele des GRC-Managements am besten unterstützt. Vor allem aus der hier näher betrachteten Perspektive der Leadership liegen die Vorteile in der Berücksichtigung der sozialen Begleitphänomene der menschlichen Arbeit im sozio-technischen System der Unternehmung. Eine auf Partizipation statt Autorität, Teamarbeit statt Befehlsgewalt, Selbststeuerung statt Fremdkontrolle und Pragmatismus statt Formalismus ausgerichtete Führungskultur birgt die Chance, das volle Potenzial leistungswilliger und leistungsfähiger Mitarbeiter

---

[558] In eindrücklicher Weise schildert Hagen, welche große Bedeutung einer permissiven Fehlerkultur in der Luftfahrt zukommt. Er überträgt die Prinzipien aus der Luftfahrt auf Organisationen im Allgemeinen und begründet so die Notwendigkeit eines organisationalen Fehlermanagements. Vgl. Hagen, J. (2013), S. 115.

zu entfalten. Wer sich aufgrund des eigenen Einflusses auf den Leistungserstellungsprozess in seiner Gänze mit seiner Arbeit identifiziert[559], ist tendenziell auch eher bereit, Verantwortung zu übernehmen – für seinen Zuständigkeitsbereich ebenso wie für die sich angrenzenden Prozesse, für die zwischen den einzelnen Prozessschritten befindlichen Schnittstellen und die dort liegenden Risiken. Die Attribute der Ganzheitlichkeit, Offenheit und Verantwortung, der permissiven Fehlerkultur und der Partizipation, der Autonomie und des Vertrauens werden so erst zu einer Einheit, die bei Vorliegen eines jeden Bestandteils ein funktionierendes GRC-Management erst ermöglicht.

Im Hinblick auf eine gelebte Führungskultur führt dieser Zusammenhang zu drei Forderungen:

- Erstens sollten Mitarbeiter bei der fachlichen, methodischen und organisatorischen Weiterentwicklung ihrer Zuständigkeitsbereiche einbezogen werden. Eine partizipative Interaktion über Hierarchiegrenzen hinweg und kontinuierliche Rückkopplungsprozesse erhöhen nicht nur die Innovationsfähigkeit von Unternehmen, sondern auch die Bereitschaft der Mitarbeiter, Veränderungen mitzutragen.[560]

- Zweitens sollten Mitarbeiter weniger nach detaillierten Vorgaben als nach Prinzipien geführt werden, die sich an den angestrebten Ergebnissen der geleisteten Arbeit orientieren. Autonomie (im Sinne einer Selbstgesetzlichkeit) in der Wahl der Mittel – gelenkt durch Mindestanforderungen an die Qualität und unterstützt durch Orientierung stiftender Hilfsmittel zur Erreichung selbiger – erhöht das Identifikationspotenzial mit der eigenen Arbeit und stärkt die Rolle eines jeden Mitarbeiters als erster GRC-Manager in seinem Verantwortungsbereich.

---

[559] Unter „Identifikation mit der eigenen Arbeit" wird hier verstanden, dass Arbeitnehmer ihre Arbeit als wichtigen Teil ihrer selbst ansehen, den sie gerne ausüben, an dem sie persönliches Interesse zeigen und für dessen Weiterentwicklung sie sich zu engagieren bereit sind. Diese Form der Identifikation schließt eine kritische Reflexion des Arbeitskontextes sowie der eigenen Rolle in diesem nicht aus. Damit grenzt sich die vorliegende Arbeit von Hinterhuber / Krauthammer ab, welche die Identifikation als Barriere erfolgreichen Führens und „Verlust der persönlichen Freiheit" kritisieren – allerdings ohne hinreichend zu begründen, worin dieser Verlust bestehen soll. Vgl. Hinterhuber, H., Krauthammer, E. (2015), S. 27f.

[560] Partizipative Führungsansätze beinhalten ein Führungsverständnis, welches das Management als Rahmensetzer einerseits, aber auch als Moderator und Mediator, der die Bedürfnisse der Mitarbeiter ernst nimmt, andererseits begreift. Dieses Verhältnis zwischen Vorgesetzten und Mitarbeitern gilt es zu kultivieren. Wick / Blessin sprechen hier von gemeinsamen mentalen Modellen. Sie ermöglichen ein gemeinsames Verständnis von Sachlagen und von allen getragene Reaktionen auf selbige. Vgl. Wick, A., Blessin, B. (2014), S. 94.

- Drittens sollten Führungskräfte die Bereitschaft entwickeln, ihren Mitarbeitern und Kollegen mit Vertrauen zu begegnen.[561] Wo formalisierte Kontrollprozesse im Sinne der nachweislichen Erfüllung regulatorischer Sorgfaltspflichten erforderlich sind, müssen diese etabliert werden. Jedoch gibt es ein weites Feld an Betätigungen im Unternehmen, bei denen informelle soziale Kontrollmechanismen (als Mittel der Führung) wirksamer sind als formale Kontrollen. Das Finden eines angemessenen Verhältnisses von Vertrauen und Kontrolle ist damit eine zentrale Führungsaufgabe, die das GRC-Management wesentlich beeinflusst.

Selbstverständlich sind Partizipation, Autonomie und Vertrauen Attribute, die einer jeden Organisation gut tun. Für ein funktionierendes GRC-Management hingegen sind diese Eigenschaften nicht nur „nice to have", sondern notwendig. In Einheit mit den anderen vorgenannten Attributen bilden sie die kognitive und emotionale Voraussetzung dafür, dass die Mitglieder einer Organisation das Unternehmensinteresse kennen, als relevante Zielgröße akzeptieren und ihr Bestes zur Erreichung des selbigen zu geben bereit sind. Zur Vervollständigung dieser Motivlage bedarf es jedoch einer weiteren Dimension: einer Kultur der Integrität.

Attribut 4: Eine Kultur der Integrität

Wie bereits in den Kapiteln 2.5.1 und 2.5.2 ausgeführt, kann eine Corporate Governance, die allein auf regulatorischen Grundlagen fußt, ihre volle Wirksamkeit nicht erreichen. Es bedarf zusätzlich der Etablierung moralsensitiver Governance-Strukturen[562], welche die Werte einer Organisation konkretisieren, im Alltag mit Leben erfüllen und damit eine Grundvoraussetzung dafür sind, dass sich die vorgenannten Attribute einer das GRC-Management begünstigenden Führungskultur überhaupt erst voll entfalten können. Wird diese Kultur der Integrität mittels eines Wertemanagements etabliert und systematisch gefördert, sinken nicht nur die Risiken, deren Bewältigung Gegenstand des GRC-Managements ist: Vielmehr wird Moral als unternehmerische Ressource aktiviert, dadurch die Kooperations- und Wett-

---

[561] So sehr hier (aus der Perspektive der Unternehmensführung) die Notwendigkeit eines vertrauensvollen Verhaltens des Managements gegenüber den Mitarbeitern betont wird, so wichtig ist umgekehrt auch, dass Mitarbeiter ihren Führungskräften vertrauen. Anker weist auf diesen Zusammenhang als Voraussetzung für die Sinnstiftung bei den Mitarbeitern hin. Vgl. Anker, H. (2012), S. 127f.
[562] Vgl. Wieland, J. (2014), S. 25.

bewerbsfähigkeit einer Organisation gestärkt und schließlich im Sinne des Unternehmensinteresses agiert.[563]

Der Beitrag des Wertemanagements nach Josef Wieland zur Umsetzung einer moralischen Orientierung im Unternehmensalltag ist in Kapitel 2.5.1 bereits ausführlicher behandelt worden. Auf zwei für den Kontext der Leadership besonders bedeutsame Aspekte einer Kultur der Integrität soll hier ergänzend eingegangen werden:

- Je komplexer Unternehmensumfeld und –Imwelt sind, desto bedeutsamer werden die organisationalen Fähigkeiten der Polylingualität und der Transkulturalität[564] für das diskursive Erkennen der Interessen sowohl interner Mitarbeiter als auch externer, von einer Handlung betroffener Personen. Die über ethnische, kulturelle, Generationen- und sonstige Grenzen hinweg reichende Anschlussfähigkeit ist eine wesentliche Kompetenz, die in Zukunft immer stärker beeinflussen wird, inwiefern es dem Management eines Unternehmens gelingt, die Ansprüche der Stakeholder zu erkennen und eigene Werte und Ziele so zu kommunizieren, dass sie auch verwirklicht werden. Für die Leadership im Unternehmen ergibt sich daraus die Herausforderung, Mechanismen zu entwickeln, die sicherstellen, dass das Management nah an den Abnehmern ihrer Botschaften, den Mitarbeitern, bleibt. Partizipation und systematische Rückkopplung tragen zu einer offenen Kommunikations- und Kooperationskultur bei, bedürfen aber der kontinuierlichen Pflege. Dies wiederum ist ganz im Sinne der Governance-Ethik, die nicht in erster Linie auf einzelne Handlungen ausgerichtet ist, sondern das Ziel verfolgt, Routinen zu etablieren, die geeignet sind, moralisches Verhalten verlässlich hervorzubringen.

- Ein zweiter Aspekt, der hier ergänzend betont werden soll, besteht in der Incentivierung moralischen Verhaltens. Unter Incentives werden Anreizmechanismen verstanden, die einerseits dazu genutzt werden können, die Sanktionierung infolge eingetretenen Fehlverhaltens abzumildern, sofern der Verursacher konstruktiv an der Aufklärung des Verstoßes mitwirkt und glaubhaft versichern kann, dass sich dieser nicht wiederholen wird. Diese auch „Mitigation Incentives" genannten Anreize können sowohl Einzelpersonen im unter-

---

[563] Vgl. Wieland, J. (1999), S. 13.

[564] Transkulturalität ist der Umgang mit kultureller Diversität in einer Weise, dass man das Andere nicht nur toleriert, sondern miteinander umgeht, voneinander profitiert und in Interaktion konkrete Probleme löst. Im Unterschied dazu ist Interkulturalität darauf ausgerichtet, gegenseitige Transparenz zu üben – bei Aufrechterhaltung der Unterschiedlichkeiten im Nebeneinander. Auf den Punkt gebracht durch Prof. Josef Wieland im kooperativen Promotionskolleg am 10. Juli 2014: „Interkulturalität ist etwas für Leute, die verkaufen wollen. Transkulturalität ist etwas für Leute, die bleiben wollen."

nehmensinternen Kontext als auch Unternehmen im Zusammenhang mit Ordnungswidrigkeiten oder Straftaten gewährt werden. Andererseits können Incentives dazu dienen, moralisches Verhalten unabhängig von eingetretenem Fehlverhalten zu fördern, indem bspw. Mitarbeiter, die sich in besonderer Weise dafür eingesetzt haben, die Werte einer Organisation zu verwirklichen, in finanzieller oder nicht-finanzieller Weise dafür honoriert werden. Diese auch als „Social Recognition System" bezeichneten Anreizmechanismen sind es, welche die Zuverlässigkeit moralischen Verhaltens erhöhen und damit eine Kultur der Integrität insgesamt stärken können. Nach der hier vertretenen Auffassung bedarf es derartiger innovativer Ansätze, um über die Vermeidung von Fehlverhalten hinaus Engagement in moralischer Hinsicht zu fördern. Übertragen auf den GRC-Kontext können Incentives zudem eine wichtige Quelle der Inspiration für das aktive Beitragen sämtlicher Mitarbeiter zur Identifikation und Steuerung von Risiken aller Art sein. Sie können die Offenheit beflügeln, die für den kritischen Diskurs über Fehlentwicklungen erforderlich ist und ein Instrument der informellen sozialen Kontrolle sein, wenn es darum geht, individuelle Verhaltensrisiken zu reduzieren und eine Kultur der Integrität zu fördern. Konsequent umgesetzt und unter Bezugnahme auf die Unternehmenswerte kontinuierlich gelebt, tragen Incentives dazu bei, eine Führungskultur zu etablieren, die das Funktionieren des GRC-Managements begünstigt.

Mit den hier genannten Attributen einer das GRC-Management begünstigenden Führungskultur konnte, wie angekündigt, keine umfassende Theorie der Leadership entwickelt werden. Jedoch wurden solche Eigenschaften nochmals betont, die nach Ansicht des Autors notwendige Voraussetzungen für das wirksame Funktionieren von GRC darstellen. Sie sind notwendig, weil erst durch sie die organisationsweite (d.h. durch alle Mitarbeiter getragene) Umsetzung eines GRC-Managements ermöglicht wird, weil erst durch sie Transparenz und Verständnis für die Unternehmensziele sichergestellt sind und weil erst durch sie die Bereitschaft entsteht, Risiken offen und konstruktiv zu begegnen. In Einheit mit den in dieser Arbeit im Zentrum der Betrachtung stehenden Kompetenzen der drei GRC-Funktionsbereiche Risikomanagement, Interne Revision und Compliance ist eine durch diese Attribute gekennzeichnete Führungskultur von entscheidender Bedeutung für die erfolgreiche Etablierung einer dem Unternehmensinteresse entsprechenden Corporate Governance.

4.6 Fazit zum integrierten GRC-Gesamtkonzept

Dieser Arbeit liegt die bereits ausgeführte Annahme zugrunde, der zufolge die ganzheitliche, integrierte Betrachtung der GRC-Funktionen eine wesentliche Voraussetzung ist für die wirksame Vermeidung von finanziellen, rechtlichen und die Reputation eines Unternehmens betreffenden Nachteilen, die zielgerichtete Realisierung von Wertschöpfungspotenzialen, die effiziente Gestaltung der hierzu erforderlichen Governance-Prozesse und schließlich die Generierung erlebbaren Mehrwerts bei der Verwirklichung des Unternehmensinteresses. Kapitel 4 hat sich der Frage gewidmet, wie ein integriertes GRC-Management konkret ausgestaltet sein muss, um dieses Leistungsversprechen mit Leben zu erfüllen. Die folgenden Ausführungen dienen dem Versuch, die darauf entwickelten Antworten nochmals auf den Punkt zu bringen und die wichtigsten Bestandteile eines integrierten GRC-Managements prägnant und zusammenfassend darzustellen.

- Zunächst wurde das **GRC-Rahmenwerk** als strukturgebende und Orientierung stiftende Veranschaulichung eines integrierten GRC-Gesamtkonzepts vorgestellt. Es beinhaltet acht Dimensionen, reicht von der Corporate Governance als Ausgangs- und Bezugspunkt des GRC-Managements über den GRC-Regelkreis als dessen ablauforganisatorische Versinnbildlichung bis hin zur GRC-Kommunikation als prozessbegleitende Dimension und verdeutlicht damit, dass GRC-Management ganzheitliches Denken voraussetzt: Nur die konsequente horizontale und vertikale Integration entlang aller Dimensionen des GRC-Rahmenwerks vermag es, die Ziele der GRC-Strategie – ein integriertes, antizipatives, prozessimmanentes, Chancen generierendes und mehrwertstiftendes GRC-Management – zu erreichen und damit dessen volles Potenzial zu entfalten. Dieses Verständnis des GRC-Rahmenwerks ist deshalb bedeutend, weil es zwar Strukturen vorgibt und auch im Hinblick auf die inhaltliche Ausprägung Orientierung stiftet, dabei jedoch offen bleibt für die praktische Ausgestaltung entlang unternehmensindividueller Kontextbedingungen. Diese internen und externen Parameter sind es schließlich, die Signifikanz, Art und Umfang des GRC-Managements wesentlich beeinflussen und Unternehmensleitung und Aufsichtsgremium bei ihrer bewussten Entscheidung zu dessen Ausgestaltung leiten sollten. Mit anderen Worten: Die spezifische Ausgestaltung des GRC-Managements ist – wie bei allen anderen Unternehmensfunktionen – das Ergebnis der Analyse unternehmensinterner und externer Faktoren und Ausdruck der bewussten Entscheidung eines Unternehmens zur Gestaltung seiner **Corporate Governance**, die damit ihrerseits Ausgangs- und Bezugspunkt des GRC-Managements ist.

- Von diesem Verständnis ausgehend, definiert ein Unternehmen mit seiner **GRC-Strategie** Ziele, Akteure und Verfahren, die dazu beitragen, Silo-Denken zwischen den GRC-Funktionen zu vermeiden und eine auf Dialog basierende Zusammenarbeit zwischen den GRC-Funktionen und anderen Fachbereichen zu forcieren. Mithilfe des für ein spezifisches Unternehmen angemessenen Verhältnisses von Vertrauen und Kontrolle gilt es, das erforderliche Transparenzniveau zu definieren, um die operative und strategische Entscheidungsfähigkeit im Rahmen der Corporate Governance zu sichern. Gelingt es dem GRC-Management, hierbei einen konkret erlebbaren Mehrwert zu stiften, positioniert es sich als gefragte Beratungs- sowie Ordnungs- und Schutzfunktion im Unternehmen.

- Die ablauforganisatorische Harmonisierung zwischen den GRC-Funktionen wird vor allem durch den GRC-Regelkreis deutlich. In dessen erstem Schritt, dem **GRC Risk Assessment**, gilt es, durch ein zeitlich, methodisch und inhaltlich abgestimmtes Vorgehen ein unternehmensweit einheitliches Risikoverständnis sicherzustellen, Redundanzen und Widersprüche bei der Erhebung von Informationen zu vermeiden und dadurch die Aussagekraft der Risikoerhebung insgesamt zu erhöhen. Durch die Bündelung von Aufgaben und die gemeinsame Nutzung von Ressourcen werden zudem Kosten gespart. Mittels einer koordinierten Berichterstattung an Vorstand und Aufsichtsrat kann schließlich das Informationsniveau bei den Entscheidungsträgern verbessert werden.

- Die Schilderungen zum zweiten Schritt des GRC-Regelkreises, der **GRC-Steuerung**, haben kenntlich gemacht, dass eine – auch organisatorisch getragene – zielgerichtete Zusammenarbeit zwischen den GRC-Bereichen und den Risikoeignern die synergetische Nutzung der jeweiligen Kompetenzen beim Finden passgenauer Lösungen für identifizierte Risiken erst ermöglicht. Dessen Begleitung und Dokumentation nach gemeinsam definierten Standards und die einheitliche Berichterstattung relevanter Ergebnisse an Geschäftsleitung und Kontrollgremium sind wiederum wichtige Voraussetzungen für die nachfolgende Bewertung im Rahmen des GRC-Monitorings.

- Ein effektives **GRC-Monitoring** basiert auf einem angemessenen Verhältnis von Vertrauen und Kontrolle im Unternehmen – das, wie bereits ausgeführt, von Organisation zu Organisation unterschiedlich sein kann. Das redundanzfreie Zusammenwirken der GRC-Funktionen untereinander und der zielgerichtete Einsatz der drei Verteidigungslinien im Unternehmen erleichtern das Finden dieses Verhältnisses. Durch die Einbeziehung der Erkenntnisse des jeweils Anderen und die gemeinsame Erhebung relevanter Informationen werden Transparenz und Beurteilungsfähigkeit im Hinblick auf die Angemessenheit und Wirksamkeit des GRC-Managements gestärkt und systematisch Verbesserungspotenziale erkannt.

- Das GRC-Management wird in der täglichen Praxis von der **GRC-Organisation** getragen, die deshalb in dieser Arbeit auch als Rückgrat bezeichnet wird. Angesichts des aus der Analyse deutlich gewordenen hohen Grades an Schnittmengen zwischen Risikomanagement und Compliance wird die konsequente aufbauorganisatorische Integration beider Funktionen für sinnvoll und im Sinne eines Erfolg versprechenden GRC-Managements für notwendig angesehen. Wenngleich die Interne Revision aufgrund ihrer besonderen Rolle als unabhängige Instanz im Unternehmen nicht vollständig aufbauorganisatorisch integriert werden sollte, so verhindert erst die enge ablauforganisatorische Zusammenarbeit der drei Funktionen fragmentierte Prozesse, erleichtert die Nutzung von Synergien auf allen Ebenen und macht das GRC-Management so zu einer starken Säule der Corporate Governance.

- Schließlich wurde auf zwei prozessbegleitende Dimensionen eingegangen. Dabei spielt die **GRC-Technologie** als Effizienz-Treiber gerade unter komplexen Kontextbedingungen eine wichtige Rolle. Eine unternehmensweit genutzte IT-Infrastruktur, die Insellösungen vermeidet, an den Bedürfnissen der Anwender orientiert ist, mittels intelligenter Kennzahlensysteme und Eskalationsmechanismen als Frühwarnsystem genutzt wird und offen ist zu relevanten sonstigen Quellen im Unternehmen unterstützt das GRC-Management auf kosteneffiziente Weise und lässt dessen Leistungsversprechen in der täglichen Praxis mit Leben erfüllen.

- Inwieweit es gelingt, ein integriertes GRC-Management tatsächlich umzusetzen, hängt nicht zuletzt von der Fähigkeit eines Unternehmens ab, dessen Akzeptanz durch eine zielgruppenspezifische, praxisrelevante und leicht verständliche **GRC-Kommunikation** sicherzustellen. Ein einheitlicher audiovisuell-inhaltlicher Auftritt des GRC-Managements erleichtert die Schaffung einer „single version of truth" und trägt damit zur effizienten Erreichung der GRC-Ziele bei.

- Abschließend wurde in Kapitel 4.4 darauf hingewiesen, dass das GRC-Rahmenwerk ein Idealbild darstellt, das zwar in der Praxis wurzelt, aber für manche Unternehmen aus unterschiedlichen Gründen dennoch kurzfristig unerreichbar sein mag. In Anerkennung dieser Realität ist es daher wichtig, die Etablierung eines GRC-Managements als (Lern-) Prozess zu begreifen, der die sukzessive **Transformation** von vereinzelten, fragmentierten und daher oft ineffektiven und ineffizienten Prozessen hin zu einem integrierten GRC-Management aufzeigt.

In der Gesamtschau und mit dem Ziel, durch Verkürzung an Prägnanz zu gewinnen, könnte das Zielbild eines GRC-Managements möglicherweise wie folgt charakterisiert werden: Ein gemeinsames Risikoverständnis, die enge organisatorische Verzahnung der GRC-Funktionen (wie oben geschildert) und eine vertrauensvolle Zusammenarbeit mit den Fachbereichen im Unternehmen, die gemeinsame Erhebung und Bewertung von Informationen bei Risk Assessment und Monitoring, die fachbereichsübergreifende Nutzung relevanter Kompetenzen bei der Risikosteuerung, die Entwicklung und Nutzung einer gemeinsamen IT-Infrastruktur und eine gemeinsame, konsistente Kommunikation an Mitarbeiter, Führungs- und Aufsichtsgremien sowie externe Stakeholder. Auf den Punkt gebracht: „Eine Internal Governance, die sich auf eine intensive Zusammenarbeit aller Kontroll- und Überwachungsinstitutionen stützen kann sowie von einer soliden Unternehmens- und Risikokultur flankiert wird, eröffnet eine höhere Effizienz als singuläre, partionierte Überwachungsinstanzen ohne oder nur mit schwacher Verknüpfung."[565]

---

[565] Geiersbach, K. (2011), S. 285.

5 Schlussbetrachtungen: GRC-Management als interdisziplinäre Corporate Governance

Wissenschaft ist nur der Austausch unserer Unwissenheit
gegen Unwissenheit neuer Art.

Lord George Gordon Noel Byron

Wirtschaft und Gesellschaft des 21. Jahrhunderts sind durch diverse eng miteinander verknüpfte Merkmale gekennzeichnet, welche für die vorliegende Arbeit von besonderer Bedeutung sind: Begünstigt durch technologische Innovationen und den Abbau von Handelshemmnissen nimmt die internationale Verflechtung von Politik, Wirtschaft und Gesellschaft immer weiter zu. Die (post-) moderne Informations- und Wissensgesellschaft ermöglicht die ständige Verfügbarkeit einer Unmenge an relevanten, aber auch belanglosen Daten und entfaltet eine Partitur der Gleichzeitigkeit unterschiedlichster Werturteile, die Orientierung erschwert und ein neues Bewusstsein um Kontingenz erfordert. Gleichzeitig nehmen die normativen Ansprüche unterschiedlichster Stakeholder zu und die Fähigkeiten zur Erlangung nachhaltiger Gewissheiten (scheinbar) ab. In dieser Polykontextualität der Globalisierung bestehen für Unternehmen Chancen und Gefahren: Während die Globalisierung die Erschließung neuer Märkte ermöglicht, steigt die äußere Komplexität in Form von wirtschaftlichen, rechtlichen und Reputationsrisiken. Die Polylingualität von Organisationen – also die Anschlussfähigkeit zu Akteuren unterschiedlichster sektoraler, ethnischer und sozialer Herkunft – wird zu einer entscheidenden Kompetenz im Verstehen zunehmend vielgestaltiger normativer Ansprüche. Dabei ist die Globalisierung kein Phänomen der Weltmärkte allein. Durch die wachsende Verstädterung und vermehrt ökonomisch bedingte Migration nimmt die soziale und kulturelle Heterogenität auch innerhalb von Nationalstaaten zu. Transkulturalität als notwendiger Erfolgsfaktor individuellen wie kollektiven Agierens wird zur Signatur des 21. Jahrhunderts.

Kapitalmarktorientierte Unternehmen sind den sich aus dieser Gemengelage ergebenden Herausforderungen in besonderem Maße ausgesetzt. Sie stehen verstärkt in der Öffentlichkeit, unterliegen umfangreichen Transparenz- und Kontrollpflichten und werden mit einer Vielzahl unterschiedlicher Stakeholder-Interessen konfrontiert. Inwiefern Unternehmen in der Lage sind, diese äußere Komplexität zu managen, entscheidet über Erfolg und Misserfolg bei der Sicherung ihrer Existenz und ihrer langfristigen Wertschöpfungsfähigkeit. Drei Einsichten, die in dieser Arbeit Gegenstand ausführlicherer Betrachtungen waren, sind in diesem Zusammenhang von besonderer Bedeutung:

Erstens bedürfen Unternehmen der Fähigkeit, die Interessen der unterschiedlichen Stakeholder in einem Austauschprozess zu erkennen, zu priorisieren und entsprechend vertraglicher Vereinbarungen sowie unternehmenseigener Zielsetzungen zu erfüllen. Während Polylingualität und Transkulturalität Voraussetzungen für das diskursive Erkennen derartiger Interessen sind, ist es das Wertemanagement als Instrument der Governance-Ethik, dessen Aufgabe in der Deutung allgemeiner Werte und sonstiger Ansprüche für den Unternehmenskontext und deren Übertragung in das operative Agieren einer Organisation besteht. Die Verlässlichkeit, mit der diese Ziele im Unternehmen schließlich verwirklicht werden, ist das Ergebnis unterschiedlicher verhaltenssteuernder Parameter, welche durch die Governance-Ethik aufgezeigt werden. Sie verdeutlicht, dass Moral auch im Unternehmenskontext dazu beitragen kann, Investitionen in aufwendige Kontrollmaßnahmen und alternative Schutzvorkehrungen zu reduzieren und Vertrauen und Glaubwürdigkeit zwischen den Akteuren (nach innen wie nach außen) zu stärken. Dadurch wird Moral zu einer ökonomisch relevanten (und vorteilhaften!) Ressource. Unternehmen, denen es gelingt, moralsensitive Governance-Strukturen zu etablieren, profitieren von effektiveren und effizienteren Führungs- und Kontrollprozessen und stärken so ihre Kooperations- und Wertschöpfungsfähigkeit im globalen Wettbewerb.

Auf dieser Grundlage fußt die zweite wichtige Einsicht: die enge wechselseitige Verbindung zwischen der Organisationsform und der Corporate Governance von Unternehmen. Die Organisationsform wird hierbei als Gegenstand der aktiven Gestaltung durch Führungs- und Kontrollgremium verstanden. Sie prägt das Unternehmen in Aufbau und Ablauf und bildet die Grundlage für alle weiteren gestalterischen Freiheiten – so auch die Ausgestaltung des GRC-Managements als Bestandteil der Corporate Governance. Nach der hier vertretenen Ansicht verbietet die Vielgestaltigkeit der unternehmerischen Kontextbedingungen zwar pauschale Antworten im Hinblick auf die Frage, welche Organisationsform optimal geeignet sei, die Corporate Governance zu unterstützen. Aus der vergleichenden Analyse hierarchischer und modularer Organisationen lassen sich jedoch Faktoren erkennen, die effektive und effiziente Governance-Mechanismen grundsätzlich begünstigen. Sie zeugen von einer hybriden Organisationsform modularer Prägung, welche die Vorteile von dezentralen Netzwerken mit den Möglichkeiten hierarchischer Organisationen in der stringenten Umsetzung zentraler Vorgaben verknüpft. Dieser Hybrid ist durch weitgehend eigenständige, durch Selbststeuerung und Ergebnisverantwortung charakterisierte modulare Einheiten gekennzeichnet, die durch klare und durchgängige Führungs- und

Kontrollprozesse dort, wo sie erforderlich sind, ergänzt werden. Auf der Grundlage der Governance-Ethik ist diese netzwerkartige Organisation getragen von einer Führungskultur, welche die einzelnen Module gedanklich miteinander verbindet und über Formalregeln hinaus mittels eines Wertemanagements motivatorische Anreize bei den handelnden Akteuren schafft, die als Voraussetzung einer erfolgreichen Governance unerlässlich sind. Eine so verstandene Organisation kombiniert die Erkenntnisse der Organisationslehre mit den Einsichten der Governance-Ethik – und stärkt damit die Verantwortung der Führungs- und Kontrollorgane, die Organisation als Element der Corporate Governance in der aufgezeigten Interdependenz aktiv zu gestalten.

Vor diesem Hintergrund entfaltet sich die dritte Einsicht, welche den Hauptteil dieser Arbeit ausmacht und auf die an dieser Stelle eingegangen werden soll. Sie besteht in der Notwendigkeit der kontinuierlichen, integrativen und ganzheitlichen Betrachtung der Governance-Funktionen im Sinne einer effektiven und effizienten Verwirklichung der Ziele der Corporate Governance. Durch die enge aufbau- und ablauforganisatorische Verzahnung der drei hier beispielhaft untersuchten Funktionen Interne Revision, Risikomanagement und Compliance wird die aktive Steuerung rechtlicher, finanzieller und die Reputation betreffender Gefahren erst ebenso möglich wie die Wahrnehmung diesbezüglicher Chancen. Netzwerkorganisationen sind mit ihren umfangreichen operationalen Freiheiten in besonderem Maße darauf angewiesen, in Fragen der Governance integriert zu agieren, um die Nachteile der Dezentralität mittels stringenter und dennoch risiko- und bedarfsorientierter GRC-Prozesse ausgleichen zu können. Schließlich sind die weitgehend autonomen Module auf Agilität und Flexibilität getrimmt. Eine GRC-Organisation, die ernst genommen werden und dem operativen Management als Partner auf Augenhöhe begegnen will, muss diese Geschwindigkeit aufnehmen können, wofür integrierte GRC-Prozesse geradezu zwingend sind. In diesem Sinne werden in dem hier vorgestellten GRC-Rahmenwerk Möglichkeiten und Grenzen eines integrierten GRC-Managements erstmals systematisch hergeleitet. Dessen acht Dimensionen sind als strukturgebende Gliederung des Themengebietes konzipiert und bieten Orientierung für die konkrete Umsetzung eines GRC-Managements in der realwirtschaftlichen Praxis. Vor allem aber wird deutlich, dass sich das Leistungsversprechen der Corporate Governance – die Verbesserung von Unternehmensführung und -aufsicht – erst mithilfe eines so verstandenen horizontal und vertikal integrierten GRC-Managements verwirklichen lässt. Werden die traditionell auf Prozesse fokussierten GRC-Funktionen zusätzlich verknüpft mit einer Führungskultur, welche mittels eines gezielten Wertemanagements die Aktivierung moralischer Anreize zu verwirklichen vermag, so kann es gelingen, das GRC-Management nicht nur als Gatekeeper im Sinne der Pflichterfüllung der Corporate

Governance Anforderungen, sondern auch als Stifter von Mehrwert im Unternehmen zu positionieren. Es ist diese kombinierte Betrachtung der unterschiedlichen GRC-Funktionen einerseits und des Wertemanagements andererseits, welche die Corporate Governance erst zu einem interdisziplinären Projekt werden lassen. Dies aufzuzeigen, war Ziel und Ergebnis der vorliegenden Arbeit.

Obgleich damit die wichtigsten hier gestellten Fragen – Was kann von einem integrierten GRC-Management erwartet und wie können diese Erwartungen in der Praxis mit Leben erfüllt werden? – beantwortet sind, verbleibt im Hinblick auf die flächige praktische Umsetzung der gewonnenen Erkenntnisse ein langer Weg zu gehen. Die Analyse des gegenwärtigen Standes der Literatur sowie der Implementierung integrierter GRC-Modelle in der Wirtschaft hat gezeigt, dass das hier bearbeitete Forschungsgebiet auch nach dieser Arbeit im Detail noch weiter zu entwickeln ist. Zwar konnte die vorliegende Arbeit Aufschluss darüber geben, wie Interne Revision, Risiko- und Compliance-Management in ein integriertes GRC-Management überführt und die Führungs- und Kontrollmechanismen eines Unternehmens dadurch gestärkt werden können. Jedoch sollte das GRC-Rahmenwerk für die Einbeziehung weiterer (hier nicht explizit betrachteter) Funktionen offen sein. Inwiefern das Interne Kontrollsystem, die Corporate (Social) Responsibility und sonstige Funktionen zum Gegenstand eines GRC-Managements werden können und welchen spezifischen Besonderheiten diese unterliegen, sollte daher weiter erforscht und anwendungsorientiert erarbeitet werden. Ebenso konnte der Zusammenhang zwischen der Führungskultur und dem GRC-Management in dieser Arbeit lediglich angedeutet werden. In einer Zeit, in der die unternehmerische Fähigkeit zur nachhaltigen Erfüllung regulatorischer Pflichten im Sinne der Compliance nur noch auf der Grundlage einer Kultur der organisationalen Integrität möglich erscheint, gewinnt Leadership als Kompetenz für Unternehmen im Allgemeinen und einzelne Führungskräfte im Besonderen an Bedeutung. Dabei wird sich die Betriebswirtschaftslehre im Sinne einer zunehmenden Interdisziplinarität selbst öffnen müssen für Erkenntnisse aus anderen Forschungsgebieten – Psychologie, Ethik, Ethnologie, Bionik u.a. –, um Lösungen für die Herausforderungen unserer Zeit zu entwickeln.

Die aufgezeigten Defizite der praktischen Anwendung offenbaren zudem ein oftmals zu geringes Verständnis für die Notwendigkeit und die Möglichkeit der aktiven Gestaltung organisationaler und die Governance von Unternehmen betreffender Strukturen. In Zeiten zunehmender Konvergenz von Produkten und Dienstleistungen werden interne Prozesse jedoch zu einem Erfolgsfaktor im internationalen Wettbewerb. Da sie von außen nicht einsehbar sind und daher nicht leicht kopiert werden können, nimmt die Bedeutung der Unternehmensprozesse bei der Optimierung interner Abläufe und der Erreichung organisationaler Ziele immer mehr zu. Die GRC-Mechanismen spielen aufgrund ihrer Signifikanz für das Gesamtunternehmen hierbei eine besondere Rolle. Unternehmer, die diese grundlegende Einsicht entwickeln und die Grenzen isolierter Revisions-, Risikomanagement- und Compliance-Prozesse überwinden, entfalten demnach nicht nur effektivere und effizientere Governance-Strukturen, sondern auch nachhaltige Vorteile im globalen Wettbewerb.

Drei ganz konkrete Vorschläge sollen diese Arbeit beschließen und als Anregung für die weitere Entwicklung integrierter GRC-Prozesse in Theorie und Praxis dienen:

- Der seit 2002 bestehende und seither jährlich aktualisierte Deutsche Corporate Governance Kodex sollte weiterentwickelt und um den Aspekt der Effizienz der Führungs- und Kontrollmechanismen ergänzt werden. Der gegenwärtige Kodex beinhaltet den Begriff „Effizienz" lediglich an einer Stelle – dort, wo es um die Erledigung der Aufgaben des Aufsichtsrats geht.[566] Für einen Kodex, der (an sich selbst) den Anspruch formuliert, aktuellen Best Practices der Unternehmensführung zu entsprechen, besteht hier Nachholbedarf. So sollte klarer herausgestellt werden, dass die Art und Weise, in der die Governance-Funktionen untereinander agieren, sowohl Effektivität als auch Effizienz der Führung und Aufsicht von Unternehmen wesentlich beeinflusst. Eine gute und verantwortungsvolle Unternehmensführung, so das Anliegen des Deutschen Corporate Governance Kodex, bedarf integrierter GRC-Prozesse.

- Bei der Verwirklichung geeigneter Führungs- und Kontrollprozesse spielen die Organe eines Unternehmens eine entscheidende Rolle. Jedoch stellt sich die Frage, wie diese eine moderne Auffassung über die Notwendigkeit eines GRC-Managements ausprägen sollen, wenn sie weder über den deutschen Kodex noch aus ihrer eigenen Organisation hierfür die Impulse erhalten. Es bedarf daher angemessener Informations- und Schulungsangebote für Mitglieder von Vorständen und Aufsichtsräten, welche diese dazu befähigen, die wichtigen Fragen zu stellen und die richtigen Antworten einzufordern. Die Kodifizierung der eigenverantwortlichen Wahrnehmung der „für ihre Aufgaben erforderlichen Aus- und Fortbildungsmaßnahmen"[567] durch die Aufsichtsratsmitglieder ist hierfür zwar ein Anfang, aber erstens zu vage und zweitens auf das Kontrollgremium beschränkt. Die Organe vor allem (aber bei weitem nicht ausschließlich) kapitalmarktorientierter Unternehmen sollten stärker als bisher

---

[566] Vgl. DCGK (2014), S. 12. Im Wortlaut: „Der Aufsichtsrat soll regelmäßig die Effizienz seiner Tätigkeit überprüfen."
[567] DCGK (2014), S. 11.

aufgefordert werden, sich – auch im Sinne des Ideals vom lebenslangen Lernen – mit den neuesten Erkenntnissen u.a. auf dem Gebiet des GRC-Managements zu befassen. Während der Kodex hierfür den normativen Rahmen bieten kann, sind spezialisierte, von wissenschaftlicher und praktischer Erfahrung getragene Schulungsprogramme notwendig. Nicht zuletzt könnten durch diese der praktische Nutzen der Corporate Governance erhöht und effektive und effiziente Führungs- und Kontrollprozesse gestärkt werden.

- Die dritte Anregung besteht in der konsequenten Einbeziehung objektivierter Corporate Governance-Kriterien in die Bewertung von Unternehmen. Derzeit sind Ratings kapitalmarktorientierter Organisationen nahezu ausschließlich das Ergebnis der Analyse von Finanzkennzahlen – von Ausnahmen einzelner Investoren abgesehen. Die Aufnahme von Unternehmen in den deutschen Prime Standard[568] erfolgt auf der Grundlage von Börsenumsatz und Marktkapitalisierung. Der Begriff „Corporate Governance" findet sich in der „Börsenordnung der Frankfurter Wertpapierbörse" kein einziges Mal. Wird das Ansinnen, das Vertrauen nationaler und internationaler Investoren in den Wirtschaftsstandort Deutschland zu stärken[569], hingegen ernst genommen, so darf die öffentlichkeitsfördernde Aufnahme von Unternehmen in DAX, MDAX, TecDAX und SDAX nicht länger ohne Berücksichtigung der Qualität ihrer Führungs- und Kontrollstrukturen erfolgen. Die Erzeugung von Transparenz über die Güte der Corporate Governance einzelner Unternehmen in verständlicher und vergleichender Weise würde die Entsprechungserklärungen deutscher Unternehmen über § 161 Aktiengesetz hinaus sinnvoll ergänzen und die Verbindlichkeit der Corporate Governance Anforderungen stärken. Dabei geht es nicht um ein Mehr an Bürokratie, sondern um die Schaffung von Transparenz über bereits vorhandene Daten und das Stiften von Orientierung für Investoren jeder Art durch die vergleichende Gegenüberstellung solcher Kriterien, welche über Unternehmensgrenzen hinweg als Maßstäbe guter Unternehmensführung und -kontrolle vereinbart werden können. Maßstäbe, die im Übrigen indirekt auch die Etablierung effektiver und effizienter Corporate Governance Strukturen mithilfe des GRC-Managements fördern sollten. Die Entwicklung

---

[568] Der Prime Standard ist ein besonderen Voraussetzungen unterliegendes Segment der Wertpapierbörse und gleichzeitig Voraussetzung für die Aufnahme von Unternehmen in die deutschen Indizes DAX, MDAX, TecDAC sowie SDAX. Vgl. hierzu ausführlicher Abschnitt IV.2 der Börsenordnung der Frankfurter Wertpapierbörse: Deutsche Börse AG (2015), S. 38f.

[569] Im DCGK heißt es hierzu: „Der Kodex hat zum Ziel, das deutsche Corporate Governance System transparent und nachvollziehbar zu machen. Er will das Vertrauen der internationalen und nationalen Anleger, der Kunden, der Mitarbeiter und der Öffentlichkeit in die Leitung und Überwachung deutscher börsennotierter Gesellschaften fördern." DCGK (2014), S. 1.

solcher Kriterien scheint dem Autor ein bedeutsames Erkenntnisgebiet zu sein, dessen weitere Erforschung einen wesentlichen Beitrag zu der hier angedeuteten Diskussion leisten könnte.

In der Gesamtschau zeigen die auf unterschiedliche Akteure abzielenden Anregungen, dass die Entwicklung geeigneter, das heißt effektiver und effizienter, Mechanismen der Führung und Kontrolle von Unternehmen trotz jahrzehntelanger Forschung und Praxis noch keineswegs erschöpft ist. Die realwirtschaftliche Praxis verdeutlicht, dass die Deutsche Corporate Governance Kommission, die Organe kapitalmarktorientierter Unternehmen und die Investoren sowie weitere individuelle und kollektive Akteure zusammenarbeiten müssen, um diese Herausforderung zu bewältigen. Mit der vorliegenden Arbeit besteht die Hoffnung, nicht nur der eigenen, im Vorwort nach Foucault zitierten Neugier gerecht geworden zu sein, sondern einen kleinen Beitrag dazu geleistet zu haben, den Diskurs über eine moderne interdisziplinäre Ausprägung der Corporate Governance voran zu bringen. Eine Governance, die den polykontextualen Anforderungen aus Betriebswirtschaft und Ethik gerecht wird, die theoretisch fundiert ist und Unternehmen ganz praktisch darin unterstützt, Lösungen für die Herausforderungen unserer Zeit zu finden.

Literaturverzeichnis

Abelshauser, Werner (2011): Deutsche Wirtschaftsgeschichte, Verlag C.H. Beck, München, 2011

Aguilera, Ruth et al. (2013): Regulation and Comparative Corporate Governance, in: Wright, Mike et al. (Hrsg.): The Oxford Handbook of Corporate Governance, Oxford University Press, Oxford, 2013.

Amling, Thomas; Banthleon, Ulrich (2007): Handbuch der Internen Revision, Erich Schmidt Verlag, Berlin, 2007.

Anker, Heinrich (2012): Ko-Evolution versus Eigennützigkeit: Creating Shared Value mit der Balanced Valuecard, Erich Schmidt Verlag GmbH, Berlin, 2012.

Asma, Jörg (2014): IT-Compliance, in: KPMG AG Wirtschaftsprüfungsgesellschaft (Hrsg.) (2014): Das wirksame Compliance-Management-System, NWB Verlag GmbH & Co. KG, Herne, 2014

Bantleon, Ulrich; Horn, Christoph (2011): Prüfungs- und Beratungsfelder der Internen Revision, in: Freidank, Carl-Christian; Peemöller, Volker H. (2011): Kompendium der Internen Revision, Erich Schmidt Verlag, Berlin, 2011.

Barth, Volker M. (2012): Compliance-Systeme zur Vermeidung von Korruption, in: Der Schweizer Treuhänder, Treuhand-Kammer, S. 658 – 664, Zürich, 09/2012.

Becker, Wolfgang, Ulrich, Patrick (2010): Corporate Governance und Controlling – Begriffe und Wechselwirkung, in Keuper, Frank, Neumann, Fritz (Hrsg.): Corporate Governance, Risk Management und Compliance, Gabler Verlag, Wiesbaden, 2010

Berwanger, Jörg, Kullmann, Stefan (2012): Interne Revision – Funktion, Rechtsgrundlagen und Compliance, Springer Gabler, Wiesbaden, 2012.

Betzl, Konrad (1996): Entwicklungsansätze in der Arbeitsorganisation und aktuelle Unternehmenskonzepte – Visionen und Leitbilder, in: Bullinger, Hans-Jörg; Warnecke, Hans-Jürgen (Hrsg.): Neue Organisationsformen im Unternehmen, Springer Verlag, Berlin, 1996.

Bleicher, Knut (1996): Neues Denken in der Unternehmensführung, in: Bullinger, Hans-Jörg; Warnecke, Hans-Jürgen (Hrsg.): Neue Organisationsformen im Unternehmen, Springer Verlag, Berlin, 1996.

Binger, Marc (2009): Der Ansatz von Rückstellungen nach HGB und IFRS im Vergleich, Gabler Verlag, Wiesbaden, 2009.

Braun, Jochen (1996): Leitsätze moderner Organisationsgestaltung, in: Bullinger, Hans-Jörg; Warnecke, Hans-Jürgen (Hrsg.): Neue Organisationsformen im Unternehmen, Springer Verlag, Berlin, 1996.

Brinitzer, Ron (2001): Mentale Modelle und Ideologien in der Institutionenökonomik – Das Beispiel Religion, in: Prinz, Aloys; Steenge, Albert; Vogel, Alexander (Hrsg.): Neue Institutionenökonomik: Anwendung auf Religion, Banken und Fußball, LIT Verlag Münster – Hamburg – London, 2001.

Brühwiler, Bruno (2009): Der Beruf des Risikomanagers, in: Management & Qualität, Heft 07-08 2009, S. 23-25.

Brühwiler, Bruno (2011): Risikomanagement als Führungsaufgabe, Haupt Verlag, Bern-Stuttgart-Wien, 2011.

Buderath, Hubertus; Amling, Thomas (2000): Das Interne Überwachungssystem als Teil des Risikomanagementsystems in: Dörner, Dietrich; Horváth, Peter; Kagermann, Henning (Hrsg.): Praxis des Risikomanagements, Stuttgart, 2000.

Bundesagentur für Arbeit (2014): Compliance-Manager, http://berufenet.arbeitsagentur.de/berufe/start?dest=profession&prof-id=89949, Abruf am 30.05.2014.

Bundeszentrale für politische Bildung (2013): Globalisierung, http://www.bpb.de/wissen/NU5324, Abruf am 04.10.2013

Dejung, Christof (2007): Hierarchie und Netzwerk. Steuerungsformen im Welthandel am Beispiel der Schweizer Handelsfirma Gebrüder Volkart (1851-1939), in: Berghoff, Hartmut; Sydow, Jörg (Hrsg.): Unternehmerische Netzwerke – Eine historische Organisationsform mit Zukunft?, Verlag W. Kohlhammer, Stuttgart, 2007.

Deutsche Börse AG (2015): Börsenordnung für die Frankfurter Wertpapierbörse, http://www.deutsche-boerse-cash-market.com/blob/1668710/ddc9e31a2a1dd85e60fb176b8f24699b/data/2015-04-01-Boersenordnung-fuer-die-frankfurter-wertpapierboerse.pdf, Abruf am 18.04.2015.

Cheffins, Brian R. (2013): The history of Corporate Governance, in: Wright, Mike et al. (Hrsg.): The Oxford Handbook of Corporate Governance, Oxford University Press, Oxford, 2013.

COSO (2004): Unternehmensweites Risikomanagement – Übergreifendes Rahmenwerk, The Committee of Sponsoring Organization, http://www.coso.org/ documents/COSO_ERM_ExecutiveSummary_German.pdf, Abruf am 28.11.2014.

DCGK (2012): Regierungskommission Deutscher Corporate Governance Kodex (Hrsg.), Deutscher Corporate Governance Kodex (in der Fassung vom 15. Mai

2012), http://www.dcgk.de//files/dcgk/usercontent/de/download/kodex/D_CorGov_ Endfassung_2012.pdf, Abruf am 15. Februar 2013.

DCGK (2014): Regierungskommission Deutscher Corporate Governance Kodex (Hrsg.), Deutscher Corporate Governance Kodex (in der Fassung vom 24. Juni 2014), http://www.dcgk.de//files/dcgk/usercontent/de/download/kodex/D_CorGov_ Endfassung_2014_markiert.pdf, Abruf am 10. April 2015.

Deutsches Rechnungslegungs Standards Committee e.V. (Hrsg.) (2014): Homepage des DRSC, http://www.drsc.de/service/index.php, Abruf am 21.04.2014.

Egner, Thomas (2011): Begriff, Zielsetzungen und Aufgaben, in: Freidank, Carl-Christian; Peemöller, Volker H. (2011): Kompendium der Internen Revision, Erich Schmidt Verlag, Berlin, 2011.

Europäische Kommission (2015): The Promotion of Employee Ownership and Participation, http://ec.europa.eu/internal_market/company/modern/index_de.htm, Abruf am 15.02.2015.

Füss, Roland (2005): Die Interne Revision – Bestandsaufnahme und Entwicklungsperspektiven, Erich Schmidt Verlag, Berlin, 2005.

Freidank, Carl-Christian; Pasternack, Nyls-Arne (2011): Theoretische Fundierung der Internen Revision und ihre Integration in das System der Corporate Governance, in: Freidank, Carl-Christian; Peemöller, Volker H. (2011): Kompendium der Internen Revision, Erich Schmidt Verlag, Berlin, 2011.

Gabler Wirtschaftslexikon (2000): Stichwortartikel „Unternehmung", Gabler Verlag, Wiesbaden, 2000.

Geiersbach, Karsten (2011): Der Beitrag der Internen Revision zur Corporate Governance, Gabler Verlag, Wiesbaden, 2011.

Gleißner, Werner (2005): Wertorientierte Unternehmensführung, Strategie und Risikomanagement – Die Kapitalkostensätze als Bindeglied, in: Romeike, Frank (Hrsg.), (2005): Modernes Risikomanagement, Wiley-VCH ·Verlag, Weinheim, 2005.

Gleißner, Werner (2011): Grundlagen des Risikomanagements im Unternehmen, Verlag Franz Vahlen, München, 2011.

Göbel, Elisabeth (2002): Neue Institutionenökonomik, Lucius & Lucius Verlagsgesellschaft mbH, Stuttgart, 2002.

Grüninger, Stephan (2009): Werteorientiertes Compliance Management System, in: Wieland, Josef; Steinmeyer, Roland; Grüninger, Stephan (Hrsg.) (2009): Handbuch Compliance-Management, Erich Schmidt Verlag, Berlin, 2009.

Hagen, Jan U. (2013): Fatale Fehler – Oder warum Organisationen ein Fehlermanagement brauchen, Springer-Verlag Berlin Heidelberg, 2013.

Hart, Michael (2003): The 100 – A Ranking of the most influential persons in history, Citadel Press, o. Ort, 2003.

Hailey, John (2006): Praxis Paper 10, NGO Leadership Development: A review of the literature. http://www.intrac.org/data/files/resources/248/Praxis-Paper-10-NGO-Leadership-Development.pdf, Abruf am 28.07.2015.

Hilb, Martin (2009): Integrierte Corporate Governance, Springer-Verlag, Berlin, 2009.

Hinterhuber, Hans H.; Krauthammer, Eric (2015): Leadership – Mehr als Management, Springer Fachmedien, Wiesbaden, 2015.

Hoffmann, Maike (2010): Untreue und Unternehmensinteresse, Nomos Verlagsgesellschaft, Baden-Baden, 2010.

Hofmann, Rolf (2005): Prüfungshandbuch – Leitfaden für eine Überwachungs- und Revisionskonzeption in der Corporate Governance, Erich Schmidt Verlag, Berlin, 2005.

Homann, Karl; Lütge, Christoph (2004): Einführung in die Wirtschaftsethik, LIT Verlag, Münster, 2004.

Hopt, Klaus J. (2009): Die internationalen und europarechtlichen Rahmenbedingungen der Corporate Governance, in: Hommelhoff, Peter; Hopt, Klaus J.; von Werder, Axel (Hrsg.): Handbuch Corporate Governance, Schäffer Poeschel Verlag, Stuttgart, 2009.

Hugger, Heiner; Simon, Stefan (2009): Compliance im Personalmanagement: Erforderliche Aufsichtsmaßnahmen im Unternehmen unter Berücksichtigung arbeits- und datenschutzrechtlicher Aspekte, in: Wieland, Josef; Steinmeyer, Roland; Grüninger, Stephan (Hrsg.) (2009): Handbuch Compliance-Management, Erich Schmidt Verlag, Berlin, 2009.

Jäger, Axel; Rödl, Christian; Nave, José A. Campos (2009): Grundlagen der betrieblichen Compliance, in: Jäger, Axel; Rödl, Christian; Nave, José A. Campos (Hrsg.) (2009): Praxishandbuch Corporate Compliance, Wiley-VCH Verlag GmbH & Co. KGaA, Weinheim, 2009.

Jones, Gareth R.; Bouncken, Ricarda B. (2008): Organisation – Theorie, Design und Wandel, Pearson Studium, München, 2008.

Jürgenmeyer, Michael (1984): Das Unternehmensinteresse, Verlagsgesellschaft Recht und Wirtschaft mbH, Heidelberg, 1984.

Kagermann, Henning, Küting, Karlheinz, Weber, Claus-Peter (Hrsg) (2006): Handbuch der Revision, Schäffer-Poeschel Verlag, Stuttgart, 2006.

Kahn Consulting Inc. (2008): GRC, E-Discovery, and RIM: State of the Industry—A Kahn Consulting Inc. Survey in association with ARMA International, BNA Digital Discovery and E-Evidence, Business Trends Quarterly, and the Society of Corporate Compliance & Ethics.", http://www.kahnconsultinginc.com/library/KCl-GRC-RIM-EDD-survey.pdf, Abruf am 17.8.2014.

Kaudela-Baum, Stephanie; Holzer, Jaqueline; Kocher, Pierre-Yves (2014): Innovation Leadership – Führung zwischen Freiheit und Norm, Springer Fachmedien, Wiesbaden, 2014.

Keitsch, Detlef (2004): Risikomanagement, Schäffer-Pöschel Verlag, Stuttgart, 2004.

Kellenbenz, Hermann (1977): Deutsche Wirtschaftsgeschichte: Von den Anfängen bis zum Ende des 18. Jahrhunderts, Verlag C.H. Beck, München, 1977.

Kellenbenz, Hermann (1981): Deutsche Wirtschaftsgeschichte: Vom Ausgang des 18. Jahrhunderts bis zum Ende des Zweiten Weltkrieges, Verlag C.H. Beck, München, 1981.

Koch, Wolfgang (1983): Das Unternehmensinteresse als Verhaltensmaßstab der Aufsichtsratsmitglieder im mitbestimmten Aufsichtsrat einer Aktiengesellschaft, Verlag Peter Lang GmbH, Frankfurt am Main, 1983.

Kohler, Julia (2014): Compliance-Kommunikation, in: KPMG AG Wirtschaftsprüfungsgesellschaft (Hrsg.) (2014): Das wirksame Compliance-Management-System, NWB Verlag GmbH & Co. KG, Herne, 2014.

Kostolany, André (2000): Die Kunst über Geld nachzudenken, Econ Ullstein List Verlag, München, 2001.

Landes, David (1998): Wohlstand und Armut der Nationen, Siedler Verlag, Berlin, 1998.

Laue, Jens Carsten; Kunz, Jürgen (2014): Ökonomische und rechtliche Bedeutung eines CMS nach IDW PS 980, in: KPMG AG Wirtschaftsprüfungsgesellschaft (Hrsg.) (2014): Das wirksame Compliance-Management-System, NWB Verlag GmbH & Co. KG, Herne, 2014.

Leadership Excellence Institute Zeppelin (2015): Profil des LEIZ, https:// www.zu.de/forschung-themen/forschungszentren/leiz/index.php, o. S. Abruf am 28.07.2015.

Lehner, Sabine (2015): Change Leadership – Systemtheorie und Emotionsmanagement als Säulen der Führungsarbeit, Springer Fachmedien, Wiesbaden, 2015.

Lin-Hi, Nick, (2013): Der Ehrbare Kaufmann: Tradition und Verpflichtung, in IHK Nürnberg (Hrsg.): Der Ehrbare Kaufmann, http://www.ihk-nuernberg.de/de/ media/PDF/Publikationen/Hauptgeschaeftsfuehrung/Ehrbarer-Kaufmann.pdf Abruf am 8.11.2013.

Luhmann, Niklas (1999): Funktionen und Folgen formaler Organisation, Duncker & Humblot, Berlin, 1999.

Lutter, Marcus (2009): Deutscher Corporate Governance Kodex, in: Hommelhoff, Peter; Hopt, Klaus J.; von Werder, Axel (Hrsg.): Handbuch Corporate Governance, Schäffer Poeschel Verlag, Stuttgart, 2009.

Macharzina, Klaus, Wolf, Joachim (2010): Unternehmensführung, Gabler Verlag, Wiesbaden, 2010.

Malik, Fredmund (2008): Die richtige Corporate Governance, Campus Verlag, Frankfurt/Main, 2008.

Manager Magazin (Hrsg.) (2001): Baufehler – Missmanagement bei Holzmann, http://www.manager-magazin.de/unternehmen/ missmanagement/a-149051.html, Abruf am 27.09.2013

Martin, Peter, Karczinski, Daniel (2014): Kommunikation als Schlüsselfunktion in Compliance-Systemen, in: Wieland, Josef; Steinmeyer, Roland; Grüninger, Stephan (Hrsg.) (2014): Handbuch Compliance-Management, Erich Schmidt Verlag, Berlin, 2014.

McKinsey & Company (2002): Global Investor Opinion Survey, http://www.eiod.org/ uploads/Publications/Pdf/II-Rp-4-1.pdf, Abruf am 15.9.2013.

Merbecks, Andreas, Stegemann, Uwe, U., Frommeyer, Jesko (2004): Intelligentes Risikomanagement – Das Unvorhersehbare meistern, Redline Wirtschaft bei ueberreuter, Wien, 2004

Menzies, Christof (Hrsg.) (2006): Sarbanes-Oxley und Corporate Compliance, Schäffer-Poeschel Verlag, Stuttgart, 2006.

Menzies, Christof et al. (Hrsg.) (2007): White Paper: Governance, Risk Management and Compliance: Sustainability and Integration supported by Technology, Price-WaterhouseCoopers, o. Ort, 2007.

Metten, Michael (2010): Corporate Governance – Eine aktienrechtliche und institutionenökonomische Analyse der Leitungsmaxime von Aktiengesellschaften, Gabler Verlag, Wiesbaden, 2010.

Miras, Alexander (2014): Die Rolle von Compliance Audits zur Aufdeckung von Non-Compliance, in: Wieland, Josef; Steinmeyer, Roland; Grüninger, Stephan (Hrsg.) (2014): Handbuch Compliance-Management, Erich Schmidt Verlag, Berlin, 2014.

Müller-Nedebock, Stefan (2008): Strategieimplementierung – Forschungsstand und Entwicklungstendenzen, Druck Diplomica Verlag GmbH, Hamburg, 2008.

NACD (2009): Public Company Governance Survey, National Association of Corporate Directories, http://www.nacdonline.org/AboutUs/PressRelease.cfm? Item-Number=2882, Abruf am 2009 17.8.2014.

Nicolai, Christiana (2015): Die Organisation der Zukunft, UVK Verlagsgesellschaft mbH, Konstanz / München, 2015.

Nitsche, Sarah (2013): BCM, BDCO & DICO: Wohin soll die Reise gehen, in: Financial Gates GmbH (Hrsg.): Compliance – Die Zeitschrift für Compliance-Verantwortliche, http://compliance-plattform.de/uploads/media/Compliance-06-2013_01.pdf, Abruf am 30.05.2014.

OECD (2004): OECD-Grundsätze der Corporate Governance, Organisation für wirtschaftliche Entwicklung und Zusammenarbeit, http://www.oecd.org/ corporate/ca/corporategovernance principles/32159487.pdf, Abruf am 16.9.2014.

Otremba, Stefan (2009): Das Menschenbild in der Ökonomie – Reflexionen über eine moderne Wirtschaftsethik und deren Chancen in der realwirtschaftlichen Praxis, Centaurus Verlag, Freiburg, 2009.

Otremba, Stefan (2014): Das Compliance Risk Assessment als Voraussetzung einer risiko- und bedarfsorientierten Compliance-Steuerung, in: Wieland, Josef; Steinmeyer, Roland; Grüninger, Stephan (Hrsg.) (2014): Handbuch Compliance-Management, Erich Schmidt Verlag, Berlin, 2014.

Peemöller, Volker H. (2011): Entwicklungsformen und Entwicklungsstand der Internen Revision, in: Freidank, Carl-Christian; Peemöller, Volker H. (2011): Kompendium der Internen Revision, Erich Schmidt Verlag, Berlin 2011.

Peter, Adolf (2008): Der US-amerikanische Sarbanes-Oxley Act of 2002: Seine Auswirkungen auf die an der New York Stock Exchange notierenden österreichischen Aktiengesellschaften, Diplomarbeiten Agentur, o. Ort, 2008.

Porter, Michael E.; Kramer, Mark R. (2011): Creating Shared Value. How to Reinvent Capitalism – and Unleash a Wave of Innovation and Growth, in: Harvard Business Review, January-February 2011, S. 62-77.

Racz, Nicolas, Weippl, Edgar, Seufert, Andreas (2010): A frame of reference for research of integrated Governance, Risk & Compliance (GRC). In: Bart De Decker, Ingrid Schaumüller-Bichl (Eds.), Communications and Multimedia Security, 11th IFIP TC 6/TC 11 International Conference, CMS 2010 Proceedings. Berlin: Springer, pp. 106-117.

Racz, Nicolas, Panitz, C. Johannes, Amberg, Michael, Weippl, Edgar & Seufert, Andreas (2010): Governance, Risk & Compliance (GRC) Status Quo and Software Use: Results from a survey among large enterprises., http://www.grc-resource.com/resources/racz_al_grc_status_quo _survey_acis2010.pdf, Abruf am 16.8.2014.

Regierungskommission Deutscher Corporate Governance Kodex (2011): Stellungnahme zum Grünbuch „Europäischer Corporate Governance Rahmen", http://www.corporate-governance-code.de/ger/download/Stellungnahme_Gruenbuch.pdf, Abruf am 21.04.2015.

Richter, Rudolf, Furubotn, Eirik (1996): Neue Institutionenökonomik, J.C.B. Mohr, Tübingen, 1996.

Romeike, Frank (2005): Risikokategorien im Überblick, in Romeike, Frank (Hrsg.) (2005): Modernes Risikomanagement, Wiley-VCH Verlag, Weinheim, 2005.

Russell Reynolds Associates (2005): The Chairman's Report – Corporate Governance for good or ill?, http://www.cubitt.com/pdf/RRA_Chairman_Report_ FINAL1.pdf, Abruf am 5.4.2013.

Saitz, Bernd (2009): Compliance in mittelständischen Unternehmen – Theoretische Anforderungen und pragmatische Ansätze zur Umsetzung, in: Wieland, Josef; Steinmeyer, Roland; Grüninger, Stephan (Hrsg.) (2009): Handbuch Compliance-Management, Erich Schmidt Verlag, Berlin, 2009.

Salm, Eberhard (1986): Das Unternehmensinteresse – ein Beitrag zur Auseinandersetzung um den Begriff, ohne Verlag, Tübingen, 1986.

Schneck, Ottmar (2011): Rechtsgrundlagen des Risikomanagements, in: Klein, Andreas, Gleich, Ronald (2011): Risikomanagement und Risiko-Controlling, Haufe-Lexware GmbH & Co. KG, Freiburg, 2011.

Schramm, Michael (1994): Der Geldwert der Schöpfung: Theologie – Ökologie – Ökonomie, Verlag Ferdinand Schöningh GmbH, Paderborn, 1994.

Schramm, Michael (2014): Business Metaphysics, in: Forum Wirtschaftsethik – Jahreszeitschrift des DNWE, 22. Jahrgang, S. 51-58, 2014.

Schwan, Konrad (2003): Organisationsgestaltung, Verlag Franz Vahlen GmbH, München, 2003.

Schreyögg, Georg (2012): Grundlagen der Organisation, Gabler Verlag, Wiesbaden, 2012.

Schulte-Zurhausen, Manfred (2005): Organisation, Verlag Franz Vahlen, München, 2005.

Schwegler, Regina (2009): Moralisches Handeln von Unternehmen – Eine Weiterentwicklung des neuen St. Galler Management-Modells und der Ökonomischen Ethik, Gabler-Verlag, Wiesbaden, 2009.

Schwan, Konrad (2003): Organisationsgestaltung, Verlag Franz Vahlen, München, 2003.

SecurIntegration GmbH (2008): GRC in SAP-Umgebungen, Redline GmbH, Heidelberg, 2008.

Seidel, Uwe (2011): Grundlagen und Aufbau eines Risikomanagementsystems, in: Klein, Andreas, Gleich, Ronald (2011): Risikomanagement und Risiko-Controlling, Haufe-Lexware GmbH & Co. KG, Freiburg, 2011.

Siedenbiedel, Georg (2010): Organisation, Lucius & Lucius, Stuttgart, 2010.

Siedenbiedel, Christian (2013): Die Libor-Bande, http://www.faz.net/aktuell/wirtschaft/wirtschaftspolitik/zinsmanipulation-die-libor-bande-12057074.html, 15.04.2015.

Smith, Adam (1776): An Inquiry into the Nature and Causes of the Wealth of Nations, Nachdruck der New York Modern Library, 1937, zitiert in: Metten, Michael (2010): Corporate Governance – Eine aktienrechtliche und institutionenökonomische Analyse der Leitungsmaxime von Aktiengesellschaften, Gabler Verlag, Wiesbaden, 2010.

Stadlbauer, Florian; Hess, Thomas; Wittenberg, Stefan (2007): Managementpraxis in Unternehmensnetzwerken. Eine Analyse des Instrumenteneinsatzes in deutschen Netzwerken am Anfang des 21. Jahrhunderts, in: Berghoff, Hartmut; Sydow, Jörg

(Hrsg.): Unternehmerische Netzwerke – Eine historische Organisationsform mit Zukunft?, Verlag W. Kohlhammer, Stuttgart, 2007.

Statistisches Bundesamt (Hrsg.) (2013): Insolvenzen, https://www.destatis.de/DE/ ZahlenFakten/Indikatoren/LangeReihen/Insolvenz en/lrins01.html, Abruf am 27.09.2013.

Steinmeyer, Roland; Späth, Patrick (2009): Rechtliche Grundlagen und Rahmenbedingungen („Legal Compliance"), in: Wieland, Josef; Steinmeyer, Roland; Grüninger, Stephan (Hrsg.) (2009): Handbuch Compliance-Management, Erich Schmidt Verlag, Berlin, 2009.

Stiftung Weltethos (2009): Folgen des Enron-Skandals, http://www.global-ethic-now.de/gen-deu/0d_weltethos-und-wirtschaft/0d-01-globale-wirtschaft/0d-01-203-enron-folgen.php, Abruf am 27.09.2013.

Stiglbauer, Markus (2010): Corporate Governance Berichterstattung und Unternehmenserfolg, Gabler Verlag, Wiesbaden, 2010.

Sun, William; Stewart, Jim; Pollard, David (2011): Corporate Governance and the global financial crisis, Cambridge University Press, Cambridge, 2011.

Tanski, Joachim (2011): Standards der Berufsausübung, Haftung, Berufsbild und Berufsverbände, in: Freidank, Carl-Christian; Peemöller, Volker H. (2011): Kompendium der Internen Revision, Erich Schmidt Verlag, Berlin, 2011.

The Data Governance Institute (Hrsg.) (2012): The New COSO Cube, http://www.sox-online.com/coso_cobit_coso_cube-new.html, Abruf am Abruf am 8.4.2015

Tricker, Robert I. (2012): The Evolution of Corporate Governance, in: Clarke, Thomas; Branson, Douglas (Hrsg.): The Sage Handbook of Corporate Governance, Sage Publications Ltd., London, 2012.

Tüllner, Jörg (2012): Integration von Governance, Risikomanagement und Compliance, in: Zeitschrift für Corporate Governance, Heft 3/2012, S. 118-121.

Tur, Kenan (2009): Hinweisgebersysteme und Transparenz: Strukturen, Problemerkennung, Management, in: Wieland, Josef; Steinmeyer, Roland; Grüninger, Stephan (Hrsg.) (2009): Handbuch Compliance-Management, Erich Schmidt Verlag, Berlin, 2009.

UK Ministry of Justice (Hrsg.) (2011): The Bribery Act 2010 – Guidance, https://www.justice.gov.uk/downloads/legislation/bribery-act-2010-guidance.pdf, Abruf am 27.04.2015.

Vanini, Ute (2012): Risikomanagement: Grundlagen – Instrumente – Unternehmenspraxis, Schäffer-Poeschel-Verlag, Stuttgart, 2012.

Velte, Patrick (2011): Interne Revision und Aufsichts-/Verwaltungsrat, in: Freidank, Carl-Christian; Peemöller, Volker H. (2011): Kompendium der Internen Revision, Erich Schmidt Verlag, Berlin 2011.

Volz, Michael (2009): Zentrale rechtliche Felder von Compliance: Ein Überblick, in: Wieland, Josef; Steinmeyer, Roland; Grüninger, Stephan (Hrsg.) (2009): Handbuch Compliance-Management, Erich Schmidt Verlag, Berlin, 2009.

Walter, Rolf (2011): Wirtschaftsgeschichte. Vom Merkantilismus bis zur Gegenwart, Böhlau Verlag, Köln, Weimar, Wien, 2011.

Warnecke, Hans-Jürgen (1996): Die Fraktale Fabrik – Revolution der Unternehmenskultur, Rowohlt, Berlin, 1996.

Weigt, Martin (2010): Corporate Governance, Risk Management und Compliance – Die Lehren aus der Finanzkrise, in: Keuper, F., Neumann, F. (Hrsg.): Corporate Governance, Risk Management und Compliance, Gabler Verlag, Wiesbaden, 2010.

Weiß, Enno; Koch, Alexander; Osterloh, Jan (2009): Corporate Compliance in den Unternehmensbereichen – Unternehmensführung, in: Jäger, Axel; Rödl, Christian; Nave, José A. Campos (Hrsg.) (2009): Praxishandbuch Corporate Compliance, Wiley-VCH Verlag GmbH & Co. KGaA, Weinheim, 2009.

Welge, Martin K.; Eulerich, Marc (2012): Corporate-Governance-Management, Theorie und Praxis der guten Unternehmensführung, Gabler Verlag, Wiesbaden, 2012.

Von Werder, Axel; Grundei, Jens (2009): Evaluation der Corporate Governance, in: Hommelhoff, Peter; Hopt, Klaus J.; von Werder, Axel (Hrsg.): Handbuch Corporate Governance, Schäffer Poeschel Verlag, Stuttgart, 2009.

Wick, Alexander; Blessin, Bernd (2014): Führung im Wandel – Neue Kooperationsformen fördern und gestalten, UVK Verlagsgesellschaft mbH, Konstanz und München, 2014.

Wiehen, Michael (2014): Transparenz und Monitoring-Standards bei Transparency International, in: Wieland, Josef; Steinmeyer, Roland; Grüninger, Stephan (Hrsg.) (2014): Handbuch Compliance-Management, Erich Schmidt Verlag, Berlin, 2014.

Wieland, Josef (1996): Ökonomische Organisation, Allokation und Status, J.C.B. Mohr (Paul Siebeck), Tübingen, 1996.

Wieland, Josef (1999): Die Ethik der Governance, Metropolis-Verlag, Marburg, 1999.

Wieland, Josef (2002): WerteManagement und Corporate Governance, Working Paper Nr. 03/2002, Konstanz Institut für WerteManagement, Konstanz, 2002.

Wieland, Josef (2006): Gesellschaftliche Verantwortung der Unternehmen – Deutsche und europäische Perspektiven, in: Wallacher, Johannes; Reder, Michael; Karcher, Tobias (Hrsg.) (2006): Unternehmensethik im Spannungsfeld der Kulturen und Religionen, Verlag W. Kohlhammer, Stuttgart, 2006.

Wieland, Josef; Grüninger, Stephan (2009): Die 10 Bausteine des Compliance Management: ComplianceProgramMonitor^{ZFW}, in: Wieland, Josef; Steinmeyer, Roland; Grüninger, Stephan (Hrsg.) (2009): Handbuch Compliance-Management, Erich Schmidt Verlag, Berlin, 2009.

Wieland, Josef (2009): Compliance Management als Corporate Governance – konzeptionelle Grundlagen und Erfolgsfaktoren, in: Wieland, Josef; Steinmeyer, Roland; Grüninger, Stephan (Hrsg.) (2009): Handbuch Compliance-Management, Erich Schmidt Verlag, Berlin, 2009.

Wieland, Josef (2011): The Firm as a Nexus of Stakeholders: Stakeholder Management and Theory of the Firm, in: Brink, Alexander (Ed.): Corporate Governance and Business Ethics Series: Studies in Economic Ethics and Philosophy (SEEP), Vol. 37, Berlin, Heidelberg, New York, Tokyo: Springer, 2011.

Wieland, Josef; Heck, Andreas (2013): Shared Value durch Stakeholder Governance, Metropolis Verlag, Marburg, 2013.

Wieland, Josef (2014): Governance Ethics: Global value creation, economic organization and normativity, Springer International Publishing Switzerland, 2014.

Wieland, Josef (2014): Integritäts- und Compliance Management als Corporate Governance – konzeptionelle Grundlagen und Erfolgsfaktoren, in: Wieland, Josef; Steinmeyer, Roland; Grüninger, Stephan (Hrsg.) (2014): Handbuch Compliance-Management, Erich Schmidt Verlag, Berlin, 2014.

Withus, Karl-Heinz (2014): Überwachung und Verbesserung von CMS, in: KPMG AG Wirtschaftsprüfungsgesellschaft (Hrsg.) (2014): Das wirksame Compliance-Management-System, NWB Verlag GmbH & Co. KG, Herne, 2014.

Wolf, Klaus, Runzheimer, Bodo (2009): Risikomanagement und KonTraG – Konzeption und Implementierung, Gabler Verlag, Wiesbaden, 2009.

Wygoda, Stephan (2005): Risiko als Chance – Risikomanagement als Ansatz innovativer Unternehmensentwicklung – eine managementtheoretische Analyse, Wissenschaftlicher Verlag Berlin, Berlin, 2005.

Zentrum für Wirtschaftsethik (Hrsg.) (2014): Homepage des Forum Compliance & Integrity – Anwenderrat für Wertemanagement[ZfW], http://www.dnwe.de/fci.html, Abruf am 30.05.2014.

Zöllner, Christine (2007): Interne Corporate Governance, Deutscher Universitäts-Verlag, Wiesbaden, 2007.

Zülch, Henning; Güth, Simon (2011): Revisionsberichterstattung und Follow-up, in: Freidank, Carl-Christian; Peemöller, Volker H. (2011): Kompendium der Internen Revision, Erich Schmidt Verlag, Berlin, 2011.

Printed by Printforce, the Netherlands